漕湖街道自然村变迁志

《漕湖街道自然村变迁志》编纂办公室　编

苏州新闻出版集团
古吴轩出版社

图书在版编目（CIP）数据

漕湖街道自然村变迁志 /《漕湖街道自然村变迁志》编纂办公室编．-- 苏州：古吴轩出版社，2023.11
ISBN 978-7-5546-2019-9

Ⅰ．①漕… Ⅱ．①漕… Ⅲ．①村史－苏州 Ⅳ．①K295.35

中国国家版本馆CIP数据核字（2023）第084084号

责任编辑： 周　娇
见习编辑： 李　楠
责任校对： 李爱华
责任照排： 吴　静

书　　名： 漕湖街道自然村变迁志
编　　者：《漕湖街道自然村变迁志》编纂办公室
出版发行： 苏州新闻出版集团
古吴轩出版社
地址：苏州市八达街118号苏州新闻大厦30F
电话：0512-65233679　　邮编：215123
出 版 人： 王乐飞
印　　刷： 苏州日报印刷中心有限公司
开　　本： 889mm×1194mm　1/16
印　　张： 25　插页：24
字　　数： 504千字
版　　次： 2023年11月第1版
印　　次： 2023年11月第1次印刷
书　　号： ISBN 978-7-5546-2019-9
定　　价： 180.00元

《漕湖街道自然村变迁志》编纂办公室

主　　编：邱一飞

执行主编：李万勇

编　　辑：岳敏兰　周建敏　朱伟励
沈茂生　吕金山　薛如洋

《漕湖街道自然村变迁志》审定单位

苏州市相城区地方志编纂委员会办公室

中共苏州市相城区漕湖街道工作委员会

苏州市相城区人民政府漕湖街道办事处

《漕湖街道自然村变迁志》资料提供人员

马克强	王似祥	王志义	王　茵	王　泠	王志方	王阿白
尤仁熙	许招根	许阿妹	朱伟励	朱士根	朱寿昌	朱火生
朱学道	朱其初	庄兴根	李振芳	李益生	吕金山	吴红生
吴庭华	陈才生	张金水	张洪明	杨时雄	周泉根	周根乐
周金龙	周亚珍	周　明	周香妹	周素英	金秀珠	金坤林
金秀波	赵　甦	顾根林	顾　明	钱根福	钱阿弟	钱林生
钱　冰	徐海根	陶　华	董永法	曹全龙	薛义康	薛泉福
薛振华						

漕湖街道区域图

审图号：图苏 E 审（2023）001 号

苏州吴文化地名研究所 江苏图博地理信息科技有限公司 编制

漕湖湿地公园（2018年摄）

漕湖大厦（2020年摄）

漕湖工业片区（2021年摄）

漕湖居民区（2018年摄）

漕湖邻里中心（2020年摄）

漕湖青年公寓（2018年摄）

漕湖学校（2018年摄）

东方岚谷幼儿园（2021年摄）

漕湖街道社区卫生服务中心（2021年摄）

倪家湾温室大棚（2018年摄）

2016年10月15日，漕湖街道在漕湖湿地公园举行徒步活动（2016年摄）

2016年12月，漕湖街道在永昌泾花苑举行首届“家在漕湖”社区邻里文化节（2016年摄）

2018年1月1日，漕湖街道在永昌泾花苑举行元旦惠民文艺演出（2018年摄）

2018年4月18日，漕湖商会在漕湖大厦举行漕湖商会爱心捐款活动（2018年摄）

2018年4月27日，漕湖街道在永昌泾花苑举行漕湖街道纪念改革开放四十周年暨五一惠民文艺演出（2018年摄）

2018年8月25日，漕湖街道在相城经济技术开发区人才市场举行失地农民招聘会（2018年摄）

2019年3月30日，漕湖街道在漕湖畔组织开展笑果青少年百米画卷画漕湖活动（2019年摄）

2019年5月9日，漕湖街道在永昌泾花苑广场举行相城区第二十九次“全国助残日”活动（2019年摄）

2019年9月6日，漕湖街道在漕湖花园二社区举行庆祝新中国成立70周年系列文艺演出（2019年摄）

2018年6月10日，漕湖街道在永昌泾社区文体活动中心举行戏曲演出活动（2018年摄）

2018年10月28日，漕湖街道在漕湖学校举行2018年漕湖街道“易德龙杯”篮球比赛（2018年摄）

2019年3月23日，漕湖街道在漕湖花园一社区举办2019“漕湖杯”象棋友谊赛（2019年摄）

2021年4月28日，漕湖街道在漕湖大厦举办漕湖历史文化研讨会暨“顾九思”文化专题研讨会（2021年摄）

2021年10月16日，苏相合作区（漕湖街道）在漕湖湿地公园举办第二届漕湖金秋国际龙舟赛（2021年摄）

2015年3月，漕湖街道获评江苏省和谐社区建设示范街道

2019年12月，漕湖街道获评2015—2018年度全市社会治安综合治理先进集体

2021年1月，漕湖街道党工委获评苏州市抗击新冠肺炎疫情先进集体

2021年6月，漕湖街道党工委获评苏州市先进基层党组织

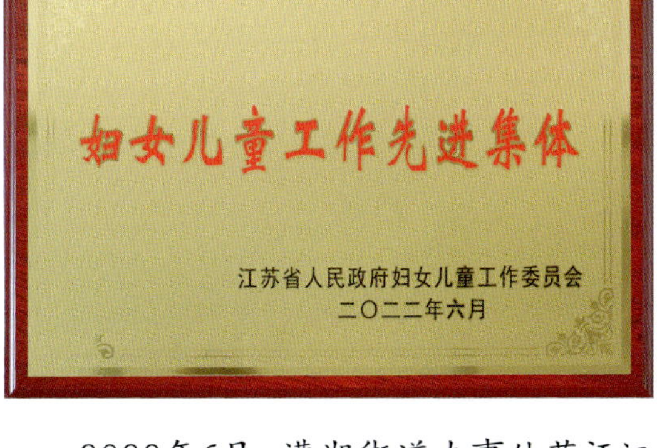

2022年6月，漕湖街道办事处获评江苏省妇女儿童工作先进集体

2021年5月20日，漕湖街道在漕湖大厦召开《漕湖街道自然村变迁志》终审会（2021年摄）（左起：金凯帆、齐慎、丁瑾、李万勇、陈其弟、周昕艳、朱伟励、周建敏、曹丽琴、岳敏兰、薛如洋）

前　言

古人云："上有天堂，下有苏杭"。漕湖更是人间天堂苏州的一颗璀璨明珠，名闻遐迩。远在两千多年前，越国大夫范蠡伐吴开渎并疏浚，"其称漕者或以通漕运也"，漕湖由此而来，又名蠡湖。唐代后期漕湖地区开凿永昌泾，永昌由此得名。明代顾九思（官至右通政）于下堡建顾氏祠堂，逐渐形成下堡街，当地曾有"先有下堡街，后有黄埭镇"的传闻。清代期间人口繁衍，商贸兴旺形成永昌古镇。在抗战年代，漕湖地区是苏西北抗日游击根据地的中心区域。岁月悠悠，在漫长的历史长河中，漕湖地区涌现了无数杰出人物和传奇故事，真可谓是人杰地灵、藏龙卧虎。

2014年8月，苏州市相城区漕湖街道成立，原相城经济技术开发区北桥街道管辖的卫星、下堡、汤浜、上浜、永昌、万安、湖林、新兴、倪汇、任浜、陆严11个行政村131个自然村均划归漕湖街道管辖。随着城市化建设的飞速发展，一个个自然村已经或正在消失，取而代之的是新型居住社区和现代化商品房住宅社区，漕湖街道已是连甍接栋，生机盎然。

然而乡愁萦怀，故土之情常留于心。编纂《漕湖街道自然村变迁志》就是为了留存对故乡深切眷恋的情怀，更是为了怀旧迎新，告慰先辈，启迪后代为建设新家园和振兴新街道而协力同心，让漕湖这颗明珠在江南大地上更加璀璨辉煌。盛世修志，既是历史所需，也是现实所求，《漕湖街道自然村变迁志》的问世，是漕湖街道人民值得庆贺的大事。

《漕湖街道自然村变迁志》全面真实地记述了区域内的风土人情、人文社会等历史和现状，并用较多文字记述中华人民共和国成立以来，尤其是改革开放以来人们积极推进社会主义新农村建设，与时俱进、奋发向上所发生的惊喜变化，可谓鉴古察今，为后人留下一笔丰富的精神财富。

编纂《漕湖街道自然村变迁志》是一项十分繁杂的工作。编纂者奔赴各自然村实地调查、采访、搜集资料，撰稿、修改、校正，其间也得到各社区资料采集人员的配合和支持，这才使得本志能圆满出版。在此对所有参与和帮助编纂出版本志的人员表示由衷的感谢。

在新的征程中，我们将在习近平新时代中国特色社会主义思想指引下，不忘初心、牢记使命，以新的姿态，齐心协力，努力奋进，为建设一个经济强、人民富、环境美的漕湖街道而努力拼搏！

苏州市相城区人民政府漕湖街道办事处

2023年9月

凡　例

一、本志以马克思列宁主义、毛泽东思想、邓小平理论、“三个代表”重要思想、科学发展观、习近平新时代中国特色社会主义思想为指导，遵循辩证唯物主义和历史唯物主义原则，客观记述苏州市相城区漕湖街道自然村变迁和社区发展情况。

二、本志上限尽可能追溯到事物的发端，下限至2021年，图照、大事记和荣誉延伸至2022年末。

三、本志按照“横分门类，纵写史实”原则，运用述、记、志、传、录、照、图、表等体裁，以志为主，采用语体文编写。

四、本志记述的地域范围为2021年苏州市相城区漕湖街道。以习惯称序编排各社区，各自然村落以原属行政村村组排序编写。

五、本志纪年方法，中华民国以前采用朝代纪年，括注公元纪年，中华民国及以后均采用公元纪年。

六、本志涉及的区划建置、方位分布、路桥河街、学校庙宇、遗址古建等内容，均以现在名称记述，括注原名。

七、本志所载人物，以本籍人士为主，兼收客籍人士，遵循生不立传原则，在世者均以人物简介和简表录之。

八、本志资料来源主要以历史文献、档案为主，一般不注明出处。部分口述记录资料，经反复核实后入志。

九、本志中有关计量单位的记述以历史常用方式，不作换算；数字使用按国家数字使用规范记述。

目　录

漕湖街道史略

漕湖街道在漕湖之畔，2014年8月成立，是相城区较为年轻的行政区域。位于苏州古城西北、相城区西北部经济开发区内。东衔渭塘镇，南连黄埭镇、元和街道；西临无锡市鸿山街道，北接北桥街道。区域面积36.82平方公里，是苏相合作的主阵地。

街道因境内漕湖而得名。漕湖古名蠡湖，又名蠡河、漕河、孟渎、孟河、蠡渎等。据《太平寰宇记》载："范蠡伐吴开此渎。"《新唐书·地理志》云："元和八年常州刺史孟简开浚太伯渎，并导蠡河，故以渎为孟渎河，为孟河，其实古之蠡河也。其东有蠡口，西贯无锡之太伯乡，有蠡尖口。其称漕河不知所始，或云以通漕运故名之。"民国《黄埭志》载："周元王时有越大夫范蠡伐吴开蠡渎。"

周敬王六年（前514），阖闾即位，筑阖闾大城，吴定都（今苏州），境域属吴地。周元王三年（前473）越国灭吴，吴地属越国，境域隶属越国。周赧王九年（前306）楚国灭越，设郡江东，吴地属楚国，境域归属楚国。

秦始皇二十六年（前221），秦统一六国，设郡县制，在吴地设置吴县，境域隶属吴县黄埭乡。唐武周万岁通天元年（696），析吴县东部，北部置长洲县，境域隶属长洲县黄埭乡。清宣统三年（1911）六月，长洲县归并吴县，境域归属吴县。

1912年，中华民国成立，吴县划设7市21乡，境域归南北桥市黄埭乡，分属七都（上浜）、十一都（下堡）、十二都（湖林、新兴、永昌、万安、倪汇、任浜、汤浜、陆严），卫星属吴县渭塘乡西十三都。1929年，废都图制，实行区、乡镇制，境域隶属吴县第十二区。1934年，境域隶属吴县第六区。1937年11月，境域沦陷。1939年3月，伪吴县设立。1940年12月，境域属吴县第六区。1941年7月，境域隶属吴县第四区。1947年2月，民国政府置黄埭区，境域属吴县黄埭区管辖。1949年4月，境域解放。

境域地处长江下游太湖水网地区。漕湖，东西长5.9公里，南北最宽处2.1公里，面积9.07平方公里（13600亩），号称"十里漕湖"。全湖进出水道计14条，水网密布，河道纵横，太湖水经望虞河由西南角漕湖口入湖，水流自西向东。主要泄水口有二：一由东部三梅浜流入元和塘和阳澄湖；另一由北面蓟塘泾入鹅真荡，后经望虞河入长江，但流向不定，当长江水位过高时，江水可倒灌入湖。境域地势西高东低，有高地、圩地之分。受地理环境影响，洪涝灾害多发。

境域内气候温和，雨量充沛，以农耕为业，种植水稻、三麦等，同时经营水产养殖、耥螺蛳及种植水生作物。绩织夏布、编草鞋和饲养家禽家畜为传统副业。有少数村民离乡外出帮佣做工。集镇商业均为个体私营家庭式店铺和摆摊、设柜、肩挑手提的小商贩。

漕湖，承载着自春秋吴越以来千年岁月的沧桑，蕴藏着厚重的历史文化底蕴。清代黄畦泾举人吴伯元在漕湖周边地区创办10多所乡村小学，开启了境域内学校教育的进程。漕湖民间艺术形式多样，清末民国初，诞生了堂名（民间乐班）——万和堂，堂名丝竹闻名遐迩，影响苏、锡、虞一带数百年。

从1949年至2013年，漕湖地区地方建制发生多次重大变化，大致可分为5个阶段：区、乡、村制时期；政社合一时期；乡、村制时期；镇、村制时期；相城经济技术开发区托管时期。

区、乡、村制时期 1950年，调整区乡设置，改建新乡。吴县共12个区，区下设乡，乡下建行政村、组。境域属黄埭区。上浜、下堡两村属黄埭区琳桥乡所辖，永昌村、万安村、湖林村属黄埭区永昌乡所辖，陆严村、汤浜村、倪汇村和合兴村属黄埭区倪汇乡所辖，黄畦村和五星村属黄埭区黄泥乡所辖。1954年，各村分别建初级农业生产合作社。1956年，各村建高级农业生产合作社。1957年3月，采用以集镇为基点，以农业合作社为基础，整乡整社合并的方式撤区并乡，境域归黄埭乡，分属向前各社。

政社合一时期 1958年9月，撤销乡建制，改乡为社，黄埭人民公社成立，下设9个大队。境域分属第四大队（辖下堡村、琳桥村、由巷村），第五大队（辖永昌村、万安村、湖林村），第八大队（辖汤浜村、任浜村、陆严村、新兴村），第九大队（辖黄畦村、合兴村、五星村、倪汇村）。1960年，大队分拆，境域分别为琳桥大队、湖林大队、万安大队、新兴大队、上浜大队、下堡大队、永昌大队、汤浜大队、任浜大队、倪汇大队、合兴大队、黄畦大队和五星大队。1961年，陆严村从任浜大队划出，成立陆严大队。1969年，合兴大队、黄畦大队、五星大队合并为卫星大队。

乡、村制时期 1983年7月，实施体制改革，政社分立，恢复乡管村体制。设行政村取代生产大队，设村民小组取代生产队。境域属吴县黄埭乡，有琳桥村、湖林村、万安村、新兴村、上浜村、下堡村、陆严村、永昌村、汤浜村、任浜村、倪汇村、卫星村12个行政村，131个自然村。

镇、村制时期 1992年7月，撤乡建镇，实行镇管村体制，属吴县黄埭镇。

1995年6月8日国务院批准撤县建市，7月12日吴县市成立，境域属吴县市黄埭镇管辖。

2001年2月28日，撤吴县市，分建苏州市吴中区、相城区，境域隶属苏州市相城区黄埭镇。2003年7月，任浜村并入倪汇村，陆严村并入汤浜村，新兴村并入湖林村，万安村并入永昌村，琳桥村并入上浜村。

相城经济技术开发区托管时期 2006年7月，相城经济技术开发区（2002年1月经江苏省政府批准成立，简称开发区）向漕湖区域拓展，成立漕湖产业园，辖区范围80平方公里。卫星村、下堡村、汤浜村、上浜村、倪汇村、湖林村、永昌村7个行政村划入漕湖产业园，境域由相城经济技术开发区托管，部分自然村开始分批拆迁。

2008年6月，开发区太东公路以北区域划归北桥街道（包括漕湖7个行政村，青龙、斜桥2个村），境域内全面提速建设新城。2008年12月，漕湖花园一社区建成，分成4个小区。2010年7月，漕湖花园二社区建成，辖3个居住小区。2012年1月，开发区以漕湖产业园为轴心，成立苏州工业园区—相城区合作经济开发区（简称苏相合作区，面积47.8平方公里），境域被纳入苏相合作区。6月，西安交通大学苏州科技园·漕湖签约。2014年3月，由卫星村负责管理的漕湖花园八区建成。8月，倪汇村、汤浜村、卫星村、上浜村、下堡村、漕湖花园一社区、漕湖花园二社区从北桥街道划出（湖林村、永昌村已基本动迁结束），设立漕湖街道，北桥街道则直接纳入开发区管理。同年10月，开发区获批国家级经济技术开发区（总面积93.7平方公里）。

旧时漕湖境域内钉螺滋生繁衍，血吸虫病流行，危害人民健康。20世纪50年代，任浜、陆严、万安、下堡、琳桥等村有钉螺面积均在万余平方米。琳桥村的朱其浜，血吸虫病患者占全村人口的80%以上。1956年，贯彻执行“积极防治”的方针，结合兴修水利，开展查螺灭螺工作。20世纪70年代，境域内血吸虫病基本得到控制。2000年，境域内全面根除血吸虫病。

中华人民共和国建立至漕湖街道成立前的近65年，漕湖境域内为根除水患，兴修水利，采取围岸筑坝、加高圩岸、开挖水渠、兴造水闸，修建电灌站等措施。1992年望虞河环漕湖水利工程涉及万安、永昌等6村。在水利建设的同时大搞农田基本建设，平坟墩、填浜造田，使田块成方、沟渠成网，建设万亩吨粮方。水稻亩产量从1957年的247公斤递增到1988年的615公斤。随着家庭联产承包责任制的实施，农民的农业生产积极性进一步提高，粮食产量不断上升，畜禽饲养、蔬菜种植得到快速发展，出现了一批大农户和大养殖户。1997年，卫星村获评江苏省农村现代化试验区先进集体。

20世纪70年代中期，水产养殖业得到较快发展。除传统池塘养鱼外，又增加了蟹、虾、鳖和淡水珍珠的人工养殖，多种经营得到长足的发展。20世纪80年代初至90年代末，养蚌育珠兴盛，新兴村成为黄埭乃至苏州地区养蚌育珠的培训基地。

20世纪70年代末，乡镇企业兴起。境域内先后有村办企业90家，卫星村独占21家，以建材、家化、五金加工为多。影响较大的有卫星村永固管桩厂、琳桥村苏德化工厂、倪汇村明珠钢带厂、汤浜村网罩厂，以及新兴村以珍珠为原料的衍生企业。村办企业工业总产值从1978年的441万元发展至2000年的44287万元，增长了近100倍。随着乡镇企业的发展，农民务工收入成为家庭收入的主要来源。卫星村村办企业被农业农村部、乡镇企业局、中国乡镇企业协会评为1995年中国最大经营规模乡镇企业、1995年中国最高利税总额乡镇企业。

农、工、副三业齐步发展，境域内经济全面提升，教育、卫生、文化等社会事业得到全面发展。农民住房条件得到改善，生活水平得到提升。卫星村获评江苏省精神文明村、1999—2000年度江苏省文明村。2006年，漕湖产业园标志性建筑漕湖大厦建成。2008年，漕湖水域建设开工，人工堆造4个湖中岛，南北跨湖建桥2座、1条路堤沟通漕湖南北。同时，开发建设漕湖湿地公园，占地400亩，以培植各类名树、古树、异树为特色。生态文明建设让漕湖人拥有绿色家园。2013年，漕湖花园一社区、漕湖花园二社区获评江苏省和谐社区建设示范社区。

【漕湖街道】

2014年8月，漕湖街道成立，下辖漕湖花园一社区、漕湖花园二社区2个社区和下堡、上浜、卫星、倪汇、汤浜5个行政村。街道工业、商贸服务业、农业等均委托相城经济技术开发区管理。为适应城乡一体化建设的发展需要，助力推进漕湖产业园新兴产业落地发展，相继组建村级联合发展公司、农业合作联社和市政建设公司等集体公司。辖区批复面积28.55平方公里，户籍人口21362人。

辖区交通便利，御窑路、S228嘉闵高架畅通南北，太东路、漕湖大道、永昌泾大道横贯东西。G2京沪高速东桥枢纽、S9苏绍高速入口、苏州高铁北站位于街道15分钟交通圈内，距离苏南硕放机场仅30公里路程。

2015年，漕湖街道物业联社成立，以漕湖花园一社区、漕湖花园二社区为试点，将小区纳入街道物业联社管理。成立苏州市相城区鼎昇市政工程有限公司、苏州市漕阳生态农业发展有限公司、苏州市相城区乐漕物业专业合作联合社、苏州市漕湖城乡一体化发展有限公司、漕湖街道社区股份合作联社等5家集体联合发展公司（联社），总注册资金1.74亿元，全年共实现利润230万元。种植水稻面积345亩，总产量17.6万公斤，亩产510公斤。复垦土地2400亩，完成“四个百万亩”水稻落地任务206亩。年内完成投资800余万元，建设倪汇千亩特色农业基地，铺设贯通2200米主干道路沥青路面，建成农产品质量检测室，栽种枇杷、樱桃、柚子、石榴等果树4500株，面积100.5亩。

是年，村级（社区）经济总收入3150万元，农民人均现金收入29645元。年末户籍数5698户，户籍人口20085人，另有外来暂住人口21355人。街道被评为江苏省和谐社区建设示范街道，卫星村被评为苏州市先锋村。

2016年3月，新建永昌泾社区居民委员会，调整居民委员会管理范围。8月，撤销倪汇村、上浜村村民委员会，原倪汇村、上浜村村务由永昌泾社区管理。街道社会事业服务中心投入运行。

鼎昇市政、漕阳生态、乐漕物业、卫星置业、社区股份合作联社以及新成立的联漕绿化（琳桥绿化公司升格为苏州市相城区联漕园林绿化有限公司）6家集体公司，全年创收1260万元。完成“四个百万亩”水稻高标准农田建设指标。平整工业闲置地块2000亩，完成土地复垦复种面积约1321亩。

是年，实现村级稳定性收入3793万元，同比增长10.3%。农民人均纯收入32714元，股份分红、人均纯收入同比增长10%以上。街道户籍数6148户，户籍人口22591人，外来暂住人口30828人。卫星村获评江苏省第十一批省级民主法治示范村、市级消防先进村、市级示范性青少年综合服务平台。

2017年，成立街道集体资产集中经营管理办公室、镇村集体资产管理交易服务中心，规范村（社区）集体资产经营管理。鼎昇市政、漕阳生态、乐漕物业、卫星置业、社区股份合作联社、联漕绿化6家集体公司全年创收1500万元。

完成土地复垦复种面积约929.7亩，完成地区生产总值22.56亿元；实现工业总产值109.1亿元，同比增长32%，其中规模以上工业总产值98.94亿元，同比增长29%；完成全社会固定资产投资41.8亿元；完成进出口总额7.3亿美元，同比增长5.8%。农民人均现金收入34246元，同比增长5%。实现村级稳定性收入3274万元，农民股份分红同比增长9%。

年末，户籍数5362户，户籍人口20299人，外来暂住人口20224人。是年，漕湖花园二社区获评江苏省民主法治示范社区，卫星社区青年之家获评省级示范性青少年综合服务平台，观塘社区获评苏州市社区商业示范社区。

2018年，漕湖残疾人之家建成投用，“社区矫正+助残”模式得以落实。漕湖街道团工委为促进各地线下线上“青年之家”建设，推动“青年之家”聚焦团的主责主业。开展亲心倾力、青春续航——“共青团在你身边”2018年全国“青年之家”主题活动，申报项目入选全国351强。10月，漕湖街道境域内拆迁工程全部结束。

鼎昇市政、漕阳生态、乐漕物业、卫星置业、社区股份合作联社、联漕绿化6家集体公司全年创收1465万元。年内，完成土地复垦复种面积约952.95亩。街道总投资4000万元，建成一个集休闲观光和现代农业生产于一体的体验式农业园——“倪家湾·水之田”。完成永昌河道景观改造和规划开发环漕湖区域，漕湖形成全新的“都市化生态”。

完成地区生产总值79.58亿元，增长15%；完成全社会固定资产投资56.78亿元，同比增长36%；实现工业总产值128.34亿元，同比增长12.42%，其中52家规模以上工业企业完成产值125.25亿元，同比增长8.76%；进出口贸易完成10.14亿美元，同比增长20.43%。新注册项目90个，注册资本31.26亿元，已投产项目16个，完成税收1.132亿元。全年实现村级稳定性收入2793万元。农民人均纯收入3.50万元，同比增长2.3%。农民股份分红人均339元，同比增长6%。

是年，街道获评苏州市河道养护管理标准化建设示范区。卫星村获评2015—2017年度苏州市文明村、卫星村团支部被评为苏州市“三敢三勇”团组织，卫星村“暖心文明岗”获评苏州市“乡风文明志愿岗”优秀岗位。观塘社区获评苏州市社区商业示范社区。永昌泾社区获评苏州市先锋社区，永昌泾社区文体中心获评苏州市2016年行政村（社区）综合性文化服务中心标准化建设示范点，永昌泾社区琳桥书场获评苏州市社区党组织为民服务百佳示范项目，永昌泾社区党群服务中心获评苏州市“海棠花红”先锋阵地市级党员教育实境课堂。街道环卫站获评2017年度苏州市区生活垃圾分类工作先进单位。

2019年，复垦复种土地1054.65亩。鼎昇市政、漕阳生态、乐漕物业、卫星置业、社区股份合作联社、联漕绿化6家集体公司全年创收1434万元。秦欧动力科技（苏州）有限公司、平安大健康产业园、海鹰空天材料研究院（苏州）有限责任公司等100个企业落户漕湖，开工建设平谦国际（苏州）产业园二期、苏州易德龙科技股份有限公司、苏州国方汽车电子有限公司等项目15个。

完成工业总产值170.11亿元，增长21.91%，其中规模以上工业总产值165.01亿元，增长18.94%；完成固定资产投资55.65亿元，其中工业投资19.45亿元；全年累计完成进出口额11.84亿美元，其中出口额8.40亿美元。村级稳定性收入4669万元。农民人均年纯收入3.62万元，增长3.4%。农民股份分红人均363元，增长7.45%。

是年，户籍数6107户，户籍人口22800人，外来暂住人口16500人。卫星村一站式服务大厅获评江苏省巾帼文明岗，卫星村团总支被确定为共青团省委村（社区）领域直接联系点。瑜翠园获评江苏省节水型小区。苏州易德龙科技股份有限公司获评江苏省文明单位。西交大漕湖科创园被评为江苏省海外人才离岸创新创业基地运营主体单位、省级创业孵化示范基地。漕湖街道青年学习社获评2019年苏州市青年学习社，漕湖街道团工委获评2018年度苏州市五四红旗团委。永昌泾社区妇女儿童之家获评苏州市最美妇女儿童活动阵地。漕湖环卫站获评2019年创先争优劳动竞赛市级单位。彩叠湾获评苏州市市级示范物业管理项目。

【苏州工业园区苏相合作区（漕湖街道）】

2020年初，为进一步提升苏州工业园区和相城区经济合作紧密度、发挥叠加优势，苏州市委、市政府作出重大决策，实体化运行苏相合作区，探索“经济区、行政区适度分离，建立互利共赢的税收分享机制”。4月8日，苏州工业园区苏相合作区揭牌，由苏州工业园区和相城区合作共建，下辖漕湖街道，办公驻地为苏州市相城区漕湖产业园永昌泾大道1号漕湖大厦。下辖7个村（社区），辖区面积47.6平方公里，户籍数7163户，户籍人口24482人，外来暂住人口24476人。12月，漕湖街道设置“三办一局一中心”（党政办公室、社会事业办公室、建设管理办公室，综合行政执法局，集成指挥中心）5个职能机构。推进企业、市政基础设施、水利水务、公共服务配套项目进度，与香港中华燃气有限公司合资成立苏州工业园区苏相合作区市政公用发展有限公司，建设公用基础设施综合协作服务平台。统筹推进乡村振兴工作，致力于打造开放创新、智慧生态、产城融合、宜业宜居的示范区。漕湖街道社区卫生服务中心获批，对照一级医疗机构标准设置科室，增加服务功能，延长服务时间。

全年水稻种植面积3345亩，小麦种植面积3352.05亩，蔬菜种植17008.05亩。发放惠农补贴资金249.56万元。培育苏州市农业产业化龙头企业1个、苏州市“十佳”农产品加工示范企业1个、苏州市示范家庭农场1个，江苏省绿色优质农产品基地通过验收。“倪家湾·水之田”品牌提档升级，被认定为相城区现代农业园区，草莓品种“红颜”获江苏省“紫金杯”优质草莓金奖。“三优三保”复垦土地52.95亩。加固永昌泾河、支塘泾河800米堤岸。漕湖环湖路获评2020年度苏州市“美丽农村路”。成立新时代文明实践文艺宣传志愿者队伍——草根文艺队，开展新时代文明实践志愿服务活动100场，其中“思漕学堂”志愿服务项目入选苏州市百个重点志愿服务项目。“艺播漕湖”获评2020年度苏州市群众文化“五个一百”优秀品牌。漕湖残疾人之家获评省级“残疾人之家”。

是年，完成工业总产值291.49亿，同比增长41.7%；全社会固定资产投资48.75亿元，其中工业投资27.46亿元，同比增长35.2%；一般公共预算收入6.68亿元，同比增长9.3%；注册外资7321万美元，同比增长17.89%，实际利用外资7343万美元，同比增长369.2%。实现村级稳定性收入4669万元，农民股份分红人均447元，增长23.6%。

是年，漕湖产业园（漕湖街道）获评2019年江苏省和谐劳动关系创建示范园区。漕湖街道获评苏州市抗击新冠肺炎疫情先进集体、2020年度苏州市平安街道。漕湖商会获评全国抗击新冠肺炎疫情先进商会、江苏省“四好”商会。

2021年12月25日，苏州市相城区政府批复，撤销汤浜、卫星、下堡3个村的村民委员会，设立汤浜等3个社区居民委员会，调整永昌泾社区区域。苏州工业园区苏相合作区（漕湖街道）下辖漕湖花园一社区、漕湖花园二社区、下堡社区、永昌泾社区、卫星社区、观塘社区、汤浜社区7个社区。成立苏相合作区企业发展服务中心，与独墅湖科教创新区签订创新发展战略合作协议，“智改数转”工作完成项目91个，规上企业“智改数转”覆盖率达68.75%；以数字苏相顶层设计为蓝图，加快数字城市、数字政府建设，上线政务协同平台（一期）、CIM平台（一期）、BIM平台、规建管一体化管理平台和智慧工地平台等一批项目。持续推进市政道路建设、水系调整、雨水管网改造、交通标志标引等市政项目，推进漕湖综合文体中心、综合商务中心、幼儿园、体育公园以及消防站等社会事业项目建设，完善营商环境配套。

实体化运作以来，共引进项目144个，累计总投资超250亿元。2021年，完成签约项目116个，其中62个产业项目、54个科创项目，合计总投资141.7亿元，超5亿元项目9个，包括多家投资大、亩均产出高的国内外知名企业：世界领先半导体封装与测试供应商嘉盛半导体，打造嘉盛苏州二厂封测新基地，项目总投资达7亿美元；航天科工空天动力研究院项目总投资36.4亿元，将打造数字化、规模化的空天动力智能制造基地；国际物流设备龙头企业日本大福自动搬送设备项目在达产后，亩均产值超过2000万元，亩均税收超150万元；电机电控领域的上市龙头企业八方电气（苏州）股份有限公司将在合作区开展电动助力自行车电机生产新基地项目。重点加大与工业园区招商协同，推动嘉盛半导体、德亚交通、长瑞光电、鲁信新材料、兰蒂奇、八方电气等19个工业园区项目签约落地，总投资近92亿元，推进区域内存量企业项目扩建及22个重点在建产业项目建设，卡士酸奶、德佑新材料、艺达思等项目开展二期新项目建设。合作区经济社会发展关键指标增长明显，其中工业总产值、规上工业总产值列相城区第二名，增速列相城区主要工业板块第一名；一般公共预算收入增速列相城区第一名；工业投资占相城区比重近30%；注册外资和实际到账外资实现漕湖片区新突破。

作为苏州市国土空间规划开篇以来第一个自主规划落地的“特殊政策区”，苏相合作区紧扣“科技、人文、生态”三个关键词，发挥后发优势，融合新基建，加强“十四五”规划及国土空间规划的联动，探索将生态优势转化为发展优势的新路径，打造长三角创新驱动、绿色发展的科技生态湖区。以培育产业集群为目标，以绘制链式全景图为基础，以招引标杆性企业和引擎性项目为核心，努力打造以新一代电子信息、先进装备制造、人工智能科技、现代服务等为核心的产业发展体系。

是年底，苏相合作区（漕湖街道）共有户籍数6659户，户籍人口31790人，流动人口30399人。完成工业总产值365亿元，同比增长25.3%；规上工业总产值336亿元，同比增长20.8%；一般公共预算收入8.56亿元，同比增长28.1%；全社会固定资产投资42亿元，其中工业投资30亿元，同比增长10.4%；完成注册外资1亿美元，同比增长36.8%，实际到账外资1.01亿美元，同比增长37.3%。

大事记

周

周元王时（前475~前469），越大夫范蠡伐吴开渎并疏浚漕湖，故漕湖原名蠡湖。

秦

始皇帝二十六年（前221），以吴国故都设立吴县，为会稽郡治。境域属吴县。

唐

万岁通天元年（696），析吴县东部，北部置长洲县。境域属长洲县。

宋

北宋年间（960~1127），金兵进犯中原，北方移民开始聚居永昌。至清代后期建永昌泾镇，属长洲县。

南宋境域下堡"三尖角"驻兵三千，防金兵侵犯。

明

万历十八年（1590）庚寅初四午后，永昌地方忽遇大雹，间有斗大者，次俱如升大者。伤人损禾甚多。

清

顺治七年（1650），永昌人王之屏出家资建永福桥、永禄桥、永寿桥，并独修安乐、孟登、衣锦3桥，此6桥是建在其先祖王同诸所开挖的3条浜河（前浜、中浜、后浜）上的6桥3浜即永昌著名的古迹“三浜六桥”。

道光三年（1823），吴中大水。永昌人徐步鳌平粜（平价出售粮食）。

咸丰十年（1860）4月，太平天国攻陷苏州并在黄埭修筑堡垒，清军与太平军在境域内大桥角发生战争。1996年，在境域内琳桥村浦巷上出土清代洋炮炮筒。

中华民国

1912年

1月 国民政府江苏都督府颁令废州、府，并县、厅。长洲县并入吴县。

是月 苏州改称吴县，境域属吴县。其时吴县编置市乡，划十二都归南北桥市。

4月 吴县倪汇初级小学创立。

6月 江苏划分为五道。吴县为特别级县，隶属江苏省苏常道，道治驻吴县，境域属苏常道管辖。

是年 当地举人吴伯元创立黄畦私立小学。

是年 无锡人顾鸿在永昌创办吴县永昌初级小学，该小学是境域内办学历史最长的一所学校。

1927年

10月 废苏常道，吴县为一等县，属江苏省，境域属吴县。

1929年

8月 实行区、乡、镇制。黄埭隶属吴县第十二区，区公所驻地黄埭，辖3镇29乡。境域含凤凰、北庄、琳桥、下堡、永昌、倪汇、黄泥等乡。

1934年

是年 黄埭隶属吴县第六区（由原第六、第八、第十二区3个区合并而成），区公所驻黄埭，辖5镇32乡，境域含永昌、倪汇2乡。

1935年

是年 永昌泾漕湖东泄洪水道下游段阻塞严重，征工疏浚永昌街河段130米，挖土455立方米。

1937年

11月上旬 在冶长泾有4艘满载太仓、青浦逃难百姓的难民船遭日机炸沉，300多名难民被炸死。

1938年

是年 中共京沪线工委书记林枫派陆步青到永昌镇建立联络点，开展抗日工作。

1939年

5月3日 陆步青在争取伪军王文彩部抗日时，被王的部属杀害于泥渡浜（现漕湖街道汤浜路南春兴路交界处）。

6月1日 中共江南特委组织贤圣（今卫星）、倪汇、永昌等乡1000余名农抗会员破袭苏常公路，捣毁路面10余千米（蠡口观来泾至常熟洞江泾路段），烧毁桥梁7座，以阻敌交通，保证"江抗"部队顺利东进。

1940年

9月 无锡县渭黄区人民抗日自卫会成立，永昌人王志方任主席。渭黄区辖永昌、贤圣、倪汇、习礼、遵信等乡。

1941年

3月 无锡县漕南区政府在西永昌镇成立，区长王志方，副区长章中。漕南区辖永昌、杨思港、下堡等乡（村）。

1944年

12月7日 "江抗"三支队二连与胡肇汉匪部三四百人激战于周家浜。

1945年

8月15日 抗日战争胜利。境域恢复至1937年前的吴县第六区。

1948年

8月 苏锡县武工队长顾明和陈锡昌、唐申祥在中共地下党员王金宝配合下，收缴永昌、倪汇两乡国民党自卫队步枪30支、卡宾枪1支、短枪2支。

1949年

4月25日 苏锡县武工队、永昌武工组，接收国民党黄埭自卫队机枪1挺、长短枪120余支。

7月24日 境域内受6号台风袭击，一昼夜降雨132.7毫米，水位涨至1米有余，汤浜村双漕圩全部被淹没。

中华人民共和国

1949年

10月1日 中华人民共和国成立，境域内村民欢庆建国盛典。

10月10~15日 吴县实行减租减息，仅琳桥村减租米1444.5石。

1950年

1月 各地废除保甲制，乡以下实行村、组管理体制。

是月 吴县土地改革委员会成立。境域内土地改革运动开始，至1951年2月结束。

10月 卫星村王学道、倪汇村沈阿林、汤浜村杨金水等青年入伍参加抗美援朝战争。沈阿林在上甘岭战役中受伤，获勋章一枚。

1952年

11月 境域内各村兴办冬学，均建民校、夜校，掀起扫除“文盲”热潮。

是年 境域内各村贯彻中共中央《关于农业生产互助合作决议》，组织临时和常年互助组。

1953年

7月1日 全国开展第一次人口普查，境域内琳桥乡有6402人、倪汇乡有4622人、永昌乡有4629人、黄泥乡有4505人。

1954年

4月 境域内建成多个初级农业生产合作社。有五星村的合兴社、倪汇村的永远社、陆严村的向前社、湖林村的胜利社、琳桥村的前进社等。

1956年

1月21日 永昌镇、倪家湾镇实施商业公私合营。

1957年

9月 吴县撤区并乡，境域属黄埭乡。

10月 吴县建立漕湖水产养殖场，有水面10200亩，由吴县黄埭、北桥、无锡后宅联营。

是月 黄埭乡召开中国共产党第一次代表会议选举产生中共吴县黄埭乡第一届委员会，杨绪芝当选为书记、翟久君当选为副书记。汤浜村傅阿夯、新兴村汤老虎等参加大会。

1958年

9月24日 黄埭人民公社成立，下设9个大队，境域内所属的有第四大队下堡村、琳桥村、由巷村，第五大队永昌村、万安村、湖林村，第八大队汤浜村、任浜村、陆严村、新兴村，第九大队黄畦村、合兴村、五星村、倪汇村。

是月 黄埭人民公社第三届人民代表大会第一次会议召开。会议选举陶瑞兴为黄埭人民公社社长，徐荣方、尤阿毛、钱金林当选副社长。

1959年

1月下旬 境域内各村派出干部、群众参加建设吴县太浦河工程。

1960年

是年初 黄埭人民公社将9个生产大队分拆为24个生产大队，原属各大队的村独立成为生产大队。

是年 境域内各村均有青年到新疆支援边疆建设。

1962年

8月27日 境域内遭龙卷风和冰雹袭击，最大的冰雹重17市斤，一般的均在半斤左右。

9月 黄埭镇由公社属镇升为县属镇。

1964年

8月 汤浜大队第十二生产队插队青年顾福敏获评江苏省上山下乡知青积极分子先进代表，到南京市参加表彰大会。

1965年

4月 黄埭人民公社贫下中农协会成立，设常委7人，任浜村尤阿毛任贫协主席，倪汇村周阿夯任副主席。

8月 汤浜村沈茂生、卫星村庄兴根、倪汇村姚根发、任浜村杨根发等80余名青年应征入伍。经过短期集训后参加援越抗美战争，为期20个月。

是年 汤浜大队获评华东地区农业先进单位，成为太湖地区首个农业样板大队。

1966年

8月下旬 境域内开始“破四旧”（破除旧思想、旧文化、旧风俗、旧习惯），乡镇一些古建筑文物遭捣毁。

1967年

是年 新兴大队率先创办人工河蚌育珠场。

1969年

是年 各大队建立合作医疗管理制度。卫星大队李阿白、汤浜大队傅惠元、任浜大队王美华等53名青年成为赤脚医生（农村亦农亦医的医务工作者）。

1970年

3月 卫星大队组织民工80余人，在漕湖东畔的三茅浜至马河桥段建造蓄水和防洪的石坡工程，各大队村民利用农船运载石块进行支援。工程历时8个月。

1973年

6月6日至月底 全吴县平均降雨200毫米以上，汤浜、陆严、新兴等大队受灾尤为严重。

8月1日 狂风暴雨袭击全境，半小时降雨100毫米以上，风力7~8级，阵风9~10级，部分民房、猪棚倒塌，低压电杆被吹倒，双季早稻倒伏。

1974年

是年 卫星大队分圩加固防洪圩堤开工，加高圩堤3.7千米，调整河网（填没老河道9千米、新挖河道3.7千米），平整土地2851亩，完成土石方136万立方米，至1977年竣工。

是年 卫星大队自筹资金拆迁老村坊，建造农民新村，共建9村81幢2层楼房。

1976年

1月8日 周恩来总理逝世。境域内群众有组织地参加哀悼活动。

9月9日 毛泽东主席逝世，境域内采购九寸黑白电视机，人们通过电视与首都人民共同悼念毛主席。

1977年

12月 黄埭人民公社40名青年参加“文化大革命”后恢复的第一次高校招生考试，10余人被录取。

是年 境域内病死三角帆蚌200多万只，新兴、汤浜两大队经济损失最为惨重。

1978年

6月30日至7月2日 新华通讯社社长曾涛参观卫星大队并发文报道卫星大队建设新面貌。

7月 参加全国农田基本建设会议的南方12省、自治区、自辖市县级以上负责人赴卫星大队农田水利样板点。

1979年

3月 汤浜大队傅大阿弟获评江苏省劳动模范。

9月19日 卫星大队第六生产队“红姑娘突击队”被共青团中央授予“新长征突击队”称号。

1980年

1月 卫星大队党支部书记薛振康获评江苏省劳动模范，卫星大队获评江苏省农业先进单位。

是年 汤浜大队产珍珠1300公斤，集体收入达217万元。全大队人均分配715元，其中珍珠收入540元。

1981年

11月20日 在卫星大队召开吴县“冬管积肥誓师大会”。大会提出“全县学卫星，人人鼓干劲，三麦争五百，水稻超千斤，农副工业齐跃进”的口号。

12月 苏州市各县区先后组织人员到卫星大队参观。

1982年

11月 卫星大队妇代会获评江苏省“四好”妇代会。

1983年

7月 境域内各乡村实行家庭联产承包责任制。

是年 下堡村创办吴县下堡装潢卷门厂，该厂是境域内第一家铝合金门框卷帘厂。

1984年

1月17~19日 境域内持续降雪45小时，积雪深18厘米，全体干群投入抗雪防冻救灾工作。

8月 卫星村党支部书记薛振康当选为苏州市党代表，出席中共苏州市第六次党代会。

1985年

7月31日 特大龙卷风袭击境域。

是年 卫星村工业生产总值超千万元。

是年 新兴村周思墩灌水机房获评江苏省水利系统先进单位。

1986年

1月 中共卫星村总支部委员会成立，为吴县第一个村级中共总支部，薛振康任书记。

1987年

是年 卫星村农户朱锦高承包责任田32.3亩，关月林承包责任田31.8亩，开创境域内农村适度规模经营的先河。

1988年

12月31日 当地派出所向境域内18周岁以上居民签发居民身份证。

1989年

5月10日晚9时左右 境域内遭龙卷风、暴风袭击，房屋倒塌177间、毁坏380间，伤亡13人，经济损失300余万元。

1990年

7月1日 新兴村朱金木被共青团中央、国家科委评为首批全国农村青年星火科技带头人。

7月5日 境域内遭龙卷风袭击。琳桥村种田大户钱阿东家7间房屋倒塌，8间房屋严重损坏，压死肉鸡1700只。8日，吴县保险公司核损后，赔偿7900元。

9月27日 江苏省副省长凌启鸿带领出席省水利工作会议的168位各市水利等部门负责人，参观卫星、倪汇、汤浜3个村的砖砌防渗渠道、水泥管暗渠等水利工程。

是年 琳桥村钱阿东获评1990年度吴县劳动模范。

1991年

7月3日 境域内遭受百年未遇的洪涝灾害。暴雨数日，水位猛增到4.45米，超过警戒水位95厘米。

7月9日 江苏省委副书记曹鸿鸣在苏州市委副书记黄俊度、范育民以及吴县县委书记沈长全等陪同下，到境域内查看灾情并指导抗灾救灾工作。

11月8日 全国人大常委会副委员长彭冲到卫星村视察。

是年 吴县微风扇厂（也称吴县下堡塑料五金厂）生产的骆驼牌微型吊扇获第二届北京国际博览会金奖。

是年 卫星村获评苏州市文明单位、苏州市现代化先进集体。

1992年

3月9日 南京军区第一集团军某部队400名官兵与当地1000名民工在下堡村开展望虞河工程大会战，工程历时20天。

8月17日 卫星村成立村级工会联合会，是苏州市成立的首家村工会联合会。

是年 卫星村工农业产值达10588万元，成为全国有名的亿元村。

是年 卫星村获评苏州市组织建设经济发展示范村、苏州市先进基层党组织。

1993年

是年 卫星村获评江苏省土地规模经营现代化建设先进单位、苏州市创先争优先进基层党组织。

是年 下堡村获评吴县农业综合实力百强村。

1994年

1月15日 永昌村种粮大户杨文才出售粮食10.2万斤，获吴县农业规模经营大户特等奖。

3月20日 望虞河水利工程琳桥大桥角段施工过程中挖掘出太平天国时期的铁炮。

8月5日 吴县首次进行全县百强村评比。卫星村名列全县第三名，下堡村进入百强村行列。

9月26日 卫星村、下堡村获评苏州市综合经济实力百强村，卫星村位列百强村第十。

12月 卫星小学获评吴县农村第一所“合格完小”，成为吴县10所“窗口小学”之一。

是年 万安村农户薛生荣获评1993年度苏州市劳动模范。

是年 卫星村获评1992—1993年度苏州市文明单位、苏州市工业明星村。

是年 下堡村获评苏州市加强村级组织建设加快集体经济发展示范村。

1995年

6月18日 苏州市邮电局黄埭邮支局卫星邮电所开业，该邮电所是苏州市第一个村级邮电代办所。

11月9日 西藏自治区林周县到吴县市考察团一行9人，在吴县市委副书记、组织部部长高生根陪同下，到卫星村参观学习。

是年冬 卫星村村办企业被国家农业部、乡镇企业局、中国乡镇企业协会评为1995年中国最大经营规模乡镇企业、1995年中国最高利税总额乡镇企业。

是年 琳桥加油站在琳桥村建成，占地面积1033平方米，是黄埭镇第一个村级加油站。

是年 卫星村获评苏州市“十佳”党组织、苏州市明星村。

是年 下堡村获评吴县市文明单位。

是年 卫星小学代表吴县市中小学，接受并通过了“全国体育先进县”复检领导小组的到校检查。

是年 黄埭镇至渭塘公路开通。卫星村干部群众在埭卫（星）路段举行通车典礼。

1996年

3月27日 吴县市政府制订《吴县市农村现代化试点实施意见》，确定卫星村为吴县市农村现代化试点村。

是年 汤浜村农户徐明方获评吴县市劳动模范。

是年 汤浜小学校长金万友获评苏州市优秀教育工作者。

是年 卫星村获评苏州市先进基层党组织、苏州市明星村。

是年 倪汇村妇女组织获评吴县市先进妇代会。

1997年

5月18日 卫星村卫星医院举行开业典礼。

是年 下堡村园墩上大农户黄钰生获评吴县市劳动模范。

是年 卫星村获评江苏省农村现代化试验区先进集体。

1998年

3月16日 永昌村陈福妹被国家民政局、劳动部、全国总工会、共青团中央、全国妇联、中国老龄协会等6个部门联合授予全国敬老好儿女金榜奖。

12月13日 卫星小学通过江苏省教育现代化先进乡镇验收组验收。

1999年

2月7日 永昌村陈福妹到北京参加全国“敬老好儿女金榜奖”“老有所为奉献奖”“重视老龄工作功勋奖”表彰大会。陈福妹是江苏省参加表彰大会的6位代表之一，也是苏州市的唯一代表。

12月 卫星村村民自发组织成立男、女舞龙队各一支。

是年 下堡村园墩上大农户黄钰生获评苏州市劳动模范。

是年 卫星村获评江苏省卫生村、苏州市文明村。

2000年

1月 卫星村投资100多万元兴建1幢3层的卫星小学教学楼，该教学楼面积为937平方米，8月竣工，9月投入使用。

是年 卫星村获评江苏省精神文明村、1999—2000年度江苏省文明村。

是年 倪汇村获评吴县市村民自治模范村。

是年 吴县市撤市置区，分建吴中区、相城区，境域隶属相城区。

2001年

5月1日 永昌小学启用新校舍。永昌小学占地16亩，建筑面积2015.32平方米。

6月13日 苏州市委书记陈德铭、副书记黄炳福、副市长江浩到卫星村视察新品种水稻丰产方，察看汤浜村的苔韭基地。

2002年

5月31日 境域内实现大病医疗保险全覆盖，村民全部参加大病医疗保险。

是月 卫星小学获评苏州市合格小学。

12月 卫星村黄畦泾十六组村民张根生的遗体捐献给苏州市红十字会，张根生是境域内首位遗体捐献者。

2003年

4月 湖林村与新兴村合并设湖林村，汤浜村与陆严村合并设汤浜村，上浜村与琳桥村合并设上浜村，永昌村与万安村合并设永昌村，倪汇村与任浜村合并设倪汇村。

是年 卫星村在李家里建造卫星新村，安置因建造苏州绕城高速公路而动迁的村民。

2004年

3月18日 第一批动迁安置小区玉莲新村开工建设，该小区位于太东路南侧，华阳路东侧，规划面积255.4亩，建筑面积17.2万平方米，总投资2亿元。

是月 卫星村获评苏州市文明村。

4月 因京沪高铁建设工程需要，上浜村27户、湖林村17户、汤浜村18户村民首批开始动迁，村民陆续被安置在玉莲新村、憧憬新村。

是年 开始拆迁钱家里、岳家里。

2005年

是年 上浜村党支部书记朱金德获评苏州市劳动模范。

是年 卫星村获评2004—2005年度苏州市文明村。

2006年

7月1日 卫星、下堡、汤浜、倪汇、永昌、万安、上浜等村划归漕湖产业园，属江苏省苏州市相城经济技术开发区管辖。

10月 湖林村258户、倪汇村194户、上浜村73户、汤浜村88户、卫星村94户、永昌村49户，6村共756户村民完成动迁签约。村民分别被安置在玉莲新村、憧憬新村和漕湖花园一社区。

是年 开始拆迁皇埂上、洪家里、徐埂上、丁家里、朱家里、宣家里、阔井里、马家里、何家沿头、邹家里、白马之沿、荣家里、张家里、荡上、西蔡、西浜、刘家浜、赵千浜、张华、河南角、永昌西街、桑园角、中巷、牌楼巷、后桥角、后桥头、东浜、矮墩桥、大桥头、野猫洞、杨四观音堂、前二房、南杨四巷、北杨四巷、孙泾港、华家里、鳑鲏头、鱼池头、陈家沿、李家里、陶家桥、横河港、西桥头、查家浜、弄塘湾、万安桥、马家浜、周家浜、牙浜、丁埂郎、翁秋头、东钱泾、西钱泾、计家里、杨端头、北横头、倪家湾、里浜、外浜、田都里、杨家里、尤家里、朱家里、许泾浜（任浜村）、任家浜自然村。

是年 漕湖大厦建成。漕湖大厦是漕湖产业园的标志性建筑，建筑面积5.3万平方米，其中主楼有22层。

是年 卫星村获评苏州市民主法治村。

是年 漕湖花园二社区获评2003—2006年度相城区平安建设先进集体。

2007年

2月 湖林村126户、倪汇村7户、上浜村2户、下堡村1户、永昌村141户，5

村共329户村民进入动迁签约，先后被安置在澧湖花园一社区、二社区和卫星八区。

6月18日 澧湖青年公寓A区开工建造，至2010年7月18日竣工。

11月12日 相城开发区澧湖产业园下属各村村民委员会换届选举。

是年 辽青沿、鲇鱼浜拆迁。

2008年

是年初 戚家浜开始动迁，至2010年10月结束。

3月 湖林村44户、倪汇村18户、上浜村103户、汤浜村50户、卫星村11户、下堡村116户、永昌村76户，7村共418户开始动迁签约。村民先后被安置在澧湖花园一社区、二社区和卫星社区。

6月 澧湖7个行政村（开发区太东公路以北区域）划归北桥街道。

10月 澧湖水域建设开工，人工堆造4个湖中岛，南北跨湖建桥2座。同时，开发建设澧湖湿地公园，占地400亩，以培植各类名树、古树、异树为特色。

是月 开始拆迁方家里、北庄湾、金家里、林家里、下堡街、邹家庄、长塘上、园墩上、凤凰、上场、陆家里、陶家里、园上、廉埂上、蚂蚁浜、张家里、西沿头、汤家浜河南、汤家浜河北、小娄娄、尤埂郎、石基上、河西岸、许金浜、严家湾河南、严家湾河北、薛埂上、陈家桥、陆埂上、戴家里、周家里、孟墩上、周思墩、琳桥、浦巷郎、洋桥头、姚湾里、朱其浜、杨家里、横泾上、苏家浜自然村。

12月 澧湖花园一社区居民委员会成立。

是年 澧湖花园一社区党总支获评中共相城区委2008年度先进党组织。

2009年

3月 境域内7村共1168户进入动迁，其中湖林村464户（第一个完成拆迁的行政村）、倪汇村93户、上浜村34户、汤浜村53户、卫星村62户、下堡村55户、永昌村407户。村民先后被安置在澧湖花园一社区和二社区。

是年 开始拆迁湖村荡、陈头浜、俞家里、薛家里、周巷桥、朱家里、金家里、河南寺自然村。

是年 卫星村获评苏州市农村社区股份合作示范社区。

是年 卫星花园即澧湖花园八区开始建造，占地7万平方米，建筑面积12.9万平方米。

是年 澧湖花园一社区获评相城区2009年度四城杯先进集体奖。

2010年

3月 倪汇村188户、上浜村49户、汤浜村234户、卫星村132户、下堡村172户、永昌村4户，6村共779户进入动迁签约，村民先后被安置在漕湖花园一社区和后建的漕湖花园二社区。

7月 漕湖花园二社区居民委员会成立。

是年 开始拆迁朱家沿头、邹家里。

2011年

3月 漕湖花园二社区妇女组织获评相城区“四好”妇代会。

3月 上浜村22户、汤浜村2户、卫星村1户，3村共25户进入动迁签约，村民陆续被安置在漕湖花园八区。

11月1日 十一届苏州市委第五次常委会会议通过《关于苏州工业园区和相城区合作共建经济开发区建议方案》。苏州工业园区—相城区合作经济开发区（简称苏相合作区）成立，境域纳入苏相合作区主体范围。

是年 漕湖花园一社区获评相城区2011年度“奋进杯”集体奋进奖和卫生达标单位。

2012年

1月11日 苏州工业园区—相城区合作经济开发区揭牌。

6月26日 西安交通大学苏州科技园·漕湖签约仪式在苏州相城区管委会大楼举行。相城开发区管委会主任张昊、西交大苏州研究院常务副院长吴军华分别代表双方签订协议书。8月21日，举行揭牌仪式。

是月 倪汇村130户、汤浜村23户、卫星村182户、下堡村26户、永昌村11户，5村共372户进入动迁签约，村民陆续被安置在永昌泾社区。

12月 漕湖花园二社区获评相城区地震安全示范区和无传销示范点。

是年 开始拆迁黄畦泾、凹塘头、鱼池上、曹家里、马坊头、蔡家里自然村。

是年 漕湖花园一社区获评苏州市绿色社区，相城区“奋进杯”竞赛活动先进集体、廉洁文化建设示范点、五四红旗团支部。

2013年

4月 倪汇村137户、汤浜村91户、卫星村184户、下堡村1户，4村共413户开始动迁签约，村民陆续安置在永昌泾花苑。

9月 苏州工业园区—相城区合作经济开发区引进项目53个，其中工业制造业项目25个，注册资本26亿元，总投资75亿元。

是年 漕湖花园一社区获评江苏省和谐社区建设示范社区，苏州市放心消费创建活动先进单位，相城区2012年度“奋进杯”竞赛活动先进集体、2011—2013年度文明社区。

是年 漕湖花园二社区获评江苏省和谐社区建设示范社区，苏州市示范妇女儿童之家，相城区廉洁文化建设示范点、创新型党建工作十佳、“四好”妇代会。

是年 相城经济技术开发区筹建九年一贯制学校——漕湖学校。2015年5月，学校全面开工建设。2016年6月底竣工，9月投入使用。

是年 倪家湾·水之田公园启动建设，2018年底完成总体工程建设。

2014年

1月 漕湖花园二社区获评苏州市廉洁文化示范点。

3月18日 漕湖青年公寓B区（尚青景苑）开工建造，至2016年6月18日竣工。

是月 漕湖花园二社区获评苏州市示范妇女儿童之家。

4月 上浜村45户、倪汇村168户、汤浜村130户、卫星村91户、下堡村111户、永昌村72户，6村共617户开始动迁签约，村民陆续被安置在永昌泾花苑一期和二期。

6月 漕湖花园二社区获评苏州市“放心消费创建活动”先进示范单位。

7月18日 漕湖街道办事处设立，江峰任办事处主任。漕湖街道下辖漕湖花园一社区、漕湖花园二社区2个社区和下堡、上浜、卫星、倪汇、汤浜5个村，区域面积47.6平方千米，户籍人口21362人。

10月18日 苏相合作区首个邻里中心项目——漕湖邻里中心开业，为一站式社区商业服务中心。

11月 漕湖花园一社区获评相城区优秀农家书屋。

12月 漕湖花园一社区获评2014年度苏州市健康村（社区），2014年度相城区先进党组织。

是年 上浜开始拆迁。

2015年

1月 漕湖花园一社区成立苏州市规范化村（社区）人民调解委员会。

是月 倪汇村96户、上浜村135户、汤浜村75户、卫星村2户、下堡村77户、永昌村101户,6村486户进入动迁签约,村民陆续被安置在永昌泾花苑二期和三期。

2月 漕湖花园一社区获评江苏省地震安全示范社区。

3月12日 漕湖街道在漕湖花园二社区农贸市场举办“春到漕湖边”群众文艺汇演。

6月1日 漕湖街道以“中国梦 漕湖梦 我的梦”庆六一活动为契机,在卫星小学举办“点亮微心愿 共筑中国梦”主题活动。

6月15日 漕湖街道举办“阳澄红·党员集中活动月”系列纪念活动,评选表彰7个先进基层党组织、15名优秀共产党员。

8月7日 漕湖街道在漕湖花园一社区中心广场举办纪念抗战胜利暨世界反法西斯战争胜利70周年专场文艺演出。

8月15日 漕湖街道党员志愿服务队成立,有队员84人。

是月 漕湖街道开始在7个村(社区)实行党员积分管理制度。

9月 朱伟励获评苏州市优秀“五老”网吧义务监督员。

10月 卫星村成立青少年活动学习场所——“笑果”。

是月 漕湖街道漕湖花园一社区、二社区爱心代办服务站设立。

11月26日 彩叠湾花园开工建造,至2017年10月10日竣工。

是年 漕湖街道物业联社成立。鼎昇市政、漕阳生态、乐漕物业、城乡一体化、社区股份合作联社5家集体联合发展公司(联社)成立。

是年 卫星村获评苏州市先锋村、苏州市规范化村、苏州市巾帼文明岗。

是年 漕湖花园二社区获评江苏省节水型小区,苏州市规范化村(社区)人民调解委员会、苏州市相城区妇女联合会优秀家长学校、2015—2017年度苏州市文明社区。

2016年

3月31日 设立永昌泾社区居委会。

是月 开通“十里漕湖”微信公众号,挖掘漕湖历史文化资源,开展各类主题活动,传递就业、教育、医疗等信息。

4月 汤浜村14户、卫星村51户、下堡村80户,3村共145户进入动迁签约,村民陆续被安置在永昌泾花苑一期和二期。

7月9日 漕湖街道首届党员代表会议召开。会议听取并审议街道党工委工作报告、纪工委工作报告,通过《漕湖街道党员代表选举办法》(草案),选举工作人员名单、出席相城区第四次党代会代表名单。

8月18日 经相城区人民政府批准，撤销倪汇、上浜2个村的村民委员会，原倪汇、上浜2个村的村务由永昌泾社区管理。

9月14日 漕湖街道社会事业服务中心运营。

9月24~25日 漕湖街道卫星村、汤浜村、下堡村3个村和漕湖花园一社区、漕湖花园二社区2个社区先后召开党组织换届选举大会。选举曹洪峰任卫星村党委书记，聂佳佳任副书记；严建兴任汤浜村党总支书记，朱晓明、傅静芳任副书记；徐雪春任下堡村党总支书记，吴海花、冯文伟任副书记；陆峰任漕湖花园一社区党总支书记，苏其峰、钱峰任副书记；薛祥弟任漕湖花园二社区党总支书记，陶晓燕、赵佳任副书记。

9月26日 漕湖街道7个村（社区）分别召开第十一届村民委员会和第六届居民委员会换届选举大会，选举产生了45名新一届村（居）委会成员，其中主任7名、副主任14名。

9月30日 漕湖街道在永昌泾花苑中心广场举办首届“家在漕湖”社区邻里文化节。

是月 华东师范大学漕湖学校历经三年建成投用。学校总投资约3.8亿元，用地面积约为143.5亩，总建筑面积为6.96万平方米。

是年 开始分批拆迁北横浜、横河头、南横浜自然村。

是年 漕湖街道重点打造“幸福家园”特色党建品牌，建立“一站两室三中心”（爱心代办站，社情民意接待室、老书记工作室，党群服务中心、社会事业服务中心、综合治理联动中心）和推进访民、富民、怡民、育民、乐民、暖民“六民工程”。

是年 卫星村获评江苏省民主法治示范村、2015年度苏州市消防安全管理先进社区（村）。

是年 漕湖花园一社区党总支获评2016年度相城区先进基层党组织。

2017年

3月15日 漕湖街道“阳澄讲台”开讲，特邀苏州市委党校方伟做学习贯彻十八届六中全会精神，深入推进“两学一做”专题讲座。

是月 汤浜村51户、卫星村119户、下堡村232户，3村共402户开始动迁签约，村民陆续被安置在永昌泾花苑三期。

5月25日 苏州市副市长吴晓东、副秘书长汪香元一行到漕湖街道永昌泾花苑开展调研，实地察看小区住宅楼、喜宴厅、社区公共服务站等场所。

7月14日 漕湖街道人大工委议政代表会议成立暨第一届议政代表会议第

一次会议召开。

7月26日 环漕湖综合开发一期项目，苏州市相城经济技术开发区苏相合作区首个全省PPP试点项目签约开展，总投资30亿元。

8月31日 漕湖街道工商联合会成立大会暨第一届会员代表大会召开，大会审议并通过《漕湖街道商会章程》，选举产生商会第一届领导班子，苏州易德龙科技股份有限公司董事长钱新栋当选首任会长。

是月 漕湖街道人大代表、政协委员之家投入使用。位于永昌泾社区服务中心三楼，面积70平方米，分为展示区、休息区、活动室3个区域。

9月 漕湖街道社会综合治理联动中心建成。

是月 漕湖街道企业服务科、劳动监察中队、环保监察中队、监察审计室、组织办、宣传办等职能部门成立。街道社会事业服务中心与社会事业科联署办公。

12月20日 漕湖街道慈善会成立。

12月25日 观塘社区获评苏州市社区商业示范社区。

是月 永昌泾社区获评相城区廉洁文化建设示范点。

是年 开发建设智慧漕湖服务管理平台。成立街道集体资产集中经营管理办公室、镇村集体资产管理交易服务中心。

是年 漕湖花园一社区助餐点建成。

是年 分批拆迁李家里、横街。

是年 卫星社区青年之家获评江苏省示范性青少年综合服务平台。卫星村团支部获评2016年度苏州市五四红旗团支部。

2018年

1月26日 漕湖街道召开人大工委第一届议政代表会议第二次会议。街道党工委副书记、办事处主任杨晨东做2017年度漕湖办事处工作报告。街道人大工委主任陈正根做2017年度人大工委工作报告。街道党工委书记周雪峰讲话。

是月 永昌泾社区获评苏州市志愿服务优秀岗、苏州市相城区最佳“金乡邻”志愿服务社区。

2月2日 观塘社区获评相城区全国文明城市建设长效管理先进单位。

3月12日 永昌泾日间照料中心投入使用。

4月18日 漕湖商会慈善捐款活动现场募捐善款146万元。

5月14日 相城区委书记顾海东到漕湖街道调研基层党建工作。区委常委、组织部部长、统战部部长葛宇红参加调研。

5月18日 漕湖花园一社区助餐点试运行。主要为社区内80周岁以上老人提供助餐服务。

是月 报道漕湖街道的《以党建引领社会综合治理取得良好效果》一文在《苏州日报》刊发。

是月 观塘社区获评相城区五四红旗团支部、相城区十佳书苑。

是月 相城区公安分局漕湖街道派出所破获一起特大系列诈骗案，涉案金额超百万元。

6月 漕湖残疾人之家成立。

是月 永昌泾社区获评苏州市先锋社区。

7月 永昌泾社区获评苏州市"海棠花红"先锋阵地市级党员教育实境课堂。

8月31日 漕湖街道工商联合会成立。

9月27日 漕湖街道党工委书记周雪峰带队到贵州省铜仁市石阡县甘溪乡考察。漕湖街道3个村（社区）与甘溪乡3个村签约结对，漕湖商会现场捐款10万元，吴通控股集团股份有限公司现场捐款2万元。

是月 300辆公共自行车在"科阳光电""易德龙""天合汽车"等10个新增站点启用。

10月23日 苏州市委副书记朱民一行调研漕湖残疾人之家。

11月3日 江苏省委、政法委领导至相城公安分局漕湖街道派出所视察"校园盾牌·警校联动"。苏州市委常委、政法委书记徐美健，苏州市副市长、公安局长江海，相城区委书记顾海东，省厅、市政府及市公安局、分局相关领导陪同视察。

12月18日 观塘社区获评相城区优秀三级网格社区。

12月20日 江苏省人大常委会副主任邢春宁一行到漕湖街道考察"人大代表之家"建设情况。

是月 漕湖街道"共青团在你身边"活动入选2018年全国"青年之家"主题活动季优秀项目。

是年 漕湖街道派出所创新"校园盾牌智慧管理平台"，提升校园安保水平。

是年 卫星村获评2015—2017年度苏州市文明村，卫星村团支部获评苏州市"三敢三勇"团组织。

2019年

1月17日 漕湖街道人大工委第一届议政代表会议第四次会议举行。

是月 漕湖街道原创歌曲《漕湖岸，美江南》发布。

2月23日 漕湖街道在苏相合作区人才市场举办“漕湖岸 美江南”2019年首场招聘会。

3月14日 漕湖街道召开河湖“三违”(违法圈圩、违法建设、违法养殖)专项整治工作会议。

3月23日 漕湖街道2019年首届象棋大赛在漕湖花园一社区活动中心举办,薛超获冠军。

3月30日 漕湖街道组织开展“不忘初心、牢记使命”主题党建年系列活动之“春的回响”主题活动。相城区委常委、组织部部长、统战部部长葛宇红,相城区委常委、开发区党工委副书记、管委会副主任沈磊出席活动。

是月 朱伟励获评苏州市创建“未成年人零犯罪社区(村)”工作先进个人。

是月 漕湖街道获评苏州市水利局颁发的2018年度苏州市河道养护管理标准化建设示范区。

4月28日 相城区委书记顾海东、副区长朱小海率区委办、政府办、政法委、应急管理局、公安分局等部门相关负责人,到漕湖督导“四项工作”(扫黑除恶专项斗争工作、安全生产大检查大整治工作、“331”整治工作、“散乱污”整治工作)。

是月 漕湖街道团工委组织开展“微电影+定向赛”活动,致敬“五四”百年。

5月9日 相城区第二十九次“全国助残日”活动在漕湖街道永昌泾花苑广场举行。漕湖残疾人之家现场授牌,颁发新时代文明实践点、“新生公益”劳动基地铜牌。相城区“助残宣传月”系列活动暨幸福亮居工程同时启动。

5月14日 相城区委书记顾海东到漕湖检查督导作风建设整治工作。

5月15日 漕湖街道举办庆祝新中国成立70周年主题活动发布暨新时代文明实践启动仪式。区委常委、宣传部部长吴妤,街道党工委书记周雪峰,区委宣传部副部长孙月霞,区社科联副主席徐健敏,以及街道党员干部、道德模范代表、居民代表等参加仪式。

6月6日 相城区委书记顾海东到漕湖检查企业安全生产、产业项目建设进度,督导基层党组织整改情况。

6月18日 相城区妇联主席浦卫英、副主席薛惠琴一行到漕湖街道重点调研漕湖街道邻里中心公共场所母乳哺育设施建设状况,以及巾帼文明岗服务情况。

是月 漕湖街道社会公益组织“静牵微爱坊”成立。由漕湖街道工会副主席顾静静发起,主要针对石阡县甘溪乡贫困对象开展助学、助老、助孤、助困等帮扶活动。

7月20日至8月17日 2019年漕湖街道第二届“易德龙杯”篮球比赛在漕

湖学校篮球馆进行。

7月27日 漕湖街道举办纪念建党98周年大会暨“不忘初心、牢记使命”主题活动。

是日 漕湖街道在苏相合作区人才市场举办“40~50”（大龄失业无业人员）就业专场招聘会。

7月30日 漕湖街道、漕湖商会、西安交通大学在西安交通大学苏州科技园·漕湖一楼众创空间共同举办高端研讨会。

8月3日 “思漕学堂·筑梦微课”名师讲座第一课在漕湖花园一社区新时代文明实践站——思漕学堂正式开讲。殷建红老师以“生活就是我们的作文题材”为题开始名师讲座的指导课程。

8月8日 漕湖街道召开第一届议政代表会第五次会议。

是日 “静牵微爱坊”组织募集的近900件衣服、100袋尿不湿、一批书籍和桌椅等爱心物资发往贵州省铜仁市石阡县甘溪乡。

8月21日 贵州省铜仁市石阡县甘溪乡党委书记杨茂辉一行10人到漕湖街道开展回访考察工作。

9月2日 江苏省委巡视巡察组到漕湖街道调研，听取街道主要领导全面从严治党专题汇报，重点了解当地概况、经济社会发展、产业特点、污染治理、拆迁安置、扶贫帮困等情况。

9月4~6日 漕湖商会组织苏州易德龙科技股份有限公司、苏州华亚智能科技股份有限公司、苏州市冯氏实验设备有限公司等30余家商会会员企业负责人前往华为技术有限公司考察学习。

9月6日 漕湖街道庆祝新中国成立70周年系列文艺演出活动开幕，“情暖中秋　艺心团圆”主题惠民演出在卫星村开演。

9月28日 漕湖街道举办“不忘初心、牢记使命”主题党建年系列活动“秋的果实”之“童心绽放颂祖国”主题活动。

10月11日 相城区委常委、组织部部长、统战部部长葛宇红到漕湖街道，现场调研“两新”（新经济、新社会组织）党组织建设工作。

10月13日 2019第二届中国·苏州·相城漕湖金秋龙舟赛在漕湖湿地公园举行。苏州市副市长王飏，相城区委副书记、区长张永清共同为本届龙舟赛鸣锣开赛。相城区委书记顾海东出席活动。参赛队伍有34支，其中外籍队伍4支，队员分别来自瑞士、法国、美国、加拿大等10多个国家和地区。苏州市文明办副主任汪苏春、市文化广电和旅游局副局长徐红霞、市体育局副局长陶勇杰，相城区领导葛宇红、沈磊、马利忠、陈伟杰出席活动。

10月15日 漕湖街道举办“不忘初心、牢记使命”主题党建年系列活动“秋的果实”之“习语”大会活动。

11月4~5日 漕湖街道党工委副书记、办事处主任杨晨东带队到贵州省铜仁市石阡县甘溪乡开展对口帮扶交流考察活动。

11月10日 漕湖街道“乐在漕湖”第四届社区邻里节首场活动暨广场舞团队展演赛在永昌泾花苑广场举行。

11月11日 相城区委“不忘初心、牢记使命”主题教育第一巡回指导组组长王建军带队到漕湖街道开展调研并召开座谈会。

11月12日 漕湖街道倪家湾·水之田农业科技园获评苏州市第二十一批科普教育基地。

12月2日 昌兰爱心延续站（捐遗志愿服务）在漕湖花园八区文体中心挂牌。

12月3日 漕湖街道携手苏州易德龙科技股份有限公司走进宿迁市泗洪县双沟实验学校，开展爱心图书室捐赠活动。

12月7日 漕湖街道卫星村获评江苏省文明村。苏州易德龙科技股份有限公司获评江苏省文明单位。

12月10日 漕湖街道以构筑“服务型治理”社会治理新模式，共建“幸福家园·美丽漕湖”被《苏州日报》报道。

是年 卫星村获评2016—2018年度江苏省文明村、江苏省巾帼文明岗，苏州市创建“未成年人零犯罪村（社区）”工作先进集体，卫星村团支部成为共青团江苏省委村（社区）领域直接联系点。

是年 顾晨彬获评2019年度苏州市优秀共青团干部。

2020年

1月2日 漕湖街道举办“不忘初心、牢记使命”主题教育党建年系列活动之“冬的温暖”主题活动。

1月13日 漕湖街道召开第一届议政代表会第六次会议。

1月15日 漕湖街道召开工联会改革动员会暨第一届第二次代表大会，会议审议通过《关于漕湖街道工联会人事调整的决议》和选举办法（草案），选举工联会主席1名，增选1名兼职副主席、2名挂职副主席。

2月27日 由漕湖街道企业服务科主办，劳动监察中队、漕湖商会协办的“漕湖人才共享沙龙”在漕湖大厦508室举行。

是月 相城区委书记顾海东等领导到漕湖街道调研疫情防控工作。

3月8日 漕湖街道妇女联合会开展“关爱不停步，暖心送防护”主题活动，为辖区贫困妇女、困境儿童送上爱心防疫包以及学习资料。

3月19日 相城区第一安全生产督导组巡查督导相城开发区暨漕湖街道工作汇报会在漕湖大厦召开。

3月25日 漕湖街道组织办联合团工委组织开展“十里漕湖 微光汇聚”感恩活动。笑果（青少年综合服务平台、免费的周末文化教育课堂）小朋友们感谢坚持在防控一线的父母家人的辛苦付出，并表示他们为自己做了一个好榜样。

4月8日 苏州工业园区苏相合作区揭牌，由苏州工业园区和相城区合作共建，下辖漕湖街道。

4月11日 永昌泾花苑二期交房。

4月27日 漕湖街道召开基层民主政治协商会议，专题协商“加快推进漕湖花园一社区物业管理市场化改革”相关事宜。

是日 相城区人大常委会、漕湖街道人大工委组织视察组参观漕湖花园一社区、倪家湾·水之田等地，视察调研物业管理和公共服务水平。

是月 苏州易德龙科技股份有限公司“阡货产销对接”，购买约20万元的石阡苔茶，助力“阡货出山”，助力石阡发展。

5月3日 漕湖街道钱舒婷获评全国优秀共青团员。

5月8日 贵州铜仁市石阡县甘溪乡党委书记杨茂辉一行到漕湖街道开展对口帮扶考察工作。

5月17日 相城区委副书记、区政府代区长季晶调研漕湖花园五区。

是日 相城区副区长黄靖到漕湖街道永昌泾社区走访慰问困难残疾人家庭。

5月19日 相城区总工会党组书记、工会主席府玉良一行到漕湖街道，为2020年“江苏省五一劳动奖章”获得者皮欠红（苏州易德龙科技股份有限公司技能培训员），“苏州市五一劳动奖章”获得者钱新栋（苏州易德龙科技股份有限公司董事长）、罗小平（苏州华亚智能科技股份有限公司专业技术人员）和“苏州市五一劳动荣誉奖章”获得者高桥良辅（苏州霓佳斯密封材料有限公司总经理）颁奖。

是月 漕湖幼儿园获评江苏省优质幼儿园。

是月 漕湖街道“思漕学堂·筑梦微课”服务项目入选2020年苏州百个重点志愿项目。

6月9日 漕湖街道社会治理经验被《新华日报》以《正向引导解决基层治理中的突发之急》为标题刊发。

6月20日 漕湖街道消防安全专项治理专班联合北桥消防中队在漕湖商业广场易买盛超市开展消防安全实地演练活动。

7月16日 漕湖街道组织开展“践行相城担当，再创火红年代——勇立潮头青春有为”共青团初心课堂活动。

是日 苏州市2020年爱心助残“Tony老师”上门理发服务项目在漕湖街道启动。

7月20日 苏州市“百名局长百场宣讲”相城区首场活动在漕湖街道新时代文明实践所开讲。

7月25日 苏相合作区（漕湖街道）组织开展《中华人民共和国民法典》主题学习讲座活动，中共江苏省委党校法政教研部教授、法学博士后、硕士生导师梁三利做《学习实施民法典 推进治理现代化》主题宣讲。

是月 漕湖残疾人之家获江苏省级残疾人之家先进荣誉。

8月13日 漕湖街道召开第一届议政代表会第七次会议。

8月15日 幸福蓝海漕湖影城营业。

8月20日 苏州市残疾人联合会党组书记、理事长张正龙一行到漕湖街道实地调研漕湖残疾人之家复工复产情况。相城区副区长黄靖参加调研。

是月 漕湖商会获评苏州市“四好”商会。

9月2日 漕湖“shield”数据战队成立暨漕湖“企业盾牌”专家发布会在漕湖大厦一楼会议室举行。在原有“社区盾牌”“校园盾牌”的实践基础上，以构建“shield”数据战队为驱动，旨在立足区域治理现代化高度，依托新科技、大数据提升对企业的安全监管合力，服务苏相合作区经济建设大局。

9月4日 苏州市锡剧团走进漕湖街道，为辖区群众带来大型传统锡剧《玉蜻蜓》。

9月8日 由漕湖街道、漕湖商会主办，相城区人事经理协会协办的长三角一体化——劳动法主题研讨会在漕湖大厦报告厅举行。上海交通大学凯原法学院副教授朱军做“基于‘严重违反规章制度’解雇的‘是是非非’”主题讲座。

9月11日 苏州市安全生产第六督导组组长张惠楠一行到漕湖街道调研，进行“百团进百万企业”安全生产主题宣讲。

9月24日 苏州工业园区人大工委副主任孙燕燕带领部分苏州市政协委员及企业家、园区有关单位代表到苏相合作区（漕湖街道）实地调研漕湖花园八区、卡士酸奶（苏州）有限公司，并听取漕湖花园八区“有事好商量”平台活动开展情况。

9月27日 十里漕湖·美好家园——漕湖街道社区服务社会化项目启动仪式

在永昌泾社区广场举行。

9月29日 漕湖街道组织开展“巾帼心向党 奋进新时代”最美故事分享会2020相城区妇联巾帼宣讲活动（漕湖专场）。

10月11日 首届漕湖金秋国际龙舟赛暨苏州中日文化与商品交流会在苏州市相城区漕湖湿地公园启幕。

10月24日 漕湖街道组织开展我们的节日——重阳节“传承家风家训 弘扬传统美德”，艺播漕湖社区行文艺汇演活动。

11月2日 漕湖街道开展《习近平谈治国理政》第三卷暨“我身边的小康”百姓名嘴巡回宣讲活动。

11月28日 永昌泾社区开展生活垃圾分类撤桶并点启动仪式。

12月4日 漕湖花园二社区停车管理办法《制定协商案例——给爱车安个家》，获评相城区第一届优秀社区工作法和民主协商优秀案例优秀奖。

12月9日 苏州市退役军人事务局局长傅泉福一行到漕湖街道调研退役军人服务工作，实地考察街道退役军人服务站。

12月11日 相城区公安分局“科技赋能 空地联动”项目介绍通气会在漕湖街道举行。相城区公安分局党委副书记、副局长徐水荣，苏相合作区综合执法局局长杨振，漕湖街道城管中队代表，漕湖学校教师代表，漕湖街道派出所主要领导及民警代表参加活动。

12月17日 相城区委宣讲团在漕湖街道举行学习贯彻党的十九届五中全会精神宣讲报告会。相城区委宣传部副部长、区新闻出版局（区版权局）局长苏长荣宣讲。

12月22日 漕湖花园二社区顾晓晨获评苏州市优秀儿童主任。

是年 卫星村获评2018—2020年度苏州市文明村。

是年 漕湖花园二社区获评2020年度苏州市最佳“金乡邻”志愿服务社区、苏州市乡村社会治理先进集体。

2021年

1月3日 漕湖街道7个村（社区）全面完成党组织换届工作，选举产生41名党组织班子成员，其中书记7名、副书记11名、委员23名。

1月23日 中共苏州市相城区漕湖街道工作委员会获评苏州市抗击新冠肺炎疫情先进集体。

1月25日 漕湖街道召开机构改革工作动员会，街道党工委书记陈雯珏做动员讲话。会后，举行漕湖街道5个职能机构“三办一局一中心”揭牌仪式。

1月27日 苏相合作区党工委委员、管委会副主任杨华新一行到漕湖街道开展农业农村安全生产检查。

2月2日 永昌泾社区举行“初心”太极拳队成立仪式暨青少年功夫扇培训班开班仪式。

2月4日 漕湖街道召开第一届议政代表会第八次会议。

2月16日 漕湖街道卫星社区青年之家组织开展“青享‘家’节 快乐留苏”主题活动，留苏青年一起共同庆贺新春佳节。苏州团市委副书记王超，相城团区委书记李婧祎参加活动。

2月26日 漕湖街道各村（社区）开展元宵节系列主题活动。卫星村举办“猜谜学史闹元宵”活动；汤浜村联合北桥供电站为汤浜村过渡房老人送温暖，并检查用电安全情况；下堡村举办“欢欢喜喜闹元宵”活动；漕湖花园一社区和永昌泾社区举办“暖心中国结 欢乐闹元宵”活动；漕湖花园二社区举办“党群共融猜灯谜 喜闹元宵聚真情”；观塘社区联合漕湖邻里中心举办“邻里一家亲，欢喜闹元宵”活动。

2月27日 2021年度漕湖街道本地居民（40~50岁）首场招聘会在苏相合作区人才市场一楼举行。

3月2日 观塘社区“志愿服务暖人心，幸福家园共开创”学雷锋志愿服务日暨观塘社区2021年度基层党建“书记项目”发布仪式，在西安交通大学苏州漕湖科技园一楼众创空间举行。观塘社区2021年度书记项目“163暖心计划”揭牌，社区内6支志愿队授旗。

3月8日 漕湖街道妇联、漕湖街道工联会联合开展“政企联动 共筑巾帼梦”主题活动。

3月13日 漕湖街道7个村（社区）召开新一届村民委员会和社区居民委员会选举大会，选举产生新一届村（居）委员会成员。

3月17日 漕湖街道组织开展企业职业卫生管理人员专题培训，来自辖区的84家企业职业危害负责人、职业健康管理员参加培训。

3月18日 江苏省民政厅儿童福利处处长孙才洋带队到漕湖街道调研儿童“关爱之家”建设运营工作。苏州市民政局儿童和残疾人福利处处长石波涛、相城区民政局副局长杨静、漕湖街道办事处副主任钱晓萍参加调研。

3月22日 苏相合作区（漕湖街道）消防安全体验馆落成仪式举行。

3月23日 漕湖花园二社区“心商户 爱联盟”2021年公益行动启动，“七彩微家”阵地重启。

3月30日 漕湖街道党工委与苏相开发公司党委组织共建启动仪式落幕。

3月31日 漕湖街道慈善会2021年度理事会议，听取和审议《漕湖街道慈善会2021年度财务预算报告》《关于调整漕湖街道慈善会理事的建议》，通报表彰先进集体（个人）17个。

4月1日 相城区2021年度渔业资源增殖放流暨禁用渔具销毁活动在漕湖湿地公园举行。作为此次增殖放流活动主放流点的漕湖湿地公园，总共迎来鱼苗10800斤。

4月6日 苏州华亚智能科技股份有限公司在深交所上市。至此相城区上市企业数量达11家，这也是深交所主板与中小板合并后的首批上市企业之一。

4月10日 首届苏相合作区全民运动会在漕湖学校体育场开幕，32支代表队参加活动。

4月27日 苏州市政府妇儿工委办主任朱敏带队到漕湖街道，走访调研街道“YI童守护 筑梦漕湖”儿童友好街区项目建设情况。苏州市政府妇儿工委办副主任唐学芳、市政府妇儿工委办四级主任科员陈斌，相城区妇联副主席钱琳萍、顾蓉，漕湖街道办事处副主任钱晓萍参加调研。

4月28日 漕湖街道举办漕湖历史文化研讨会暨“顾九思”文化专题研讨会活动。中国文联国内联络部原副主任、国家非物质遗产专家委员会委员常祥霖，江苏省戏剧家协会副主席、秘书长吴大忠，江苏省民间文艺家协会驻会副主席、秘书长张丹，苏州市地方志编纂委员会办公室党组成员、副主任邢静，苏州市文联党组成员、副主席涂海燕，故宫博物院宫廷部馆员、典章文物组副组长刘国梁，天津出版传媒集团戏曲曲艺编辑沈之骅，天津京剧院著名青年表演艺术家王帅军，苏州市曲艺家协会相声滑稽委员会主任付俊坤，相城区委宣传部、区文体旅局、区文联及漕湖街道等相关领导参加活动。

4月29日 漕湖街道7个村（社区）全面完成妇联换届工作，选举产生7名村（社区）妇联主席、22名村（社区）妇联副主席、105名村（社区）妇联执委。

5月8日 漕湖街道人大工委主任陈正根带队到上海市闵行区七宝镇开展交流学习。七宝镇人大主席钱国平、七宝镇人大办主任颜珏珏陪同调研。

5月12日 苏州市卫健委督导组由市疾控中心健教所所长黄桥梁带队，到漕湖街道督导街道全国示范性城乡老年友好型社区创建工作。相城区卫健委副主任周晓华，苏相合作区社会事业局副局长查耀东，漕湖街道办事处副主任、政协工委副主任钱晓萍陪同调研。

5月14日 漕湖街道人大工委、政协工委组织开展重点工程项目视察活动。视察结束后，集中召开座谈会。

5月17日 漕湖街道办事处副主任、政协工委副主任钱晓萍带队到上海市长宁区学习考察。

5月19日 相城区新时代苏州儿童“幸福港湾”实践项目推进会在漕湖街道漕湖花园一社区党群服务中心召开。

5月20日 苏州市地方志编纂委员会办公室领导调研相城区地方志工作汇报会在漕湖街道召开。

是日 《漕湖街道自然村变迁志》终审会召开，相城区委办副主任、党史办副主任周昕艳主持会议，并宣读《漕湖街道自然村变迁志》终审意见；《漕湖街道自然村变迁志》符合志书体例要求，准予通过终审。

5月21~22日 漕湖街道党工委书记陈雯珏率队到上海市青浦区朱家角镇、宝山路街道交流学习。

5月22日 在国家会议中心（上海）举办的“海纳百川・相融相成”苏州相城—虹桥国际开放枢纽融合发展对接会上，相城区漕湖街道携手上海虹口区曲阳路街道开启社会治理合作共建。

6月3日 漕湖街道人大开展《中华人民共和国固体废物污染环境防治法》执法检查。代表们实地视察晟邦精密工业（苏州）有限公司、苏州安路特汽车部件有限公司、社区卫生服务中心、漕湖花园二社区，并召开座谈会。

6月4日 漕湖街道召开“完善村规民约，树立文明新风”协商议事会议。相城区政协主席葛宇红、副主席侯耀光、秘书长陆建男，苏相合作区党工委委员、管委会副主任顾银福，漕湖街道党工委书记陈雯珏，漕湖街道党工委副书记、政协工委主任李万勇加会议。

6月11日 漕湖街道举行江苏青少年党史故事宣讲大赛暨“学习强国”江苏学习平台漕湖体验馆启用仪式。江苏省委宣传部副部长、省文明办主任葛莱，新华日报社党委委员、副总编辑、中国江苏网董事长、总编辑陆峰，江苏省委宣传部未成年人思想道德建设处副处长马如俊，苏州市文明办副主任汪苏春，中国江苏网编委、首页编辑部主任易保山及相城区、苏相合作区、漕湖街道等相关领导出席活动。

6月24日 江苏省妇联副主席沈梅带队到漕湖街道走访调研儿童友好街区创建情况。

7月2日 中共苏州市相城区漕湖街道工作委员会被评为苏州市先进基层党

组织。

7月3日 漕湖街道打造的快板作品《一代廉吏顾九思》荣获第三届苏州市曲艺创作推优曲艺类节目奖(光裕之星)。

7月8日 苏州市街道党工委书记专题研讨班一行到漕湖街道调研,苏相合作区领导沈磊、顾福康及漕湖街道领导陈雯珏参加活动。

7月14日 中国共产党苏州市相城区漕湖街道代表会议召开,选举产生漕湖街道出席中国共产党苏州市相城区第五次代表大会代表。

8月1日 倪家湾花苑正式启动为期一个月的现场交房工作,预计将为567户居民办理交房手续。

8月31日 苏相合作区(漕湖街道)召开违法建设集中整治"百日攻坚"动员会,进一步提升苏相合作区(漕湖街道)违法建设治理水平,营造和谐、安全、有序的生产生活环境。

9月3日 漕湖街道召开第一届议政代表会第九次会议。

9月9日 漕湖街道作为苏州市第二批基层"三整合"(审批、服务、执法力量)改革镇街,接受苏州市"三整合"改革评估组评估验收。

9月17日 相城区委人事调整决定:顾银福兼任漕湖街道党工委书记;邱一飞任漕湖街道党工委副书记、办事处主任;免去陈雯珏漕湖街道党工委书记职务。

10月16日 2021年第二届漕湖金秋国际龙舟赛暨长三角龙舟邀请赛在漕湖湿地公园鸣锣开赛,有68支龙舟队1364名运动员参赛。

10月23日 2021年漕湖街道"易德龙杯"篮球比赛在漕湖学校篮球馆正式开赛,来自街道村(社区)、机关垂直管理部门和各企业的17支代表队参赛。

10月29日 "聚势苏相 智领未来"新一代电子信息技术主题圆桌论坛活动在苏相合作区举行。来自产业界、投资界的百余位精英与相关企业代表通过投资推介、圆桌论坛、企业交流分享等形式,共商产业大计。

11月11日 相城区副区长黄靖率相城区安全生产专项督导检查第四组,到苏相合作区(漕湖街道)开展督导工作。

11月13日 漕湖街道永昌泾旗袍秀队《祝福祖国》获2021年"林林杯"艺术舞蹈公开赛第一名。

11月19日 苏州市妇联主席王燕红带队到漕湖街道漕湖花园一社区,实地参观漕湖花园一社区儿童友好广场、科普小屋(漕湖小当家联络处)、思漕学堂、儿童服务中心等,调研儿童友好社区建设工作。

11月26日 漕湖街道"暖心家园"项目获评苏州市级示范点。

12月17日 航天科工空天动力研究院（苏州）有限责任公司项目签约仪式在漕湖之畔举行，中国航天科工集团三十一研究所所长凌文辉、副所长张海洲，苏相合作区领导沈磊、顾福康、吴烈、张海峰等出席签约仪式。

12月21日 漕湖大道主线正式通车，苏相合作区城市中心轴大动脉全线打通。

12月25日 苏州市相城区政府批复，漕湖街道撤销汤浜村、卫星村、下堡村3个村村民委员会，设立汤浜等3个社区居民委员会，调整永昌泾社区区域范围。

12月31日 相城区委书记季晶率区相关领导一行到漕湖建筑工地、菜市场、医疗机构、社区等基层一线，检查元旦节前安全生产和疫情防控工作。

是年 漕湖花园二社区成为苏州市新时代家风家教实践基地。

是年 观塘社区获评苏州市关心下一代工作优秀集体奖。

2022年

1月4日 特瑞堡集团减振密封器件生产新基地项目签约落户苏相合作区，特瑞堡模塑件事业部中国区总经理刘德勇、生产厂长黄永红，苏州工业园区党工委委员、相城区委常委、苏相合作区党工委书记、管委会主任沈磊，苏相合作区党工委委员、管委会副主任吴烈等出席签约仪式。

1月5日 美国ITW焊材、焊机新基地正式签约落户苏相合作区，ITW中国投资公司董事长夏军，大中华区财务总监史佩华，中国区人事总监连瑢，ITW焊接大中华区副总裁宋龄，大中华区财务总监沈冲，苏州工业园区党工委委员、相城区委常委、苏相合作区党工委书记、管委会主任沈磊，苏相合作区党工委委员、管委会副主任吴烈等出席签约仪式。

1月15日 漕湖街道第二届议政代表会第一次会议召开，大会听取和讨论了街道办事处工作报告、街道人大工委工作报告和2022年漕湖街道民生实事候选项目的概况，票选产生2022年漕湖街道民生实事项目。

1月17日 苏州市相城区漕湖街道漕湖花园二社区获评2019—2021年度江苏省文明村，苏州易德龙科技股份有限公司获评2019—2021年度江苏省文明单位。

1月18日 苏相合作区企业江苏美的清洁电器股份有限公司生产的手持推杆无线吸尘器获得“苏州制造”品牌认证，同时获得“江苏精品”认证。

2月8日 相城区总工会主席许国荣到漕湖街道调研工会工作。相城区总工会副主席宋晓红，漕湖街道党工委副书记、办事处主任邱一飞，漕湖街道党工委副书记、政协工委主任李万勇参加调研。

3月12日　苏相合作区"春来漕湖，绿动蓝海"植树节活动在漕湖湖心岛举行。

5月18日　苏州市人大常委会副主任温祥华率队到漕湖街道就市十六届人大五次会议涉及新能源汽车充电相关建议办理情况进行"回头看"。市人大代表、相城区人大常委会主任、党组书记屈玲妮，漕湖街道党工委副书记、办事处主任邱一飞，漕湖街道党工委委员、人大工委副主任储菊妹参加活动。

5月30日　漕湖街道召开"有事好商量"协商议事工作推进会暨观塘社区协商议事活动观摩会，围绕"老旧小区出行难，协商议事促化解"主题征求意见，讨论协商。

6月2日　漕湖街道开展"情暖端午　爱在万家"代表联系群众活动。部分区人大代表、街道第二届议政代表会第一代表小组在永昌泾社区人大代表联络站开展群众接待活动。

6月8日　苏州市委书记曹路宝专题调研苏相合作区发展情况。

6月10日　相城区政协城乡委、致公党相城基层委、九三学社相城基层委、相城区知联会、漕湖街道办事处联合开展完善建筑施工领域安全监管机制"有事好商量"协商议事活动暨重点提案督办会。

6月14日　漕湖街道办事处获江苏省人民政府妇女儿童工作委员会授予的"江苏省妇女儿童工作先进集体"称号。

6月16日　漕湖街道观塘社区彩叠湾花园被江苏省委组织部、省委"两新"工委、省住建厅党组、省住建行业党委联合命名为第二批党建引领物业管理服务工作省级示范点。

6月20日　在苏州地产好西瓜、好番茄品鉴评优大赛上，漕湖街道倪家湾水之田农业科技园的番茄获得"好番茄"金奖。

6月23日　相城区"团建助企"项目库2.0版发布暨"360°青年之家·助企V站"开店仪式在苏州力源液压有限公司举办。苏州团市委副书记王超，相城团区委书记李婧祎，漕湖街道党工委副书记、政协工委主任李万勇，团市委组织部部长唐子翔，苏州力源液压有限公司副董事长、党支部书记冯世波出席活动。区级机关助企服务团代表、基层团干部及团员青年共计40余人参与活动。

6月29日　漕湖花园一社区荣登"首批苏州市儿童友好社区"名单，成为10个上榜社区之一，也是相城区首个获此荣誉的社区。

7月15日　相城区委常委、政法委书记王执晴带队到漕湖街道实地调研基层维稳和网格化工作。

7月19日　相城区政协副主席金燕到漕湖街道走访调研冯氏智能科技和德

佑新材料委员企业，并出席漕湖街道政协工委半年度工作座谈会。

7月29日 永昌泾社区获批苏州市级老年友好示范社区。

8月5日 漕湖街道人大工委、政协工委分别组织部分区人大代表、区政协委员及街道议政代表开展2022年度民生实事项目联合督查活动。

8月10日 苏相合作区党工委委员、管委会副主任朱建荣和漕湖街道党工委副书记、办事处主任邱一飞分别带队，实地督查文明典范城市建设工作。

8月18日 苏相合作区2022年三季度总投资近200亿元的33个重点项目集中开工、签约，总投资超150亿元的漕湖北岸综合开发项目正式启动。

8月19日 漕湖街道第二届议政代表会第二次会议召开。

8月24日 江苏省妇女“双学双比”活动领导小组到漕湖街道，实地调研督导“双学双比”活动示范基地。苏州市妇联副主席祁麟，相城区宣传部常务副部长、妇联主席龚丽莉，街道党工委副书记、政协工委主任李万勇参加调研。

8月29日 漕湖街道妇女第二次代表大会召开，选举产生漕湖街道妇联第二届执行委员会。

8月30日 “志愿同馨 · 筑爱漕湖”捐赠仪式暨观塘社区志愿者馨驿站（邻里空间服务站）启用仪式在观塘社区举办。

9月8日 苏相合作区在漕湖学校召开庆祝第38个教师节座谈会。苏州工业园区党工委委员、管委会副主任、相城区委常委、苏相合作区党工委书记、管委会主任韩新出席活动并讲话。星湾学校校长曲虹，漕湖商会会长、苏州易德龙科技股份有限公司董事长钱新栋，苏相合作区社会事业局负责人，漕湖街道分管负责人等参加活动。

9月9日 漕湖街道残疾人联合会第二次代表大会召开，相城区残联副理事长姚宇惠致开幕词，选举产生漕湖街道残联第二届主席团委员及主席团主席、副主席，残疾人综合协会主席、副主席，推举漕湖街道残联第二届执行理事会理事长、副理事长和理事。

9月15日 漕湖街道企业苏州易德龙科技股份有限公司被中共苏州市委组织部、苏州市总工会命名为非公有制企业党建带工建“三创争两提升”活动苏州市级示范单位。

9月17日至11月13日 2022年漕湖街道第五届“易德龙杯”篮球比赛举行，共有22支队伍参赛。

9月29日 漕湖街道第七届社区邻里节开幕，漕湖街道党工委副书记、办事处主任邱一飞，相城区慈善会副会长王金芳，相城区民政局党组成员、四级调研员杜军，澧湖街道党工委委员、人武部部长邹建强，相城区卫生健康发展中心主任王文康出席活动开幕式。相关负责人、各爱心企业代表、最美家庭代表以及居民代表共同参加活动。

10月8日 苏相合作区主要领导调研澧湖街道工作会议暨“聚焦双中心 建功新征程”专题学习会召开，明确下一步工作方向，以苦干实干为苏相合作区高质量发展蓄势赋能、增添助力。

10月19日 澧湖街道组织开展“协商议事促分类 共建洁净新家园”有事好商量协商议事活动。

10月25日 在第五届“苏州慈善奖”颁奖仪式上，澧湖街道辖区企业苏州易德龙科技股份有限公司被授予“苏州慈善奖”。

10月26日 苏州市相城区澧湖商会换届大会暨二届一次会员大会顺利召开。审议通过澧湖商会第一届理事会工作报告和第一届理事会财务报告；宣读《关于同意相城区澧湖商会换届选举的批复》；审议通过《苏州市相城区澧湖商会章程（草案）》《苏州市相城区澧湖商会会费缴纳及使用管理办法（草案）》《苏州市相城区澧湖商会选举办法（草案）》；选举产生澧湖商会第二届理事、监事以及会长和副会长；聘任澧湖商会秘书长。

10月27日 苏州市“百名局长百场宣讲”活动走进澧湖街道。相城区集成指挥中心主任周建明做《学习贯彻习近平新时代中国特色社会主义思想，不断提升相城社会治理能力和水平》主题宣讲。

11月8日 苏州市委常委、统战部部长王飏到相城区调研，深入学习贯彻党的二十大精神，了解民营企业发展情况。相城区委书记沈志栋陪同调研。市委统战部副部长、市工商联党组书记王益冰，市委统战部非公经济处处长钱钧；区领导詹利剑，区有关板块、部门负责人参加活动。

11月15日 澧湖街道人大工委、政协工委对苏相合作区社会事业局以及街道社会事业办、建设管理办、综合行政执法局4个部门开展2022年工作评议。

11月16日 苏相合作区工作推进会召开，听取合作区产业发展、配套规划、城市建设等重点工作情况汇报，研究相关合作事项。苏州市委常委、苏州工业园区党工委书记沈觅，相城区委书记沈志栋出席会议并讲话。苏州工业园区党工委副书记、管委会主任林小明，相城区委副书记、区长张伟参加会议。

11月17日 澧湖街道党工委副书记、办事处主任邱一飞带队到苏州工业园区斜塘街道开展党的二十大精神联学活动暨党建共建座谈会。

11月18日 相城区市、区两级人大代表和街道议政代表走进澧湖街道“人大代表之家”，开展人大代表“统一接待日”活动。

是日 相城区委宣讲团成员、区纪委副书记、监委副主任万年春到漕湖街道永昌泾社区宣传贯彻党的二十大精神。

11月19日 漕湖街道开展“YI童成长·助梦飞翔”世界儿童日点亮活动，相城区妇联副主席顾顺鸣，相城区民政局社会救助和福利科科长徐丹，漕湖街道党工委副书记、政协工委主任李万勇，漕湖街道工联会主席张文军，漕湖街道社会事业办主任徐春妹，漕湖街道妇联主席龚丹青，各社区书记、儿童主任以及社会爱心人士代表、儿童家庭代表一起参与世界儿童日点亮系列活动。

11月24日 相城区委宣讲团成员、漕湖街道党工委副书记、办事处主任邱一飞到观塘社区宣传贯彻党的二十大精神。

是月 漕湖花园二社区“静心之家”获评苏州市法治文化示范点。

12月5日 中共相城区委决定：邱一飞任漕湖街道党工委书记，不再担任漕湖街道办事处主任职务。

12月7日 “漕湖—鹅真荡”生态绿色一体化协同发展示范区推进工作座谈会在苏州相城召开。无锡市锡山区委书记方力，苏州市相城区委书记沈志栋出席会议并讲话。相城区委副书记、区长张伟，区委副书记顾建明参加活动。

12月12日 漕湖花园二社区获评2022年苏州市巾帼志愿服务十大优秀社区，观塘社区“小候鸟”守护行动获评2022年苏州市巾帼志愿服务十大优秀项目。

12月14日 苏州市相城区漕湖商会被评为2021—2022年度江苏省“四好”商会。

12月16日 相城区部分人大代表、区政协委员和漕湖街道议政代表，视察漕湖街道2022年民生实事项目建设情况。街道党工委书记邱一飞参加活动。视察组一行实地察看集贸市场改造工程、春兴路一期建设项目、安全生产体验馆提升项目、漕湖幼儿园分园项目，了解项目推进中遇到的实际问题及下一步发展规划。随后，召开漕湖街道人大工委、政协工委联合督查民生实事项目座谈会。

12月26日 永昌泾社区少工委建设工作入选全国案例汇编。

第一章　卫星社区

卫星社区位于苏州市相城区漕湖街道北首，漕湖东畔。东起御窑路，西至环湖路（含漕湖），南起卫渭路线—倪汇路—观塘路—绕城高速与漕湖花园一社区、二社区接壤，北到冶长泾。社区居委会办公场所设在漕湖花园八区。

第一节　社区发展

2006年，卫星村下辖皇埂上、洪家里、徐埂上、丁家里、白马之沿、马家里、朱家里、宣家里、何家沿头、邹家里、鱼池上、曹家里、黄畦泾、北横浜、横河头、南横浜、荣家里、荡上、张家里、西蔡、马坊头、蔡家里、浜上、李家里、凹塘头、朱家沿头、横街、阔井里28个自然村，32个村民小组。村辖区面积2.7平方公里（不含漕湖）。全村有1095户4233人，其中男性2080人、女性2153人。域内共有106个姓氏，200人以上的姓氏有钱、曹、朱、王、邹5个；100人以上的姓氏有张、蔡、李、何、宣5个。其中钱姓332人，占全村人数之冠。村内还有薛、吴、顾、皇甫、胡、沈、周、陈、丁、时、洪等姓氏。

2014年3月，域内漕湖花园八区交房启用纳入卫星村管辖。漕湖花园八区位于漕湖东畔、卫渭路西端、倪汇路西侧及卫星村村委驻地南，于2009年建造。占地面积7万平方米，建筑面积12.9万平方米，有多层12幢、小高层9幢、高层6幢楼房。住宅居民1088户，常住人口3000多人。

2021年，撤村设社区，原皇埂上、洪家里、徐埂上、丁家里和阔井里5个自然村域划归漕湖花园二社区居委会管理，漕湖片区、御窑路西侧渭西村邹家角纳入区域管理。区域面积调整为11.4平方公里（含漕湖）。

清宣统三年（1911），卫星村域归属吴县黄埭乡。1912年，归属吴县渭塘乡西十三都上下十一图二十二图。1929年8月，归属吴县第十二区。1934年6月，归属吴县第六区。1941年7月，归属吴县第四区。1947年，归属吴县黄埭区。

中华人民共和国成立初期，村域有合兴、黄畦、五星3个村，合兴村为黄埭区倪汇乡所辖，黄畦村、五星村为黄埭区黄泥乡所辖。1954年，3个村各建初级农业生产合作社，1956年各建高级农业生产合作社。1956年3月，吴县撤区并乡撤黄泥乡，合兴、黄畦、五星村并入倪汇乡管辖。1957年9月，吴县整乡整社，3个村依次为黄埭乡向前第二十五社、第二十六社、第二十七社。1958年9月，3个社合并为黄埭人民公社第九大队。1960年初，黄埭人民公社拆第九大队为合兴大队、黄畦大队和五星大队3个大队。1969年初，3个大队合并为卫星大队。1983年7月，恢复乡管村体制，建黄埭乡卫星村村民委员会。1992年7月，实行镇管村体制，村委会驻朱家里。2006年7月，划入苏州市相城经济技术开发区漕湖产业园。2008年6月，划归北桥街道。2014年8月，漕湖街道成立，卫星村由漕湖街道管辖。2021年12月，撤卫星村设卫星社区。

中华人民共和国成立前，卫星村地势低洼，陆路交通闭塞，田地贫瘠，人多田少，人均耕地面积仅0.7亩左右。因此，村民靠织夏布（俗称麻布，将天然苎麻以纯手工纺织而成的平纹布、罗纹布）来养家糊口，织夏布成为该村的传统副业，家家均有木制织布机，男女老少都会纺纱织布。20世纪50~60年代，黄埭供销社采购站收购的夏布主要来自卫星村。

20世纪70年代开始，制定全面发展的总体规划，大力发展农业，开办村办企业，建设新农村。1970年，卫星大队大搞平整土地，田路林渠绿化。1974年，大队自筹资金拆迁老村坊、盖建新楼房，建设新农村。1976年，先后开办村办企业。1979年9月，卫星大队第六生产队“红姑娘突击队”被团中央命名为“新长征突击队”。20世纪80年代，养蚌育珠振兴乡村。1980年，单育珠一项，人均年收入就达1200元。是年，国务院副总理王任重、水利部部长钱正英先后到村视察。20世纪90年代，农业现代化建设，乡镇企业蓬勃发展。1994年，卫星村工业产值超亿元。1995年，被国家农业部、乡镇企业局、中国乡镇企业协会评为1995年中国最大经营规模乡镇企业、1995年中国最高利税总额乡镇企业。1997年，获评江苏省农村现代化试验区先进集体。1999年，获评江苏省卫生村。

卫星村先后开办的民营企业有卫星水泥制品厂、尔泰针织印染厂、创盛工艺制品厂、卫星珍珠工艺厂、苏州市永固管桩制造有限公司、华欣织造有限公司、江海清洗设备有限公司、丝绸印染有限公司、卫星塑料包装有限公司、建华五金机械制造厂、恒盛电力电子设备厂、卫星机械制造厂、卫星汽车修配厂、卫星工艺制花厂、宏祥纺织印染厂、卫星振星印染厂、卫星水泥制管厂、泰山织造有限公司、卫星污水处理厂、卫星自来水厂和春秋印染公司21家企业。至2018年，因城乡规划建设或拆或迁，部分企业原址用于建漕湖花园八区，大部分企业原址留置待开发。

2000年，年度村级总收入348万元，工业总产值11050万元，村级积累资产总额1740万元，人均年收入达33668元。2015年，村集体经济总收入241万元，人均年收入34600元。2016年，村集体经济总收入1354万元，人均年收入38000元。2017年，村集体经济总收入1300万元，人均年收入34000元。2018年，村集体经济总收入634万元，人均年收入39500元。2019年，村集体经济总收入1237万元，人均年收入40230元。2020年，村集体经济总收入195万元，人均年收入40000元。2021年，村集体经济总收入2087.95万元，人均年收入40500元。

卫星域内有澧湖区域百年有余的完小卫星小学（1912~2016年）。20世纪70年代，形成新型农村集镇。20世纪90年代，创办苏州地区第一家规模较大的农村民办服务制医院——卫星医院。

1974年，卫星村建成新宅区后，逐渐形成小集市。1993年，卫星村开通公共交通。在村委会所在地朱家里村东建造一条长300米、宽12米的商业街。商业街为混凝土路面，街道两边的房屋都是平房，门面房约有50多间。有点心店、面饭店、茶室、南货店、小超市、理发店和各种修理店铺共20多家，被称为“卫星老街”。距渭塘何家湾珍珠交易市场不到2000米，交通便捷，平时江浙商人云集，形成了能辐射周围10平方公里、有2万人口受益的新型农村集镇。

1994年，卫星村投资400万，在村委会所在地东面建造一幢大楼，楼下是农业银行办事处和商店，楼上是浴室、歌舞厅。街道西端向北建造了约400多平方米的农贸市场。街道东端北面又建造了一幢3层综合大楼，一楼是大型餐厅，二楼和三楼是招待所，拥有数十间客房，100多张床位。到招待所住宿的客人，大多数是做珍珠生意的客商。招待所一年不到就接待旅客13000余人次。1997年后，卫星村继续投资街区建设。在老街东端建造卫星医院，并扩展街区。南从卫渭路，北至鱼池上建造了长1000多米、宽20多米的新街，村民称它为“卫星新街”。

卫星医院（2017年摄）

卫星医院占地面积14亩，建筑面积4200平方米。1997年5月18日正式开业，由卫星村工贸集团与村民共同筹建，挂靠苏州第四人民医院，故亦称苏州市第四人民医院卫星分院。2000年，医院资产

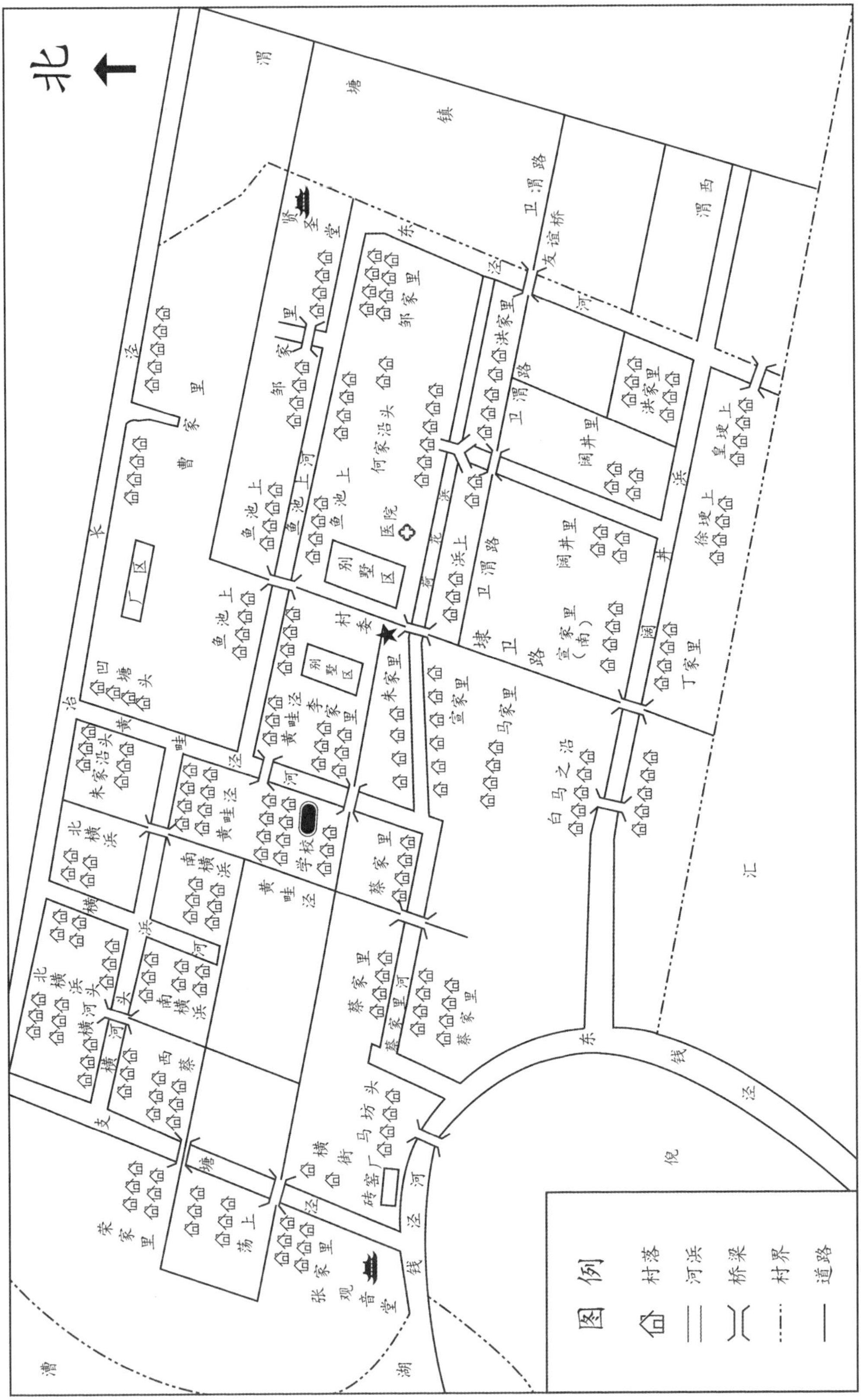

2005年卫星村河流与村落图28村32组

转让给宿迁市红十字会肝脏病防治院院长王素玲。

卫星医院开设西医内、外科，儿科和中医科。医院有住院床位20张，门诊观察床位10张，医务工作人员20人。在苏州地区有较好声誉。院长王素玲独辟蹊径，探索中西医结合治疗肝病，用治病所得捐献给社会，20余年如一日，被授予“中国红十字会终身捐款会员”荣誉称号。2009年，王素玲获“全国三八红旗手”称号。

卫星村逐年增加投资，铺设水泥路、架设照明灯、开办自来水厂、开通闭路电视、建造安息堂、改造社区停车位、配建改造电瓶车充电桩等。辖区有面积2600平方米的社区服务中心、文化活动中心，有老年文体活动室、棋牌室、书香苑等配套服务设施，也有“笑果”青少年服务店、“老书记”工作室、党建“幸福卫星”等社会公益服务阵地。

2000年至今，社区先后获得“江苏省文明村”“江苏省民主法治示范村”“江苏省巾帼文明岗”“江苏省五四红旗团总支”等荣誉称号。

2015年成立的青少年活动学习场所——“笑果”是江苏省、苏州市示范性青少年综合服务平台，每周定期开展活动，成为漕湖周边未成年人进行思想道德建设的典型场所、相城区示范妇女儿童之家，中央和省、市、区委各级领导多次前往参观考察。青年志愿服务项目“38℃暖心计划”入选2017年苏州市百个重点志愿服务项目。2019年卫星村团总支共青团成为江苏省委村（社区）领域直接联系点。

中华人民共和国成立至2021年，历任社区（大队、村）党组织书记为朱有良、龚梅荣、曹宝生、王阿白、薛振康、马海林、吕红发、薛金元、曹洪峰、薛祥弟。历任社区（大队、村）负责人为朱寿生、钱明荣、沈阿夯、范南星、朱桂根、朱菊林、俞玉平、贾文明、薛祥弟。

2015年，社区有户籍人口984户3861人。2021年末，社区户籍人口2467人，其中男性1187人、女性1280人，登记在册流动人口1392人。是年末，农村合作医疗参保1370人，社会养老保险参保1097人。境域内设公交站台6个，途经公交线路有815路、821路、824路、833路、835路、836路、839路。

相关链接：漕湖湿地公园

漕湖街道生态环境的核心区域就是母亲湖——漕湖。漕湖长5.9千米，宽1.5千米，东西长，南北窄，水域面积9.07平方千米，湖盆平坦，水产丰富，烟波浩渺，风光秀丽。2006年，相城经济技术开发区围堰取土，至2008年依托漕湖自身的资源和环境优势，实施环湖路和环漕湖景观工程建设，结合湖底清淤和产业园填土，在漕湖中堆起了4座人工岛，充分做好漕湖的“水文章”和桥、路、岛、岸的“景文章”。公园以“名树、奇花、异草”为主题，有南码头、北码头、环湖路、名树园，一条堤岸南北向伸向湖中，一座大桥跨越2个小岛，将漕湖一分为二。树木品种100多种，绿化面积共计125万平方米左右，环湖路总长度7.8千米。漕湖湿地公园集人文景观、高新科技、生态休闲为一体，成为风貌特色鲜明的休闲度假区。

第二节　自然村落

一、皇埂上

位于卫星村东南角。东起东泾河与渭西村隔河相望，西至徐埂上，南邻倪汇，北临洪家里。村民以皇甫、邹、鲁姓居多。2006年，有户籍人口26户114人，其中男性56人、女性58人。

民国时期至1956年2月，属黄埭区黄泥乡黄畦村。1969年初，隶属卫星大队。1983年7月，为卫星村第一村民小组。1992年7月，属黄埭镇卫星村。2006年7月，属相城经济技术开发区漕湖产业园卫星村。2014年8月，属漕湖街道卫星村。

20世纪80年代，卫星大队选址皇埂上，利用薄膜覆盖搭建暖棚栽种蔬菜，建立首个蔬菜生产基地。村内种植蔬菜专业户增多，蔬菜品种齐全。1997年，引进栽种台湾肉茄、四季白菜等新品种，满足市场需要，增加集体收入。

2006年，因建设相城经济技术开发区，皇埂上拆迁，村民被安置于漕湖花园、永昌泾花苑。2006年末，村落消失，皇埂上成为历史地名。

皇埂上有座横跨东泾河的皇家木桥，是卫星村及西路乡民去渭泾塘的必经之桥。在村庄整体拆迁、东泾河被填平后，皇家木桥被拆除。

2010年起，皇埂上土地被用于兴建漕湖花园二社区，漕湖花园五区的部分楼房、五星路大部分用地和漕湖花园六区住宅楼、观塘路靠东的路段为其原址。

二、洪家里

位于卫星村东南部。东起东泾河，与渭西村一河之隔，西至浜上，南邻皇埂上，北连荷花浜。村民以洪、吕、钱姓居多。2006年，有户籍人口36户158人，其中男性78人、女性80人。

洪家里原址在卫渭路以南，即现在的漕湖花园五区、六区之间南端。1969年，

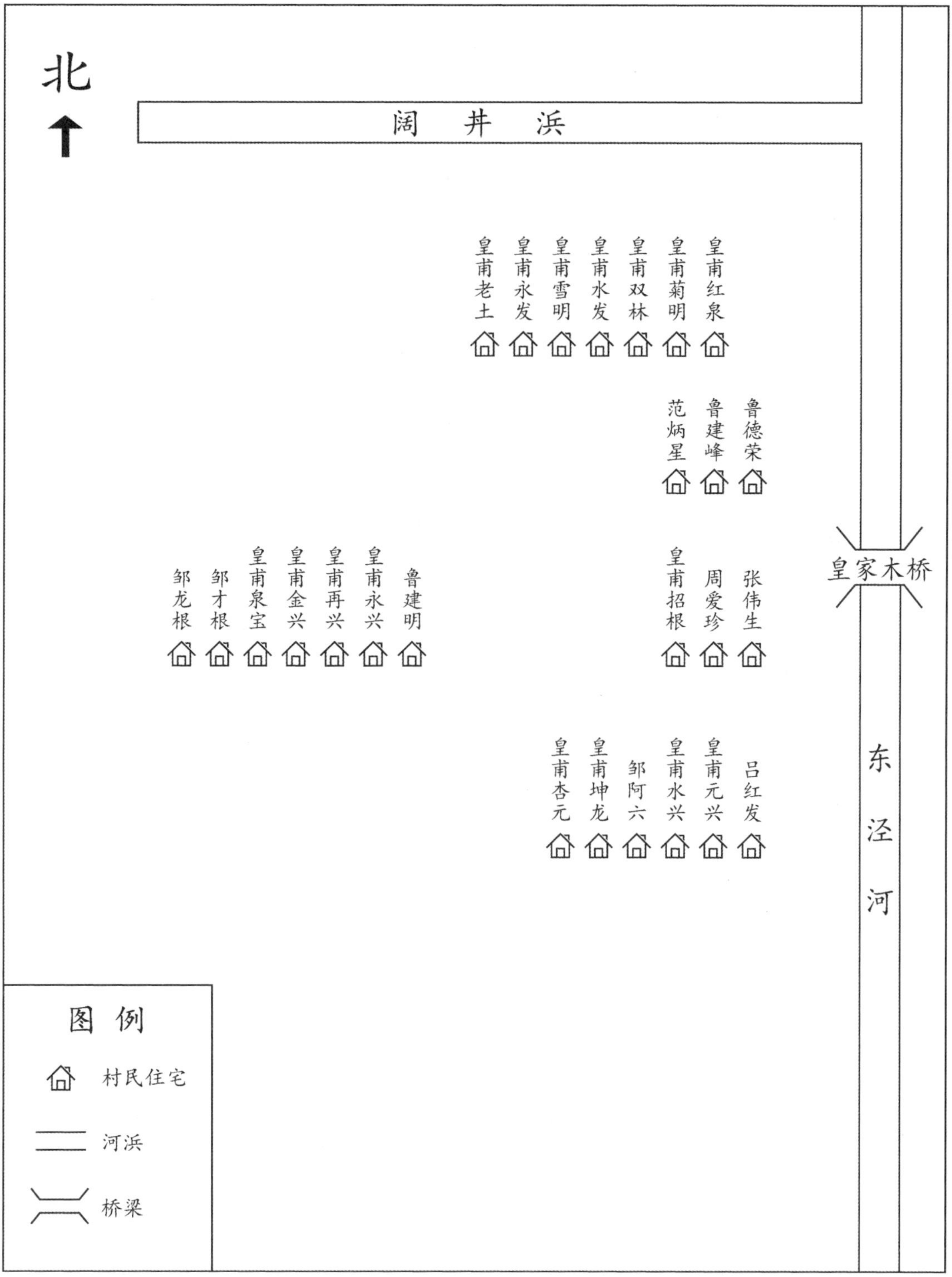

2006 年皇埂上自然村住宅分布示意图

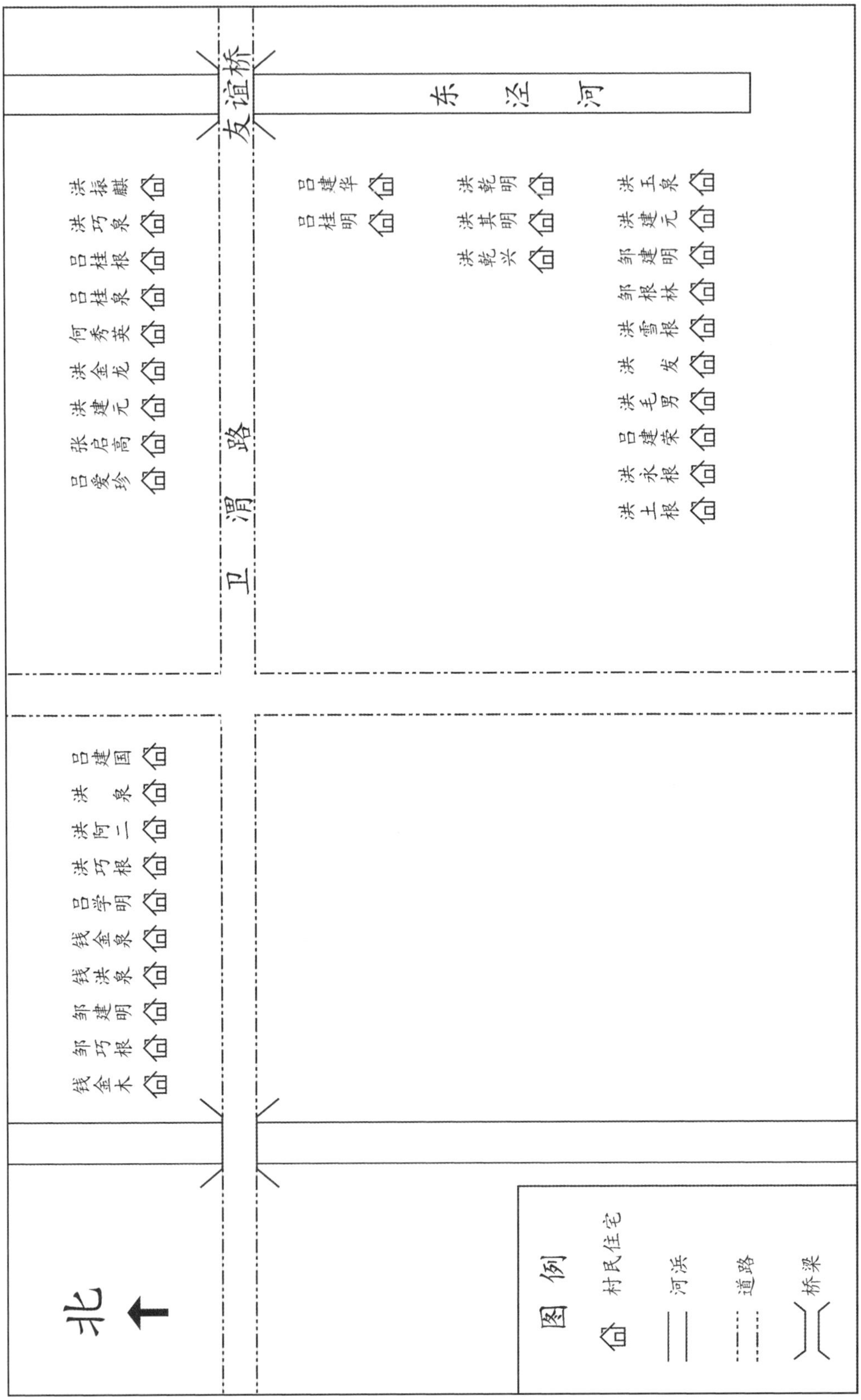

2007年洪家里自然村住宅分布示意图

洪家里（2010 年摄）

卫星大队在卫渭路北侧、现卫渭路和荷花浜之间建洪家里新村。20世纪70年代，全村宅区户型统一为二楼二底新楼房。宅区前建有一桥贯通渭塘，称友谊桥。

民国时期至1956年2月，属黄埭区黄泥乡黄畦村。1969年初，隶属卫星大队。1983年7月，为卫星村第二村民小组。2006年7月，属相城经济技术开发区漕湖产业园卫星村。2008年6月，划归北桥街道卫星村。2014年8月，属漕湖街道卫星村管辖。

1999年，村民洪乾明应黄埭镇多种经营服务公司之邀，在青龙村开发鱼蚌混养基地50亩。当年吊养手术蚌10万只。2000年，投入58万元，又吊养手术蚌12万只。是年，产蚌珠875公斤，总产值70万元，获利12万元。洪乾明被评为黄埭镇“十佳”致富能手。

2006年开始，因建设相城经济技术开发区，洪家里分批拆迁，村民分别被安置于漕湖花园、永昌泾花苑。至2010年底，村落消失，洪家里成为历史地名。

洪家里旧址早在1974年建新农村楼房时就已被拆除，2010年旧址土地用于建设漕湖花园二社区。新址一部分土地用于建漕湖花园五区的部分楼宇，大部分土地是五星路用地和漕湖花园六区住宅楼用地。

三、徐埂上

也称徐家里。位于卫星村东南、阔井浜西南。东起皇埂上，西至丁家里，南邻倪汇，北紧靠阔井浜。村民以钱、皇甫姓居多。2006年，有户籍人口29户106人，其中男性51人、女性55人。

徐埂上（2010 年摄）

民国时期至1956年2月，属黄埭区黄泥乡黄畦村。1969年初，隶属卫星大队。1983年7月，为卫

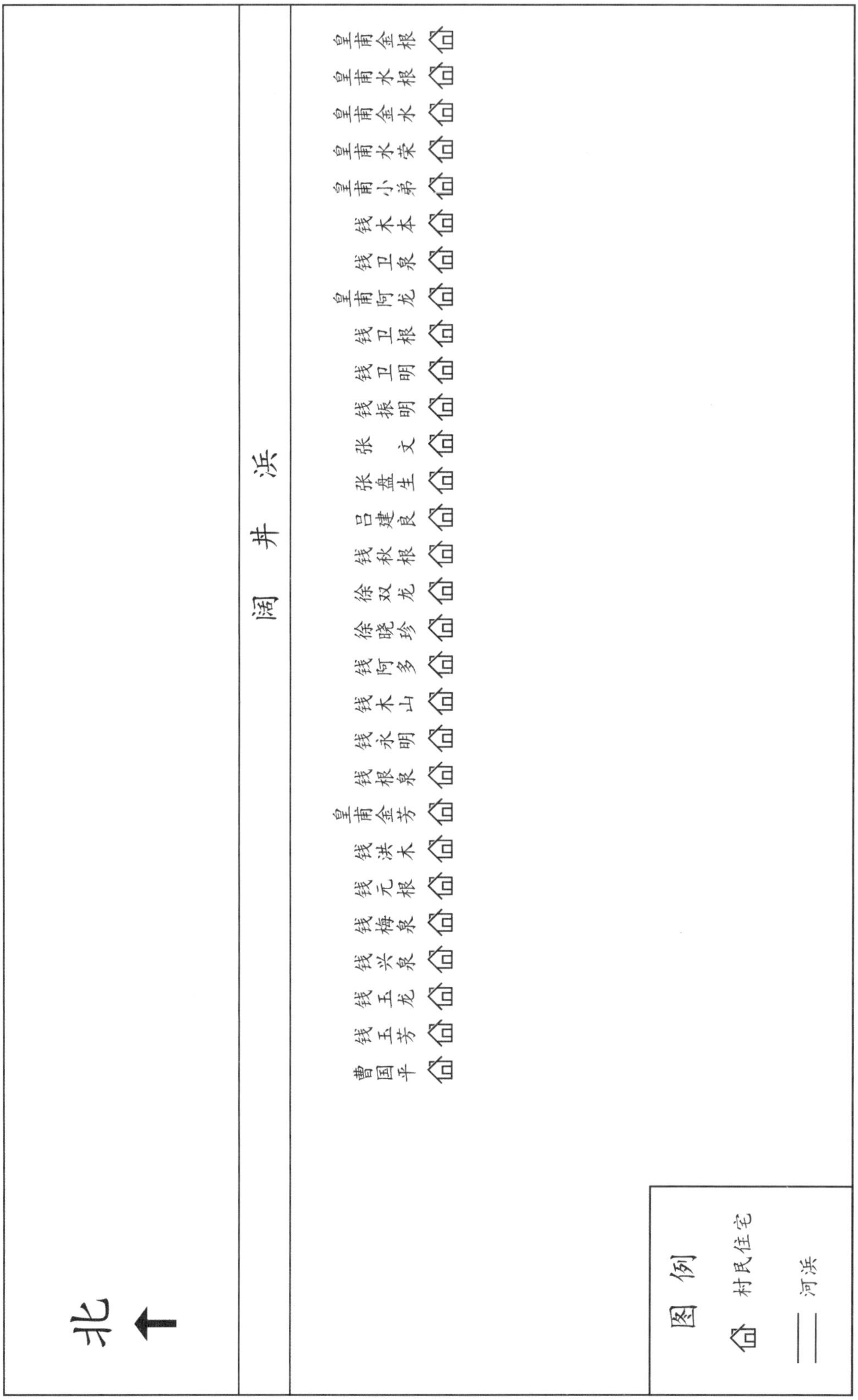

2006年徐埂上自然村住宅分布示意图

星村第三村民小组。1992年7月，属黄埭镇卫星村。2006年7月，属相城经济技术开发区漕湖产业园卫星村。2008年6月，划归北桥街道卫星村。2014年8月，属漕湖街道卫星村管辖。

20世纪80年代，徐埂上鱼塘除少量养鱼外，大部分养蚌育珠。

2006年开始，因建设相城经济技术开发区，徐埂上分批拆迁，村民被安置于漕湖花园、永昌泾花苑。至2010年末，村落消失，徐埂上成为历史地名。

拆迁后，徐埂上南边部分土地于2010年修筑成观塘路及其景观带，北面土地属于商业街商贸场和菜市场用地，村落主体辟为绿化景观用地。

四、丁家里

位于卫星村南面。东起徐埂上，西至白马之沿，南邻倪汇，北近宣家里。村民以丁、王姓居多。2006年，有户籍人口11户36人，其中男性17人、女性19人。

丁家里（2006年摄）

丁家里北边有条河叫阔井浜，东起东泾河，西至东钱泾，因河的最开阔处叫阔井浜而得名。

民国时期至1956年2月，属黄埭区黄泥乡黄畦村。1969年初，隶属卫星大队。1983年7月，为卫星村第四村民小组。1992年7月，属黄埭镇卫星村。2006年7月，属相城经济技术开发区漕湖产业园卫星村。2008年6月，划归北桥街道卫星村。2014年8月，属漕湖街道卫星村管辖。

丁家里耕地少水面多，以养殖珍珠为主。大部分村民利用自己村里的水面养殖珍珠，后扩展到邻村，甚至到外省市租塘养殖实现了自养、自产、自销一条龙的养殖产业模式。20世纪80年代，丁建明等村民往返于广州、苏州做珍珠生意，利润颇高。该村是卫星村率先致富的村子。

2006年开始，因建设相城经济技术开发区，丁家里分批拆迁，村民被安置于漕湖花园、永昌泾花苑。至2010年底，村落消失，丁家里成为历史地名。

2010年，丁家里南面和西面的土地分别用于建筑观塘路和倪汇路。北面土地是漕湖花园七区用地。村落主体地为观塘路和观塘河之间的景观带。

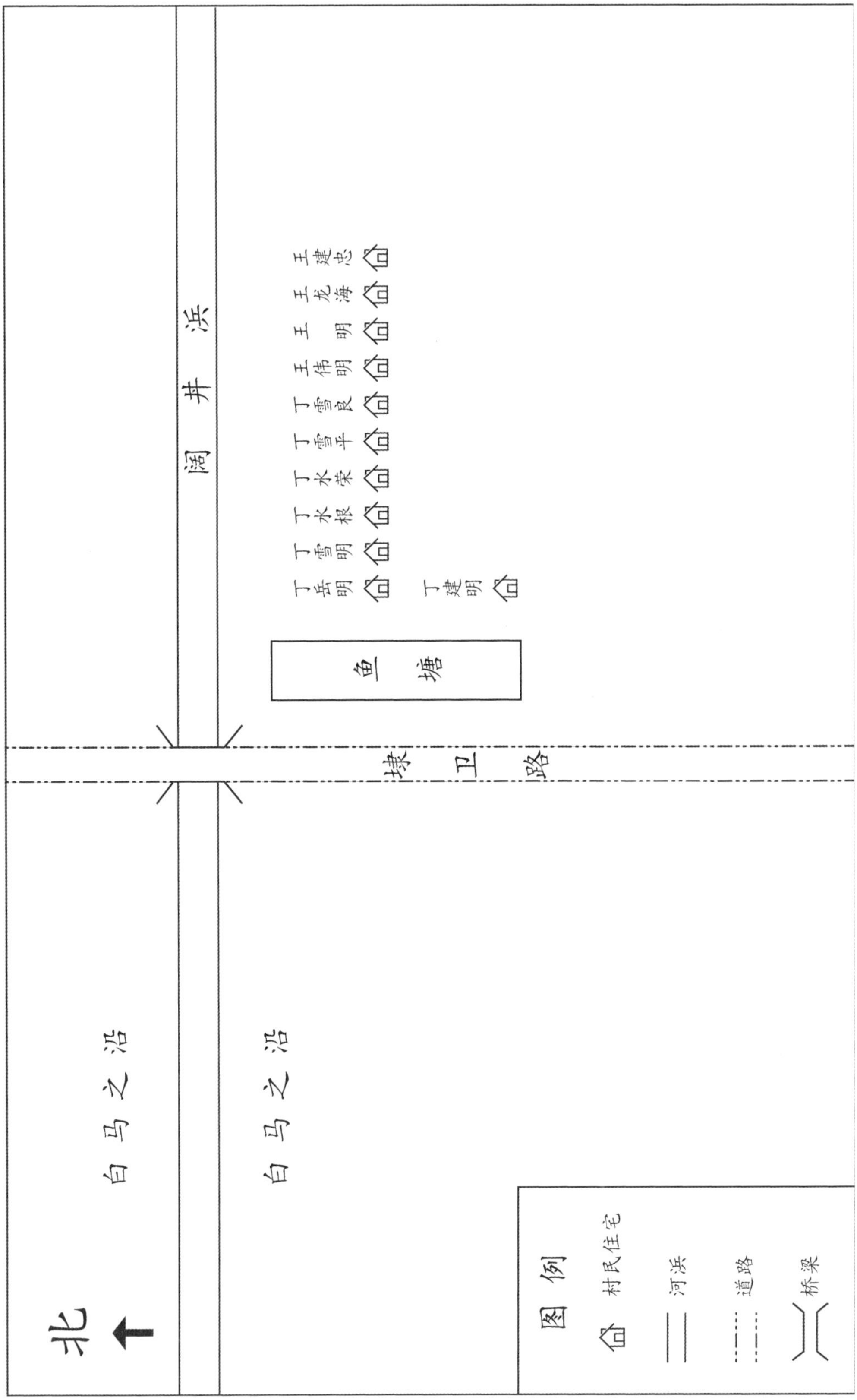

2006年丁家里自然村住宅分布示意图

五、白马之沿

位于卫星村南部、阔井浜北部。东起丁家里，西至东钱泾河，南邻倪汇，北与马家里相连。村民以薛姓居多。2006年，有户籍人口51户211人，其中男性105人、女性106人。

白马之沿（2010年摄）

相传春秋末年，吴越相争，越国屯兵于村北漕湖东岸，将士沿着河流驯养战马，把马养得又肥又壮，战马刷洗后显得更为白亮壮健。由此村落被叫为白马之沿。

民国时期至1956年2月，属黄埭区黄泥乡黄畦村。1969年初，属卫星大队。1983年7月，为卫星村第二十六村民小组。2006年7月，属相城经济技术开发区漕湖产业园卫星村。2008年6月，划归北桥街道卫星村。2014年8月，属漕湖街道卫星村管辖。

白马之沿以农耕为主业，兼营夏布生产。通过经布、上机、编织等工序一匹夏布才能下机。头苎长而韧，经漂白成熟苎布。二苎、三苎短而色黄，被称为生苎布。二者质量有别，价格相差很大。旧时镇上有夏布麻线店。中华人民共和国成立后，夏布由供销社统一收购。

2006年开始，因建设相城经济技术开发区，白马之沿分批拆迁，村民被安置于漕湖花园、永昌泾花苑。至2018年底，村落消失，白马之沿成为历史地名。

动迁后，白马之沿村北靠西与马家里的土地连成一片油菜田。往东是绿化林带，南边土地被征建观塘路和景观带。

六、马家里

位于卫星村南部、埭卫路西侧。东起埭卫路，西至东钱泾河，南邻白马之沿，北近宣家里。村民以马姓居多，还有时、胡等姓。2006年，有村民20户74人，其中男性36人、女性38人。

相传春秋末年，这里是越国的防地，骑兵、铁甲兵，还有一批养马的士兵屯扎于此。越灭吴后，这批养马人就在这一带定居下来。本来他们居住在白马之沿，随着人口增多，逐渐向北扩建村子，因马姓居多，故取村名为马家里。

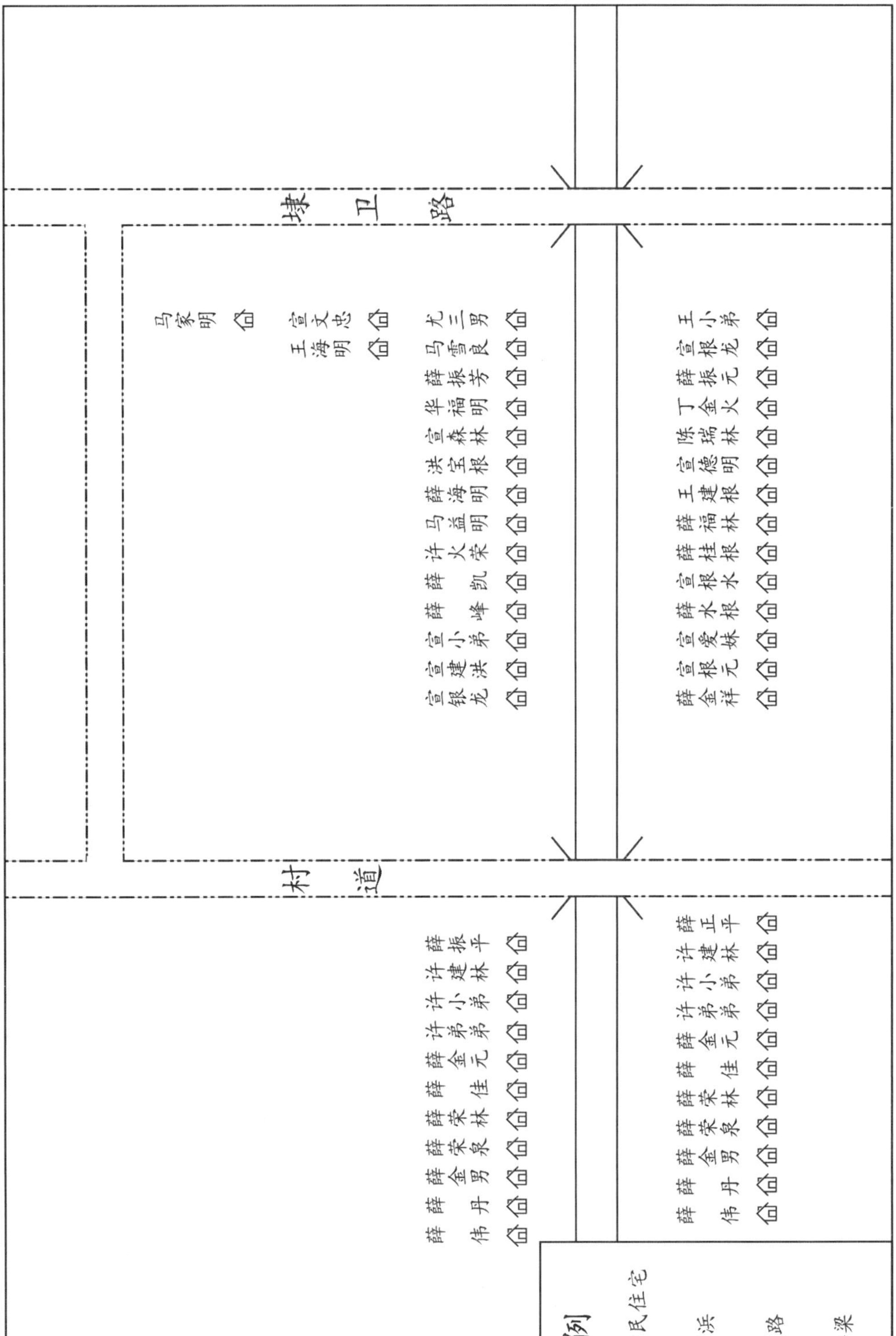

2004年白马之沿自然村住宅分布示意图

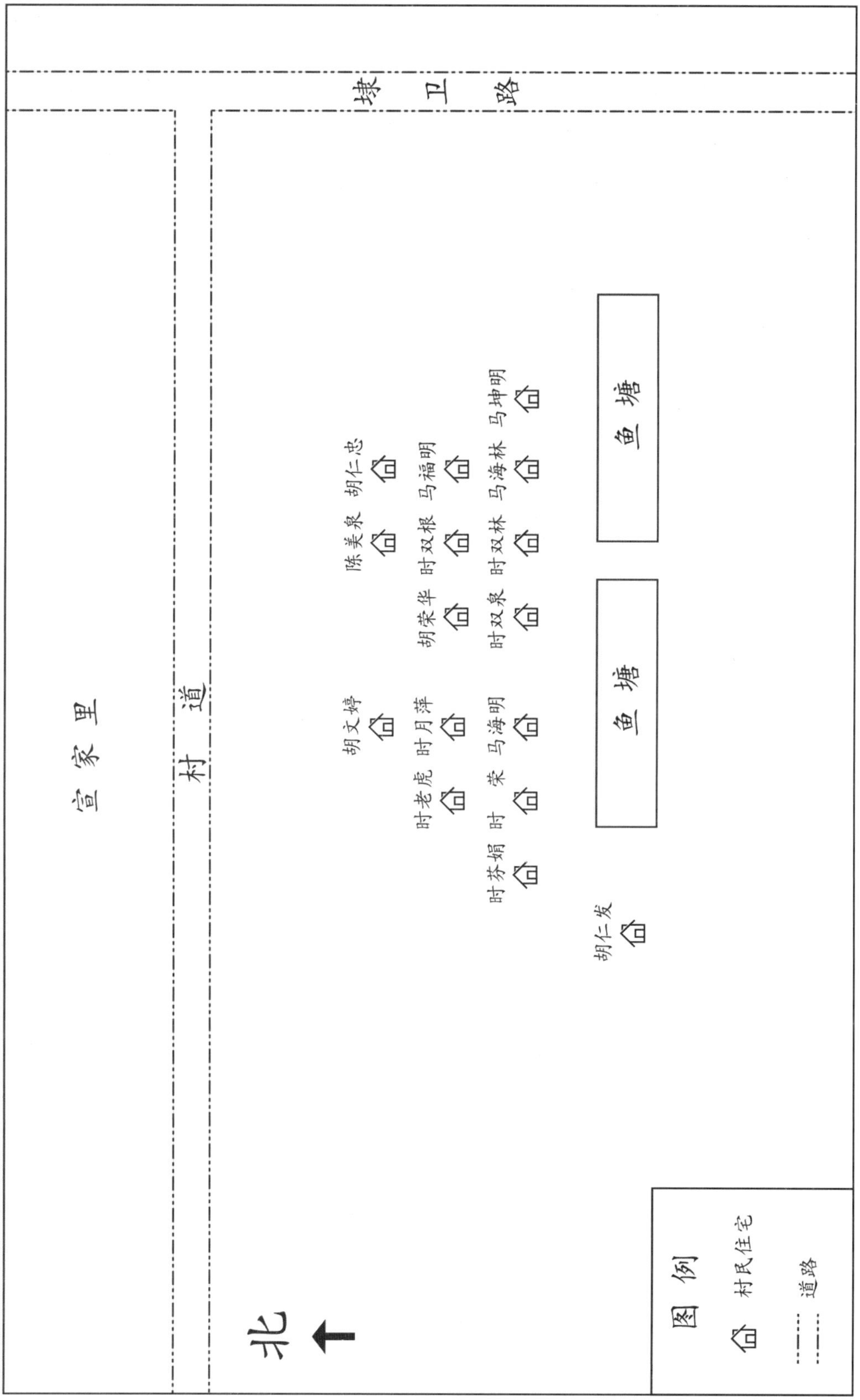

2008年马家里自然村住宅分布示意图

马家里（2010年摄）

民国时期至1956年2月，属黄埭区黄泥乡黄畦村。1969年初，属卫星大队。1983年7月，为卫星村第五村民小组。2006年7月，属相城经济技术开发区漕湖产业园卫星村。2008年6月，划归北桥街道卫星村。2014年8月，属漕湖街道卫星村。

马家里以农耕为主业，最传统的副业是接绩（用苎线绩接织夏布用的线）。马家里的妇女去镇上领苎线回来，根据领回苎线质量等级分生、熟接绩处理，接出的绩出售价格区别很大。

2006年开始，因建设相城经济技术开发区，马家里分批拆迁，村民被安置于漕湖花园、永昌泾花苑。至2011年末，马家里全部拆迁，自然村也随之消失。

马家里大部分土地连同宣家里、朱家里的一起建成漕湖花园八区。东边土地建倪汇路，南边部分土地同白马之沿连片成绿化林带与油菜种植地。

七、朱家里

朱家里（2009年摄）

位于卫星村中心。东起何家沿头，西至黄畦泾河，南邻宣家里，北紧靠李家里。村民以王、朱、曹姓居多。2006年，有户籍人口36户147人，其中男性73人、女性74人。

民国时期至1956年2月，属黄埭区黄泥乡黄畦村。1969年初，属卫星大队。1983年7月，为卫星村第十七村民小组。2006年7月，属相城经济技术开发区漕湖产业园卫星村。2008年6月，划归北桥街道卫星村。2014年8月，属漕湖街道卫星村。

朱家里又称南珠，也称卫星社区，20世纪60年代曾是黄畦村委（大队部）所

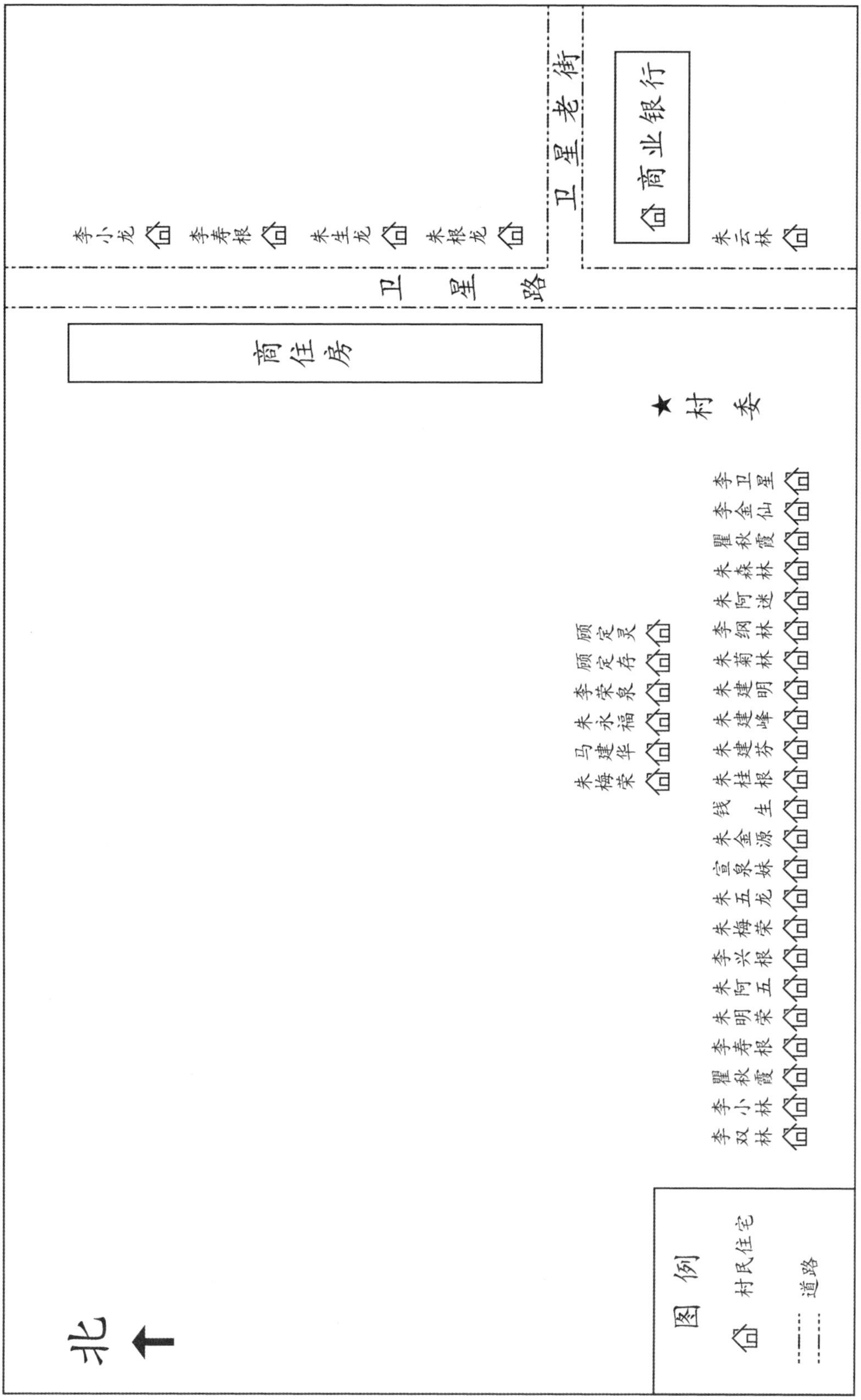

2007年朱家里自然村住宅分布示意图

在地。70年代初，卫星大队在此建3层楼大队部办公楼。70年代末，建造大会堂、合作商店、医疗站等设施。1993年在村东建造一条长300米、宽12米的商业街，现称卫星老街。1997年后，在老街东端建卫星医院，并扩展街区。建造了南从卫渭路，北至鱼池上1000多米长，宽20多米的新街，村民称它为卫星新街。村旁有条荷花浜，东起东泾河，西至黄畦浜河，上有石桥水闸，时常停满了到此参观的考察者乘坐的船只。

2006年开始，因建设相城经济技术开发区，朱家里分批拆迁，村民被安置于漕湖花园、永昌泾花苑。至2010年底，村落消失，朱家里成为历史地名。

朱家里拆迁后，宅基地用于建漕湖花园八区，大部分在八区的围墙以北，靠围墙一带是绿化林带和草坪，其余部分被开垦成农田，种植以油菜为主的农作物。

八、宣家里

位于卫星村南。东起浜上，西至蔡家里，南邻马家里东，北连朱家里。村民以宣姓居多，故名宣家里。2006年，有户籍人口72户288人，其中男性143人、女性145人。

宣家里（2010年摄）

该村以前生活用水来自荷花浜，后荷花浜改挖成鱼塘，村民在鱼塘旁另开新河，连挖三夜得成，取名“三夜河”，即宣家里河。

民国时期至中华人民共和国成立初，女帮佣、男务农是宣家里一大特色。平时妇女在上海帮佣（俗称做娘姨）居多，男人在家种田、操持家务。

1956年2月，属黄埭区黄泥乡黄畦村。1969年初，属卫星大队。1983年7月，为卫星村第六村民小组。2006年7月，属相城经济技术开发区漕湖产业园卫星村。2008年6月，划归北桥街道卫星村。2014年8月，属漕湖街道卫星村管辖。

20世纪90年代，村上有两家养禽专业户。宣招弟养鸭500多只。陈梅泉则在北桥租地大规模饲养家禽，当时他饲养鸭、鹅近万只。

2006年开始，因建设相城经济技术开发区，宣家里分批拆迁，村民被安置于漕湖花园、永昌泾花苑。至2010年底，村落消失，宣家里成为历史地名。

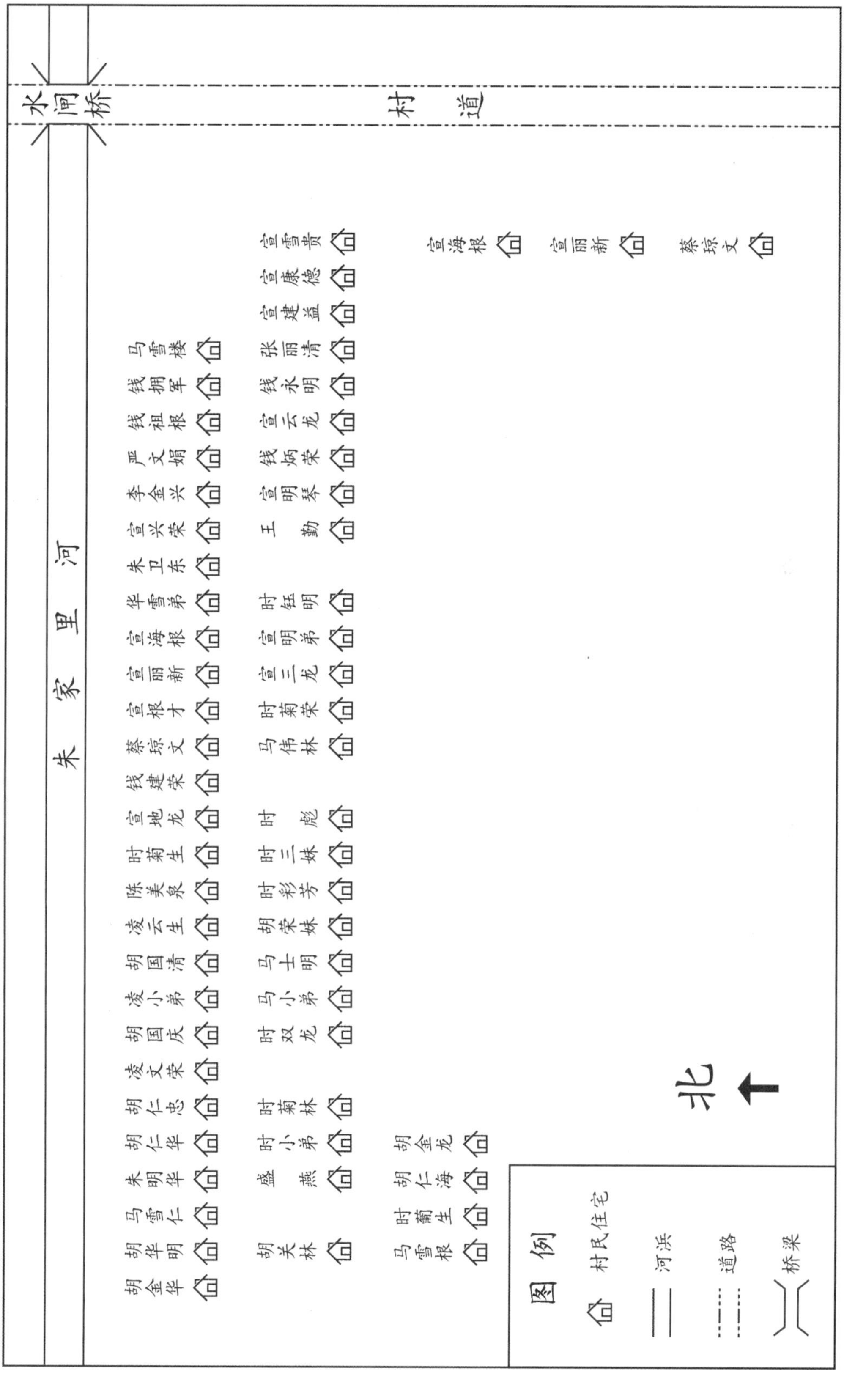

2007年宣家里自然村住宅分布示意图

宣家里拆迁后兴建漕湖花园八区住宅区。西边土地建成广济北路，部分土地开辟成农田种上庄稼，东边土地建成倪汇路及景观草坪。

九、何家沿头

位于卫星村东北。东起邹家里，西至鱼池上，南邻荷花浜，北连邹家里。因村有荷花浜、何姓居多而得名。2006年，有户籍人口50户216人，其中男性107人、女性109人。

何家沿头前有荷花浜，西边有小河直通北面的鱼池上河，环境优美，水源清澈，绿树成荫。

何家沿头（2010年摄）

民国时期至1956年2月，属黄埭区黄泥乡五星村。1969年初，属卫星大队。1983年7月，为卫星村第八村民小组。2006年7月，属相城经济技术开发区漕湖产业园卫星村。2008年6月，划归北桥街道卫星村。2014年8月，属漕湖街道卫星村管辖。

20世纪70年代初，卫星大队获得国家财政拨款1.08万元，何家沿头大规模改造老鱼塘，拓宽新鱼池，建立渔业专业队。何家沿头荷花浜改造成六方大鱼塘发展渔业，另在鱼塘南开挖了新河解决人们的饮水问题。

20世纪80年代，用该村部分土地建设了卫星村委会。2006年开始，因建设相城经济技术开发区，何家沿头分批拆迁，村民被安置于漕湖花园、永昌泾花苑。2013年底，连同卫星街先后拆迁，自然村落消失，何家沿头成为历史地名。村西边土地建成漕湖花园八区的草坪，北边土地连着鱼池上已整平规划为卫星新村片区。

十、邹家里

位于卫星村东北，东起东泾河，西与何家沿头相连，东泾河与鱼池上成“丁”字形。南邻洪家里，北邻渭西村。村民以邹姓居多，故名邹家里。2006年，有户籍人口72户265人，其中男性132人、女性133人。

该村从东泾河到何家沿头河有很多鱼塘，养鱼户较多。部分村民集资扩建原贤圣堂庙（主要供奉钱姓清官“贤圣老爷”），此后贤圣堂香火鼎盛，香客众多，贤

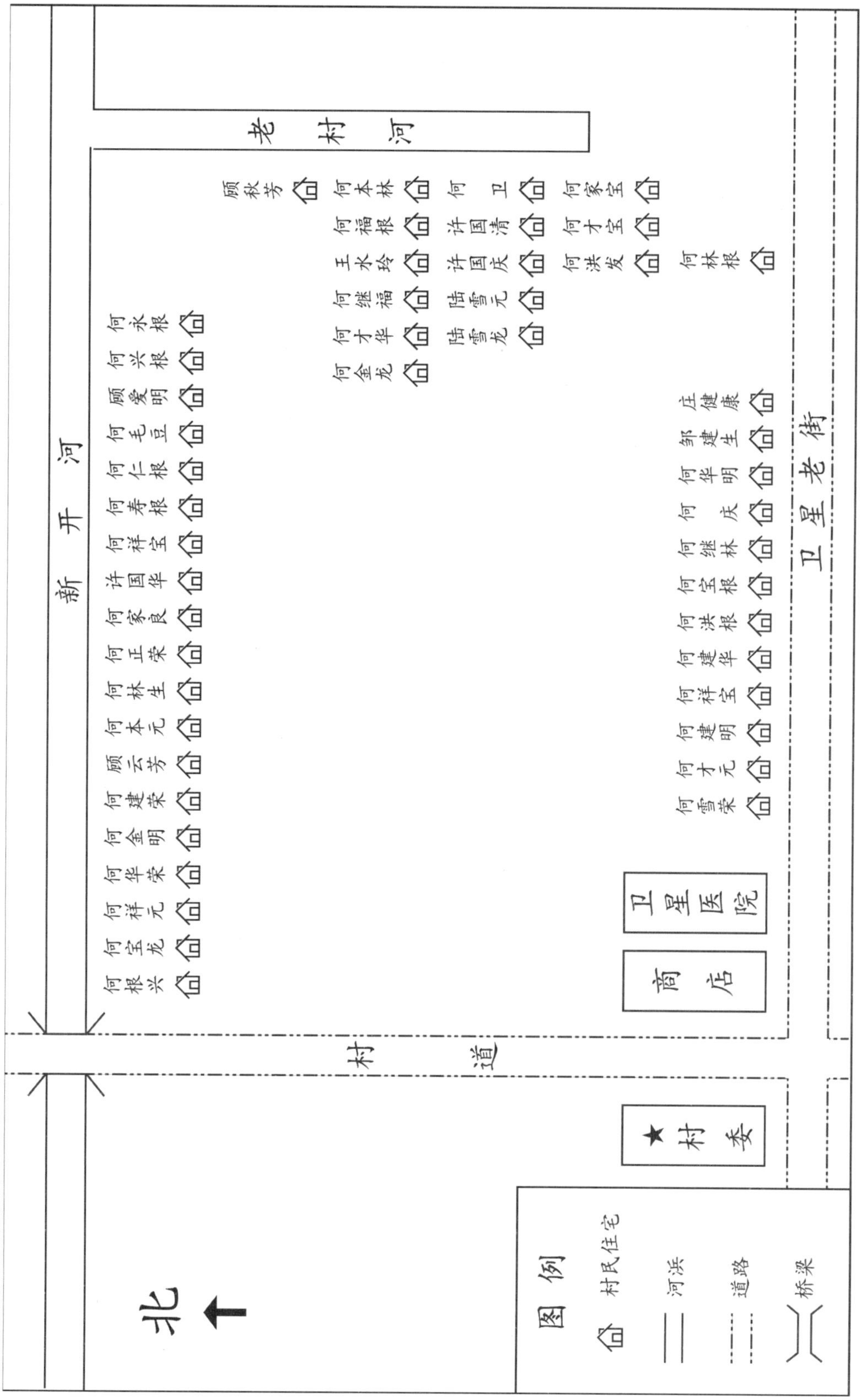

2007年何家沿头自然村住宅分布示意图

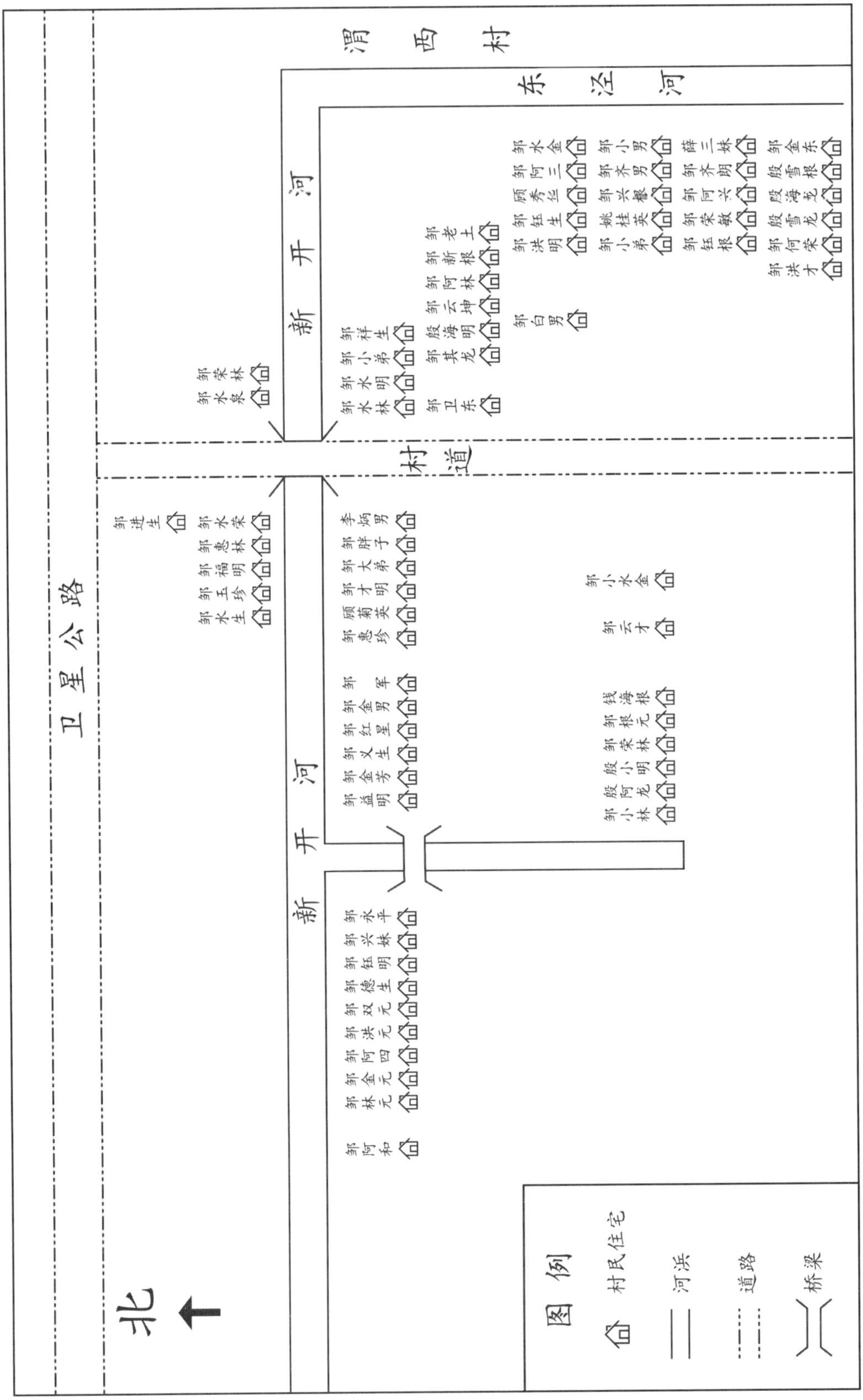

2007年邹家里自然村住宅分布示意图

圣堂出会成为邹家里一景。

邹家里（2010年摄）

民国时期至1956年2月，属黄埭区黄泥乡五星村。1969年初，属卫星大队。1983年7月，为卫星村第九、十村民小组；2006年7月，属相城经济技术开发区漕湖产业园卫星村。2008年6月，划归北桥街道卫星村。2014年8月，属漕湖街道卫星村管辖。

2006年开始，因建设相城经济技术开发区，邹家里分批拆迁，村民被安置于漕湖花园、永昌泾花苑。至2013年底，村落消失，邹家里成为历史地名。

邹家里河至东泾河连同拆迁后的宅基地，改造成两个区块，一块是从鱼池上河至五金厂一线的芡实种植田，另一块则整理规划开发成农业用地。

十一、鱼池上

位于卫星村北部，因三面环鱼池而得名。东起邹家里，西至黄畦泾，南邻朱家里，北连曹家里。沿鱼池上河、邹家里河西与何家沿头河东岸构成十字交叉的两条河流，原多小鱼塘。村民以钱姓居多。2006年，有户籍人口49户173人，其中男性86人、女性87人。

鱼池上河北岸（2010年摄）

民国时期至1956年2月，属黄埭区黄泥乡五星村。1969年初，属卫星大队。1983年7月，为卫星村第十三村民小组。2006年7月，属相城经济技术开发区漕湖产业园卫星村。2008年6月，划归北桥街道卫星村。2014年8月，属漕湖街道卫星村管辖。

1969年，卫星大队发展渔业生产，鱼池上扩建鱼池，村民养鱼又养蚌，村民生

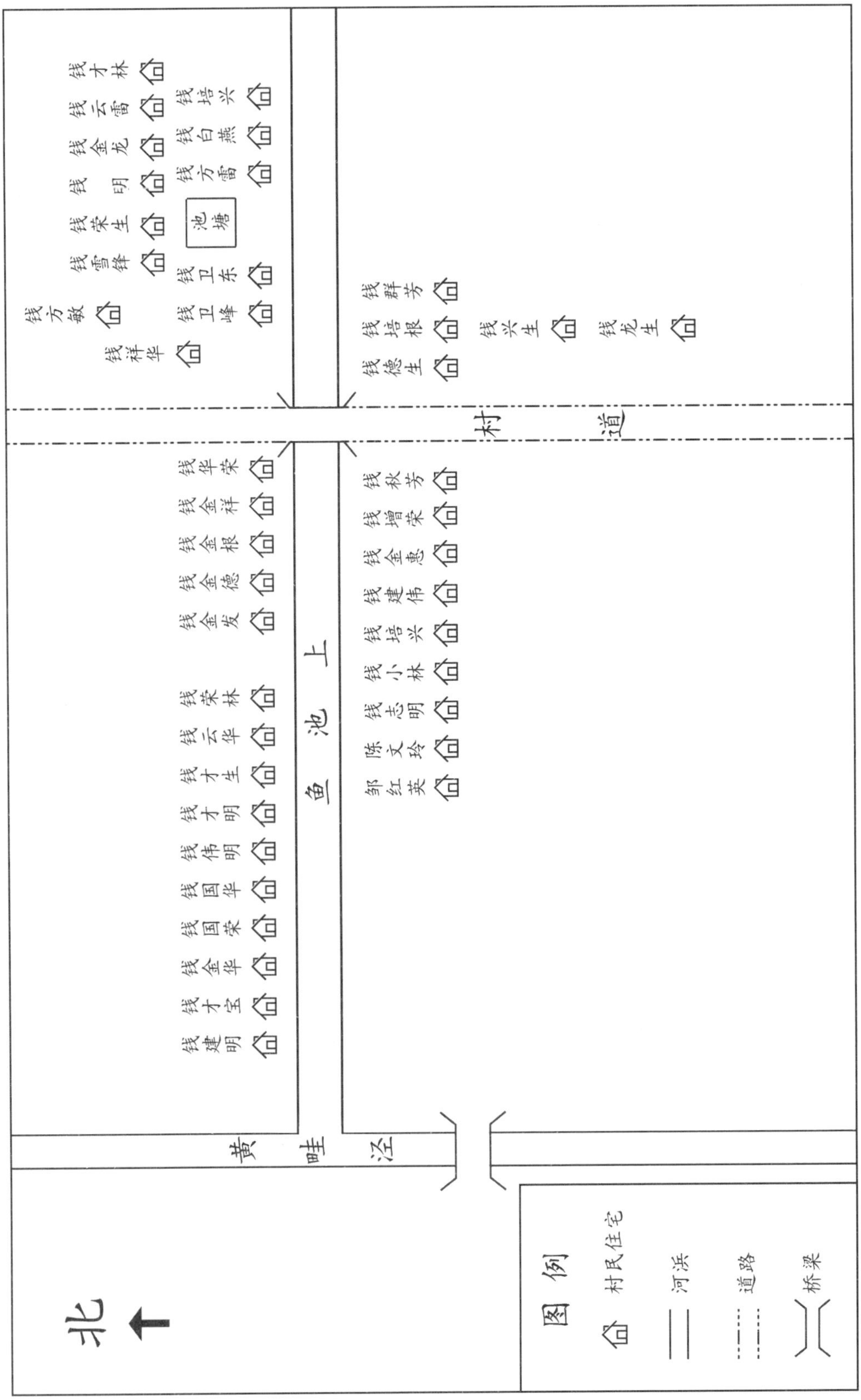

2013年鱼池上自然村住宅分布示意图

活水平有了较大提升。

2012年开始，鱼池上分批拆迁，村民被安置于漕湖花园、永昌泾花苑。至2018年底，村落消失，鱼池上成为历史地名。

鱼池上村拆迁后，南边土地为复耕土地，与何家沿头北边的土地连成一片承包给村民种植芡实。西边是安置房区，留给部分拆迁户暂居，宅基地连同东面的大片土地已成片开垦。

十二、曹家里

位于卫星村北部。东起西园（渭塘），西至凹塘头，南邻鱼池上，北近冶长泾与北桥镇一河之隔，冶长泾有条支流通曹家里，叫曹家浜。有一对苏北曹姓夫妇迁徙至此，生息发展渐成村庄，村民以曹姓居多，故村名曹家里。2006年，有户籍人口64户230人，其中男性114人、女性116人。

曹家里（2010年摄）

民国时期至1956年2月，属黄埭区黄泥乡五星村。1969年初，属卫星大队。1983年7月，为卫星村第十一、十二村民小组。2006年7月，属相城经济技术开发区漕湖产业园卫星村。2008年6月，划归北桥街道卫星村。2014年8月，属漕湖街道卫星村管辖。

20世纪90年代后期，管桩厂在朱家里成立。1999年夏，苏州市永固管桩制造有限公司由朱家里迁至曹家里。2002年，拥有固定资产3800万元，固定职工250人，年管桩生产能力达150万米。2003年，公司获江苏市场公认名牌（产品）证书。

2012年开始，曹家里分批拆迁，村民被安置于漕湖花园、永昌泾花苑。至2018年底，村落消失，曹家里成为历史地名。

曹家里西片土地用于建广济北路分岔的苏虞张快速路连接线，路东开辟成景观带和绿化林带。拆迁后的宅基地及东面的土地与渭塘镇渭西的西园村连片开垦成水稻田。

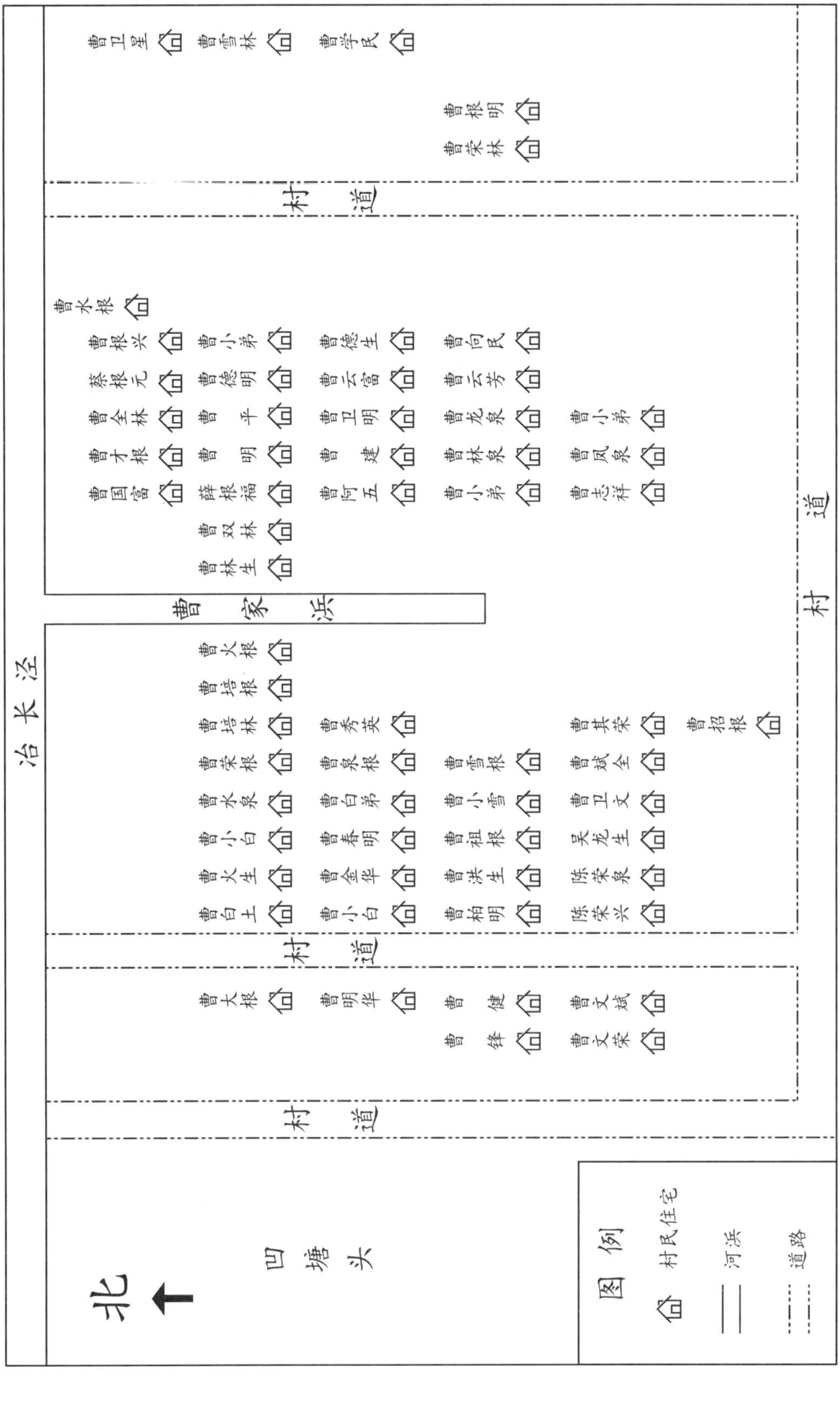

2013年曹家里自然村住宅分布示意图

十三、黄畦泾

黄畦泾（2008 年摄）

位于卫星村西北部，因黄畦泾河而得名。东起鱼池上，西至南横浜，南邻李家里，北近朱家沿头。村民以朱、王姓居多。2006年，有户籍人口89户340人，其中男性169人、女性171人。

黄畦泾河是一条南北向河流，北起冶长泾，通向蔡家里河，沿河两岸散布着多个小村落，俗称竹节村，旧时村上有南货店、药铺、茶馆、染坊等多家店铺，是一条有名的古街。

1912年，当地举人吴伯元创立黄畦私立小学。吴伯元之子吴宗英又在黄畦泾创办立德医院。20世纪40~60年代，黄畦泾有位名医朱氏，专治疔疮疖痈，在苏州地区享有盛名。

民国时期至1956年2月，属黄埭区黄泥乡黄畦村。1969年初，属卫星大队。1983年7月，为卫星村第十五、十六、十七村民小组。2006年7月，属相城经济技术开发区漕湖产业园卫星村。2008年6月，划归北桥街道卫星村。2014年8月，属漕湖街道卫星村管辖。

20世纪80~90年代，黄畦泾部分村民以生产营销珍珠饰品为业，自养或在市场购一些散珠，购置打孔机，串成各式项链、耳环、戒指等，根据档次分门别类，在珍珠市场租摊位销售，收入较高。

2012年开始，黄畦泾分批拆迁，村民被安置于漕湖花园、永昌泾花苑。至2013年底，村落消失，黄畦泾成为了历史地名。

黄畦泾的土地，东西两边分别建广济北路和苏绍高速公路，南边则是穿越苏绍高速公路的引桥，其余土地为道路两旁的景观绿化带。

十四、北横浜

位于卫星村西北，因在横浜河以北而得名，又称横浜头（旧时为防止土匪从河道进村抢劫，便阻隔河道，阻隔处称浜头）。东起朱家沿头，西至支塘泾，南邻横河头，北近冶长泾。村民以俞、钱、庄姓居多。2006年，有户籍人口41户146人，其中男性72人、女性74人。

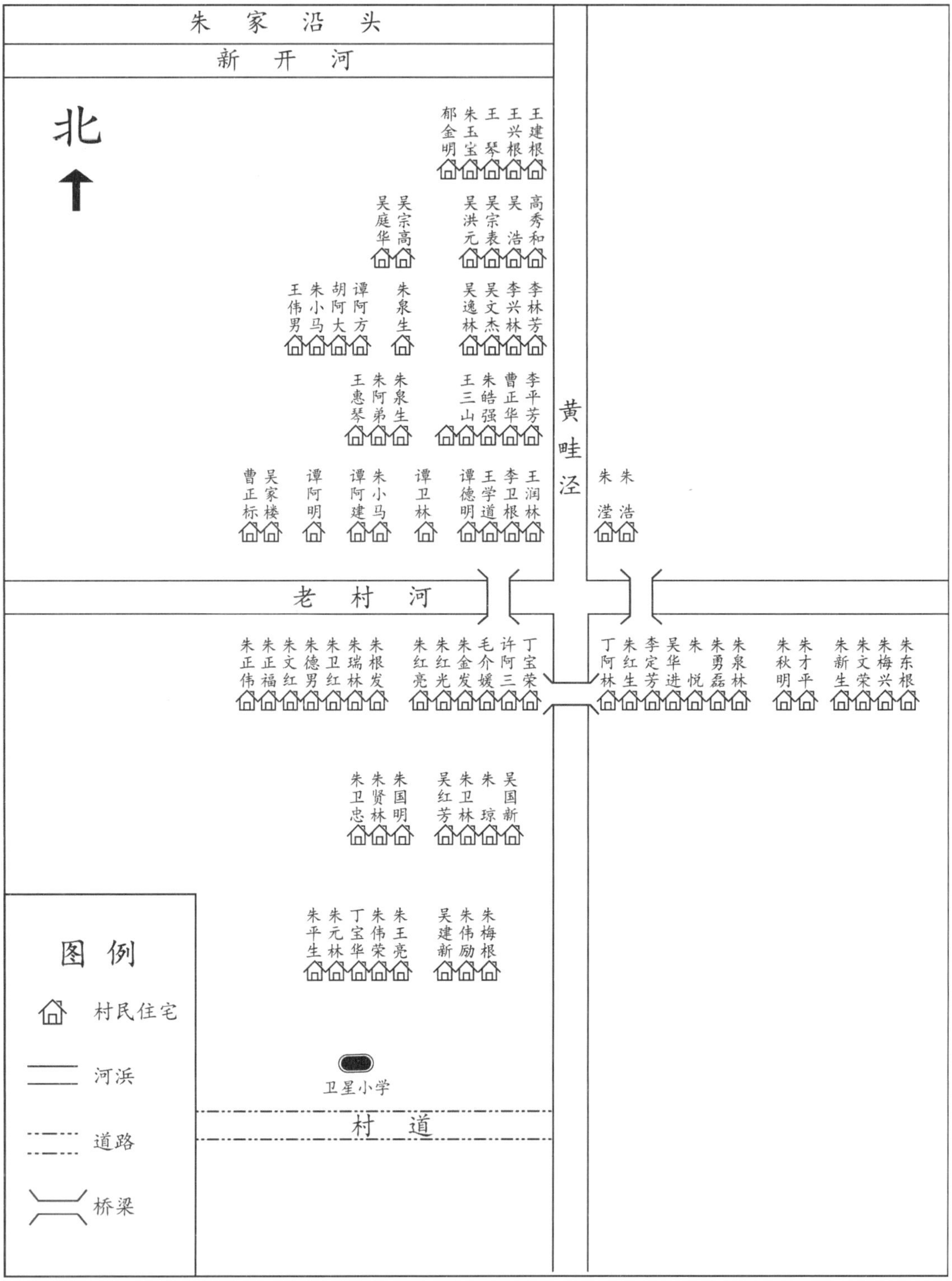

2010 年黄畦泾自然村住宅分布示意图

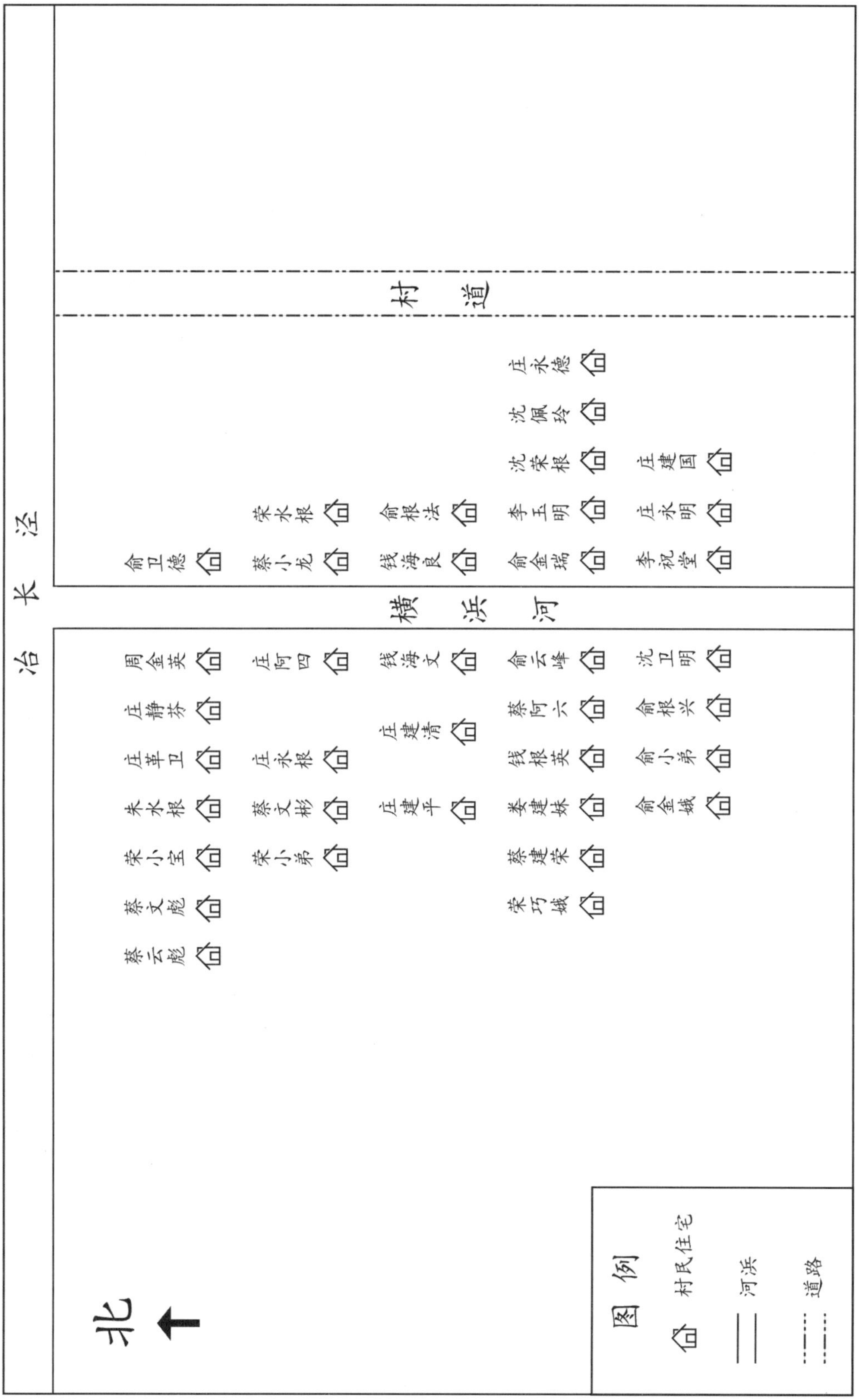

2010年北横浜自然村住宅分布示意图

北横浜（2010 年摄）

北横浜紧靠冶长泾，与北桥镇芮埭轮船码头一水相隔，陆路交通不便，冶长泾两岸的村民需摆渡才能出行。民国时期到20世纪60年代，冶长泾两岸的村民去苏州和上海都是在这码头上乘小火轮。有个庄姓村民，长期以摇摆渡船为生。直到2006年，苏州绕城高速公路冶长泾桥建成，村民才结束摆渡的历史。

民国时期至1956年2月，属黄埭区倪汇乡合兴村。1957年9月，吴县撤区并乡和整乡整社后属黄埭乡向前第二十七社。1969年初，属卫星大队。1983年7月，为卫星村第十八村民小组。2006年7月，属相城经济技术开发区漕湖产业园卫星村。2008年6月，划归北桥街道卫星村。2014年8月，属漕湖街道卫星村。

2016年开始，北横浜分批拆迁，村民被安置于漕湖花园、永昌泾花苑。至2017年底，村落消失，北横浜成为历史地名。

北横浜村拆迁后，沿冶长泾一段河堤筑高加固防汛，其余土地连同宅基地已全部整平种上庄稼。

十五、横河头

位于卫星村西北，因村内有横浜河而得名。东起北横浜，西至支塘泾，南邻南横浜，北临冶长泾。村民以王姓居多。2006年，有户籍人口26户103人，其中男性51人、女性52人。

横河头（2010 年摄）

横河头东西走向，连接支塘泾和横浜河，是南横浜和北横浜两个村庄连接外村的唯一通道。横河头村民的住宅分散在河浜的南北两岸，只有浜端的一条小堤为路。

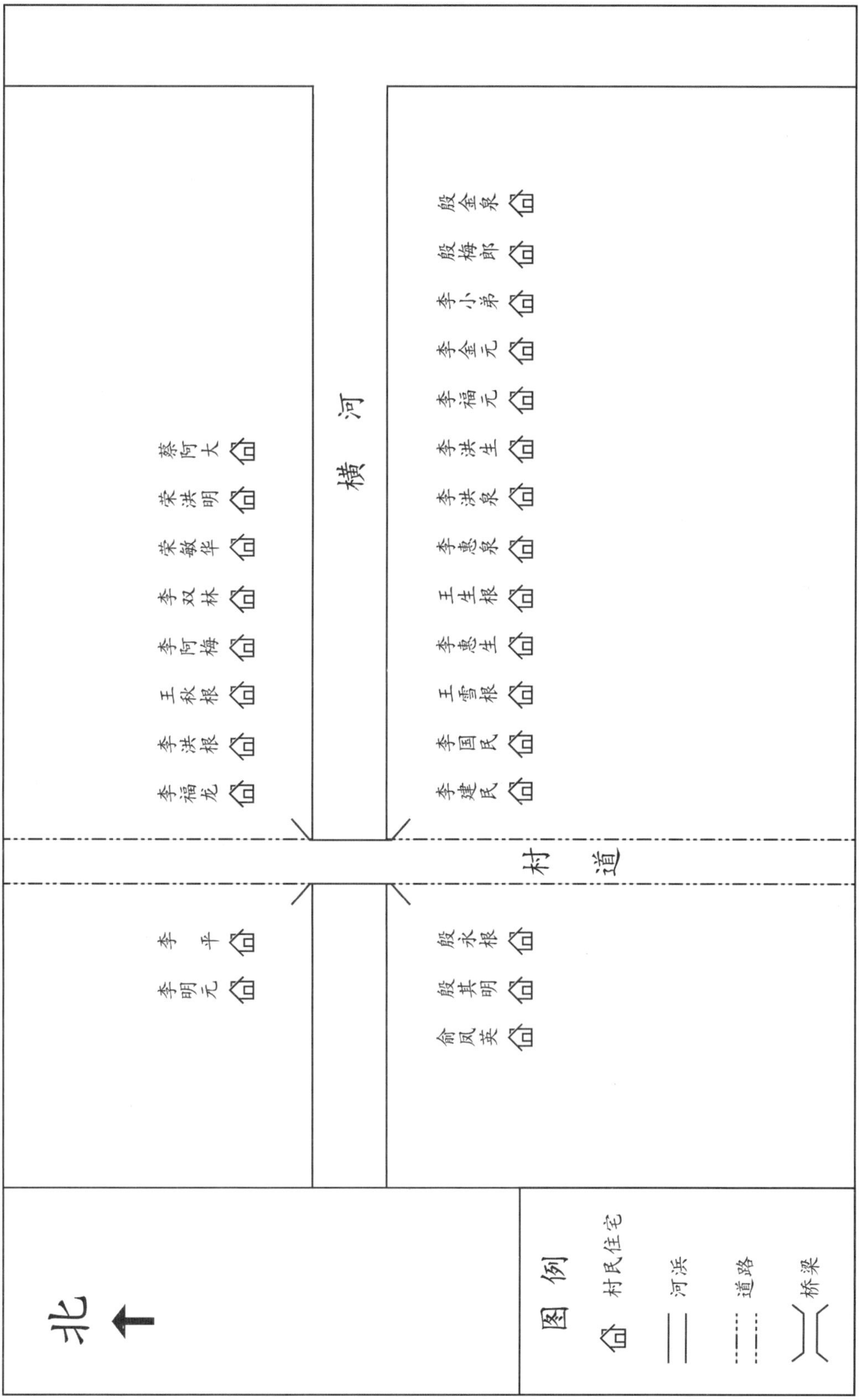

2008年横河头自然村住宅分布示意图

1968年，建造一座石墩的水泥平桥，方便两岸村民出行。1970年，卫星大队平整土地，绿化田路林渠，开挖河道，疏通村东的荷花溇，沟通横河头和黄畦泾。

民国时期至1956年2月，属黄埭区倪汇乡合兴村。1969年初，属卫星大队。1983年7月，为卫星村第十九村民小组。2006年7月，属相城经济技术开发区漕湖产业园卫星村。2008年6月，划归北桥街道卫星村。2014年8月，属漕湖街道卫星村管辖。

村民有酿酒的习俗，或自己酿，或几家合请酿酒师傅代酿。因价廉酒醇，上门要酒者或代为推销者纷至而来，生意兴隆。

2016年开始，横河头分批拆迁，村民被安置于漕湖花园、永昌泾花苑。至2018年底，村落消失，横河头成为历史地名。

拆迁后的横河头宅基地与耕地被开辟成农田种上水稻。

十六、南横浜

位于卫星村西北部，因在横浜河以南而得名。东起黄畦泾，西至西蔡，南邻马坊头，北连横河头。村民以王姓居多。2006年，有户籍人口26户86人，其中男性42人、女性44人。

南横浜（2010年摄）

20世纪60年代的南横浜是合兴村的“文艺之村”。村里的年轻人都爱好乐器，爱唱样板戏。1966~1968年，在文艺爱好者王祖根、王文华的带领下，成立文艺宣传队，合演京剧《红灯记》，受到四乡八邻的赞扬。

民国时期至1956年2月，属黄埭区倪汇乡合兴村。1969年初，属卫星大队。1983年7月，为卫星村第二十村民小组。1992年7月，属黄埭镇卫星村。2006年7月，属相城经济技术开发区漕湖产业园卫星村。2008年6月，划归北桥街道卫星村。2014年8月，属漕湖街道卫星村管辖。

2016年开始，南横浜分批拆迁，村民被安置于漕湖花园、永昌泾花苑。至2018年底，村落消失，南横浜成为历史地名。

现在的南横浜河两边，河东至苏绍高速公路段栽种着大片莲藕。横河头河西

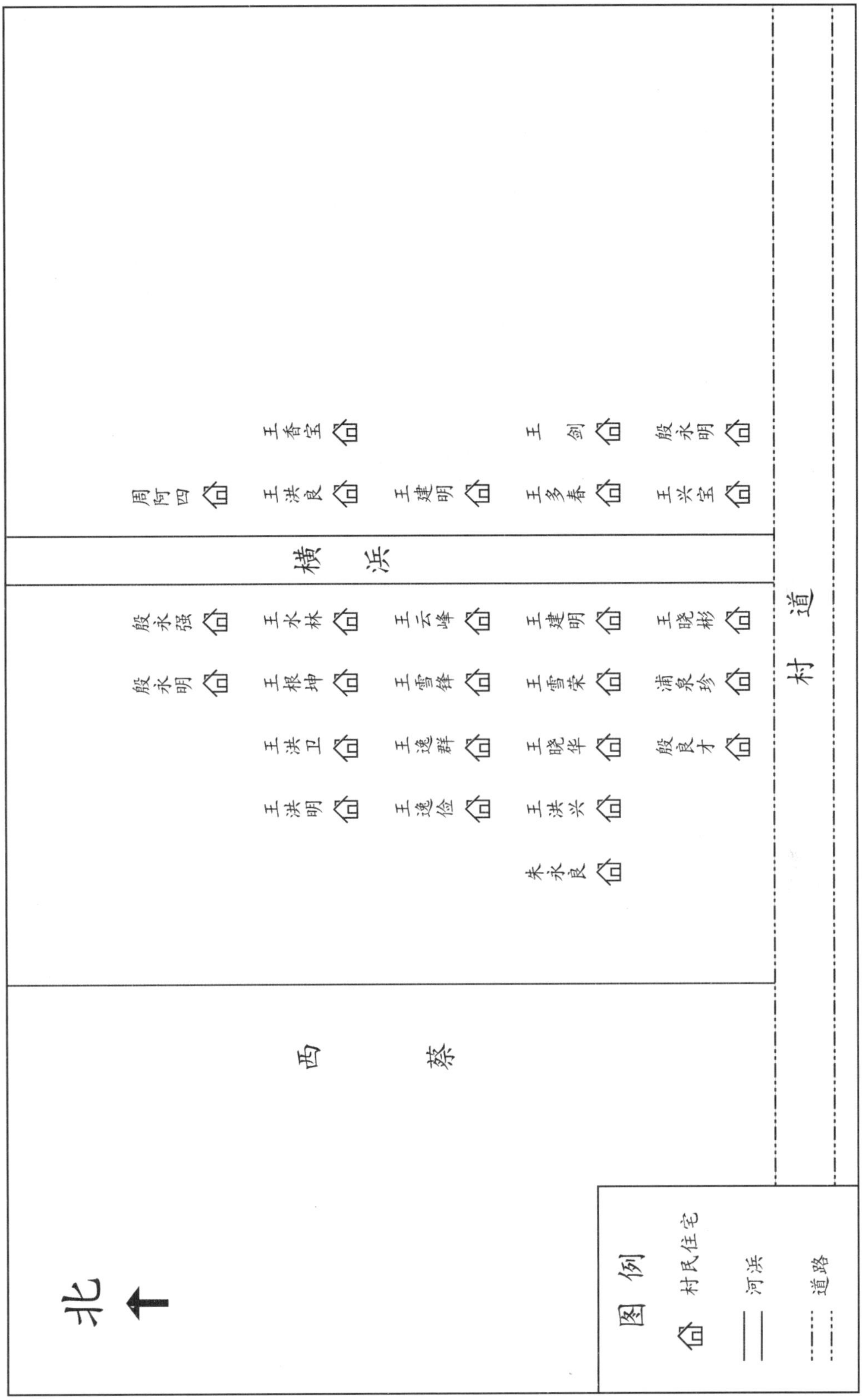

2006年南横浜自然村住宅分布示意图

连着西蔡，北接北横浜的土地已整平复耕栽上水稻。

十七、荣家里

位于卫星村西北。东起支塘泾，西至漕湖滩，南邻荡上，北近冶长泾。村民以荣姓居多，故名荣家里。2006年，有户籍人口50户194人，其中男性94人、女性100人。

荣家里（2010年摄）

荣家里村西有条紧靠漕湖通向冶长泾的河港，河深水急，堤岸高耸，长满茅草，故名三茅浜。两岸的村民曾参加过当时河港的开挖工程，因此河对岸有个叫新开河的村庄。2007年，建设漕湖湿地公园，在漕湖环湖路中三茅浜上新建一座三孔水泥平桥，起名为三梅浜桥。

民国时期至1956年2月，属黄埭区倪汇乡合兴村。1969年初，属卫星大队。1983年7月，为卫星村第二十一村民小组。2006年7月，属相城经济技术开发区漕湖产业园卫星村。2008年6月，划归北桥街道卫星村。2014年8月，属漕湖街道卫星村。

20世纪70年代初，荣家里引进约500只白罗克鸡，发展养鸡业。采用室内养殖，开灯供暖保温促苗鸡快速生长的方法，饲养两个月左右即可上市，收益较大。

2006年开始，荣家里分批拆迁，村民被安置于漕湖花园、永昌泾花苑。至2018年底，村落消失，荣家里成为历史地名。

荣家里拆迁后，村道以西的土地复耕成水田，自然村原址及支塘河边的田块，经开渠挖沟成为种植地。

十八、张家里

位于卫星村西面、漕湖东畔。东起支塘泾，西至漕湖，南邻钱泾河，北紧靠荡上。村民以张姓居多。2006年，有户籍人口44户187人，其中男性89人、女性98人。

该村靠近漕湖滩，漕湖有一条支流流经张家里，河不长，河水清澈。张家里民风淳朴，村民勤劳能干，远近闻名。村中曾出过一位武举人，他做过很多义举，深

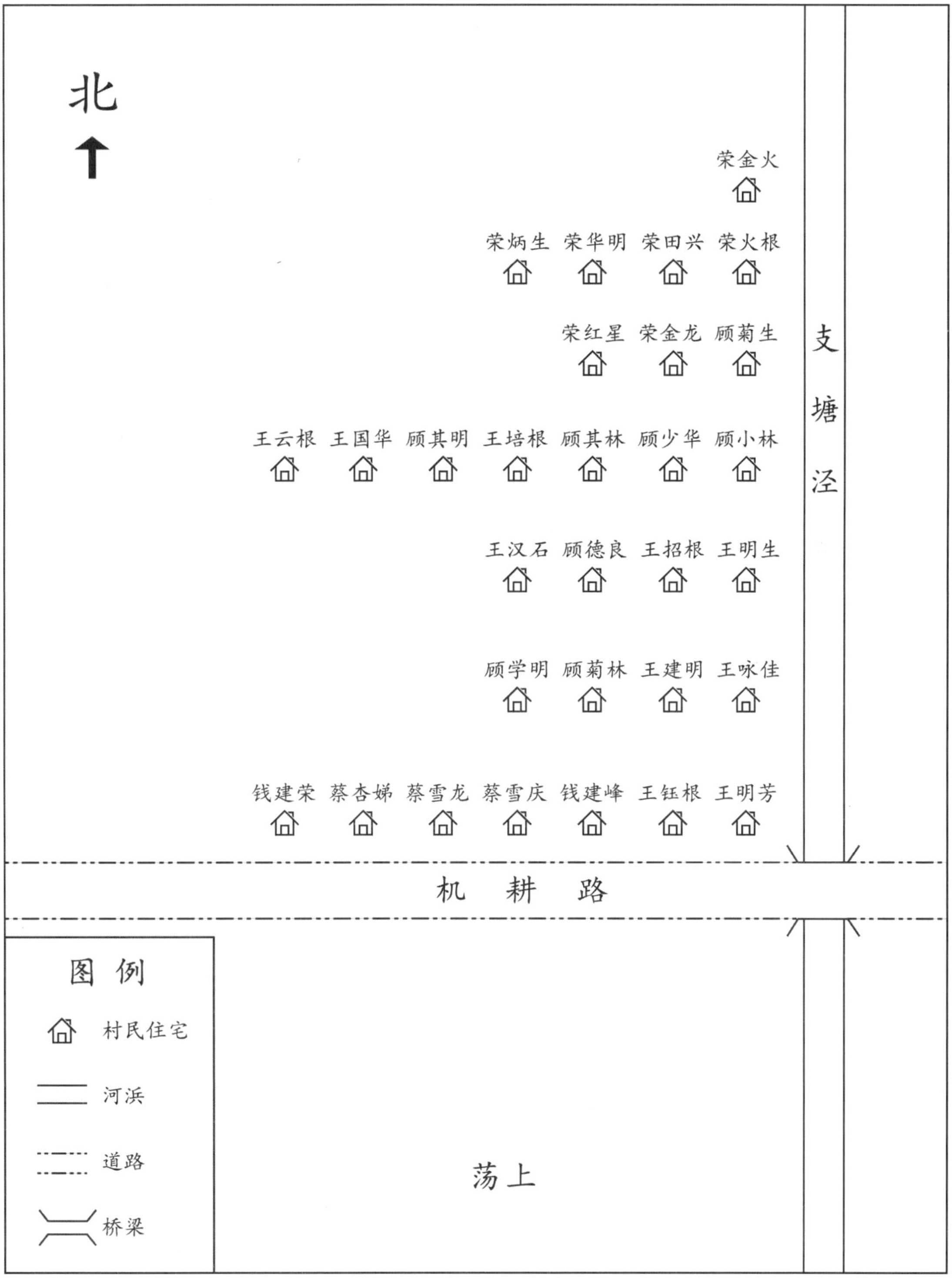

2009 年荣家里自然村住宅分布示意图

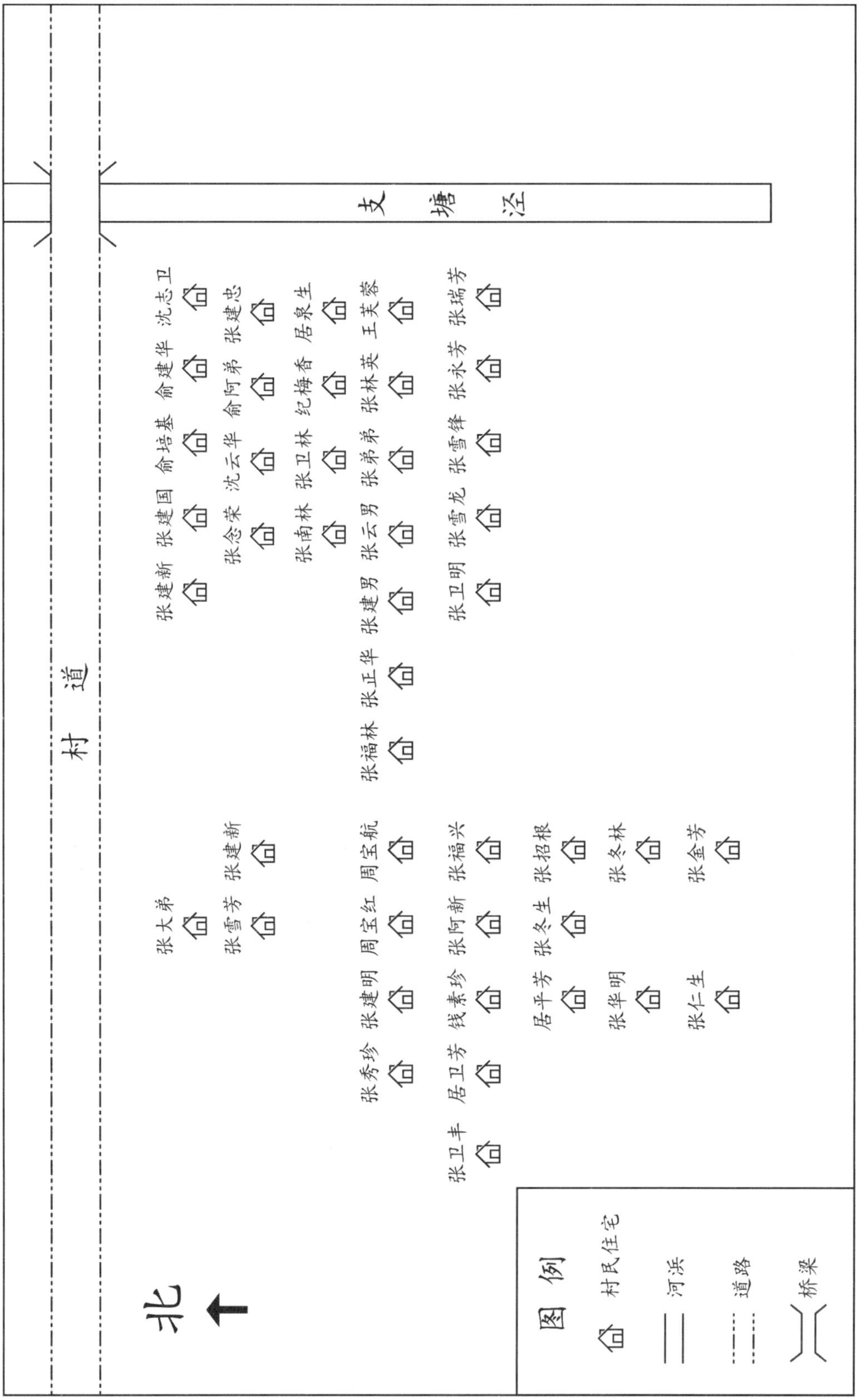

2006年张家里自然村住宅分布示意图

得乡民的爱戴。

民国时期至1956年2月，属黄埭区倪汇乡合兴村。1969年初，属卫星大队。1983年7月，为卫星村第二十九、三十村民小组。2006年7月，属相城经济技术开发区漕湖产业园卫星村。2008年6月，划归北桥街道卫星村。2014年8月，属漕湖街道卫星村管辖。

张家里（2010年摄）

2006年开始，张家里分批拆迁，村民被安置于漕湖花园、永昌泾花苑。至2018年底，村落消失，张家里成为历史地名。

张家里拆迁后，原村西的土地已成片复耕，种上庄稼。最西边直抵漕湖湿地公园，包括建成的广济北路段，东至苏绍高速公路段的景观绿化带均是张家里的土地。

十九、荡上

位于卫星村西面。东临支塘泾，西至漕湖，南邻张家里，北至荣家里。村民以蔡姓居多。2006年，有户籍人口7户26人，其中男性12人、女性14人。

在张家里南有一座观音堂，三开四进，门槛约有膝盖高，香火很盛。中华人民共和国成立初期，在观音堂内设立合兴初级小学。为方便学生上学，在支塘泾建造了一座二墩三孔大桥。1970年，学校撤并到横街新校。

民国时期至1956年2月，属黄埭区倪汇乡合兴村。1968年，荡上、张家里、荣家里3个村合并。1969年初，属卫星大队。1983年7月，为卫星村第二十九村民小组。2006年7月，属相城经济技术开发区漕湖产业园卫星村。2008年6月，划归北桥街道卫星村。2014年8月，属漕湖街道卫星村管辖。

20世纪50年代，该村建繁（养）殖场，养猪厩肥。养母猪数头，自繁幼仔自养，饲料以粗料为主，精料为副，生猪育肥长大后由食品站收购。逢年过节会根据人口数杀猪分肉，改善生活。

2006年开始，荡上分批拆迁，村民被安置于漕湖花园、永昌泾花苑。至2018年底，村落消失，荡上成为历史地名。

荡上村拆迁后的土地用于建广济北路和漕湖环湖大道。拆迁后的宅基地北与

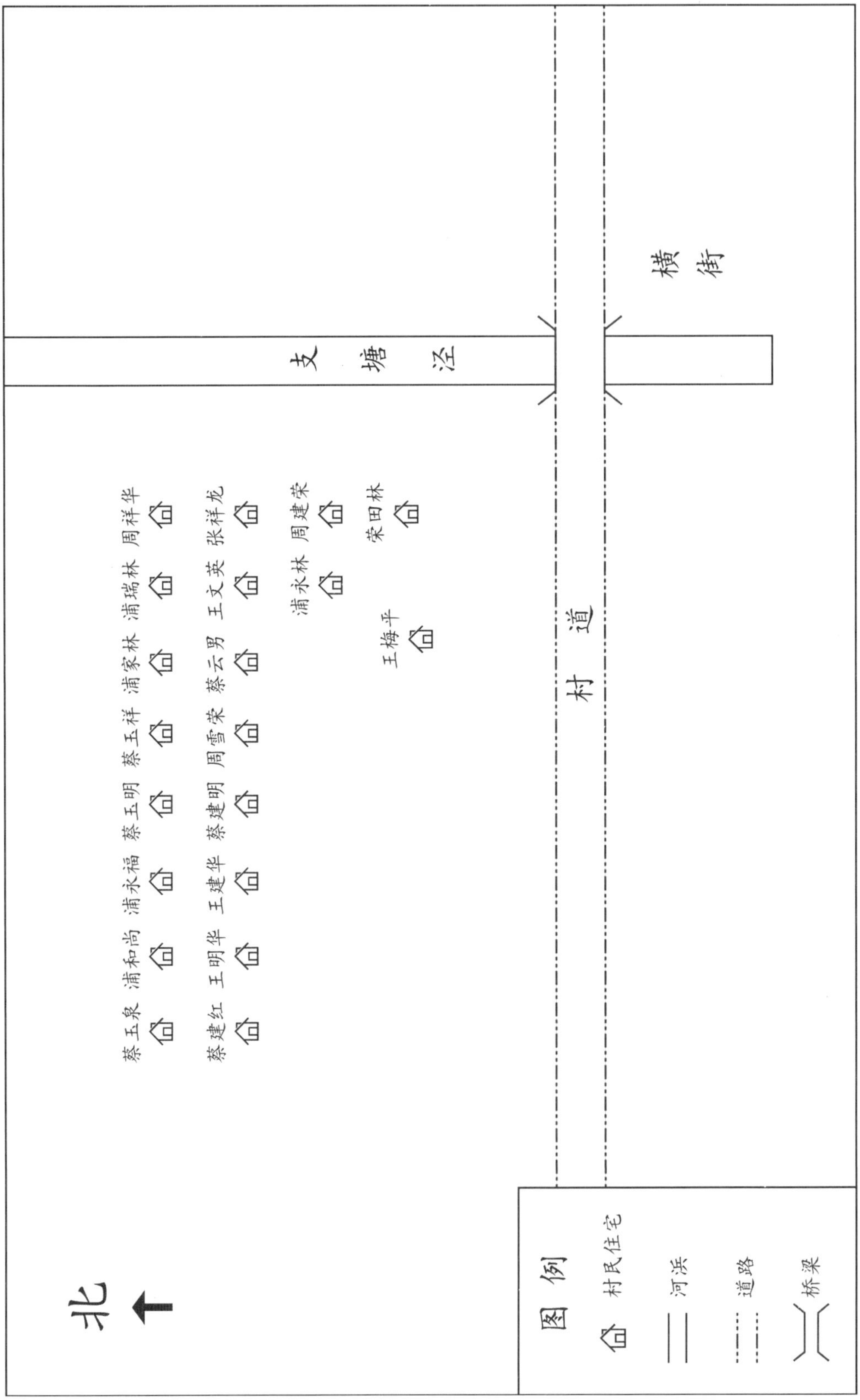

2002年荡上自然村住宅分布示意图

荣家里土地连成片复耕成良田。

二十、马坊头

位于卫星村西南。东起蔡家里，西至支塘泾，南邻钱泾河，北靠南横泾。村民以蔡姓居多。2006年，有户籍人口22户86人，其中男性42人、女性44人。

马坊头（2010年摄）

马坊头和蔡家里在同一区块，村民杂居，没有明显的分界。据说此地是古代一个随军养马场（马坊），战争结束后，部分饲马人就在此定居，以马坊头作村名一直流传至今。

民国时期至1956年2月，属黄埭区倪汇乡合兴村。1969年初，属卫星大队。1983年7月，为卫星村第二十三村民小组。2006年7月，属相城经济技术开发区漕湖产业园卫星村。2008年6月，划归北桥街道卫星村。2014年8月，属漕湖街道卫星村管辖。

1973年，卫星砖窑厂建在马坊头，卫星村拆旧房建新楼，砖窑厂生产的砖供不应求。

马坊头附近建有卫星村的苗木基地，满足周边各村需要的同时，还解决了相城区城市化建设所需。20世纪90年代，扩建为卫星生态公益林，占地131.5亩，所用苗木基本上是自种自栽。

2012年开始，马坊头分批拆迁，村民被安置于漕湖花园、永昌泾花苑。至2018年底，村落消失，马坊头成为历史地名。

马坊头拆迁后的大部分土地用于建设苏绍高速公路和路东绿化林带。宅基地至东边黄畦泾河边的大片土地则开垦复耕成良田，种上以油菜为主的农作物。

二十一、蔡家里

位于卫星村西部。东起黄畦泾河，西至马坊头，南邻东钱泾，北连黄畦泾。村民以蔡姓居多，故取村名蔡家里。2006年，有户籍人口36户145人，其中男72人、女73人。

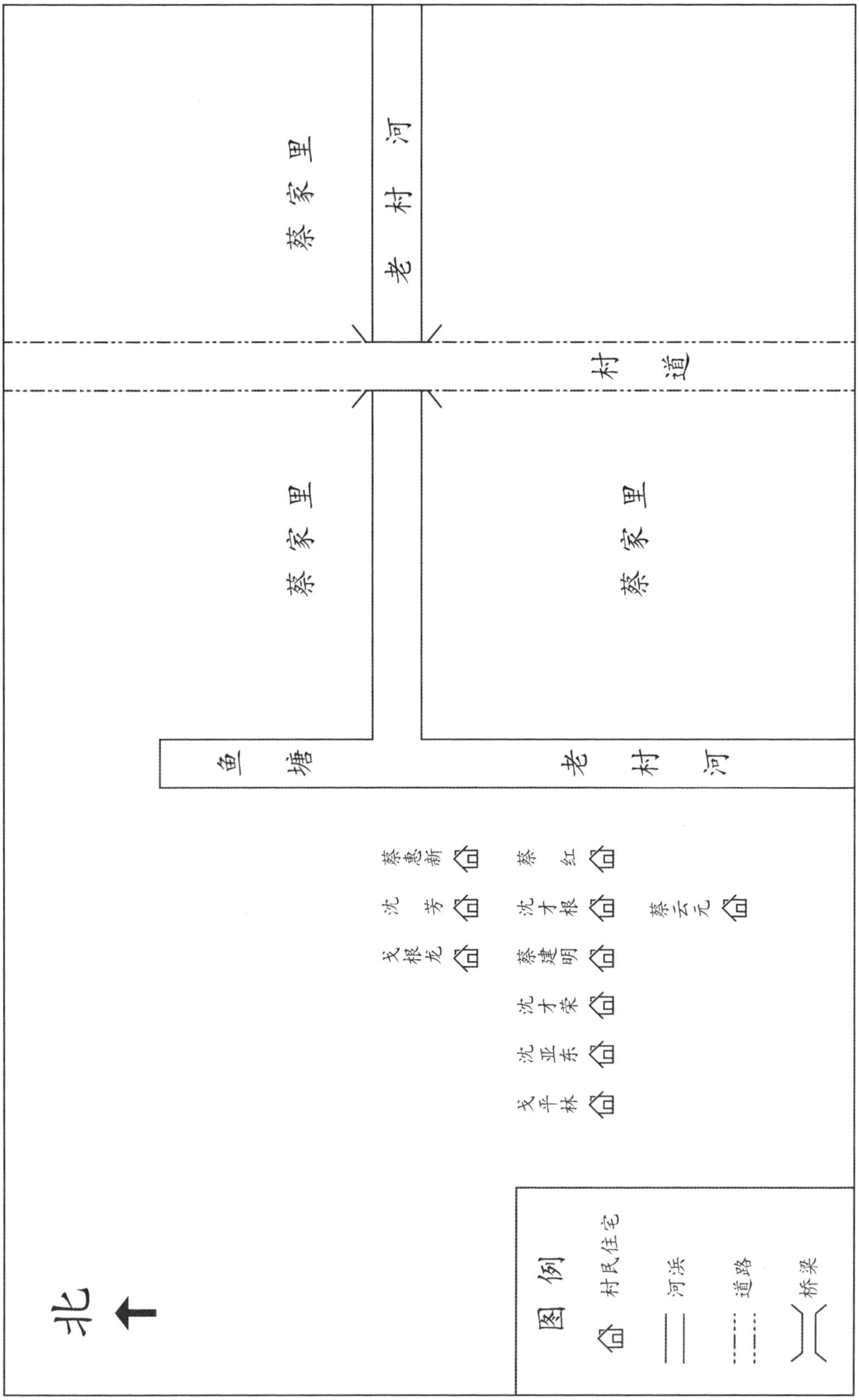

2015年马坊头自然村住宅分布示意图

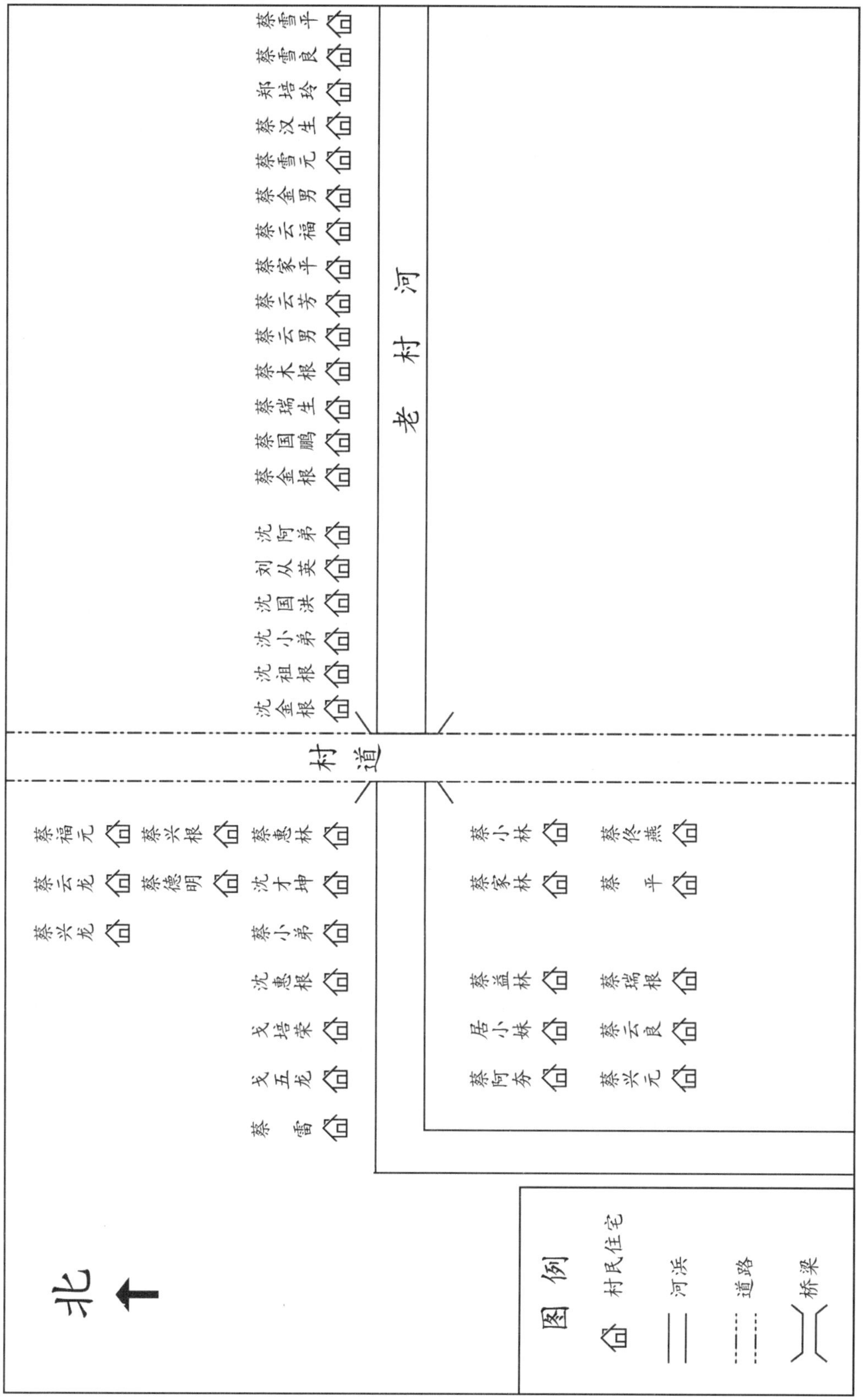

2011年蔡家里自然村住宅分布示意图

随着村庄发展，人口日渐增多，部分村民开始迁徙：一支迁往蔡家里，称西蔡；一支融入北横浜。1969年，卫星村在蔡家里原村西边建楼房，蔡家里成新村。著名音乐人蔡惠泉就是蔡家里人，曾任中央广播民族管弦乐团副团长。

蔡家里（2010年摄）

民国时期至1956年2月，属黄埭区倪汇乡合兴村。1969年初，属卫星大队。1983年7月，为卫星村第二十四村民小组。2006年7月，属相城经济技术开发区漕湖产业园卫星村。2008年6月，划归北桥街道卫星村。2014年8月，属漕湖街道卫星村。

蔡家里地处漕湖东边，村民个个是捕鱼捉蟹的能手。空闲时，他们三五成群去漕湖里捕鱼、摸蚌、摸螺蛳。

2012年开始，蔡家里分批拆迁，村民被安置于漕湖花园、永昌泾花苑。至2018年底，村落消失，蔡家里成为历史地名。

蔡家里拆迁后的土地现为苏绍高速公路、广济北路及其岔道西环路的交汇处，宅基地和周边剩余土地已复耕种上农作物。

二十二、浜上

位于卫星村中部荷花浜。东起洪家里，西至宣家里，南邻卫渭路，北靠荷花浜。村民以宣、钱、朱姓居多。该村是1969年卫星村建设新农村时所建，为一排新式两层楼。因距洪家里新楼房较远，不能成片，所以选址建在荷花浜、南宣家河的阔端，取名浜上。2006年，有户籍人口43户167人，其中男性82人、女性85人。

浜上（2010年摄）

民国时期至1956年2月，属

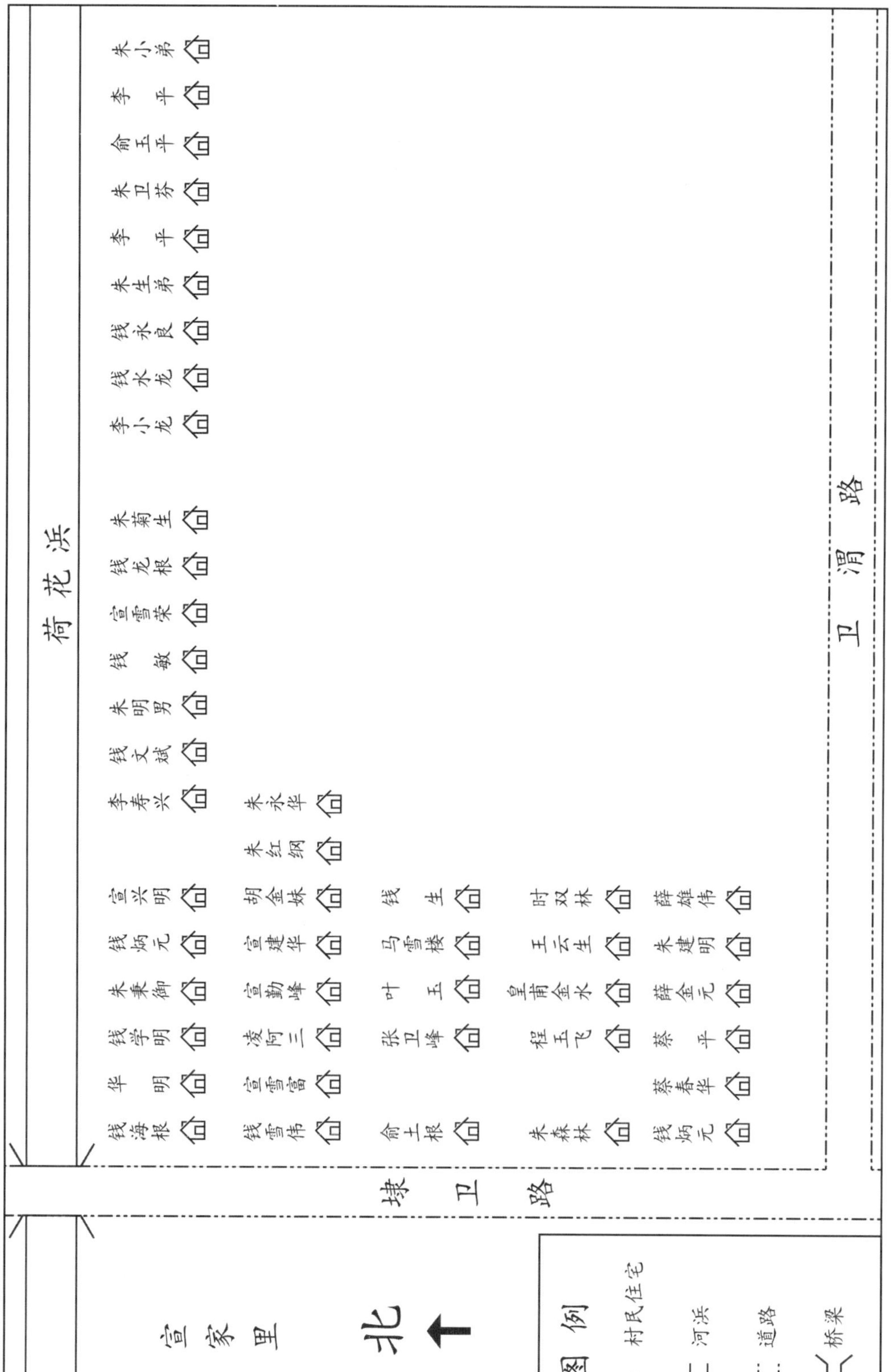

2010年浜上自然村住宅分布示意图

黄埭区黄泥乡黄畦村。1969年初，属卫星大队。1983年7月，为卫星村第七村民小组。2006年7月，属相城经济技术开发区漕湖产业园卫星村。2008年6月，划归北桥街道卫星村。2014年8月，属漕湖街道卫星村。

该村农妇有清明节前后做青团子到集市上交易的习俗。青团子是种时令小吃，一般用浆麦草（境内一种野草）的汁水拌入糯米粉，再包裹进豆沙蒸制而成。

2014年开始，浜上分批拆迁，村民被安置于漕湖花园、永昌泾花苑。至2018年底，村落消失，浜上成为历史地名。

浜上的宣家里河南岸（又称荷花浜），部分农田用于建设卫渭路和倪汇路。自然村全部被拆迁后，连同宅基地东边已整平的土地与洪家里连片（卫渭路北），成为白马之沿空地网格待开发。

二十三、李家里

位于卫星村中部偏北。东起何家沿头，西至黄畦泾河，南邻朱家里，北连黄畦泾、鱼池上。村民以钱姓居多。2006年，有户籍人口10户，迁入别墅81户，人口345人，其中男性168人、女性177人。

李家里（2010年摄）

民国时期至1956年2月，属黄埭区黄泥乡黄畦村。1969年初，并入南面朱家里，属卫星大队。1983年7月，为卫星村第二十八村民小组。2006年7月，属相城经济技术开发区漕湖产业园卫星村。2008年6月，划归北桥街道卫星村。2014年8月，属漕湖街道卫星村。

20世纪70年代，卫星大队在李家里创办苏州珊亚日用化工厂和苏州工艺制花厂，厂的规模较小，两厂现均搬迁改制。

2003年，建造苏州绕城高速公路，卫星村采用统一自建和小产权房子（集体建，个人认购）相结合的方式，在李家里建造别墅式新楼房共55户，安置老合兴村的动迁村民，新村落称卫星新村。

2017年开始，李家里分批拆迁，村民被安置于漕湖花园、永昌泾花苑。至2018年底，村落消失，李家里成为历史地名。

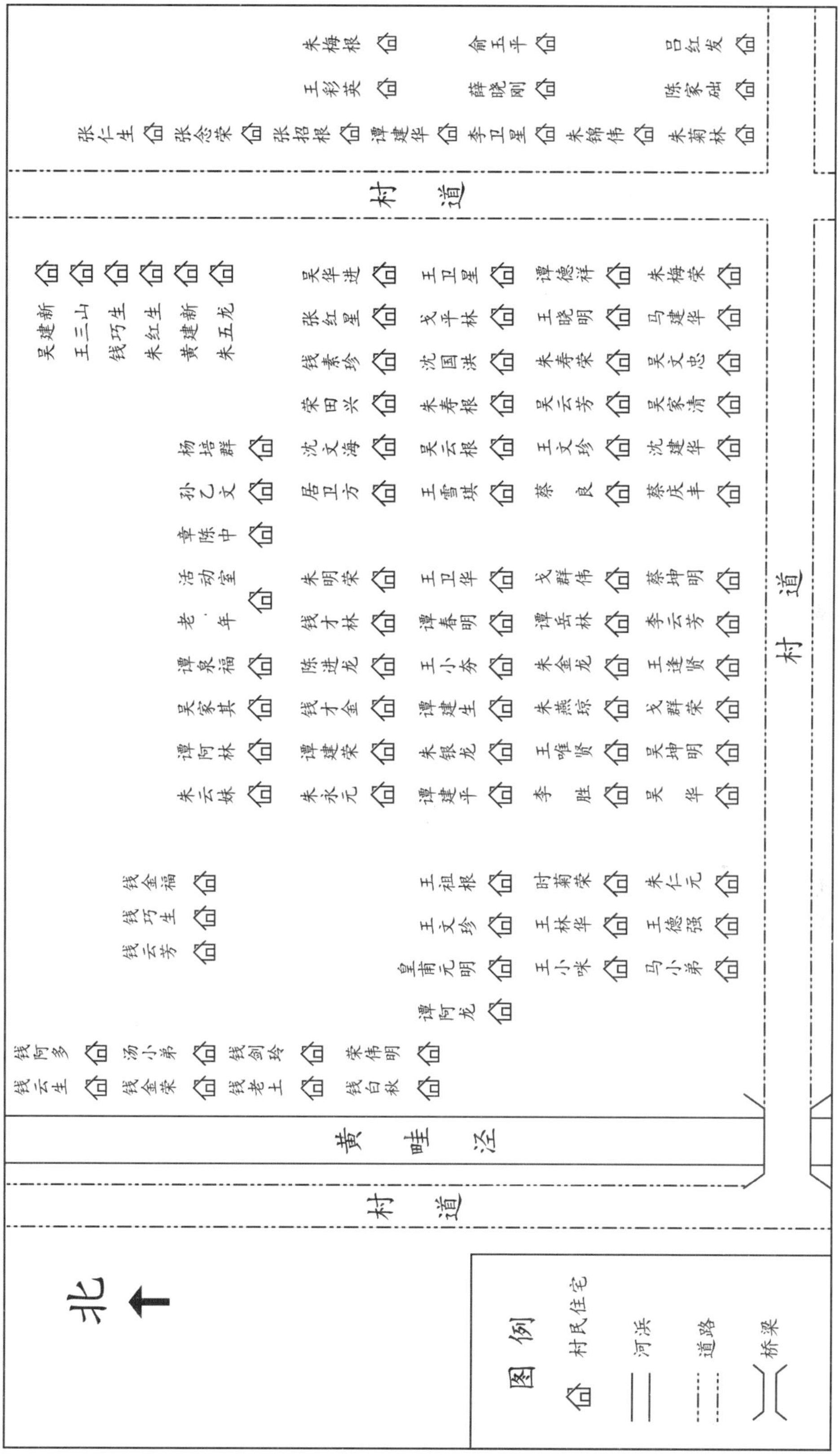

2013年李家里自然村住宅分布示意图

李家里是卫星社区最后被拆迁的自然村。新街和两边别墅已拆除被堆平，成为卫星新村空地网格，待开发利用。

二十四、凹塘头

位于卫星村北黄畦泾河北端。东起曹家里，西至黄畦泾河，南邻鱼池上，北至冶长泾。与朱家沿头隔河相对，在荷花漤出口处有一个面积近2000平方米的大阔塘——大凹塘，因此得名凹塘头。村民以曹姓居多。2006年，有户籍人口24户88人，其中男性43人、女性45人。

凹塘头（2010年摄）

凹塘头紧靠冶长泾，在黄畦泾河出口处（冶长泾岸边）曾有一座小石桥，是黄畦泾河东和曹家里的村民去黄畦泾河西小集镇及学校的主要通道。中华人民共和国成立初期，此处建造水闸，成了水闸桥。

民国时期至1956年2月，属黄埭区黄泥乡黄畦村。1969年初，属卫星大队。1983年7月，为卫星村第三十二村民小组。2006年7月，属相城经济技术开发区漕湖产业园卫星村。2008年6月，划归北桥街道卫星村。2014年8月，属漕湖街道卫星村管辖。

凹塘头的村妇每到端午节，便会包粽子上街售卖。

2012年开始，凹塘头分批拆迁，村民被安置于漕湖花园、永昌泾花苑。至2013年底，村落消失，凹塘头成为历史地名。

凹塘头河东的土地连同宅基地一起，建设成广济北路及路旁景观带。路西的土地被鸿海（苏州）食品科技股份有限公司收购，成为食品蔬菜基地。河西的土地用于建设苏绍高速公路。

二十五、朱家沿头

位于卫星社区西北。东起黄畦泾河，西至北横浜，南邻黄畦泾，北靠冶长泾。村民以朱姓居多，故而得名。2006年，有户籍人口42户人口155人，其中男性75人、女性80人。

民国时期至1956年2月，属黄埭区黄泥乡黄畦村。1969年初，属卫星大队。

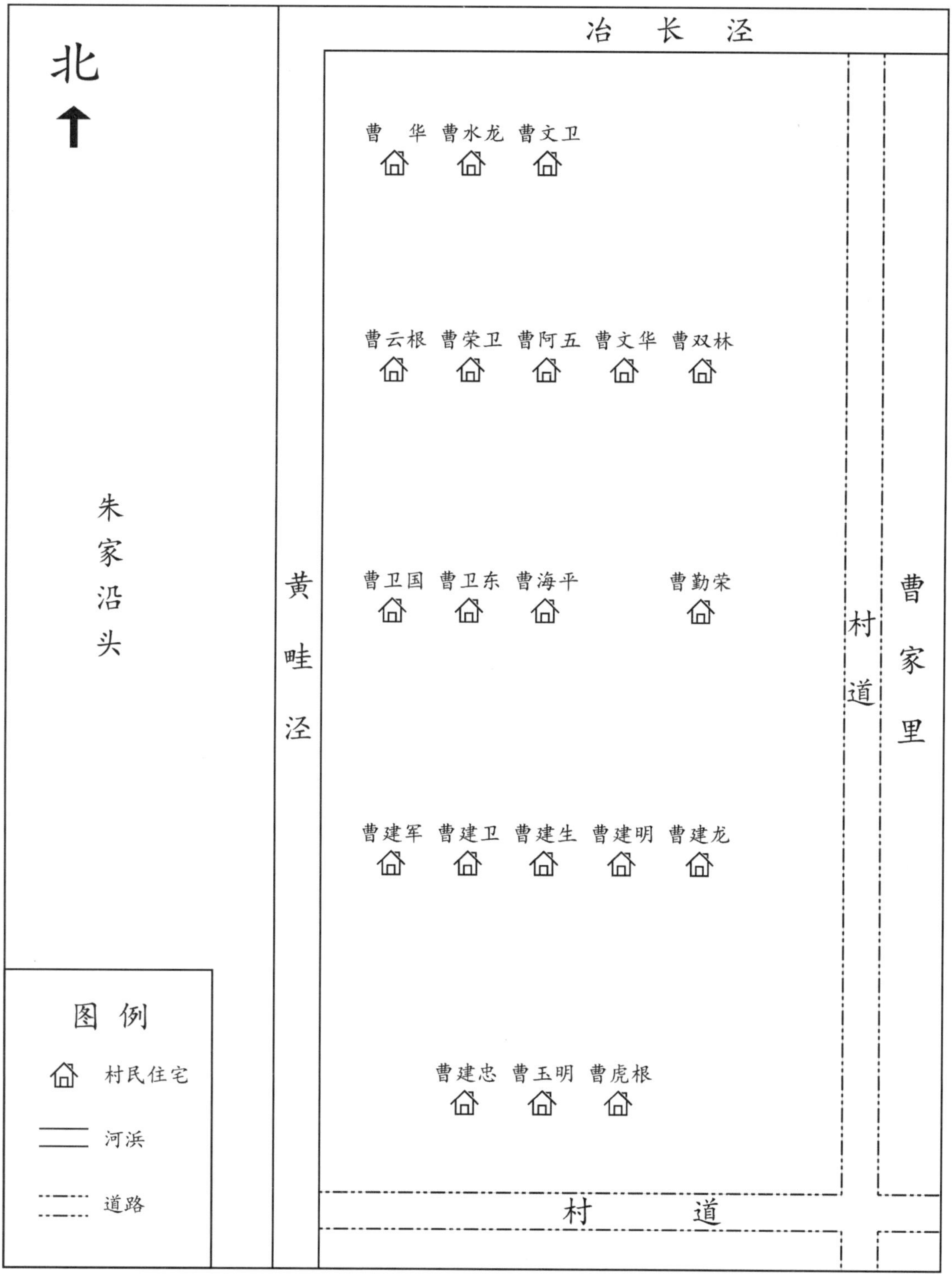

2012 年凹塘头自然村住宅分布示意图

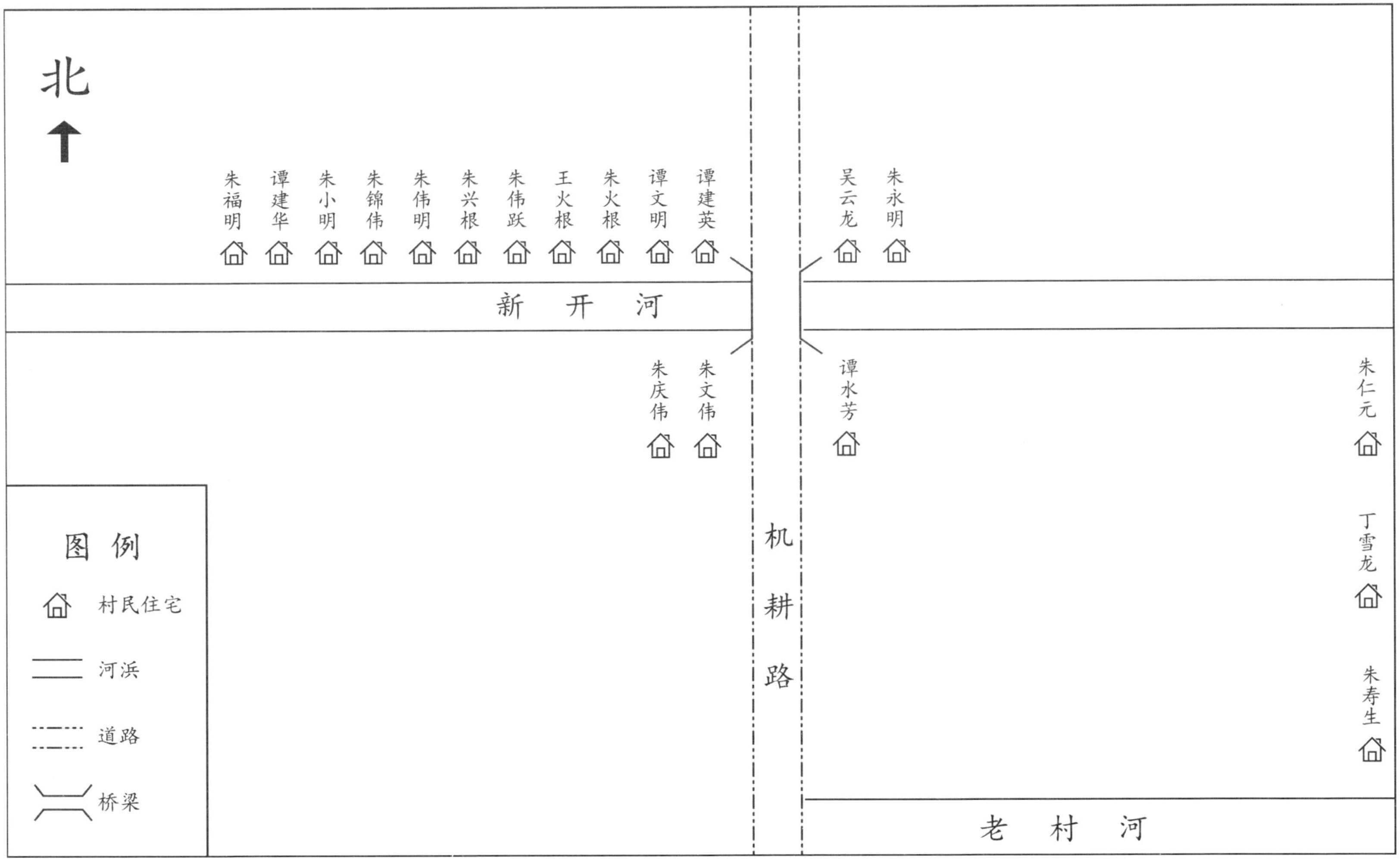

2012年朱家沿头自然村住宅分布示意图

1983年7月，为卫星村第十四村民小组。2006年7月，属相城经济技术开发区漕湖产业园卫星村。2008年6月，划归北桥街道卫星村。2014年8月，属漕湖街道卫星村。

朱家沿头（2010 年摄）

1987年，为解决耕田离村远、圩田分户耕种不便的困难，卫星村村委会按照自愿原则，重新集中土地，因地制宜推行农业适度规模经营（即农户承包经营）。朱家沿头农户朱锦高和吴月林分别承包责任田32.3亩和31.8亩。此举开创境内农业适度规模经营的先河。

2010年开始，朱家沿头分批拆迁，村民被安置于漕湖花园、永昌泾花苑。至2013年底，村落消失，朱家沿头成为历史地名。

朱家沿头拆迁后，部分土地为建设广济北路所用，部分土地被苏州鸿海股份公司收购建成食品蔬菜基地，朱家沿头在黄畦泾两岸的土地被则辟成绿化林带。

二十六、横街

横街（2010 年摄）

位于卫星村西部，因有一条商业街而得名。东起蔡家里，西至支塘泾，南邻马坊头，北近西蔡。村民以俞、张、沈姓居多。2006年，有户籍人口5户19人，其中男性9人、女性10人。

中华人民共和国成立前，横街是个只有五六户人家的小村庄。这几户人家开设南货店、茶铺、肉店等商铺。村庄的房屋和其他村庄不一样，大门朝东，南北向排列，房屋的后门正对南北流向的支塘泾，故称横街。村南有一座高高的三孔木桥。过桥就

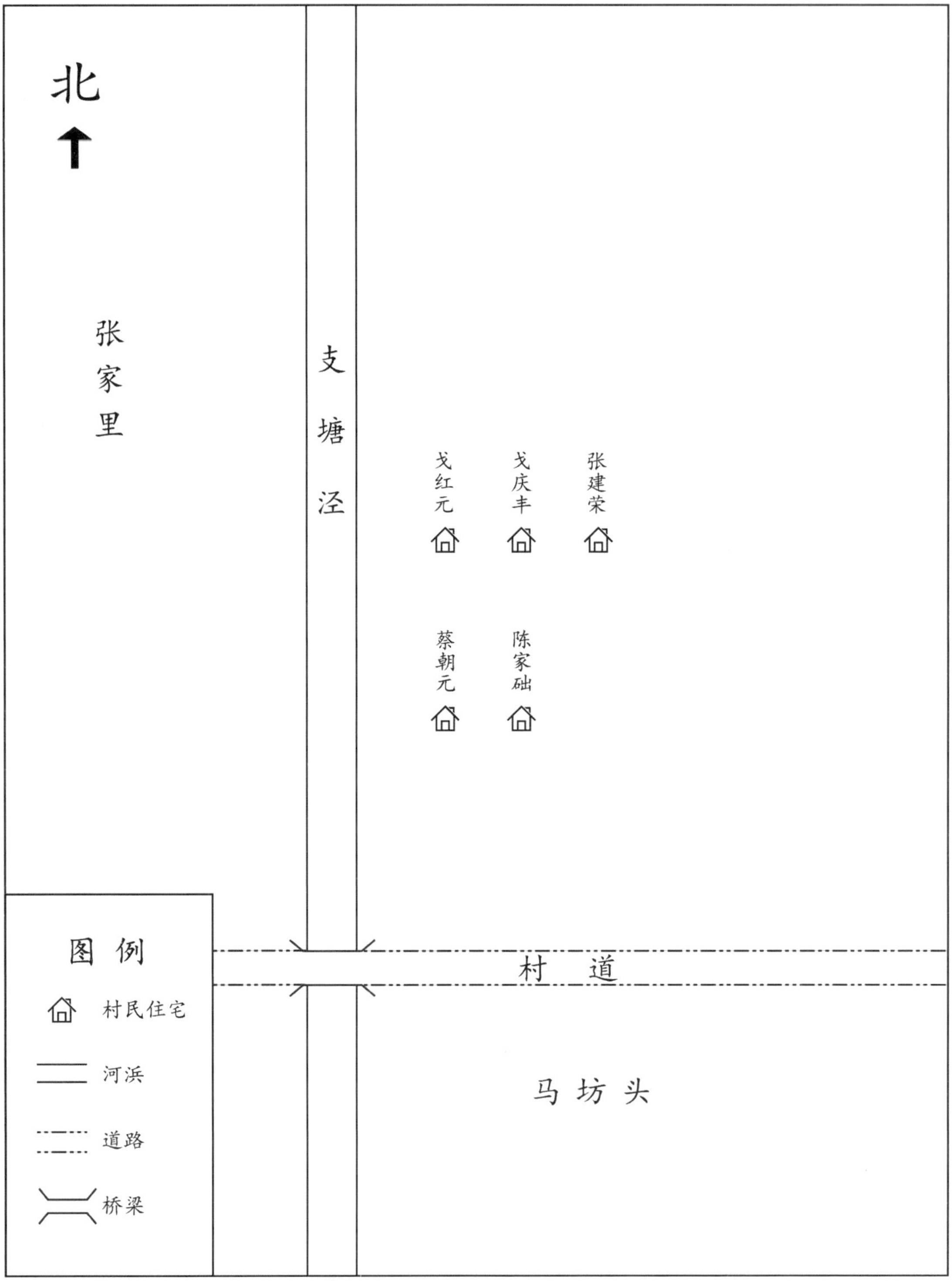

2006年横街自然村住宅分布示意图

是一座四进的寺院——观音堂。中华人民共和国成立初期，政府在寺院内开办合兴初级小学。1970年，卫星大队在横街东首的田地里新建教室一间，教室成为卫星大队学校的一所分校。

民国时期至1956年2月，属黄埭区倪汇乡合兴村。1969年初，属卫星大队。1983年7月，为卫星村第二十七村民小组。2006年7月，属相城经济技术开发区漕湖产业园卫星村。2008年6月，划归北桥街道卫星村。2014年8月，属漕湖街道卫星村管辖。

当地村民立夏要编织蛋络子，把染成红色的熟鸭蛋或本色的咸鸭蛋，放在蛋络子里挂在小孩脖子上。还要将"水三鲜""树三鲜""土三鲜"等各式应景食品上市交易。

2017年开始，横街分批拆迁，村民被安置于漕湖花园、永昌泾花苑。至2018年底，村落消失，横街成为历史地名。

横街与张家里拆迁后，土地相连。东边是景观林带，南边是新开河，西边是漕湖景观带。

二十七、西蔡

位于卫星村西面。东起南横浜，西至支塘泾，南邻横街，北近横河头。因是由蔡家里部分村民向卫星村西北迁移定居而形成的新村落，故名西蔡。村民以王姓居多。2006年有户籍人口13户47人，其中男性23人、女性24人。

西蔡（2010年摄）

民国时期至1956年2月，属黄埭区倪汇乡合兴村。1969年初，属卫星大队。1983年7月，为卫星村第三十一村民小组。2006年7月，属相城经济技术开发区漕湖产业园卫星村。2008年6月，划归北桥街道卫星村。2014年8月，属漕湖街道卫星村管辖。

2006年开始，西蔡分批拆迁，村民被安置于漕湖花园、永昌泾花苑。至2018年底，村落消失，西蔡成为历史地名。

拆迁后的西蔡宅基地及周边土地与横河头的土地连片，复耕成良田。

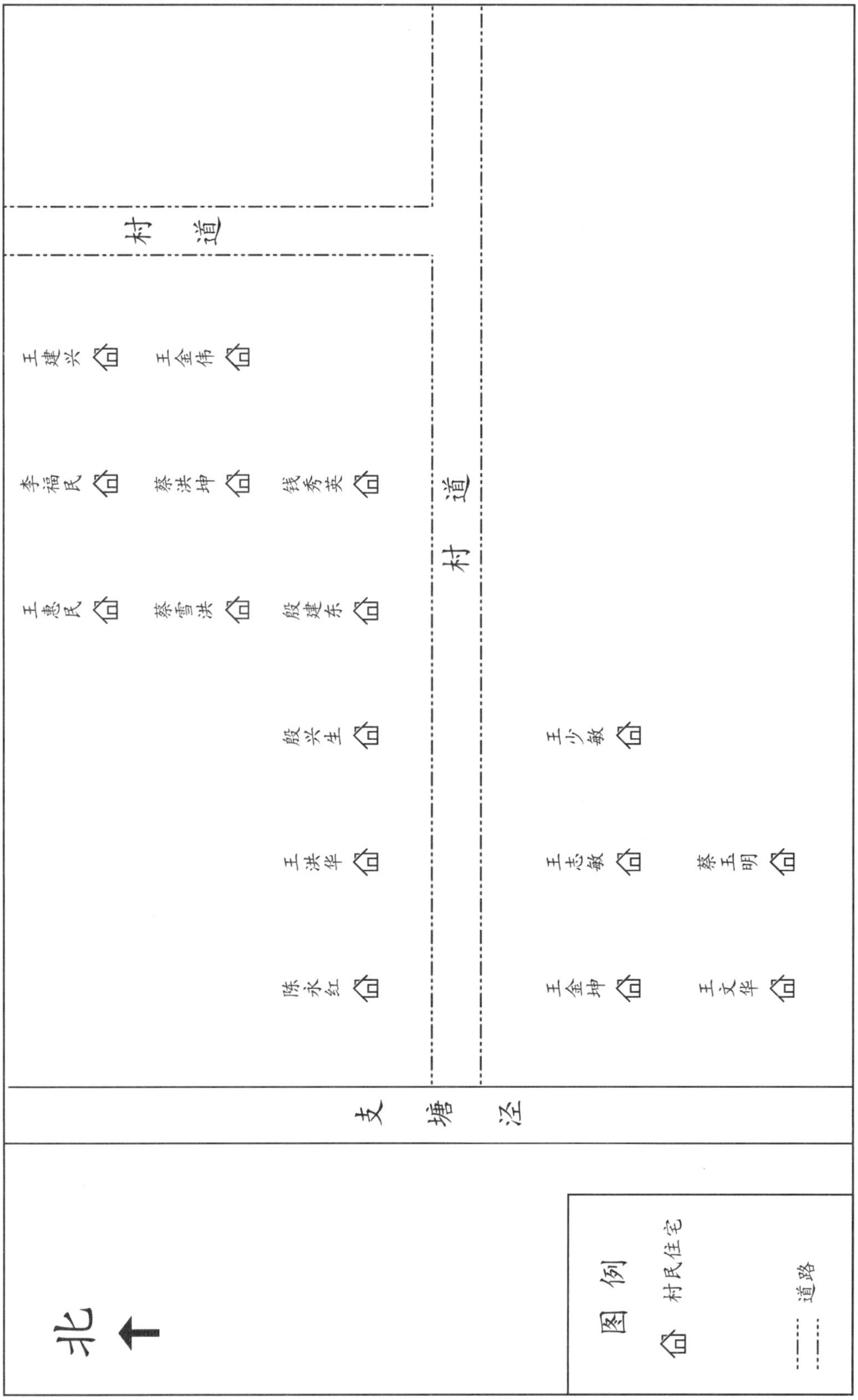

2005年西蔡自然村住宅分布示意图

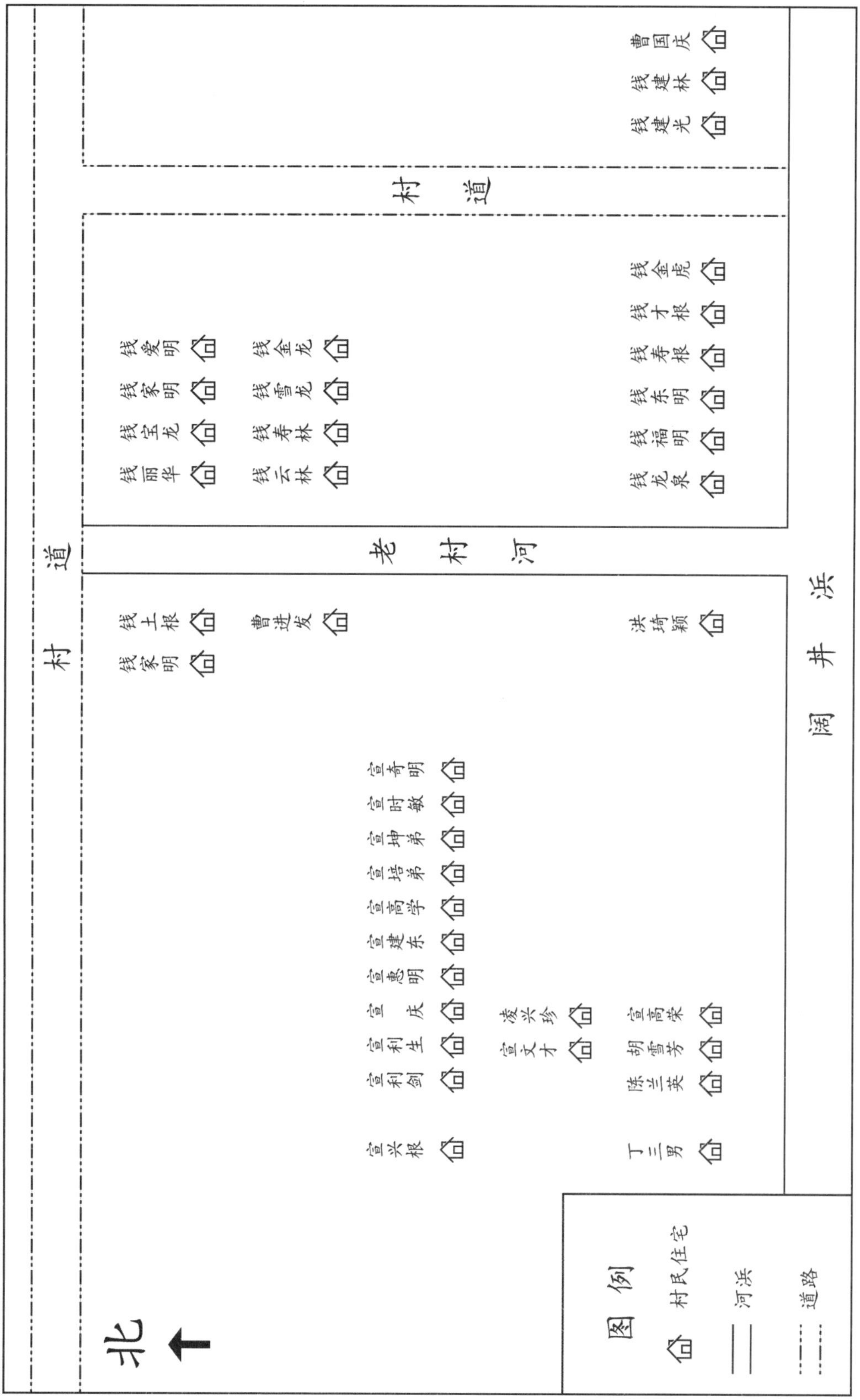

2004年阔井里自然村住宅分布示意图

二十八、阔井里

位于卫星村南部。东起洪家里，西至宣家里，南邻阔井浜，北靠卫渭路。该村是从观塘河、徐埂上分出来的村子，因地处有名的阔端头（也称阔井里），所以选用了阔井里的村名。村民以钱、宣姓居多。2006年，有户籍人口20户81人，其中男性39人、女性42人。

民国时期至1956年2月，属黄埭区黄泥乡黄畦村。1969年初，属卫星大队。1983年7月，为卫星村第二十五村民小组。2006年7月，属相城经济技术开发区漕湖产业园卫星村。2008年6月，划归北桥街道卫星村。2014年8月，属漕湖街道卫星村管辖。

2006年开始，阔井里分批拆迁，村民被安置于漕湖花园、永昌泾花苑。至2010年底，村落消失，阔井里成为历史地名。

阔井里拆迁后原址用于建设观塘路，大部分土地被建成漕湖商业街及沿河的景观绿化带。

第二章　汤浜社区

汤浜社区位于苏州市相城区漕湖街道东南角。东起御窑路，西到康阳路东侧河道，南起太东路，北至湖村荡路—漕湖大道。社区居委会办公场所设在倪家湾花苑小区。

第一节　社区发展

2003年，原汤浜村和陆严村合并组成新的汤浜村，隶属黄埭镇，下辖13个自然村（原汤浜村7个、陆严村6个），13个村民小组。村辖区面积3.7平方公里。域内共有近百个姓氏，200人以上的姓氏有傅、徐、严3个，100~200人的姓氏有钱、陆、李、陈4个。其中傅姓367人，为全村人数之冠。还有沈、尤、徐、朱、袁、冯、薛、陆、杨、黄、许等姓氏。

2021年，撤村设社区，调整管辖区域，新兴村的西浜、周思墩、孟墩上、刘家浜，黄埭镇，倪新村的许埂上、小荡上、倪村里、江湾里等纳入；陆严村的许金浜划出。区域面积调整为10.8平方公里。

2006年7月，汤浜村属相城经济技术开发区漕湖产业园；2008年6月，划归北桥街道；2014年8月，属相城区漕湖街道管辖；2021年12月，撤汤浜村设汤浜社区。

2014年，集体经济总收入279万元，人均纯收入28800元。2015年，集体经济总收入270万元，人均纯收入28800元。2016年，集体经济总收入591万元，人均纯收入31800元。2017年，集体经济总收入284万元，人均纯收入28900元。2018年，集体经济总收入335万元，人均纯收入31800元。2019年，集体经济总收入668万元，人均纯收入35200元。2020年，集体经济总收入142万元，人均纯收入40000元。2021年，集体经济总收入435万元，人均年收入44600元。

20世纪50年代初，汤浜境域内有石基、汤浜2所初级小学。1972年，两校合并为汤浜小学。1995年，陆严小学并入汤浜小学。2004年2月，汤浜小学并入黄埭中心小学。

2003年开始，由于建设京沪高铁及城乡一体化建设用地的需要，汤浜村陆续拆迁，先期拆迁的一部分村民被安置在黄埭镇憧憬新村。2006年之后拆迁的村民被安置在漕湖花园和永昌泾花苑。

2003~2021年，汤浜社区（大队、村）历任党组织书记为钱进男、唐福林、傅元发、严建兴、朱晓明。历任社区（村）主任为傅元发、严建兴、朱晓明。

2015年，汤浜村有户籍人口380户2843人。2021年末，汤浜社区户籍人口1064人，其中男性522人、女性542人。是年末，农村合作医疗参保427人，社会养老保险参保475人。境域内设公交站台22个，途经公交线路有815路、821路、823路、824路、835路、836路、838路、872路。

第二节　汤浜村

汤浜村位于现漕湖大厦西南侧约2千米，因有汤家浜自然村而得名。东接任浜、陆严村，西连新兴、倪新村，南傍堰里村，北靠永昌泾，与倪汇村仅一河之隔。

2003年，辖西沿头、汤家浜河南、汤家浜河北、小娄娄、尤埂郎、石基上、河西岸7个自然村，13个村民小组。原住居民共528户1912人，其中男性943人、女性969人。全村共有73个姓氏，200人以上姓氏有傅、徐2个，100人以上姓氏有钱、李2个。其中傅姓有367人，占全村人数之冠。还有沈、尤、朱、陆、杨、许等姓氏。

清宣统三年（1911），域内归属吴县黄埭乡。1912年，归属吴县南北桥市十二都八图上下九图、十二都八图上下二十图。1929年8月，归属吴县十二区。1934年6月，归属吴县第六区。1941年7月，归属吴县第四区。1947年，归属吴县黄埭区。

中华人民共和国成立初期，汤浜村隶属黄埭镇倪汇乡所辖，下辖三河村（即石基村）、汤家浜两大行政村。1954年，两村各建数个初级农业生产合作社。1956年，合建高级农业生产合作社。1957年9月，吴县撤区并乡和整乡整社后，为黄埭乡向前第二十二社。1958年9月，为黄埭人民公社第八大队。1960年初，黄埭人民公社拆分，第八大队名汤浜大队。1983年7月，恢复乡管村体制，建黄埭乡汤浜村村民委员会。1992年7月，实行镇管村体制，村委会驻石基上。2000年8月，村委会迁至小娄娄。2003年，和陆严村合并组成新的汤浜村，隶属黄埭镇。2006年，属相城经济技术开发区。2008年6月，划归北桥街道。2014年8月，属漕湖街道。

汤浜村地势低洼，民间流传着“汤浜、汤浜，躺在河里的浜”，“连落三天雨，一片白茫茫”。为改变这一面貌，1957年冬，村民截流汤浜河，兴修圩岸，围坝建闸，在汤浜河东建双管型排涝机房1座，在河西（西沿头村梢）建水闸1座，以确保汤浜村水稻种植的稳步发展。20世纪60年代中期，汤浜大队连续多年夺取稻麦亩产超吨粮。1965年，获评华东地区农业先进单位太湖地区样板。

20世纪70年代中期起，汤浜大队转向多种经营。1973年，开始养殖河蚌育珍珠，不断壮大养殖规模。1976年，开始尝试养殖三角蚌，河蚌苗大多数是各生产队社员摇着小船去外面河道摸的。由于养殖条件及技术不过关，到年底，三角蚌大面积死亡，损失惨重。1978年初，汤浜大队再次大规模养殖河蚌。1980年，河蚌育珠大获丰收，年产珍珠1300多公斤，占黄埭人民公社珍珠总产量的16.7%，当年大队总收入217万元，人均分配收入715元，其中珍珠收入就有540元。1987年5月11日，吴县农工部在汤浜村召开“完善双层经营，壮大集体经济”现场会议。

1996年9月，修建汤浜小学。1997年2月，建造自来水厂，实现村民全部饮用自来水。1998年5月，投入20多万元建造莫北排涝机房1座。2000年3月，建村北防洪水闸，进一步提高双漕圩、莫北圩防洪抗涝能力。

2000年，全村有村办工业企业2家，即汤浜水泥制品厂、汤浜网罩厂。当年村级总收入48万元，工业总产值1198万元，村级积累资产总额216万元，人均年收入7714元。

2003年开始，汤浜村陆续动迁，先期动迁村民被安置在黄埭镇憧憬新村。2006年之后动迁的村民被安置在漕湖花园和永昌泾花苑。

1949~2018年，汤浜村历任村（大队）党组织书记为汤老虎、傅阿夯、徐德耕、徐正泉、郑根男、傅杏元、徐金根、徐益新、朱根寿、傅荣法、徐洪虎、钱进男、唐福林、傅元发、严建兴。历任村（大队）负责人为尤进仁、杨祖芸、傅阿夯、徐进祥、徐才泉、徐洪虎、徐美英、傅元发、严建兴、朱晓明。

汤浜村村委会办公地（2009年摄）

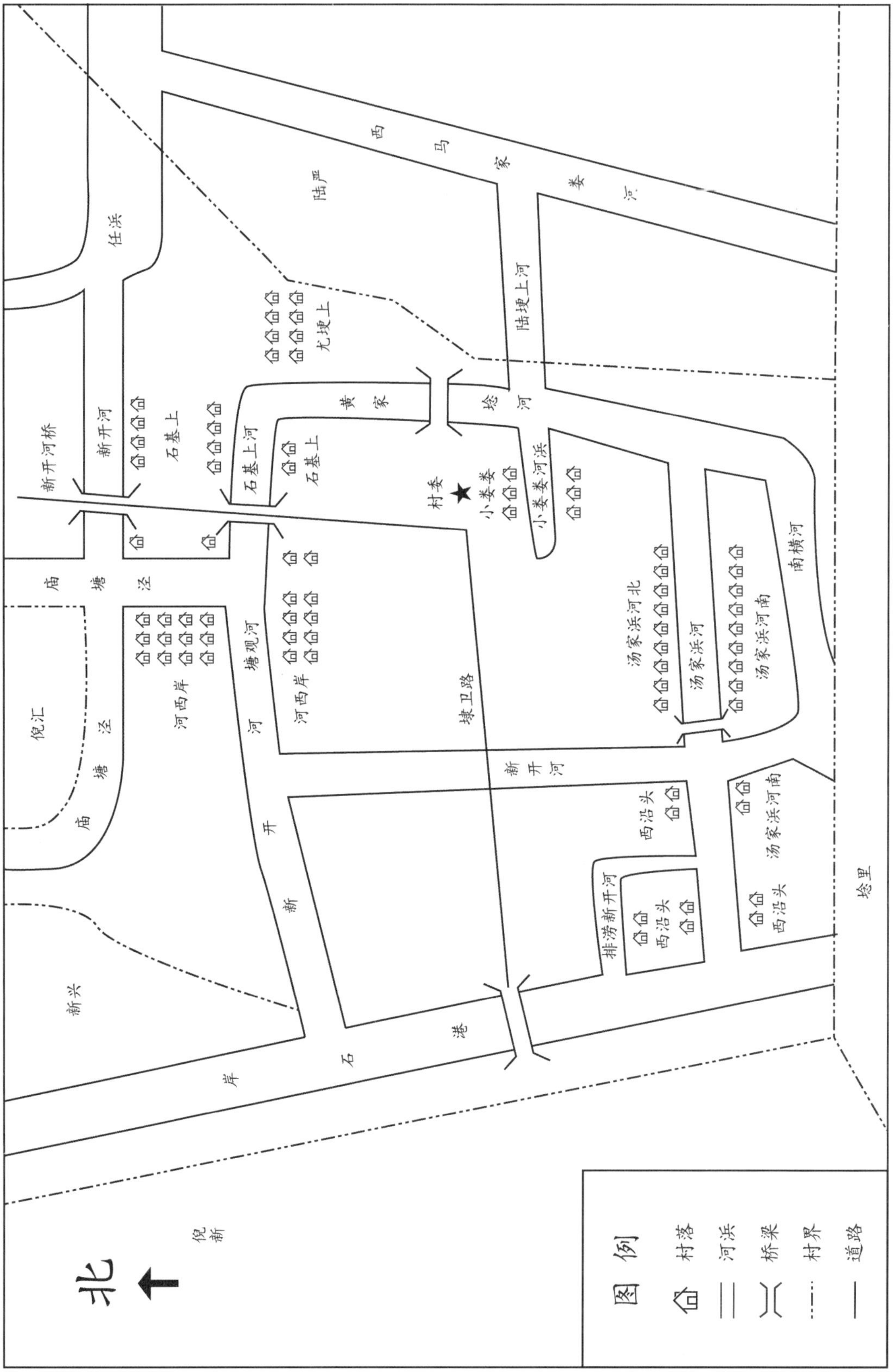

2007 年汤浜村河流与村落图 7 村 13 组

一、西沿头

位于汤浜村村委会西南角。东临汤家浜河北、汤家浜河南，西至岸石港，南接埝里，北望埭卫路。一条岸石港隔着两个沿河港而居的村，一村在倪新村之东，称东沿头；另一村在汤家浜之西，称西沿头。西沿头以钱姓居多，其次为顾姓、王姓等。2013年，有户籍人口35户138人，其中男性67人、女性71人。

1952年，属黄埭区倪汇乡管辖。1983年7月，为黄埭乡汤浜村第八村民小组。2001年2月，为黄埭镇汤浜村第八村民小组。2006年，属相城经济技术开发区汤浜村。2008年6月，属北桥街道汤浜村。2014年8月，属漕湖街道汤浜村。

2000年，汤浜村抓住商机，在西沿头种植苔韭145亩，亩均纯收入1100元左右。

2008年10月开始，因城乡一体化建设用地的需要，西沿头陆续拆迁，村民被安置于漕湖花园和永昌泾花苑，西沿头成为历史地名。

西沿头拆迁后南边大部分土地连同宅基地复耕种植水稻等农作物，北边部分土地改造成水产种植地，种植芡实等。

二、汤家浜河南

汤家浜河南（2009年摄）

位于汤浜村村委会东南侧。东以黄家埝河为界与陆严村陆埂上相隔，西与西沿头相接，南邻埝里，北至汤家浜河。以汤家浜河为界，此地分为汤家浜河南和汤家浜河北。汤家浜河南姓氏较多，主要有傅、钱、陆、徐，还有张、李和冯等。2013年，有户籍人口145户580人，其中男性286人、女性294人。

汤家浜无汤姓。据说，清代末期，一位曾参加过太平天国起义的汤姓人士逃难至此，遭湘军追杀身亡。汤姓人士的儿辈葬父于此，并将此地取名为汤家浜。汤姓后人怕受牵连，改姓为傅，在此生活至今，故而本村无汤姓，傅姓人丁兴旺。

1952年，属黄埭区倪汇乡管辖。1983年7月，属黄埭乡汤浜村第一、二村民小组。1992年，实行镇管村体制。2001年2月，属黄埭镇汤浜村。2006年，属相城

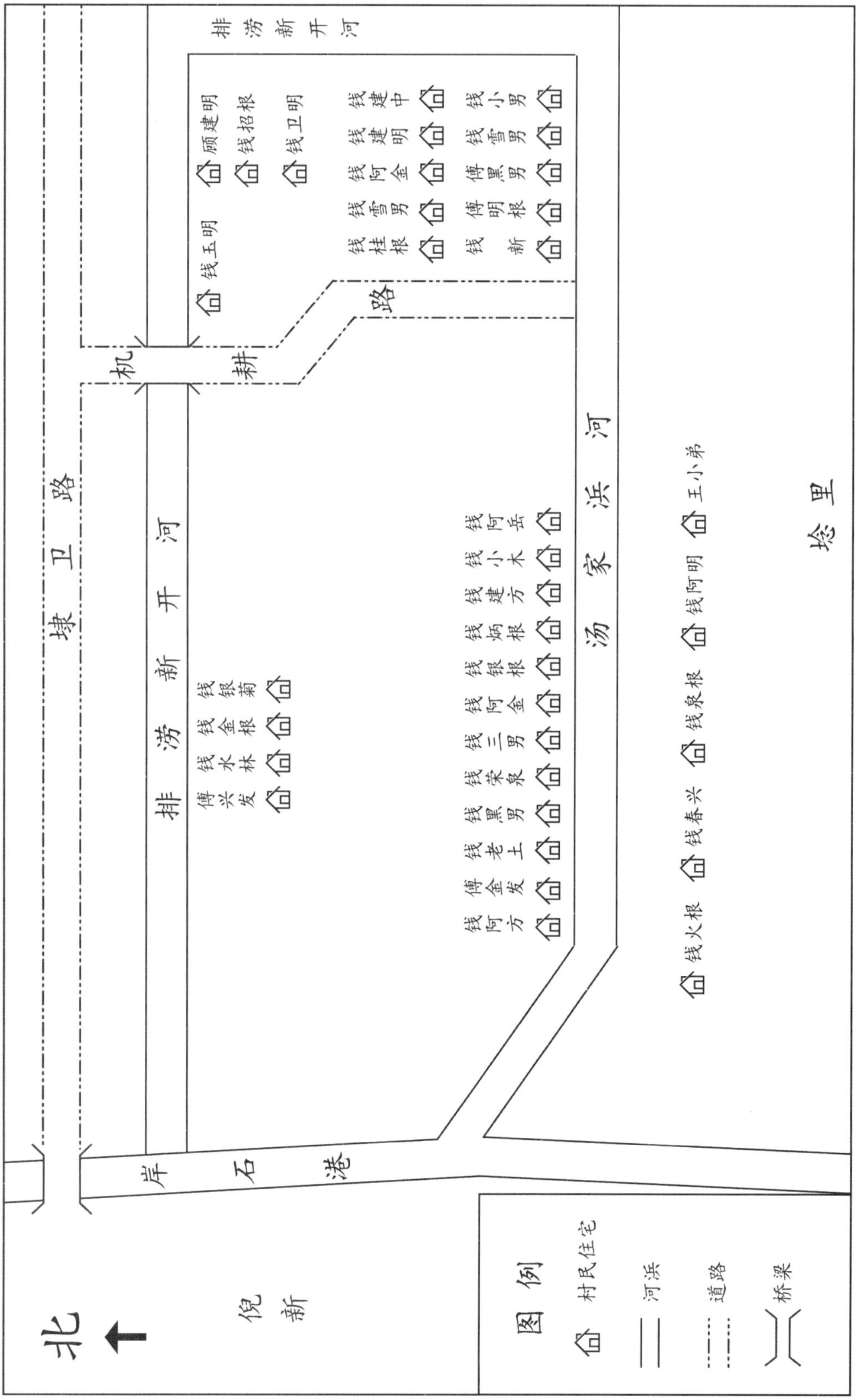

2013年西沿头自然村住宅分布示意图

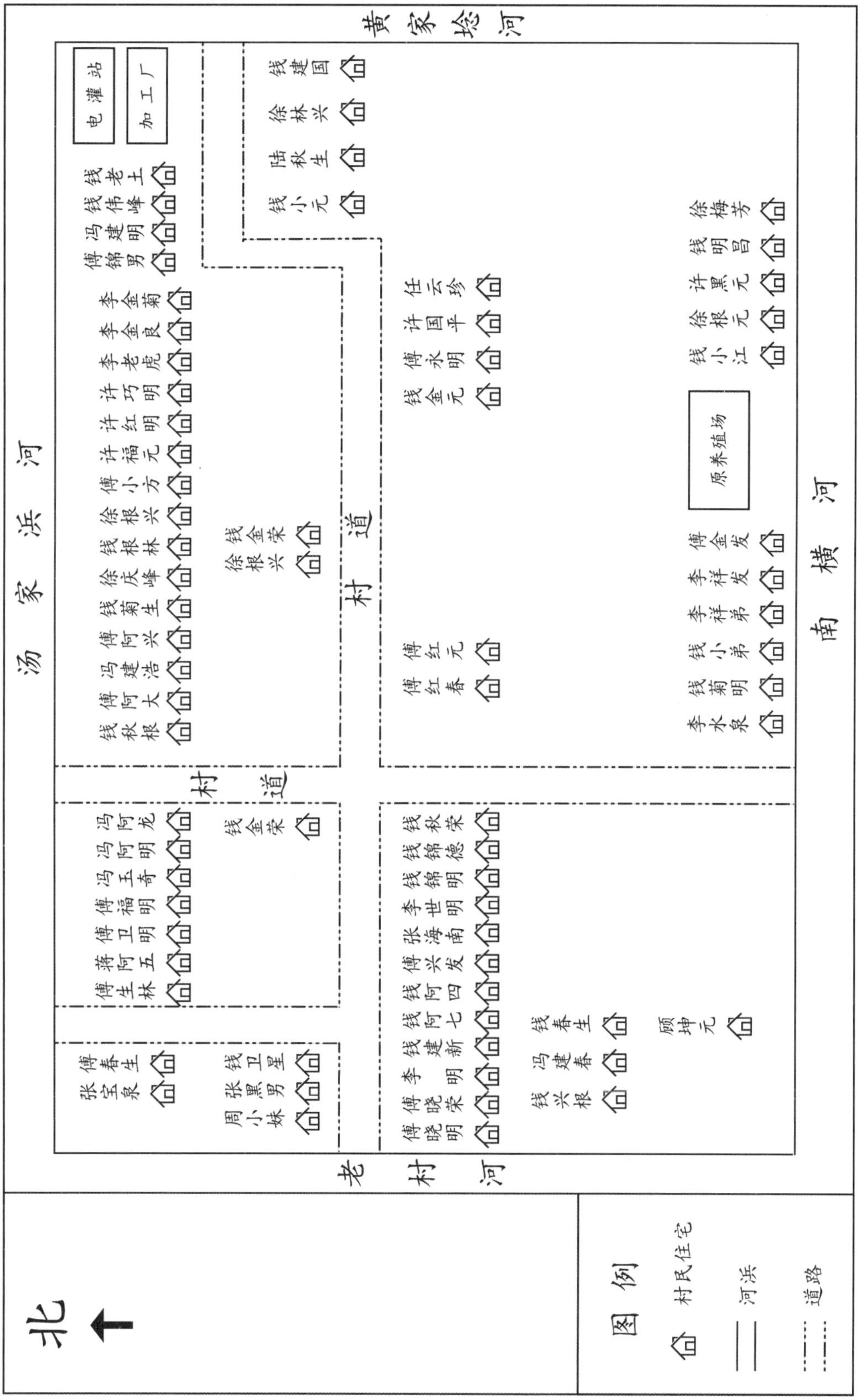

2015年汤家浜河南自然村住宅分布示意图一

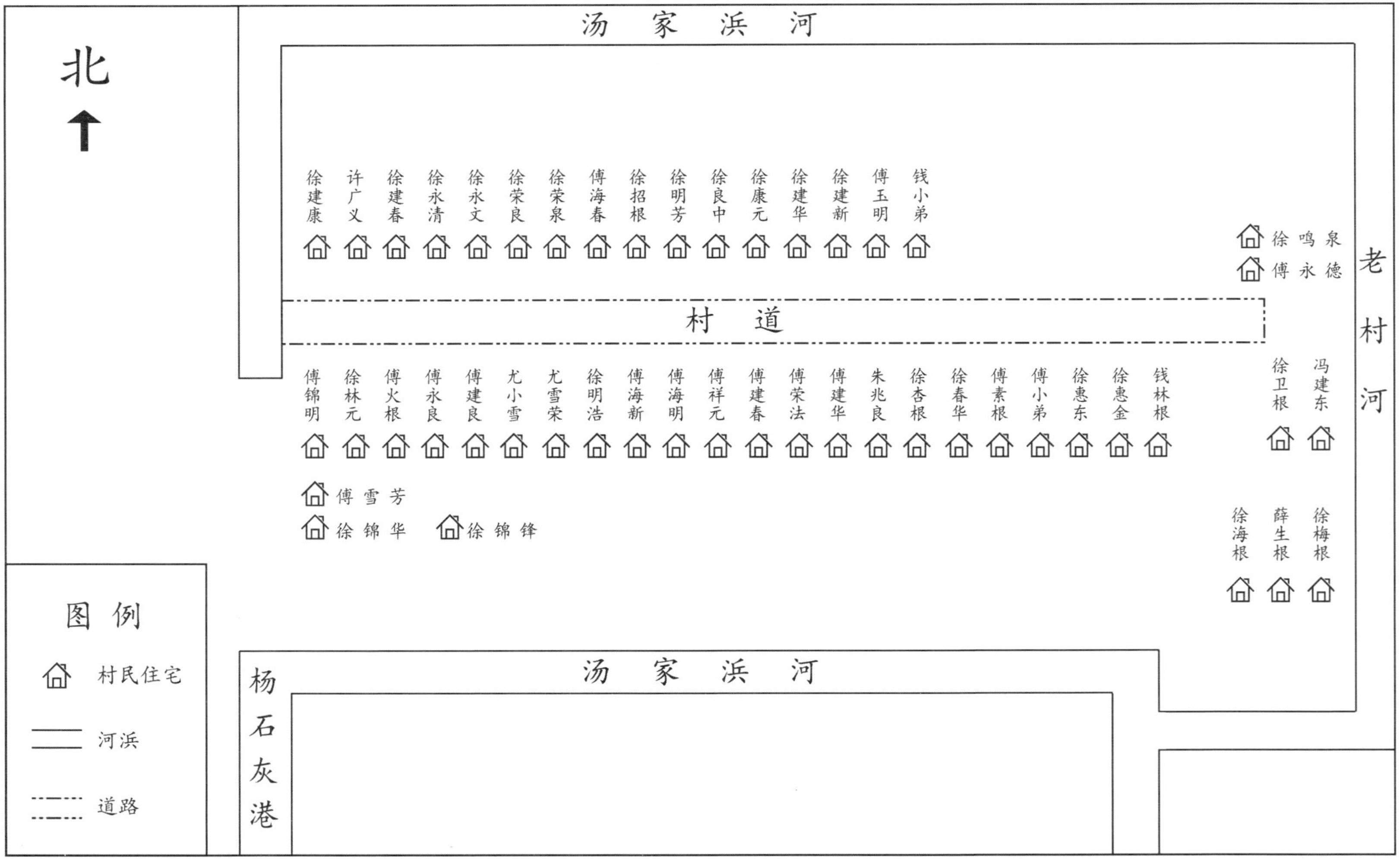

2015年汤家浜河南自然村住宅分布示意图二

经济技术开发区汤浜村。2008年6月，属北桥街道汤浜村。2014年8月，属漕湖街道汤浜村。

20世纪90年代，村内农户徐明芳承包土地80余亩，凭借机械化种植，精心管理农田，亩产稻谷1100多斤，加上夏熟小麦，共出售商品粮10万余斤。1996年，徐明方获评吴县市劳动模范。

2008年10月开始，因城乡一体化建设用地的需要，汤家浜河南村民陆续搬迁，被安置于漕湖花园和永昌泾花苑。

汤家浜河南除东边土地用于建设广济北路工程外，绝大部分土地连同拆迁后的宅基地由相城区鼎昇市政工程有限公司开发建设成桂花公园。

三、汤家浜河北

位于汤浜村村委会南、汤家浜河北。东以黄家埝河为界与陆严村相隔，西接西沿头，南至汤家浜河，北与小娄娄相连。该村以徐、傅、钱姓为主，还有王、尤等姓。2013年，有户籍人口93户362人，其中男性178人、女性184人。

汤家浜河北（2009年摄）

汤家浜河北是个长村大巷的村落。2006年以来，村内民房密密仄仄，每户房屋均很窄，一律三间一备弄。前面装一门一踏，中间砌一灶，连上桌吃饭也很拥挤，后面放一张床已无余地，有的人家甚至要将床头锯掉一点才能安置。

1952年，属黄埭区倪汇乡管辖。1983年7月，为黄埭乡汤浜村第三、四、六、七村民小组，也是渔业队所在地。2001年2月，属黄埭镇汤浜村。2006年，属相城经济技术开发区汤浜村。2008年6月，属北桥街道汤浜村。2014年8月，属漕湖街道汤浜村。

1987年，汤浜村在汤家浜河北投资1.2万元开塘养蟹，养殖面积10亩，派徐文良夫妇吃住在蟹塘，精心管理。因养殖经营得当，当年获成蟹600多公斤，为汤浜村发展渔业提供了范本。

2008年10月开始，因城乡一体化建设用地的需要，汤家浜河北村民陆续搬

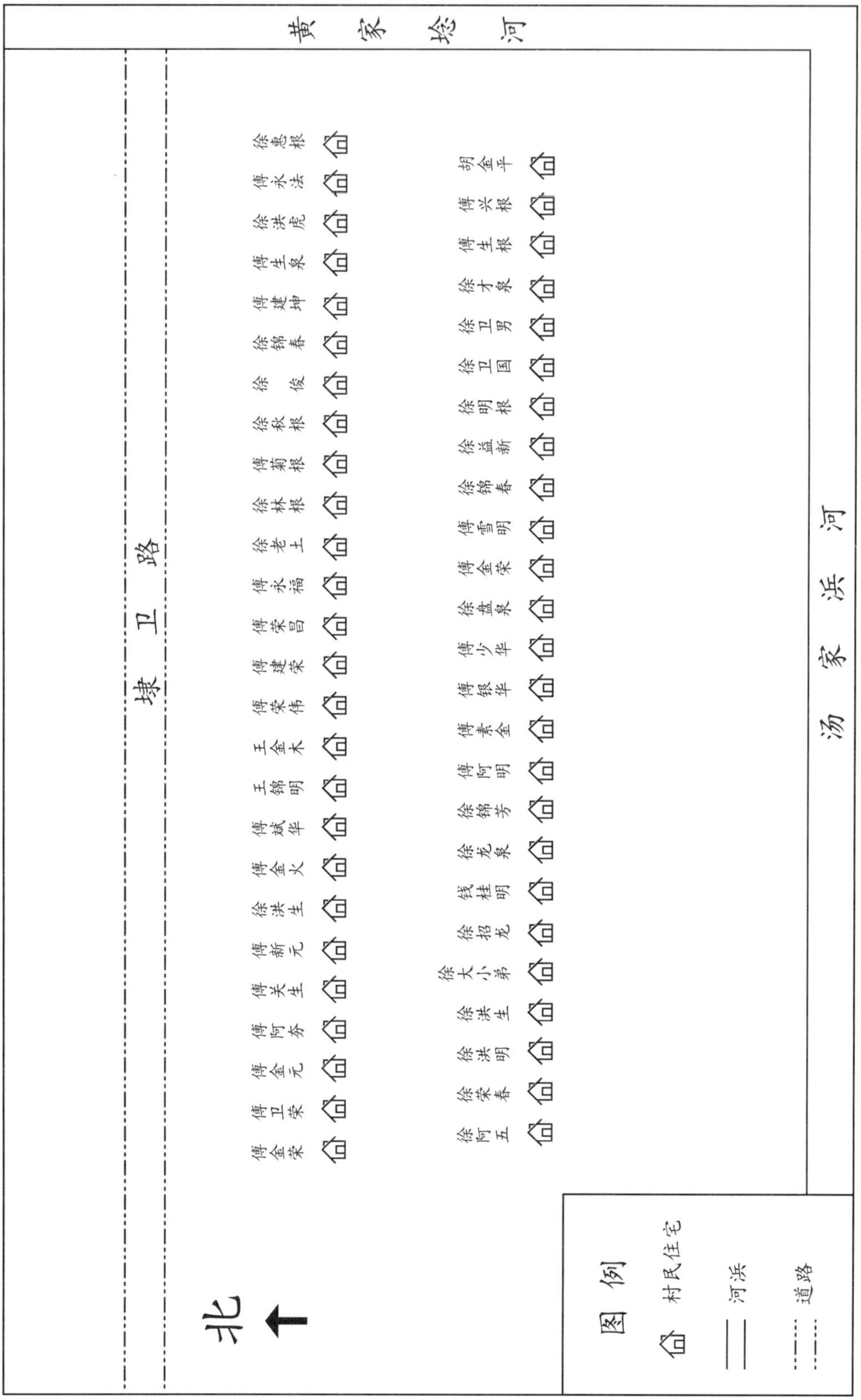

2015年汤家浜河北自然村住宅分布示意图一

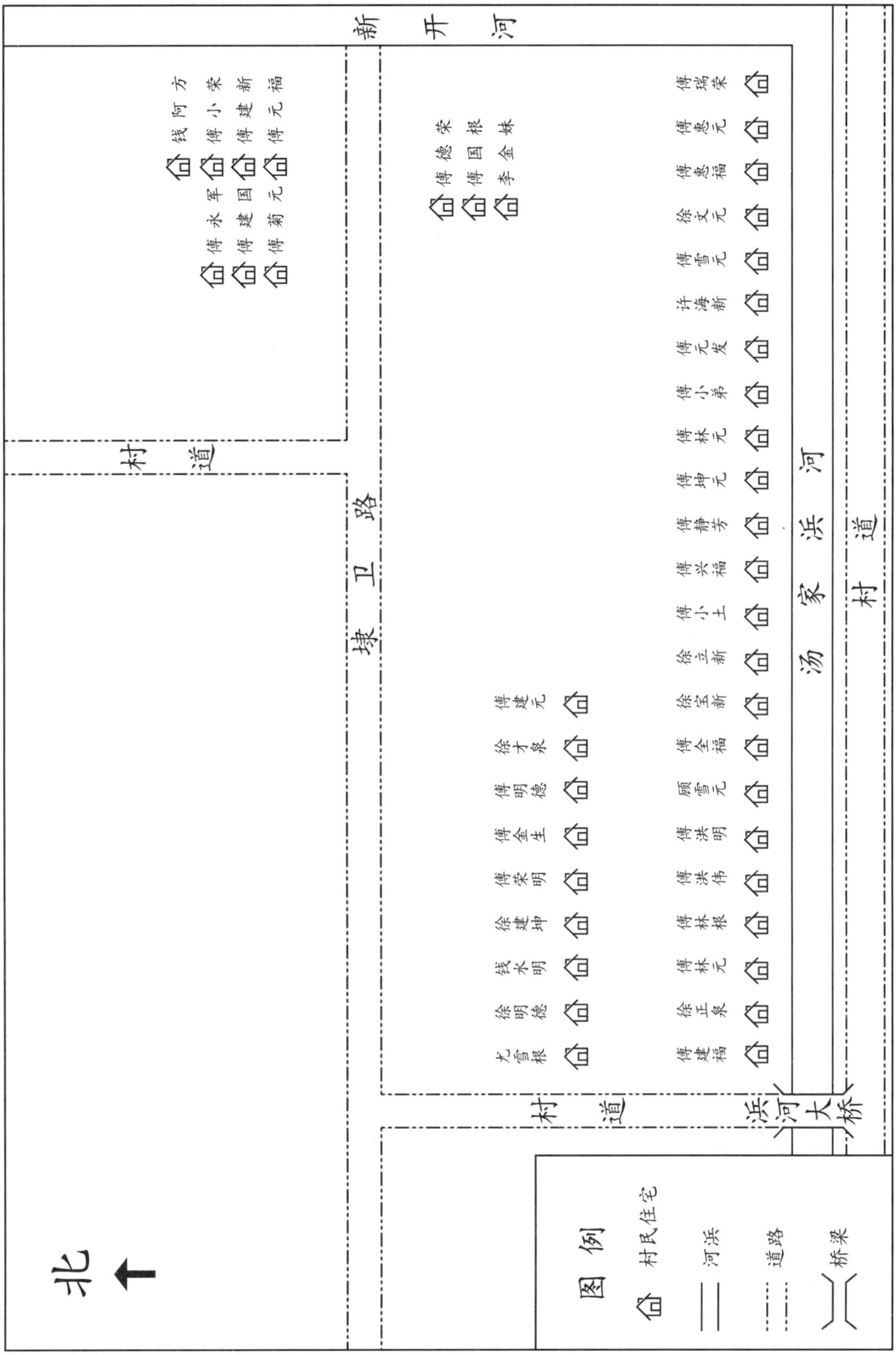

2015年汤家浜河北自然村住宅分布示意图二

迁，被安置于漕湖花园和永昌泾花苑。

汤家浜河北东部土地用于建设广济北路工程，北边土地用于建设京沪高铁工程。村北连同拆迁后的宅基地大部分被堆成土坡，种上各种树木。

四、小娄娄

位于汤浜村村委会正南方，因小娄娄河浜而得名。东起黄家埝河，西至新开河，南邻汤家浜河北，北至石基上。该村姓氏有傅、徐、杨等。2013年，有户籍人口52户192人，其中男性97人、女性95人。

小娄娄地势低洼，民间流传有“小娄娄苦得滴溜溜，雨下半日天，田里水汪汪，雨落连三天，一片白茫茫”。遇洪涝灾害，农田颗粒无收，村民生活极为贫困。中华人民共和国成立后，政府兴修水利，保障了小娄娄村民水稻种植收成。

1952年，属黄埭区倪汇乡管辖。1983年7月，为黄埭乡汤浜村第五村民小组。2001年2月，属黄埭镇汤浜村。2006年7月，属相城经济技术开发区汤浜村。2008年6月，属北桥街道汤浜村。2014年8月，属漕湖街道汤浜村。

1978年，汤浜大队先后办起金田网罩厂和汤浜水泥制品厂，两厂都建在小娄娄村北。网罩厂主要向各电扇厂供应风扇网罩。水泥制品厂产品以楼板、檩条为主。1998年，两厂转制，得到长足发展。特别是金田网罩厂，到2012年拆迁前，年营收4000万元左右。

2008年10月开始，因城乡一体化建设用地的需要，小娄娄村民陆续搬迁，被安置于漕湖花园和永昌泾花苑。

小娄娄的土地用于建设广济北路工程，拆迁后村道南的土地被平整成田块。靠黄家沿北面的土地与石基上相连，是中国交通建设局所属公司代建工程用地，目前用于永昌泾三期堆土。

五、尤埂上

位于汤浜村村委会的东北侧。东与陆严村接壤，西至黄家埝河，南邻陆埂上河，北靠任浜村。曾经该村村民全部姓尤，故取名尤埂上。2013年，有户籍人口50户144人，其中男性71人、女性73人。

中华人民共和国成立前，到上海工作的尤埂郎人很多，有在外洋轮船上做水手的，有做姨娘的（当地称做女佣为“做姨娘”），还有3人在外国驻上海领事馆工作。尤埂郎全村是本家一族，是真正的独姓大村落，村民关系十分融洽。中华人民共和国成立后，也有一些异姓人因婚姻关系迁入尤埂郎。

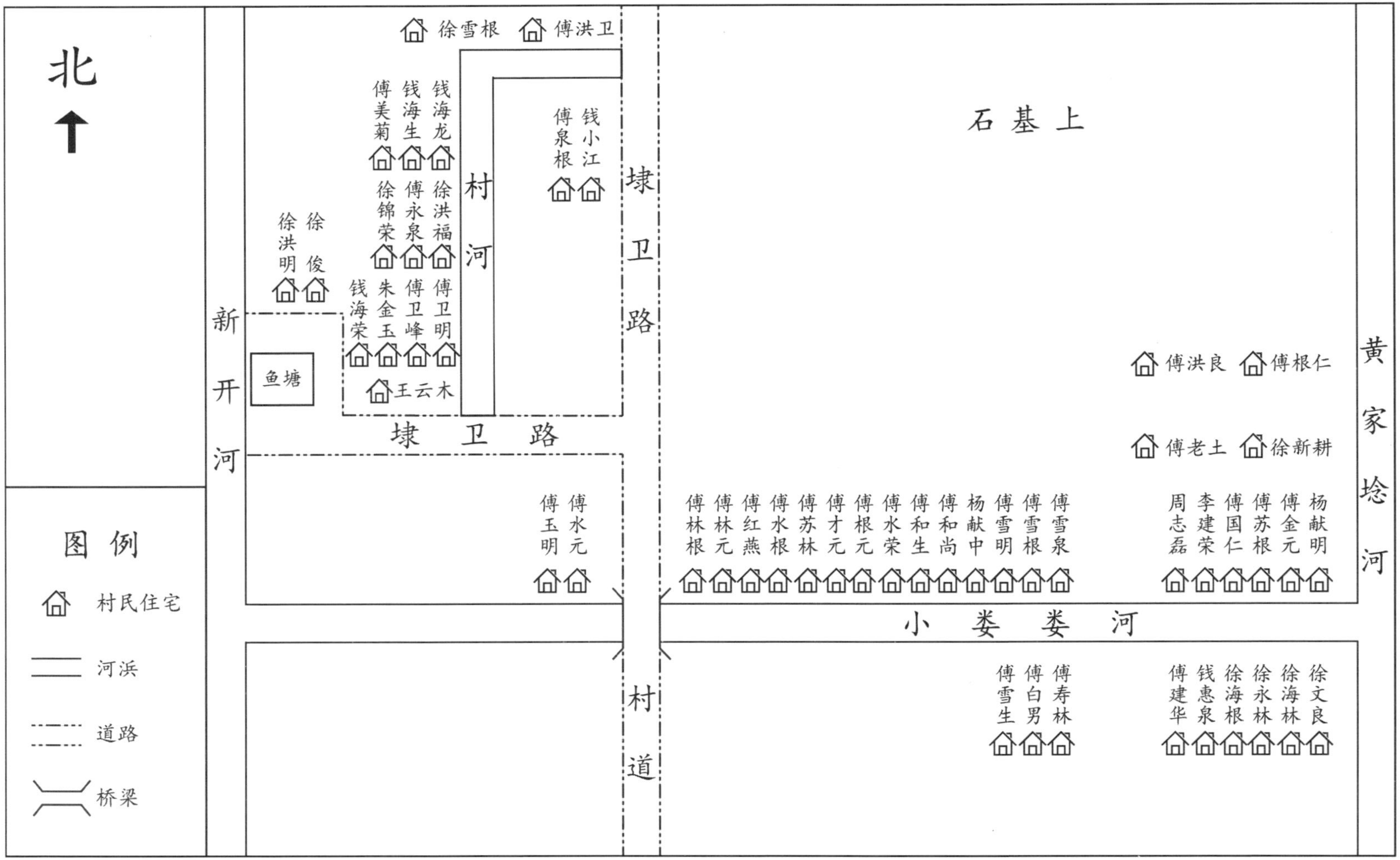

2010 年小娄娄自然村住宅分布示意图

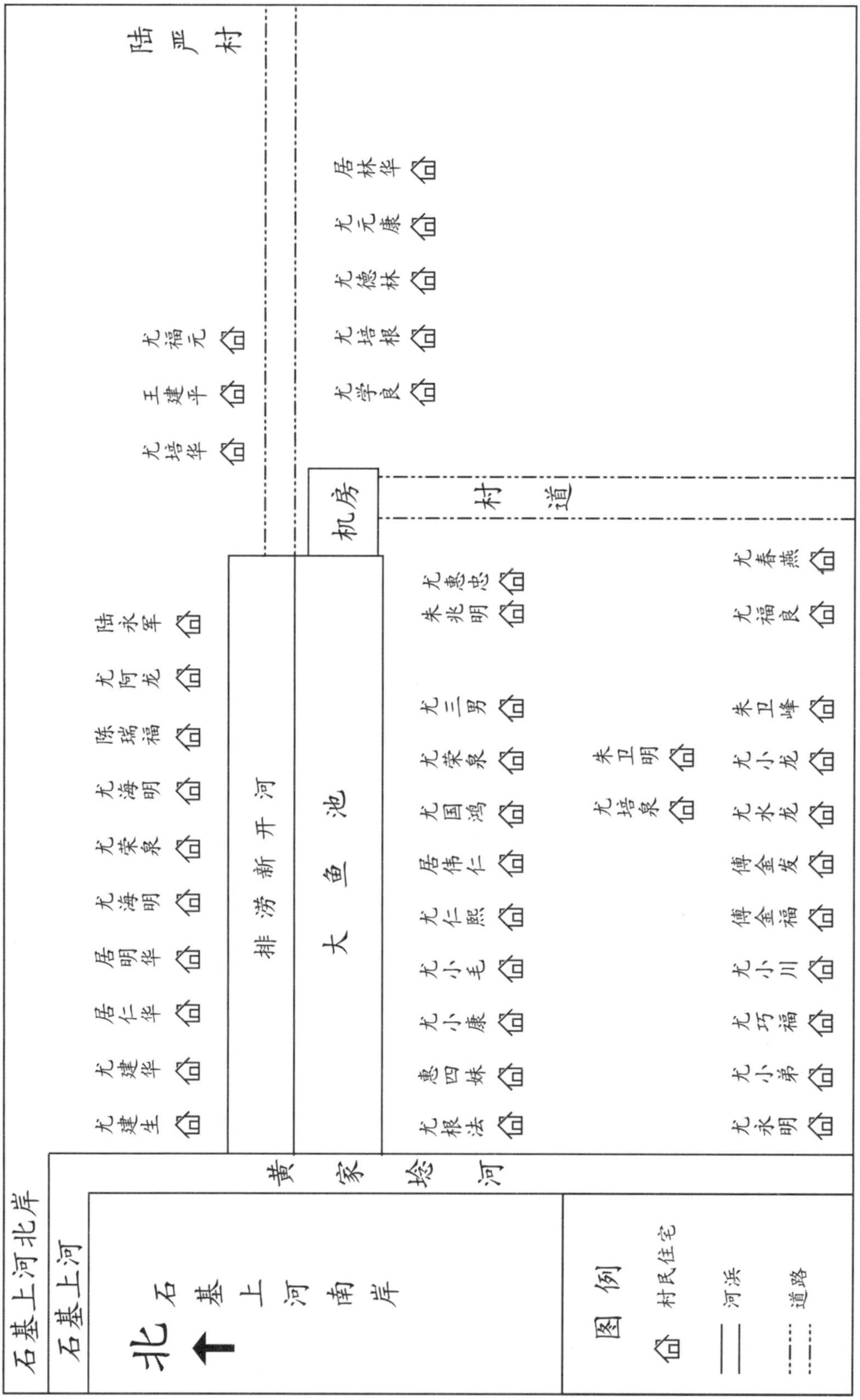

2008年尤埂上自然村住宅分布示意图

1952年，属黄埭区倪汇乡管辖。1983年7月，为黄埭乡汤浜村第九村民小组。2001年2月，属黄埭镇汤浜村。2006年7月，属相城经济技术开发区汤浜村。2008年6月，属北桥街道汤浜村。2014年8月，属漕湖街道汤浜村。

1994年，黄埭乡选在尤埂郎建设乡级丰产方。1995年，升级为县级丰产方，丰产方水稻面积306亩。是年，丰产方平均单产1241.8斤。1998年，平均单产1268斤。

2008年10月开始，因城乡一体化建设用地的需要，尤埂郎村民陆续搬迁，被安置于漕湖花园和永昌泾花苑。

尤埂郎同任浜村的外浜、陆严村的薛埂上土地相连，拆迁后宅基地被推平，成为中国交通建设局下属公司规划的施工用地。现由农业公司负责种植水稻、小麦。

六、石基上

位于汤浜村村委会北。东与尤埂上为界，西与河西岸一河之隔，南至小娄娄，北邻倪汇。该村分布在河南、河北两岸，以沈姓居多，还有李、吕、郑、杨等姓。2013年，有户籍人口91户303人，其中男性149人、女性154人。

石基上原称三河村，因有南北向的庙塘泾、黄家埝河，东西向的石基河3段河道连通而得名。与汤浜村的河西岸、河北岸、尤埂郎3个村一样沿河而居，合称“三河四村”。又因沈姓居多，故称沈家石基。石基上河北岸西有一座太平庵，1950年，教师周鞠在此创办石基初级小学。

1952年，属黄埭区倪汇乡管辖。1983年7月，为黄埭乡汤浜村第十、十一村民小组。2001年2月，属黄埭镇汤浜村。2006年7月，属相城经济技术开发区汤浜村。2008年6月，属北桥街道汤浜村。2014年8月，属漕湖街道汤浜村。

1982年，村民朱大风聘请出身汤浜三队的吴县水产局技术员徐盘英夫妇一起在金华等3个县（市）设5个培养幼蚌的基地，组队去浙江一带推介河蚌育珠技术，最多时带上96名育珠能手活跃在以金华为核心的浙江地区，传授养殖河蚌经验和育珠技术，指导帮助珍珠养殖户育珠。

2008年10月开始，因城乡一体化建设用地的需要，石基上村民陆续搬迁，被安置于漕湖花园和永昌泾花苑。

石基上河南拆迁后已与小娄娄平整成一片待开发。石基上河北北边的土地改建为漕湖大道，东边的土地用于建设广济北路。石基上拆迁后，村河得以拓宽加深，部分宅基地被改造成河与路之间的景观带。

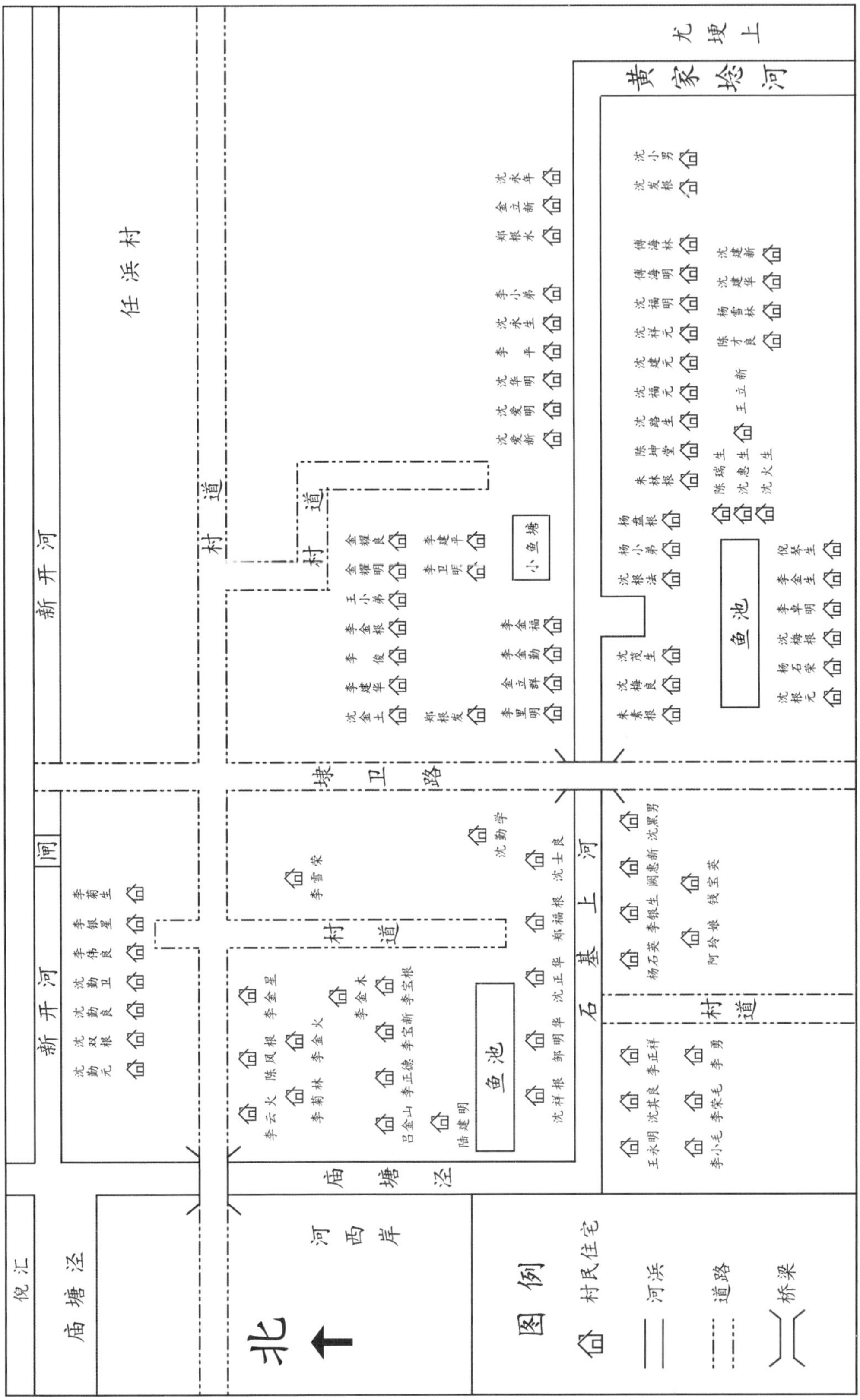

2013年石基上自然村住宅分布示意图

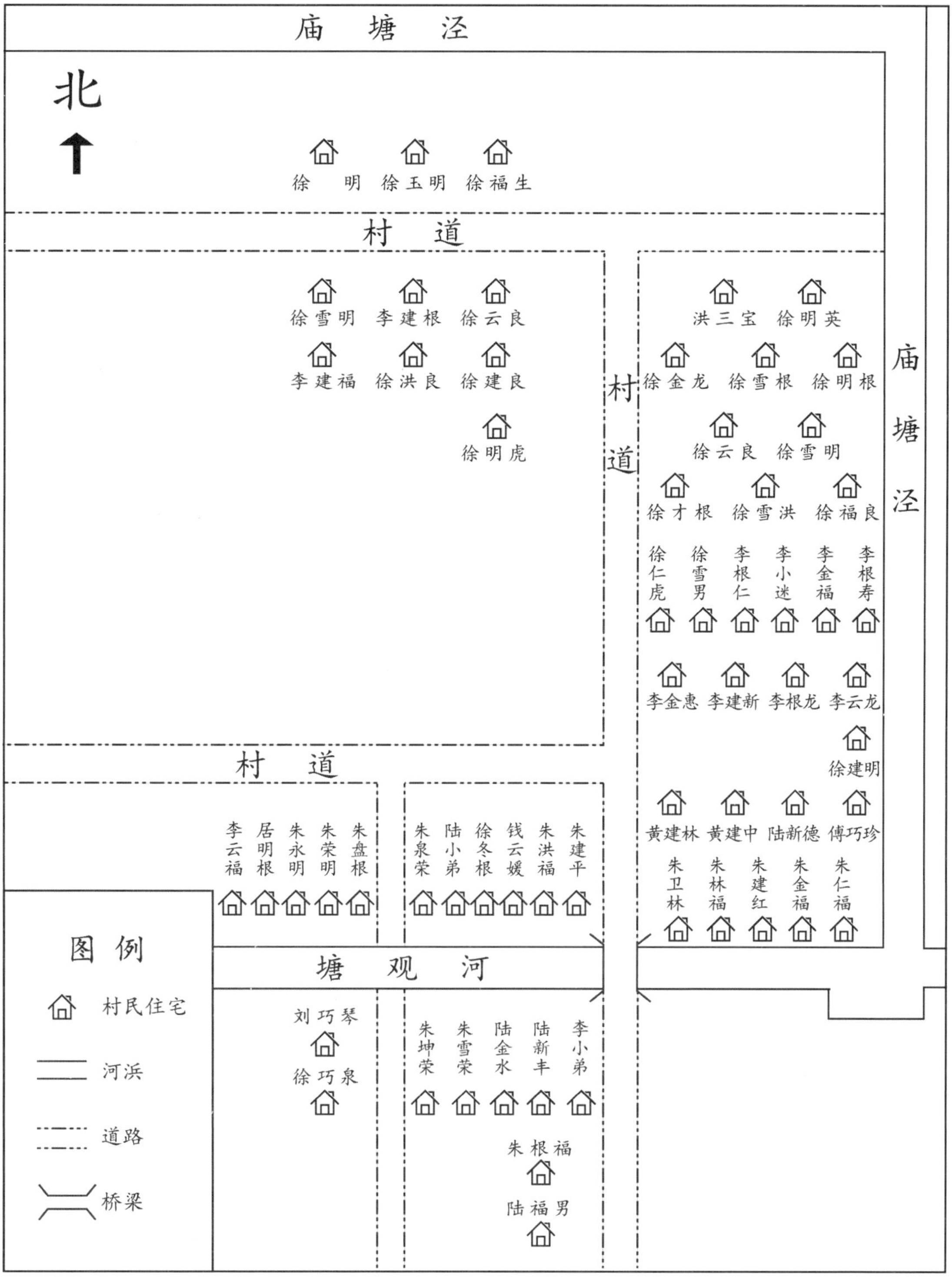

2014 年河西岸自然村住宅分布示意图

七、河西岸

位于汤浜村村委会西北侧。东与石基上一河之隔，西邻新兴村周思墩，南至埭卫路，北靠庙塘泾。该村以朱、徐、李姓为主，还有王、陆等姓。2013年，有户籍人口62户193人，其中男性95人、女性98人。

河西岸是从石基村分出后独立形成的村。20世纪50年代，河西岸有个外号叫大广勺（大佬）的李姓一门，带着4个健壮的儿子，专营婚嫁喜事的快船业务。因为父子5人体壮心齐，摇快船必赢，所以河西岸大广勺快船远近闻名，河西岸村名就此叫响。

1952年，属黄埭区倪汇乡管辖。1983年7月，为黄埭乡汤浜村第十二、十三村民小组。2001年2月，属黄埭镇汤浜村。2006年7月，属相城经济技术开发区汤浜村。2008年6月，属北桥街道汤浜村。2014年8月，属漕湖街道汤浜村。

河西岸地处双漕圩，多是低洼地。早期以养鱼为主。推广养蚌育珠后，石基上村河一侧、庙荡泾一侧均养河蚌育珍珠。

2008年10月开始，因城乡一体化建设用地的需要，河西岸村民陆续搬迁，被安置于漕湖花园和永昌泾花苑。

河西岸北边第十三村民小组临近庙塘泾，拆迁后由苏州漕阳生态农业发展有限公司对庙塘泾圩堤加固改造并建设漕湖大道绿化带。南边第十二村民小组部分土地用于建设漕湖大道，宅基地拆迁后与新兴村交界处修建岸石路厂道，往南与汤家浜河北连成一片被改造成绿化林带。

第三节　陆严村

陆严村位于蠡口、渭塘、黄埭三镇交界三角区靠黄埭一侧，在漕湖大厦南1千米左右，因陆姓和严姓居多而得名。东与蠡口天鹅村为界，西与原汤浜村接壤，南至元和秦埂村，北与任浜村为邻。全村由许金浜、严家湾河南、严家湾河北、薛埂上、陈家桥、陆埂上6个自然村组成，有12个村民小组。全村共有57个姓氏，200人以上的姓氏为严姓，100人以上的姓氏有陆姓和陈姓。其中严姓219人，占全村人数之冠。还有徐、钱、袁、冯、朱、薛、黄等姓氏。2003年，全村共有299户1172人，其中男性584人、女性588人。

清宣统三年（1911），归属吴县黄埭乡。1912年，归属吴县南北桥市十二都上下九图。1929年8月，归属吴县十二区。1934年6月，归属吴县第六区。1941年7

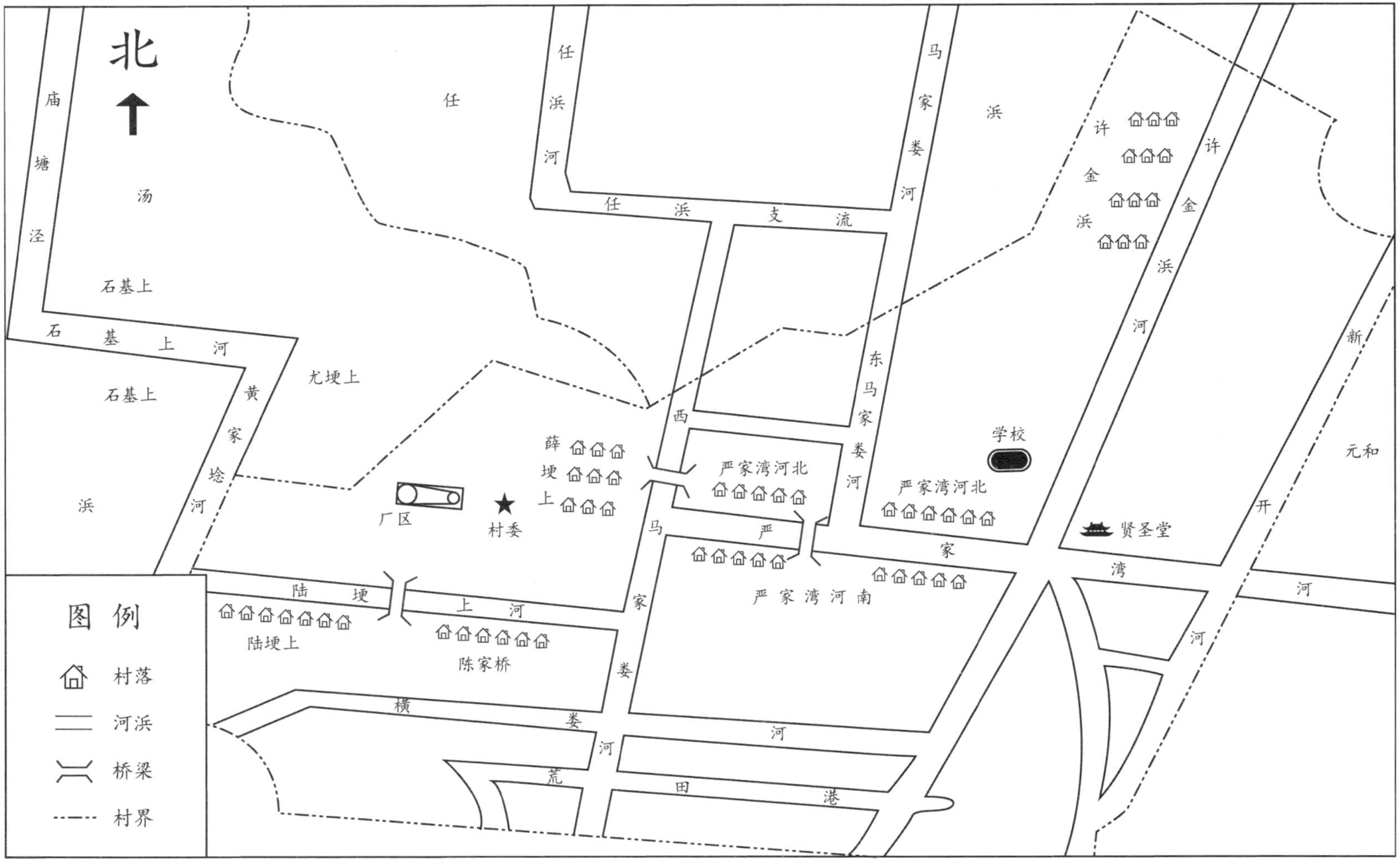

2002 年陆严村河流与村落图 6 村 12 组

月，归属吴县第四区。1947年，归属吴县黄埭区。

中华人民共和国成立初期，属黄埭区施秦乡和倪汇乡管辖，下辖严家湾和三协村。1954年，两村各建立初级农业生产合作社。1956年，合建高级农业生产合作社。1957年9月，吴县撤区并乡和整乡整社后，为黄埭乡向前第二十社。1958年，为黄埭人民公社第八大队。1960年初，黄埭人民公社拆分，归属第八大队，后并入任浜大队。1961年9月，又从任浜大队析出，名陆严大队。1983年7月，恢复乡管村体制，建黄埭乡陆严村村民委员会。1992年7月，实行镇管村体制，村委会驻薛埂上。2003年，陆严村并入汤浜村，隶属黄埭镇。2006年，属相城经济技术开发区汤浜村。2008年6月，属北桥街道汤浜村。2014年8月，属漕湖街道汤浜村。

陆严村村落偏僻、交通闭塞，河流众多、水网交织，有8个圩区，属于典型的低洼圩区。中华人民共和国成立前，村民靠天吃饭，用秧水桶舀水种秧苗，用戽水车和牛水车来灌溉和排涝，“破车烂斗板，踏得脚底嗨（肿）”，不能保障农耕生产的正常进行，更无法抗衡水患。“圩田白茫茫，三年水大两年荒”，农民生活苦不堪言，吃糠咽菜、举债度日是常事。

1954年，遇大涝，陆严村农田大半绝收。政府及时救济，发放19万斤周转粮，让村民顺利渡过难关。为治理水患，1958年建成莫北圩，保障了陆严村的水稻种植，村民生活水平逐步提高。可莫北站灌区过大、距离陆严村太远，不能从根本上解决陆严村的排灌问题。陆严村克服缺技术、乏资金、少设备等困难，自力更生，建起许金浜和陈家桥头2座机房，筑起2座大坝，改造灌溉渠，并自备2套柴油机动力的机泵，保障耕地灌溉和排涝，同时有效解决了水患。

1990年，埭严桥建成，各类车辆可从陆严村直接驶往镇区，促进了村级企业的发展。2000年，全村有升达涤纶聚酯厂、苏州百盛纤维母粒有限公司、苏州市吴县黄埭助剂厂和2家陆严喷漆厂共5家村办企业，年度村级总收入24万元，村级固定资产100万元，工业总产值240万元，人均收入2390元。

2003年7月，陆严村并入汤浜村，“陆严”村名消失。随着城乡一体化建设，原来的6个自然村也已经全部拆迁，村民被安置于漕湖花园和永昌泾花苑。

1949~2018年，陆严村历任村（大队）党组织书记为严惠生、薛耕、冯根土、朱金木、严银根、陈泉兴、李小弟。历任村（大队）负责人为杨阿五、傅阿夯、薛耕、任海龙、李小弟、冯根土、徐德根、陈泉兴、钱进男。

一、许金浜

位于陆严村东北部，因河浜而得名。东起苏虞张路，西至马家娄河，南与严家

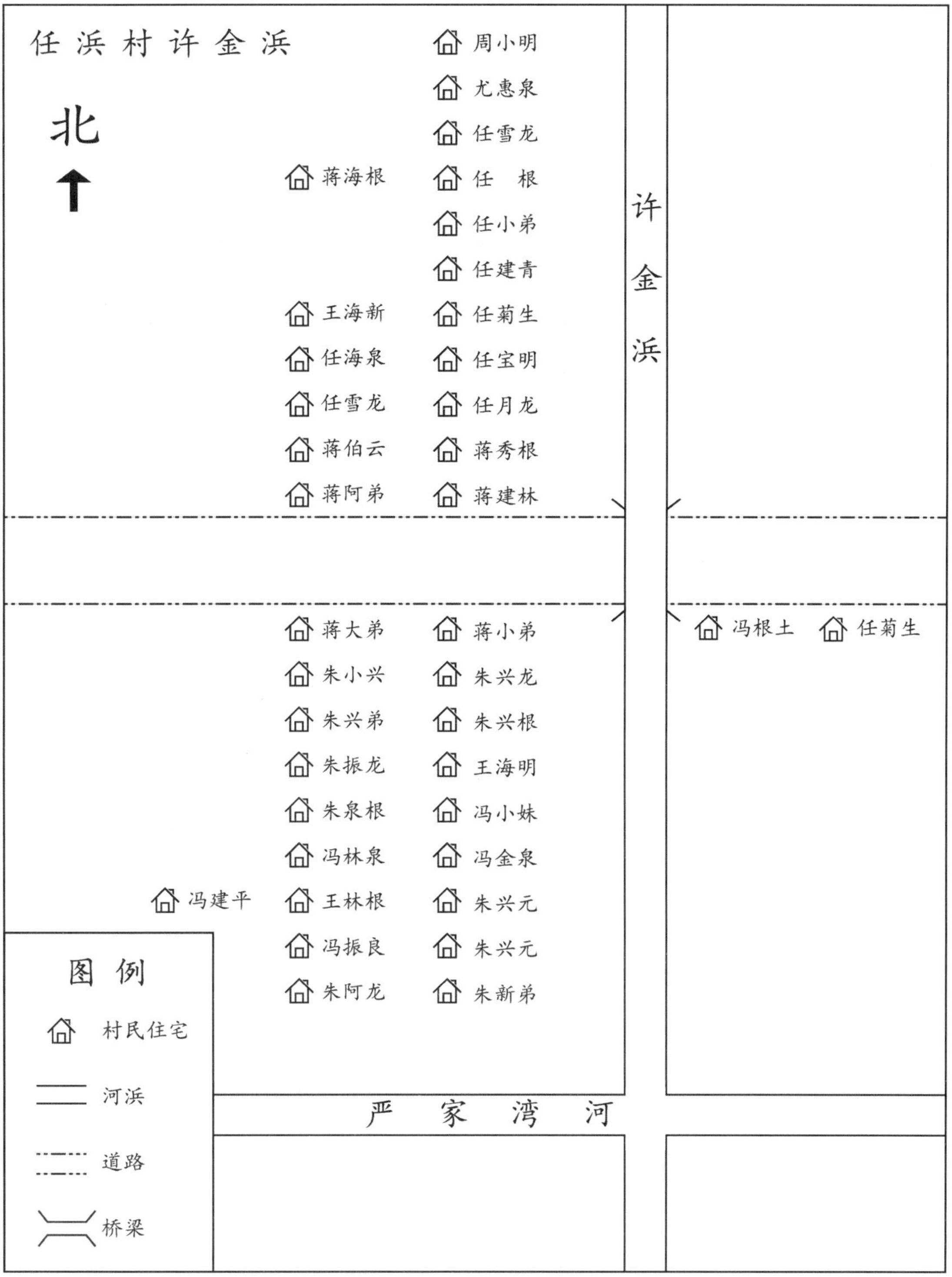

2013年许金浜自然村住宅分布示意图

湾河北相邻，北靠任浜村的许泾浜。该村姓氏有冯、任、朱、徐等。2013年，有户籍人口41户168人，其中男性83人、女性85人。

相传古时此地沿河有两个村庄，村民喜欢斗鸡。一天，两村相约斗鸡，以输赢来取村名，赢家称赢家浜，输家称输金浜，从此两村的村民相见如仇人。后来一位说书先生为了两村和睦，以苏州方言谐音改换村名为任家浜和许金浜。

1952年，属黄埭区倪汇乡管辖。1983年7月，为黄埭乡陆严村第七、八村民小组。2001年2月，属黄埭镇陆严村。2003年，随陆严村并入汤浜村。2006年7月，属相城经济技术开发区汤浜村。2008年6月，属北桥街道汤浜村。2014年8月，属漕湖街道汤浜村。2016年3月，村域划入永昌泾社区。

20世纪80年代，许金浜的年轻女性擅长养蚌育珠。她们做完自家的活，就跟着接头人出去育珠。种一只河蚌0.6元，平均每人每天能种60只左右，一天收入为30~35元。育珠师傅工资高，许金浜村民较为富裕。

2008年10月开始，因城乡一体化建设用地的需要，许金浜村民陆续搬迁，被安置于漕湖花园和永昌泾花苑。

许金浜拆迁后，村子南边的土地用于新建漕湖大道，北边的土地是永昌泾花苑一期和二期的所在地。

二、严家湾河南

位于陆严村东南，因严家湾河和村中严姓村民居多而得名。东起御窑路，西至薛埂上，南傍横娄河，北靠严家湾河。该村姓氏有严、薛、袁等。2013年，有户籍人口79户309人，其中男性155人、女性154人。

1952年，属黄埭区倪汇乡管辖。1983年7月，为黄埭乡陆严村第一、二、十、十一村民小组。2001年2月，属黄埭镇陆严村。2003年，随陆严村并入汤浜村。2006年7月，属相城经济技术开发区汤浜村。2008年6月，属北桥街道汤浜村。2014年8月，属漕湖街道汤浜村。

20世纪80年代，浙江宁波、湖北等地大力发展养河蚌育珍珠产业，急需要人。村民严文华头脑灵活、手艺高，经常组织人出去揽活。

2008年10月开始，因城乡一体化建设用地的需要，严家湾河南村民陆续搬迁，被安置于漕湖花园和永昌泾花苑。

严家湾河南地势低洼，适宜发展水产养殖。村子拆迁后很多低田被村民承包，开辟为养蟹、鱼、虾的浅塘。南边土地用于建造京沪高铁。

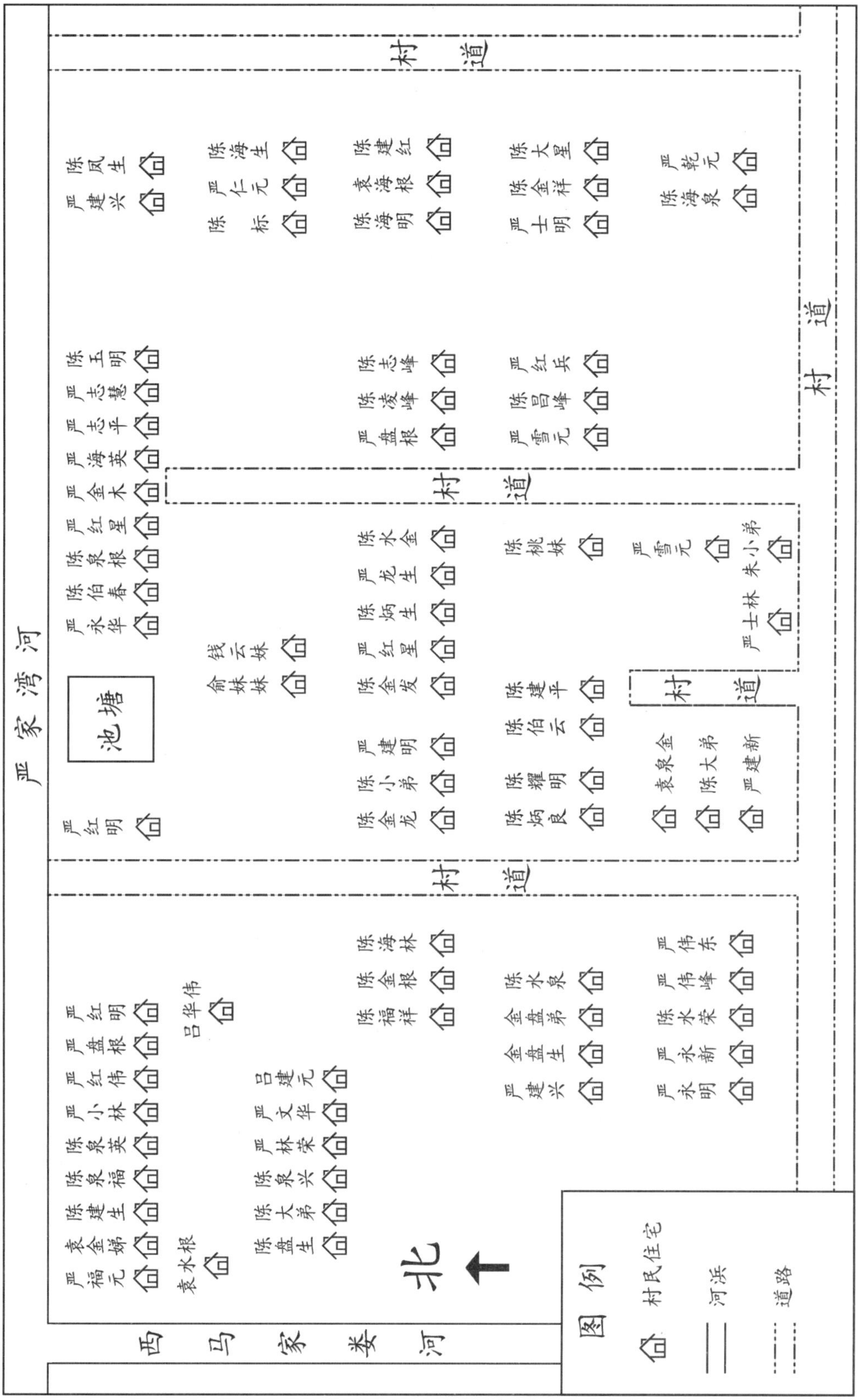

2013年严家湾河南自然村住宅分布示意图

三、严家湾河北

位于陆严村中心北部。严家湾河北与严家湾河南都因严家湾河得名，两村隔河相望。东起苏虞张路，西至薛埂上，南傍严家湾河，北靠任浜。该村姓氏有严、薛、陈等。2013年，有户籍人口51户206人，其中男性110人、女性96人。

20世纪70年代，严家湾河北村民推广薄片深翻，施足基肥，捣细泥块，阔垄深沟、浇泥浆、加追肥、促生长等新型耕作方法，三麦产量从亩产30公斤增至220公斤。1990年底，严培根、严小培兄弟从上海市嘉定区学习水稻水直播栽培技术并在自家农田中试种，所需劳动力大大减少，水稻产量也得到很大的提高。1991年，水稻水直播栽培技术在陆严村得到推广。

1952年，属黄埭区倪汇乡管辖。1983年7月，为黄埭乡陆严村第六、九村民小组。2001年2月，属黄埭镇陆严村。2003年，随陆严村并入汤浜村。2006年7月，属相城经济技术开发区汤浜村。2008年6月，属北桥街道汤浜村。2014年8月，属漕湖街道汤浜村。

2008年10月开始，因城乡一体化建设用地的需要，严家湾河北村民陆续搬迁，被安置于漕湖花园和永昌泾花苑。

严家湾河北拆迁后村河展直加宽，以石块为堤修成一条景观河，今倪家湾花园南侧即严家湾河北原址。

四、薛埂上

位于陆严村西部，因薛姓村民居多而得名。东起严家湾河北，西至黄家埝河，南邻陈家桥，北与尤埂上相接。该村姓氏主要有薛、袁、钱等。2013年，有户籍人口48户169人，其中男性81人、女性88人。

薛埂上的初冬（2007年摄）

薛埂上有条小河，河岸边有座古庙叫南贤圣（现已迁至永昌大王庙），小河因庙得名，称庙荡泾。

1952年，属黄埭区倪汇乡管辖。1983年7月，为黄埭乡陆严村第五、十二村民小组。2001年2月，属黄埭镇陆严村。2003年，随陆严村并入汤浜村。2006年7月，属相城经济技术开发区汤浜村。2008年6月，属北桥街道汤浜村。2014年8月，属漕湖街道汤浜村。

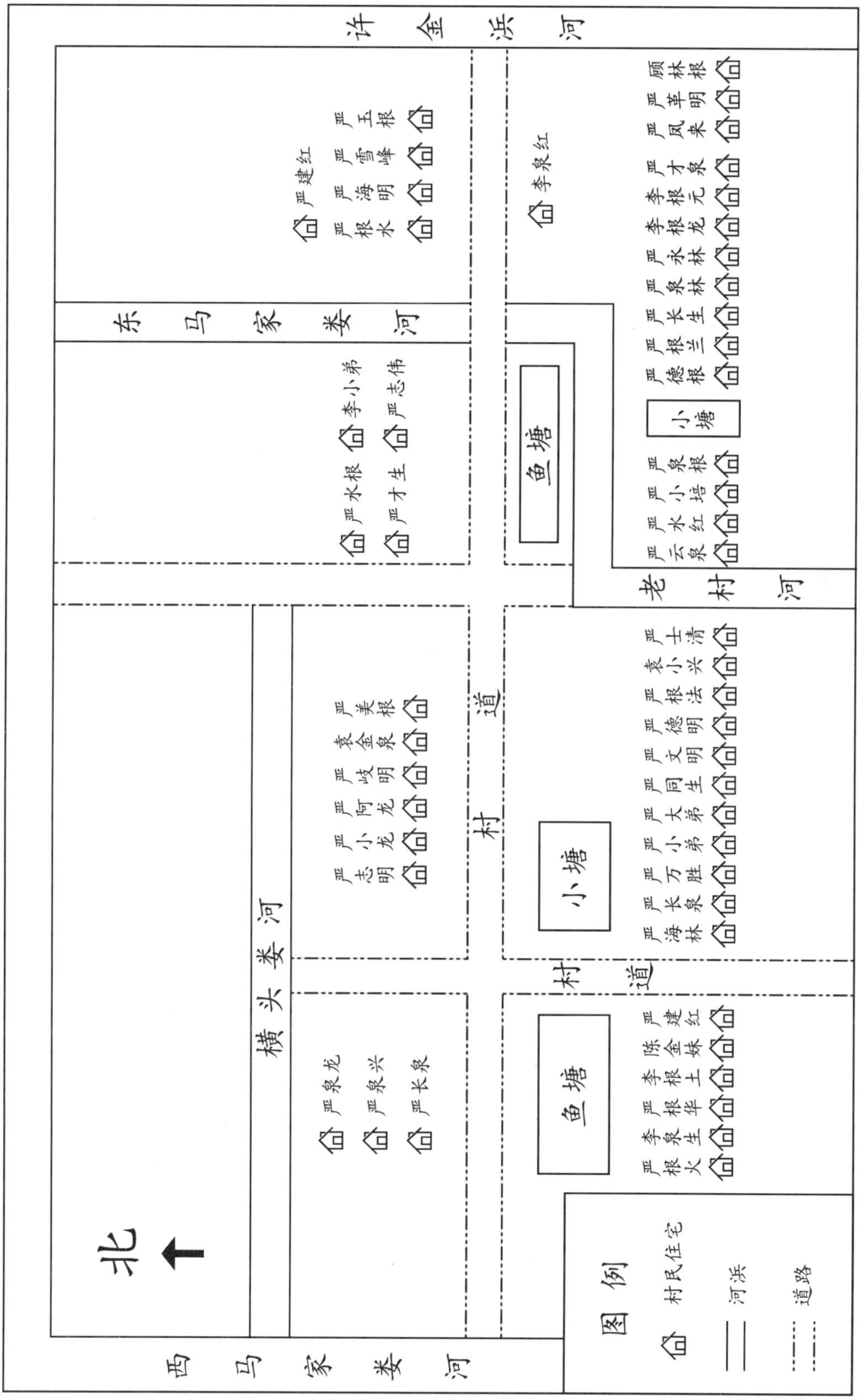

2007年严家湾河北自然村住宅分布示意图

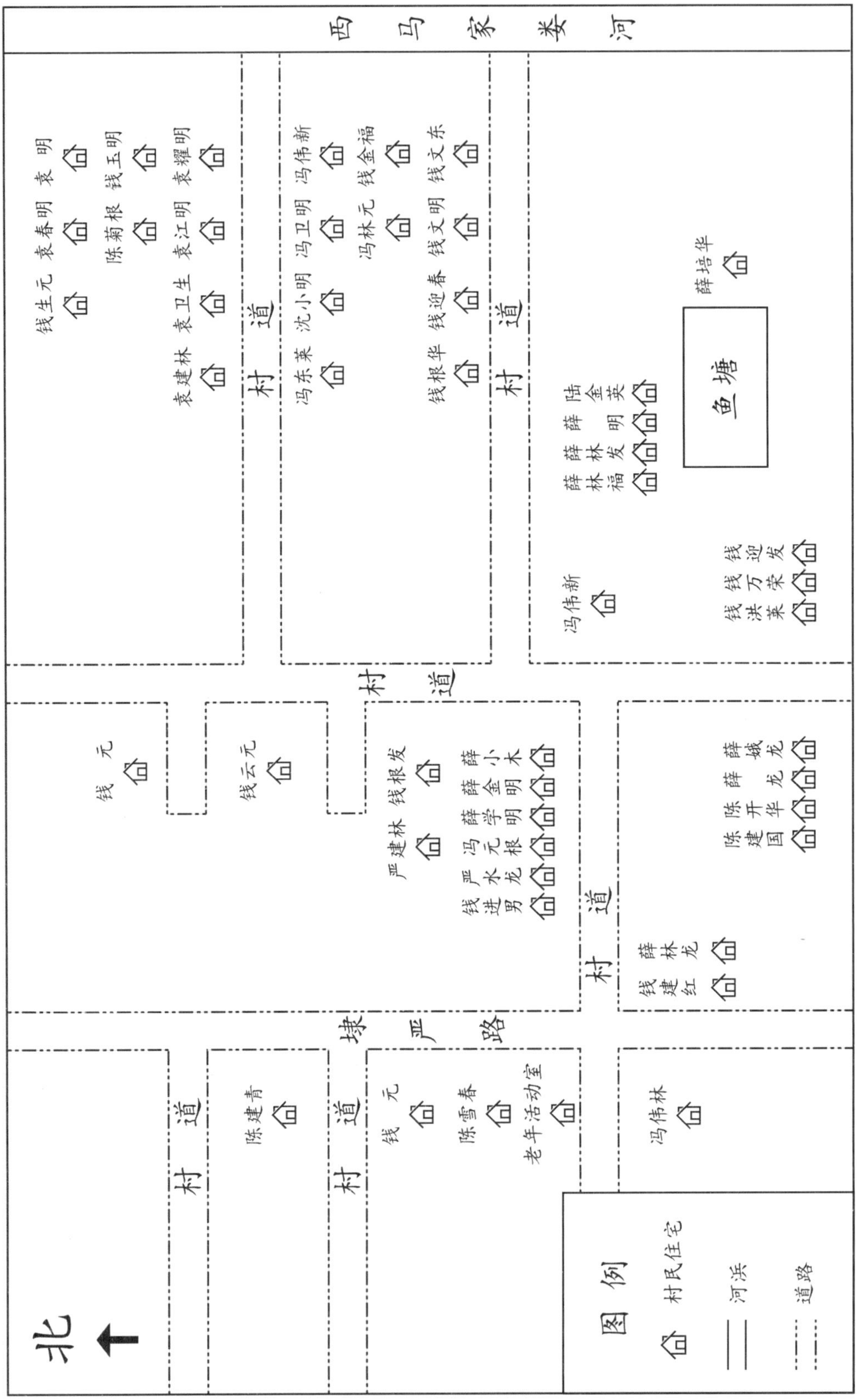

2013 年薛埂上自然村住宅分布示意图

陆严村先后办过5家企业，厂址均在靠大队部的薛埂上。1997年6月，创办苏州市相城区黄埭涂料助剂厂，解决了村里的闲散劳动力就业问题。因涂料喷漆厂有技术要求，需请高级工程师研究指导，投入大、见效慢，于1998年转制。1997年10月，创办吴县市黄埭油喷漆厂。1998年3月，创办苏州市相城区黄埭喷涂厂。2001年3月，创办苏州市相城区黄埭升达聚酯厂。是年4月，创办苏州百盛纤维母粒有限公司。

2008年10月开始，因城乡一体化建设用地的需要，薛埂上村民陆续搬迁，被安置于漕湖花园和永昌泾花苑。

薛埂上拆迁后的土地与陆埂上、陈家桥连成一片，北至漕湖大道，被定为中国交通建设局的施工范围，现已平整待利用。

五、陈家桥

位于陆严村南侧，因村中陈姓居多而得名。东起西马家娄河，西至陆埂上，南起元和秦埂村，北连薛埂上。该村姓氏主要有陈、严、陆等。2013年，有户籍人口17户71人，其中男性34人、女性37人。

陈家桥是进入陆严村水网区域的第一关隘，是有名的低洼圩区，河浜众多，纵横交叉。中华人民共和国成立初期，陆严村的6个自然村被8个圩区分割，成为互不相通的孤岛，陈家桥尤甚，村民的日常生产生活和交往活动都靠摆渡。

1952年，属黄埭区倪汇乡管辖。1983年7月，属黄埭乡陆严村第三村民小组。2001年2月，属黄埭镇陆严村。2003年，随陆严村并入汤浜村。2006年7月，属相城经济技术开发区汤浜村。2008年6月，属北桥街道汤浜村。2014年8月，属漕湖街道汤浜村。

1991年，该村养鱼专业户陈盘生承包水面22亩，放加州鲈鱼幼苗2.5万尾专业养殖，创利颇丰。

2008年10月开始，因城乡一体化建设用地的需要，陈家桥村民陆续搬迁，被安置于漕湖花园和永昌泾花苑。

陈家桥拆迁后，宅基地和所属土地连成一片，由中国交通建设局所属工程公司规划测绘。现已平整待利用。

六、陆埂上

位于陆严村西南侧，因村民大多姓陆而得名。东起陈家桥，西至黄家埝河，南邻元和秦埂村，北至尤埂上。该村姓氏主要有陆姓，还有徐、陈等姓。2013年，有

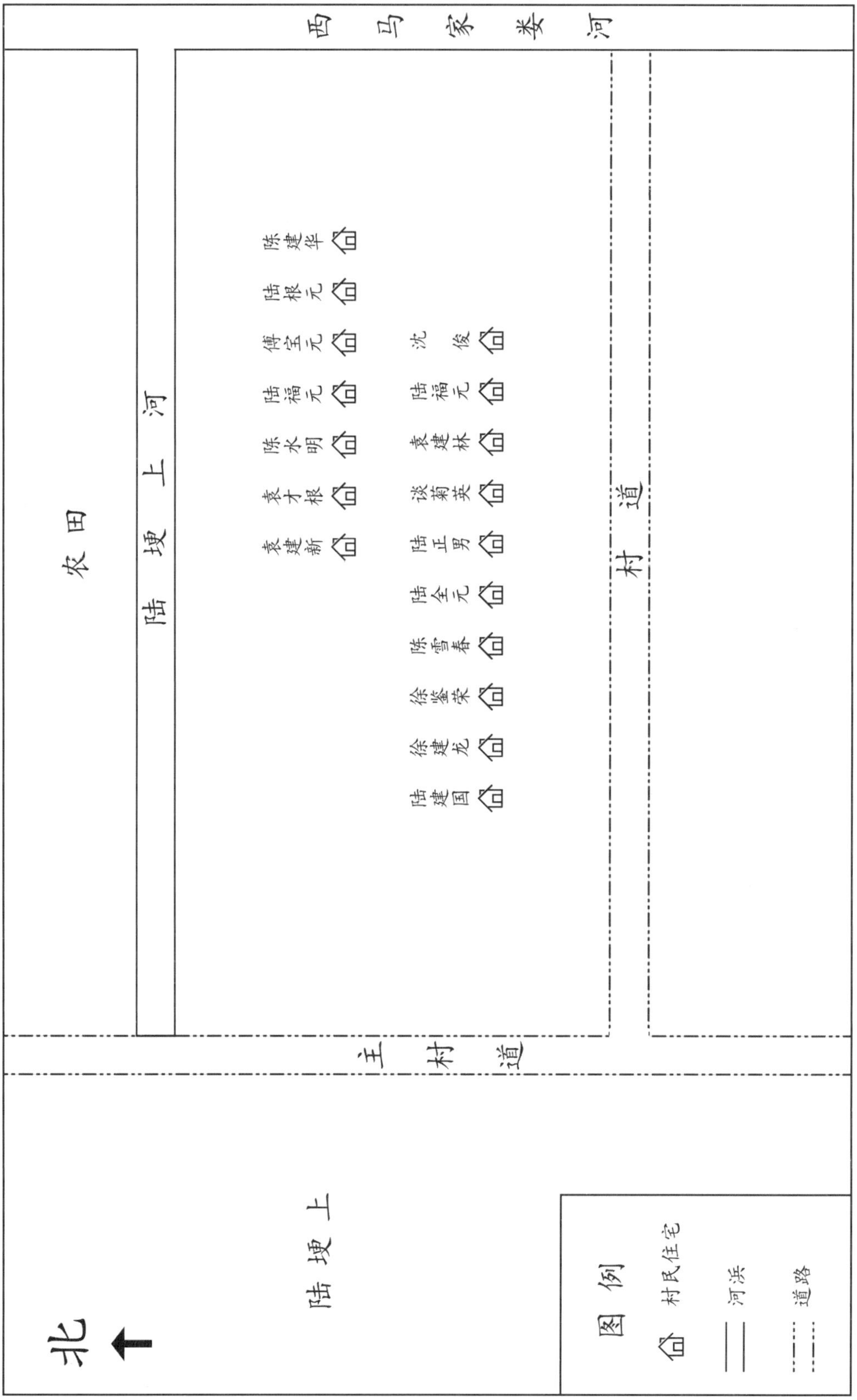

2013年陈家桥自然村住宅分布示意图

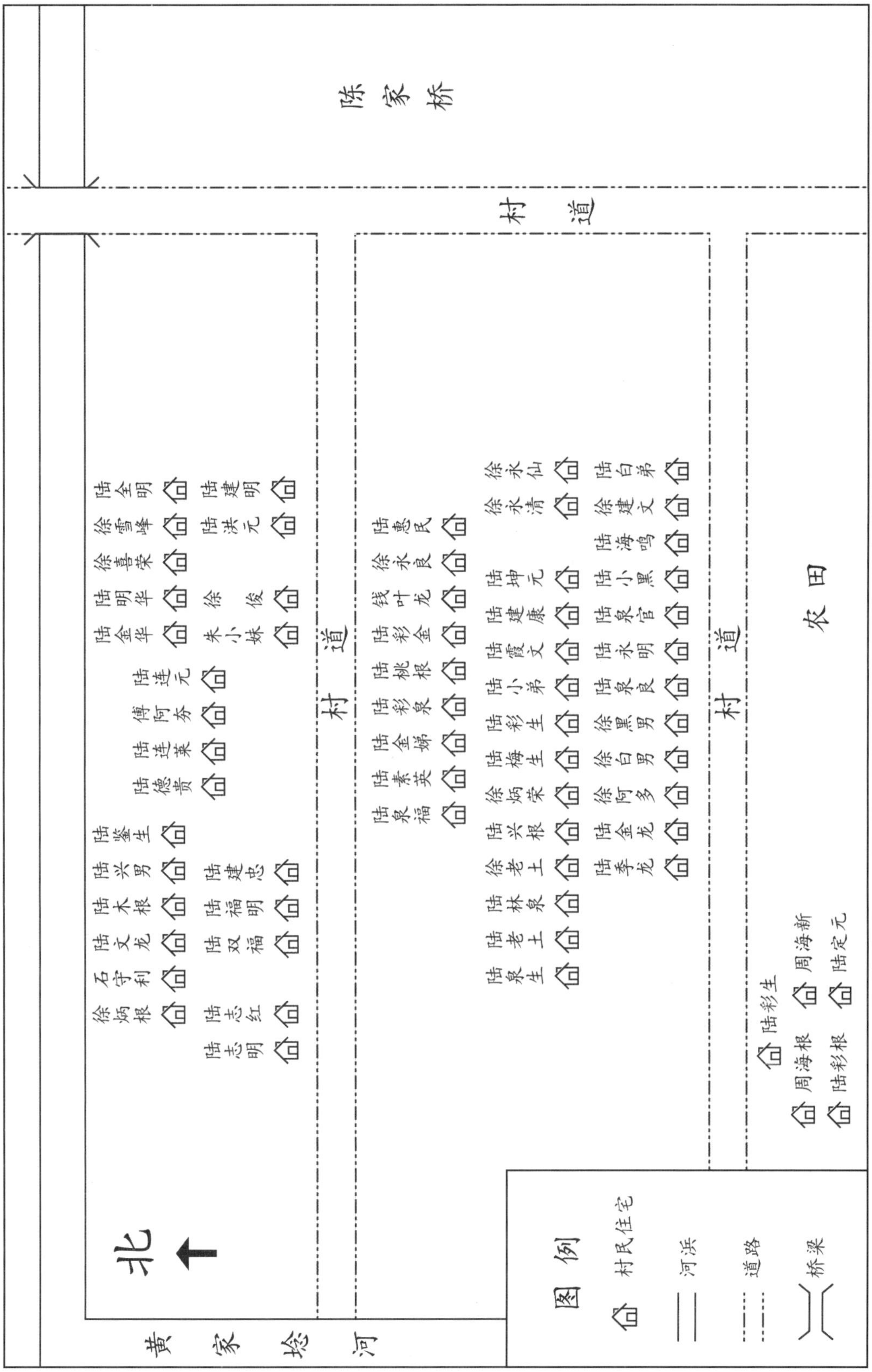

2008年陆埂上自然村住宅分布示意图

户籍人口63户249人，其中男性121人、女性128人。

陆埂上是黄家埝河两岸村民去苏州城区、黄埭的必经之路。黄家埝河没有桥，陆埂上出资打造了一种简便方舟，在河两岸各打一桩，方舟两头各安一个圆环，用粗绳连接桩和环，渡河者通过不断拉绳，将船送至彼岸。这种摆渡工具称紬渡船（又称扯渡船）。

陆埂上小闸（2009年摄）

1952年，属黄埭区倪汇乡管辖。1983年7月，为黄埭乡陆严村第四村民小组。2001年2月，属黄埭镇陆严村。2003年，随陆严村并入汤浜村。2006年7月，属相城经济技术开发区汤浜村。2008年6月，属北桥街道汤浜村。2014年8月，属漕湖街道汤浜村。

20世纪70年代，陆埂上成立渔业队，改造老鱼塘办渔场，采用专业化管理措施。村民还专门去长江沿岸采集鱼种，自育、自繁、自养，摸索培育鱼苗的科学方法，自繁幼鱼供应各养鱼户。还放养稀有珍贵品种加州鲈鱼210亩，成为养殖加州鲈鱼的专业村。

2008年10月开始，因城乡一体化建设用地的需要，陆埂上村民陆续搬迁，被安置于漕湖花园和永昌泾花苑。

陆埂上拆迁后，大部分土地由中国交通建设局所属工程公司规划开发，目前已平整后待利用。村东部分土地被村民租用养龙虾，村北土地种庄稼。

第三章　下堡社区

下堡社区位于苏州市相城区漕湖街道西首。东起汤浜路—永昌路，西至西塘河，南起康阳路—湖村荡路，北至漕湖。因域内有下堡街而得名。社区居委会办公场所设在尚青汇。

第一节　社区发展

2006年，域内辖下堡村的北庄湾、金家里、邹家里、园上、林家里、方家里、廉埂上、下堡街、蚂蚁浜、戚家浜、邹家庄、长塘上、园墩上、凤凰、陶家里、上场、陆家里、张家里18个自然村，35个村民小组。全村共838户3420人，其中男性1670人、女性1750人。域内有100个姓氏，200人以上的姓氏有金、顾、王、徐、钱5个，100~200人的姓氏有陶、吴、陈、陆、朱5个。其中金姓有337人，占全村人数之冠。还有张、周、俞、黄、方、李、邹等姓氏。村域面积为5.3平方公里。

2021年，撤村设社区，原上浜村8个自然村、永昌村14个自然村、万安村15个自然村纳入下堡社区。区域面积调整为9.6平方公里。

下堡域内存有位于金家里东北边缘的古迹三尖角，又叫和尚坟，是下堡道教的发端地。明代处士顾德瑞之墓也在下堡。顾德瑞是位名儒，因厌烦官场的尔虞我诈，终身不仕。然而他的五世孙后的十二代俱是登科第者，明代通政使司右通政顾九思就是他的六世孙。顾德瑞一脉是吴中顾氏繁衍最盛的一族。据《吴门表隐·顾锡周录》载："明处士顾德瑞暨配司马硕人墓在黄埭帝字圩叶公浜。"即今之漕湖街道下堡社区。其十二世孙清代进士顾沈士墓也在下堡村。

下堡有所埭川宗祠，是顾九思于明万历十八年（1590）辞官回乡后，为祭祀始祖顾德瑞及其先祖所建，并置祭田以资祭祀，余资助族中贫困者。顾家祠堂门前牌楼上方匾额写有"埭川宗祠"4个字，两旁2棵银杏树均有合抱之粗。三开间门面正中牌匾上"顾家祠堂"4个字金碧辉煌。8根红柱子有栲栳粗细，三进屋宇由2个大天井分开，两边抱厦分东、西廊。后堂祖宗画像高悬，历代祖先牌位按辈分整

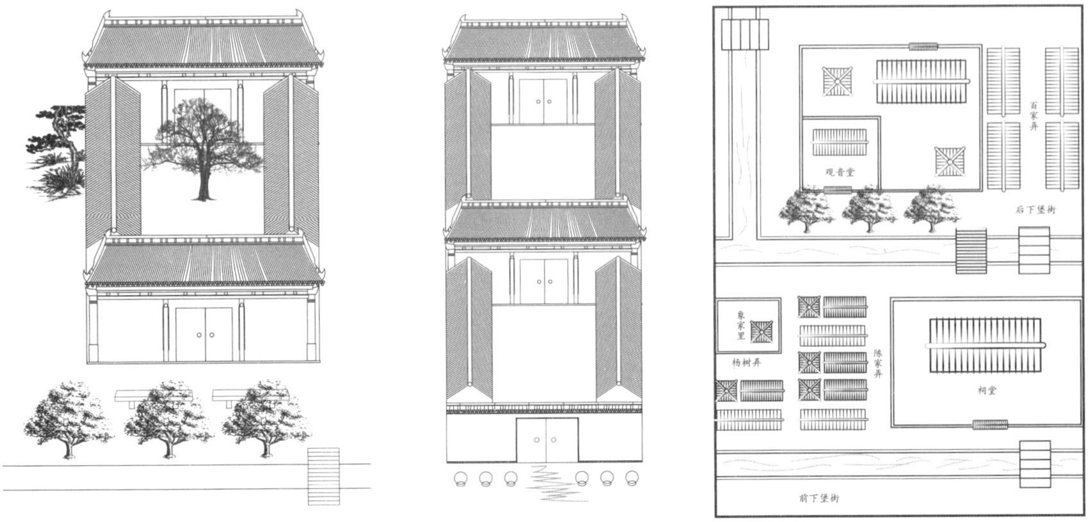

埭川宗祠

齐排列。祠堂地表建筑今已不复存在，2018年11月，在埭川宗祠旧址平整土地时，发现了一批顾氏家族墓志。出土文物中有建筑条石几百块、石碑22块(完整的18块、可拼接的4块)，另有韩瓶4件、执壶1件、四系罐1件。这批碑刻中有名臣申时行撰、戏曲名家张凤翼书、名儒文震孟撰并书的碑石。现碑刻藏于漕湖街道，拓片藏于漕湖街道办事处资料室。

顾家祠堂原址（后改建为下堡小学，2015年摄）

第三次全国文物普查时，在下堡村园墩上西北发现陆家坟土墩，整个土墩堆积形成于明清时期。土墩南北长 20米，东西长 25 米左右，呈长方形，高出周边地面0.5—1.5米，西侧为一池塘。经钻探发现，土墩东南角1.2米下有浇浆墓1座，为明清时期的墓葬。

下堡还曾有处建于清道光八年（1828）的金千户祠（千户为世袭军职，金代置），祭祀元代名贤宏业子荣三、荣四，由其裔孙启镇建。

明代下堡街市规模不大（长50米，宽不足2米）但名声响，民间有所谓“先有下堡街，后有黄埭镇”一说。现已消失在历史的长河中。

1990年，下堡村创办工业企业，村民在厂区附近买宅基地造房，形成了一条

50多米长的街市，有理发、百货、饮食等店铺。随着交通条件不断改善，多家企业进驻，民居日益增多。1992年，开始兴建下堡新街。街长150米、宽5米，两边有百货、茶馆、酒店、饮食和理发店等店铺。后又在街区建造菜场、文化广场和下堡小学新校舍。至2018年，因苏州绕城高速公路建设需要，村民搬迁，街市消失。

下堡小学的前身是1948年2月创办的私立小学。20世纪50~70年代，凤凰义务小学、金家里小学和园墩初小先后并入。70年代，下堡小学曾设初中班。2006年，下堡小学并入黄埭中心小学。

清宣统三年（1911），境域归属吴县黄埭乡。1912年，归属吴县黄埭乡十一都上中下八图十一都上下九图。1929年8月，归属吴县十二区。1934年6月，归属吴县第六区。1941年7月，归属吴县第四区。1947年，归属吴县黄埭区。

1950年3月至1956年2月，为黄埭区琳桥乡所辖。1954年9月，建初级农业生产合作社。1956年，建高级农业生产合作社；同年3月，撤琳桥乡，为永昌乡所辖。1957年9月，吴县撤区并乡和整乡整社后，为黄埭乡向前第十社。1958年9月，为黄埭人民公社第四大队所辖。1960年初，黄埭人民公社拆分，第四大队名下堡大队。1983年7月，恢复乡管村体制，建黄埭乡下堡村村民委员会。1992年7月，实行镇管村体制，村委会驻颜家桥。2006年7月，划入相城经济技术开发区漕湖产业园。2008年6月，划归北桥街道。2014年8月，由漕湖街道管辖。2021年12月，撤下堡村设下堡社区。

境域地势较高，历年来受水涝灾害的情况较少，村民以农耕为业。1970年，创办第一个村级企业下堡铅丝编织厂，后又创办粮食饲料加工厂、纸盒厂、草纸厂等。

下堡的砖窑生产很有名。继在七房坟建起第一座以烧制人工砖坯为主的土窑后，又于1979年在狗泾浜建造烧制机坯的砖窑。1985年，在邹家里南建造了一座24门大型制砖窑（也叫砖窑厂），占地10亩左右，自动化制坯，日产砖10万块，2005年关闭。

20世纪70年代后期，办吴县微风扇厂（也称吴县下堡塑料五金厂）。该厂即是骆驼电器集团公司骆驼牌微型风扇的定点业务厂，也是工业用塑料制品的生产单位。1987年，开始生产骆驼牌微型风扇，款式多、功能全，居全国同行业之冠。1991年，荣获第二届北京国际博览会金奖。后期生产卫生桶、健美按摩球、晾衣架等。

1983年，下堡从广东引进设备，创办吴县黄塘下堡装潢卷门厂，这是苏州地区第一家铝合金门框卷帘厂。高峰期职工有300余人，年产值1000多万元，是吴县有名的龙头企业。1995年后，单黄埭地区开设的装潢卷门窗厂多达100余家。

此后陆续创办五金厂、塑料厂、地毯厂、板式家具厂、二砖厂、门窗厂等。

1994年，投资320万元兴办万国淀粉制品有限公司；1997年，更名为苏州海鸥淀粉制品有限公司。其产品远销广东等地。

至2018年，境域有民营企业14家，分别是华宝农机配件厂、华兴调味食品厂、永建塑料五金电器厂、永建玻纤布厂、香山金属装潢五金厂、黄埭第二砖瓦厂、华瑞门窗厂、华宝预制品厂、海鸥淀粉制品有限公司、华宝塑钢门窗有限公司、华宝装潢卷门厂、华宝面粉厂、华盛面粉厂、华宝微风扇厂。现已全部拆迁搬离。

2000年，下堡村集体经济总收入128万元，工业总产值2413万元，村级积累资产总额644万元，人均年收入达7169元。2015年，集体经济总收入289万元，人均纯收入30300元。2016年，集体经济总收入662万元，人均纯收入达33000元。2017年，集体经济总收入464万元，人均纯收入达35519元。2018年，集体经济总收入616万元，人均纯收入达35829元。2019年，集体经济总收入697万元，人均纯收入达34900元。2020年，集体经济总收入371.79万元，人均纯收入达40000元。2021年，集体经济总收入869.49万元，人均纯收入达37600元。

20世纪90年代，村域内新增500千伏安变电站1座，铺设地下暗渠6355米，建排灌站3座，浇制混凝土道路3100米，养护公路两旁绿化1000多米。有卫生服务站、义务消防队、电子阅览室、图书室、健身房等公共服务设施，为村民提供各类便民服务。

2008年初开始，因建设苏州绕城高速公路及城乡一体化建设用地的需要，戚家浜等自然村陆续搬迁。至2016年12月，随着园上、廉埂上、蚂蚁浜、张家里的拆迁完成而结束。村民被分批安置于漕湖花园和永昌泾花苑。

1949~2021年，下堡社区（大队、村）历任党组织书记为李宪章、张兴根、浦晋农、钱祥男、张坤生、顾福林、顾火根、薛卫良、陈小龙、徐雪春、钱晓东。历任社区（大队、村）负责人为浦晋农、李宪章、赵寿根、顾金生、金才喜、顾火根、钱晓东。

2015年，有户籍人口968户3836人。2021年末，有户籍人口2248人，其中男性1108人、女性1140人，登记在册流动人口11900人，农村合作医疗参保864人，社会养老保险参保832人。境域内设公交站台14个，途经公交线路有815路、821路、823路、824路、835路、836路、838路。

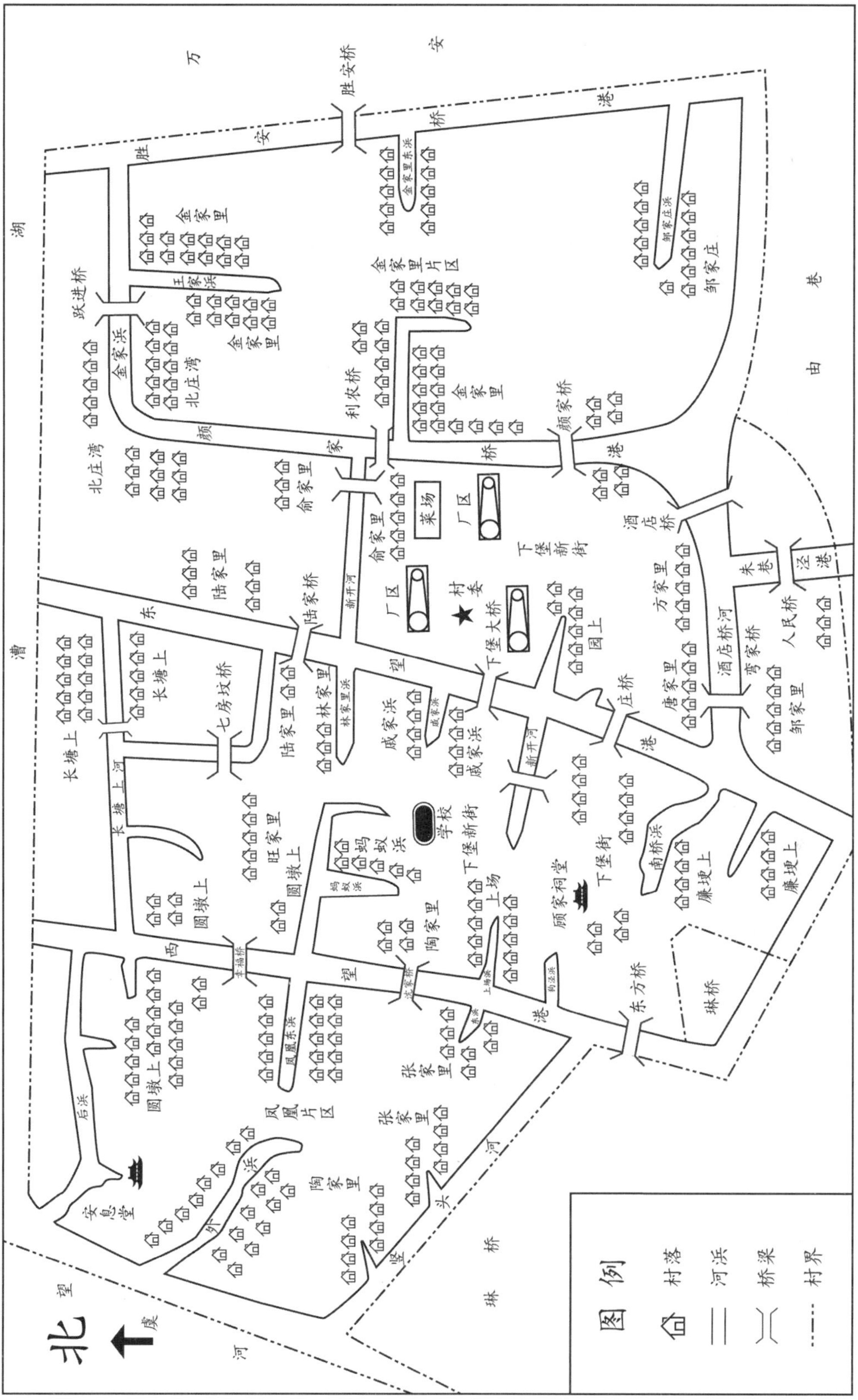

2003年下堡村河流与村落图18村35组

第二节 自然村落

一、北庄湾

位于下堡服务中心北部偏东，是下堡东北紧靠漕湖南岸的自然村。东为胜安桥港，西为陆家里，南与金家里相望，北临漕湖。该村姓氏有浦、陶、金、居、朱、周等。草席编织是北庄湾村民的传统副业。

北庄湾是下堡的东方门户，胜安桥港是下堡与万安的界河。北庄湾靠近漕湖，地形较为复杂。过去常有盗贼出没，百姓生活不得安宁。中华人民共和国成立前，这里是锡东江南抗日义勇军总部与永昌联络点的交通线，江南抗日义勇军曾在此活动。江南抗日义勇军对盗贼的威慑，保全了一方的平安。胜安桥港上的胜安桥是村民通往万安村的必经之桥。西部的颜家桥港上的利农桥于2013年被填埋成坝。

中华人民共和国成立后，北庄湾进行土地改革。1950年3月至1956年2月，为黄埭区琳桥乡所辖。1983年7月，恢复乡管村体制，为黄埭乡下堡村第一村民小组。1992年7月，属黄埭镇下堡村。2006年7月，属相城经济技术开发区漕湖产业园下堡村。2008年6月，属北桥街道下堡村。2014年8月，属漕湖街道下堡村。

2008年10月，因建设苏州相城经济技术开发区需要，北庄湾开始动迁，村民被安置于漕湖花园和永昌泾花苑。至2010年10月，村民全部完成搬迁，北庄湾成为历史地名。是年，有户籍人口57户218人，其中男性103人、女性115人。

北庄湾拆迁后，北面的土地用于建设漕湖滨湖大道及道旁景观林带，原自然村址整治复耕后成为水田。

二、金家里

位于下堡服务中心东侧，由原老宅基与陈家里几个自然村落合并而成。东起胜安桥港，西至颜家桥港，南邻邹家庄，北以金家浜为界与北庄湾相隔。该村主要以金姓为主，故村名为金家里，此外还有陈、陶、浦、薛姓等。域内河流纵横交错。孙安桥港往南可直达黄埭镇，东西走向的一条分支同由巷相邻，向西和颜家桥港相连，向北与金家浜河相交。颜家桥和利农桥将各自然村紧紧相连。金家里东北有一地名叫三尖角，也叫金和尚坟，相传南宋末年此地曾驻兵三千，防金兵侵犯。

1950年3月至1956年2月，为黄埭区琳桥乡所辖。1983年7月，为下堡村第二、三、四、二十九、三十二、三十五村民小组。1992年7月，属黄埭镇下堡村。2006年7月，属相城经济技术开发区漕湖产业园下堡村。2008年6月，属北桥街道下堡村。2014年8月，属漕湖街道下堡村。

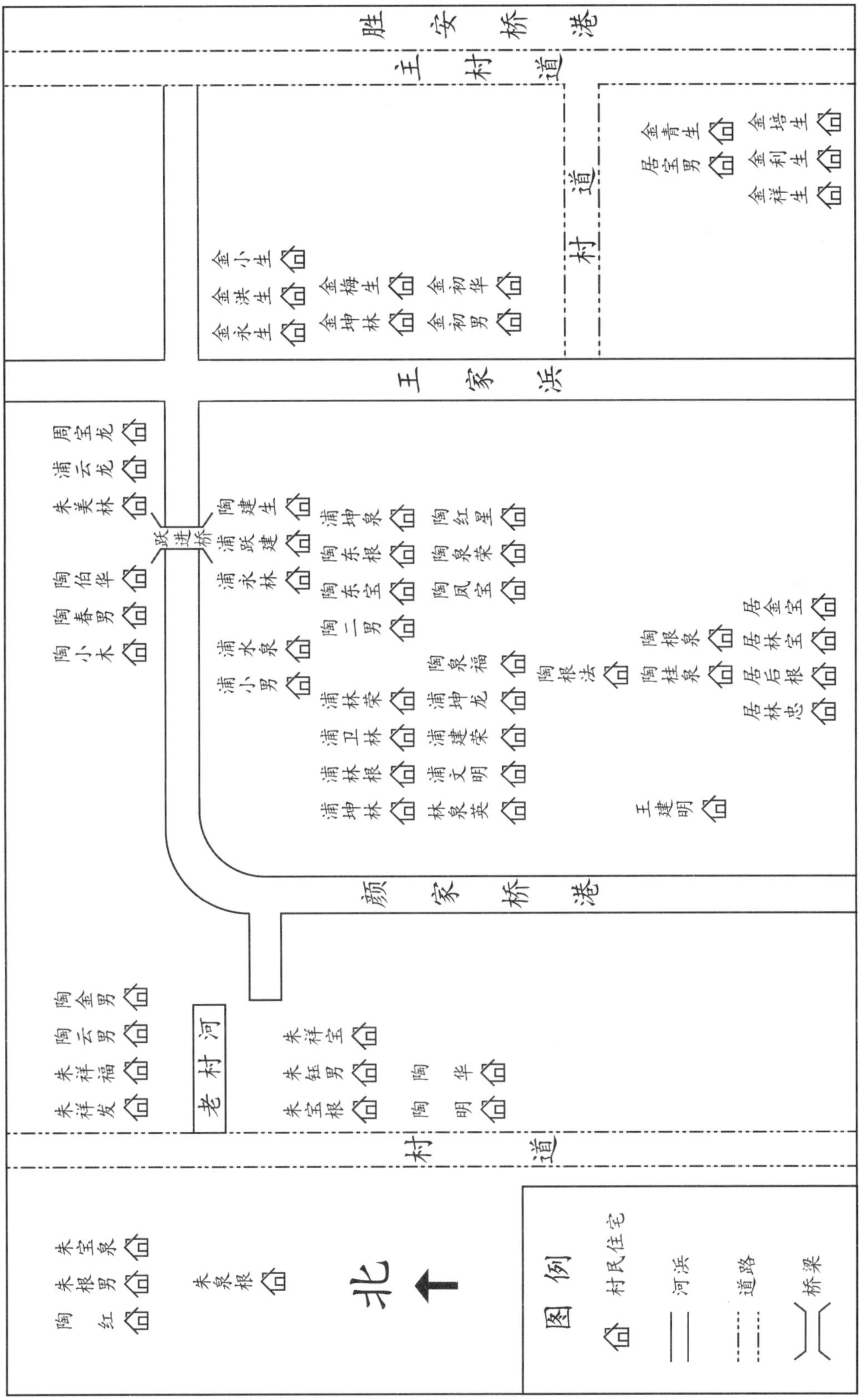

2007年北庄湾自然村住宅分布示意图

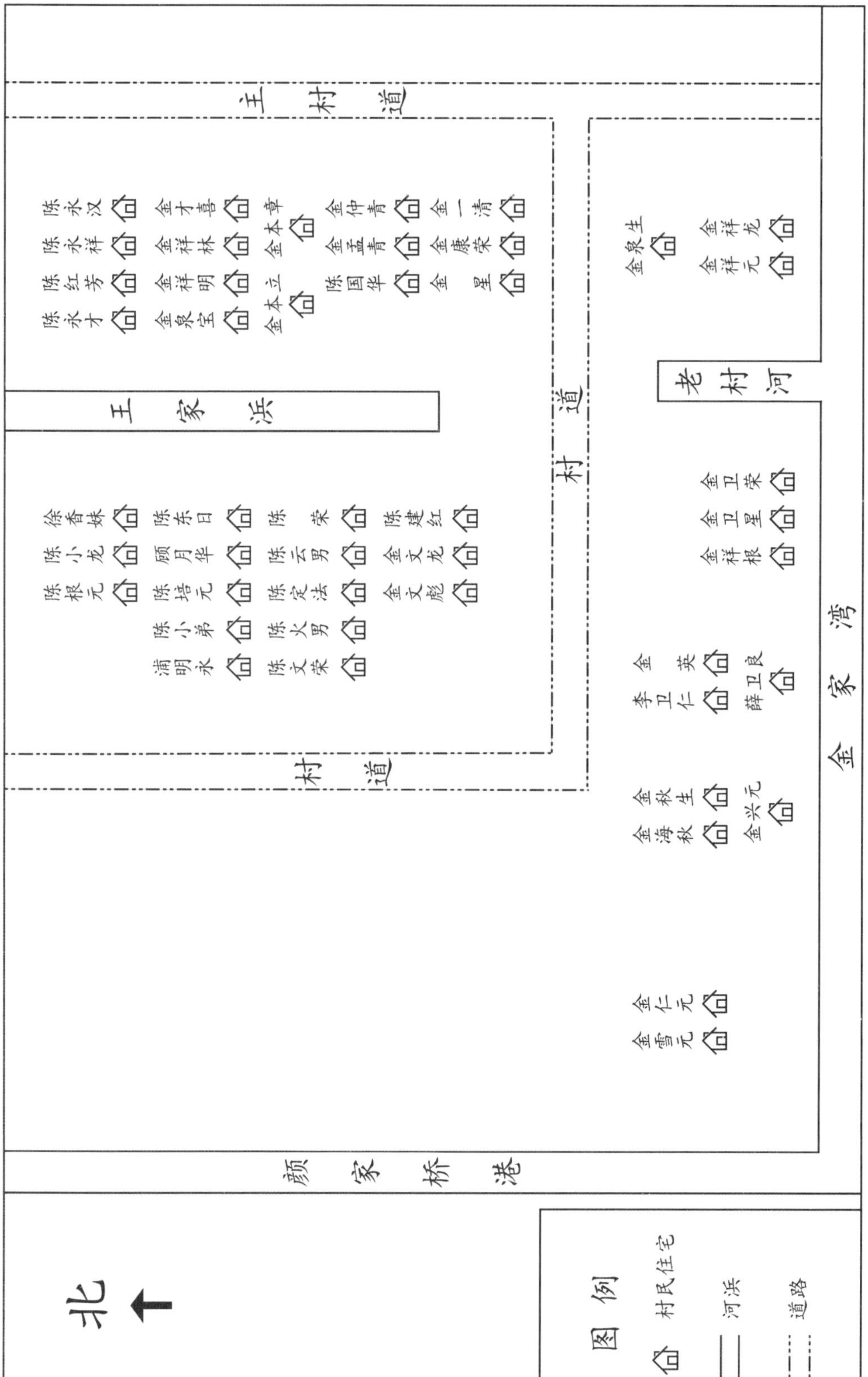

2007年金家里自然村住宅分布示意图一

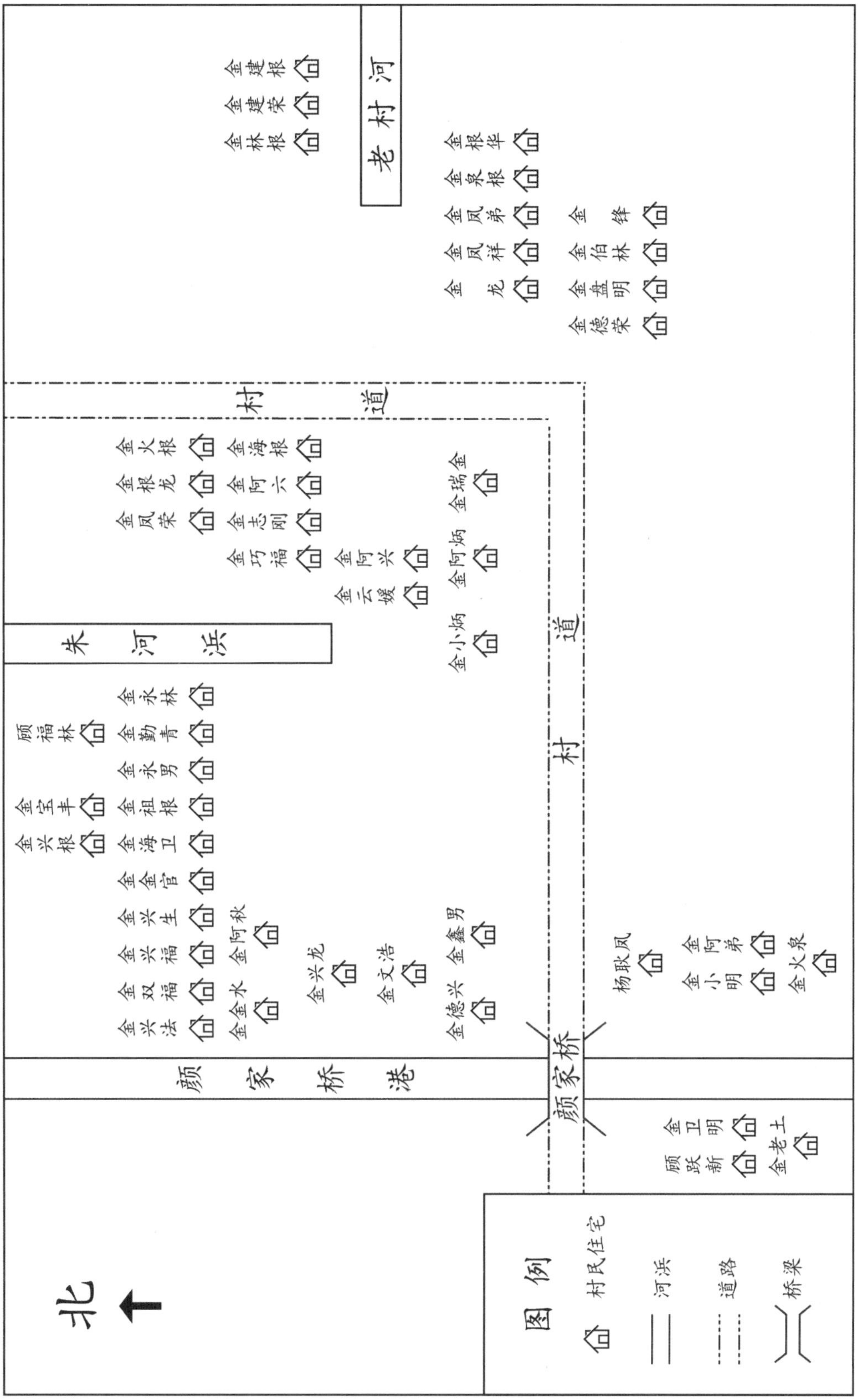

2007年金家里自然村住宅分布示意图二

1982年，华宝预制品厂在金家里建厂，配合轮窑厂、砖瓦厂，生产以楼板、檩条为主体的产品，形成生产一条龙。20世纪90年代初关停。

2008年10月，因建设苏州相城经济技术开发区需要，金家里开始动迁，村民被安置于漕湖花园和永昌泾花苑。至2010年10月，村民全部完成搬迁，金家里成为历史地名。是年，有户籍人口93户375人，其中男性182人、女性193人。

金家里拆迁后的土地被整治复耕开发成良田。

三、邹家里

位于下堡服务中心南端。东与由巷相连接，西为东望港末的下堡段，南以东西走向的横河港为界与斜桥相隔，北邻酒店桥河、唐家里相连。邹家里树木苍葱。该村姓氏有邹、李、马、相等。

1950年3月至1956年2月，为黄埭区琳桥乡所辖。1983年7月，恢复乡管村体制，为下堡村第九村民小组。1992年7月，属黄埭镇下堡村。2006年7月，属相城经济技术开发区漕湖产业园下堡村。2008年6月，属北桥街道下堡村。2014年8月，属漕湖街道下堡村。

1983年，下堡村在朱巷桥西建立黄埭第二砖瓦厂，发展副业生产，以解决部分村民就业问题，增加集体经济收入。此窑可连续烧制，平均一天可烧制20万块砖。1995年，砖瓦厂关停。

2010年，邹家里全部拆迁，村民被安置于漕湖花园和永昌泾花苑，邹家里成为历史地名。是年，有户籍人口28户123人，其中男性61人、女性62人。

邹家里拆迁后，大部分宅基地和土地用于康阳路建设工程，剩余部分整治复耕后变成良田。

四、园上

位于下堡服务中心正南。东临下堡新街，西靠东望港，南临唐家里、方家里，北与塑料厂、卷门厂等比邻。该村原以园上坟为中心，分为南园上和北园上。南园上有条南园浜，北园上有条北园浜。园上姓氏有顾、吴、钱等。

该村的顾家是官宦人家，从始祖顾德璐开始，至六世孙顾九思，十二世孙顾沈士都落葬在下堡村。下堡顾氏一族人丁兴旺，均为顾德璐后裔。后有迁徙外地的，如永昌一支。顾氏后裔读书成风，以祖先为荣。

1950年3月至1956年2月，为黄埭区琳桥乡所辖。1983年7月，恢复乡管村体制，为下堡村第七村民小组。1992年7月，属黄埭镇下堡村。2006年7月属相城

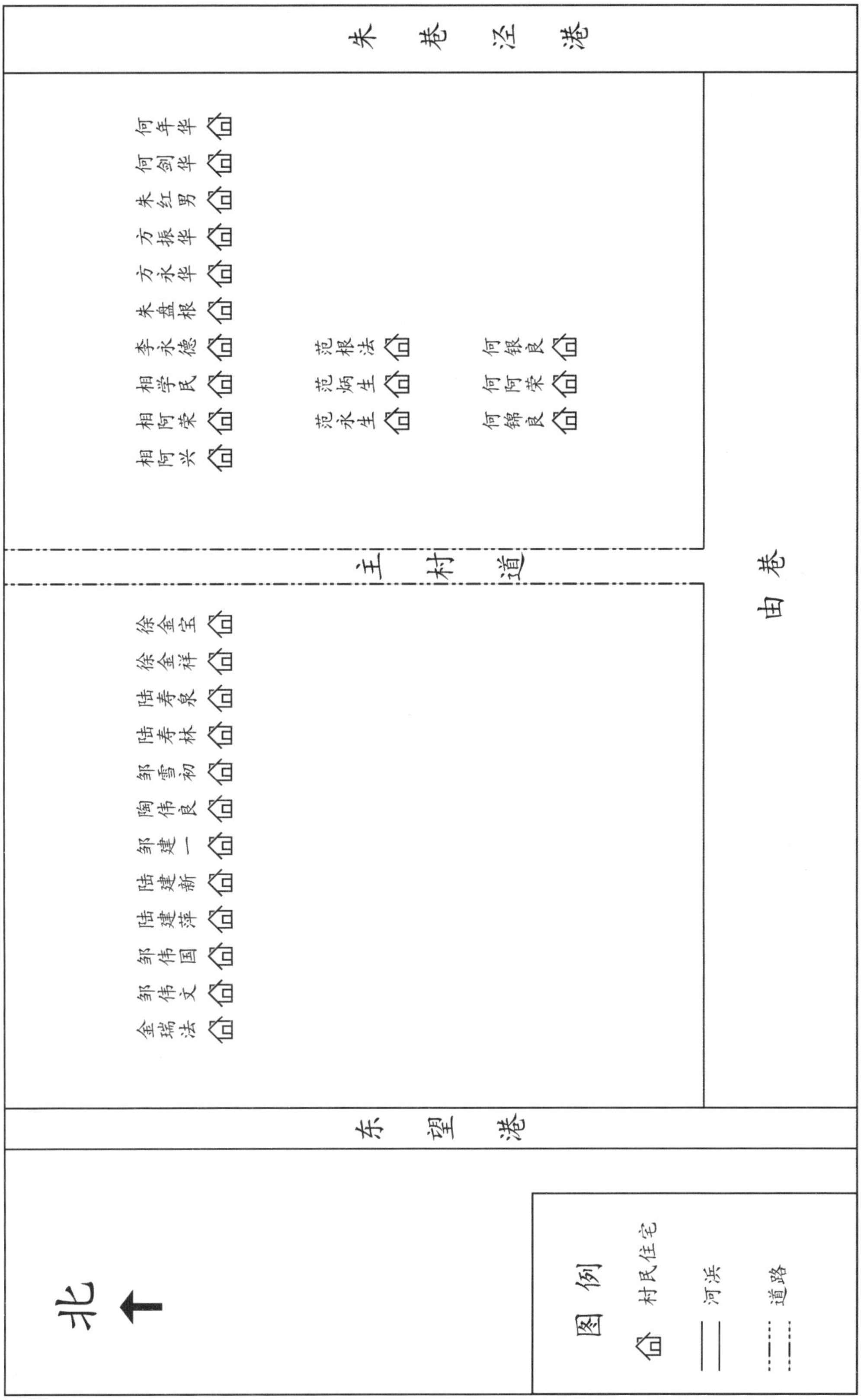

2010年邹家里自然村住宅分布示意图

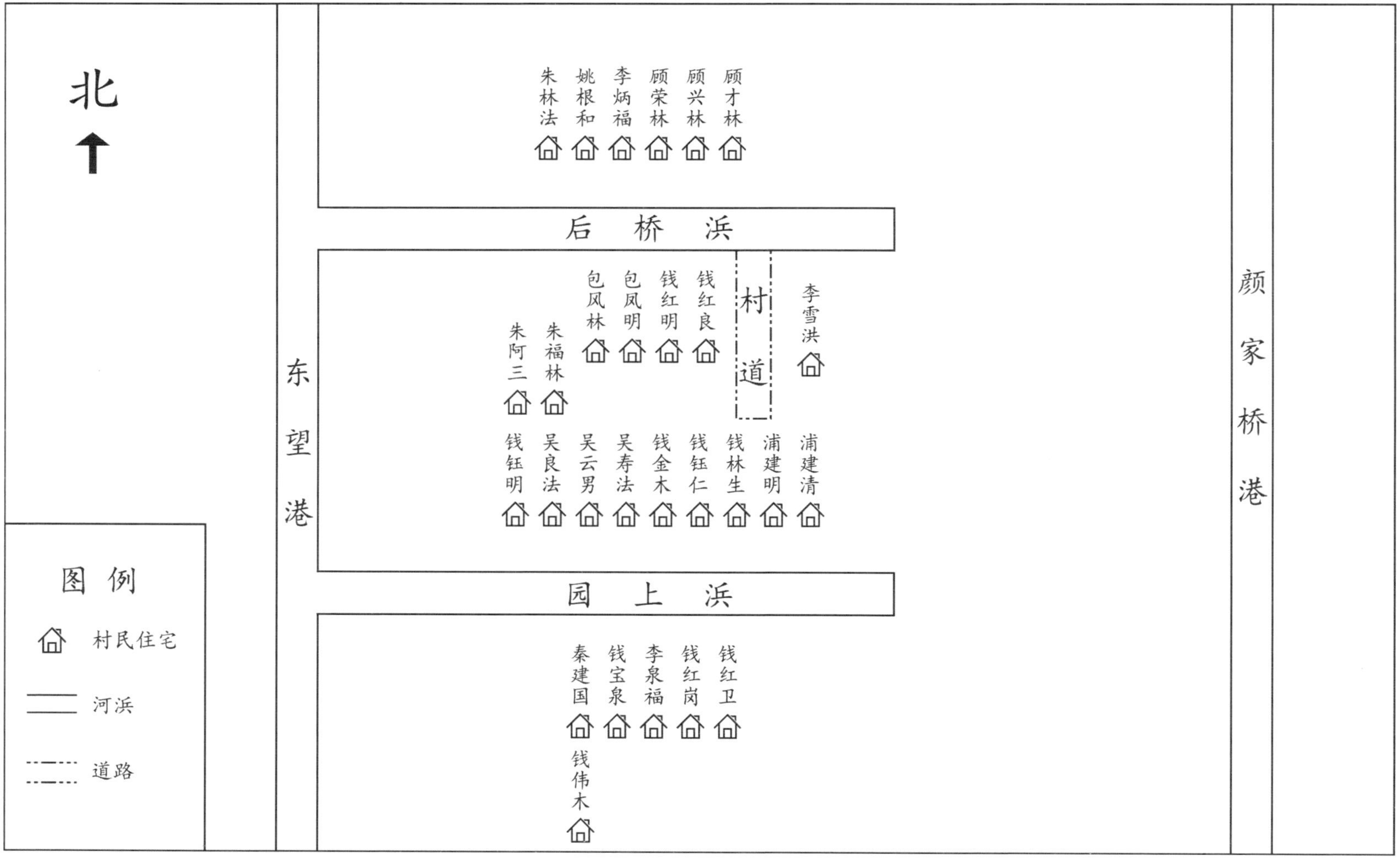

2010年园上自然村住宅分布示意图

经济技术开发区漕湖产业园下堡村。2008年6月，属北桥街道下堡村。2014年8月，属漕湖街道下堡村。

1984~1985年，园上先后开办的食品类生产企业有酱油厂、食醋厂、面粉厂、淀粉厂。前两家在20世纪90年代中期停产关闭，后两家于2006年先后关停。

2008年至2016年12月底，因建苏州绕城高速公路及京沪高铁的需要，园上分批动迁，村民被安置于漕湖花园和永昌泾花苑，园上成为历史地名。2010年，有户籍人口28户114人，其中男性54人、女性60人。

拆迁后，园上的半数土地和宅基地用于建设绕城高速公路（苏绍高速）和京沪高铁，剩下部分宅基地及土地平整后复耕，由承包户种植经济作物。

五、林家里

位于下堡服务中心西北。东为东望港，西与园墩上相邻，南以林家浜为界与戚家浜相隔，北至长塘上河。该村以林姓为主，此外还有尤、吴、戚等姓。

1950年3月至1956年2月，为黄埭区琳桥乡所辖。1983年7月，恢复乡管村体制，为下堡村第十六村民小组。1992年7月，属黄埭镇下堡村。2006年7月，属相城经济技术开发区漕湖产业园下堡村。2008年6月，属北桥街道下堡村。2014年8月，属漕湖街道下堡村。

20世纪90年代，村里出现一批规模型养猪专业户。村民尤钰泉养猪，年出栏百余头，收入超万元。

2008年10月开始，因建设苏州相城经济技术开发区需要，林家里村民陆续搬迁，被安置于漕湖花园和永昌泾花苑。2010年10月，村民全部完成搬迁，林家里成为历史地名。是年，有户籍人口28户112人，其中男性55人、女性57人。

林家里拆迁后的宅基地被整治复耕成良田。

六、方家里

位于下堡服务中心南侧，由方家里、唐家里2个自然村组成。东起颜家桥港，西至东望港延伸末段，南以酒店桥港为界与由巷相隔，北靠园上。该村姓氏有方、唐、顾等，以方姓居多而得名。

方家里的酒店桥和唐家里的弯家桥属下堡较有名的桥梁。酒店桥因所处酒店浜而得名，1988年9月重建为跨度16米的水泥拱桥，是下堡通往黄埭镇的必经之路。唐家里原有一座弯家桥（后填埋成坝），是方家里通往邹家里化工厂的必经之路。

1950年3月至1956年2月，为黄埭区琳桥乡所辖。1983年7月，恢复乡管村

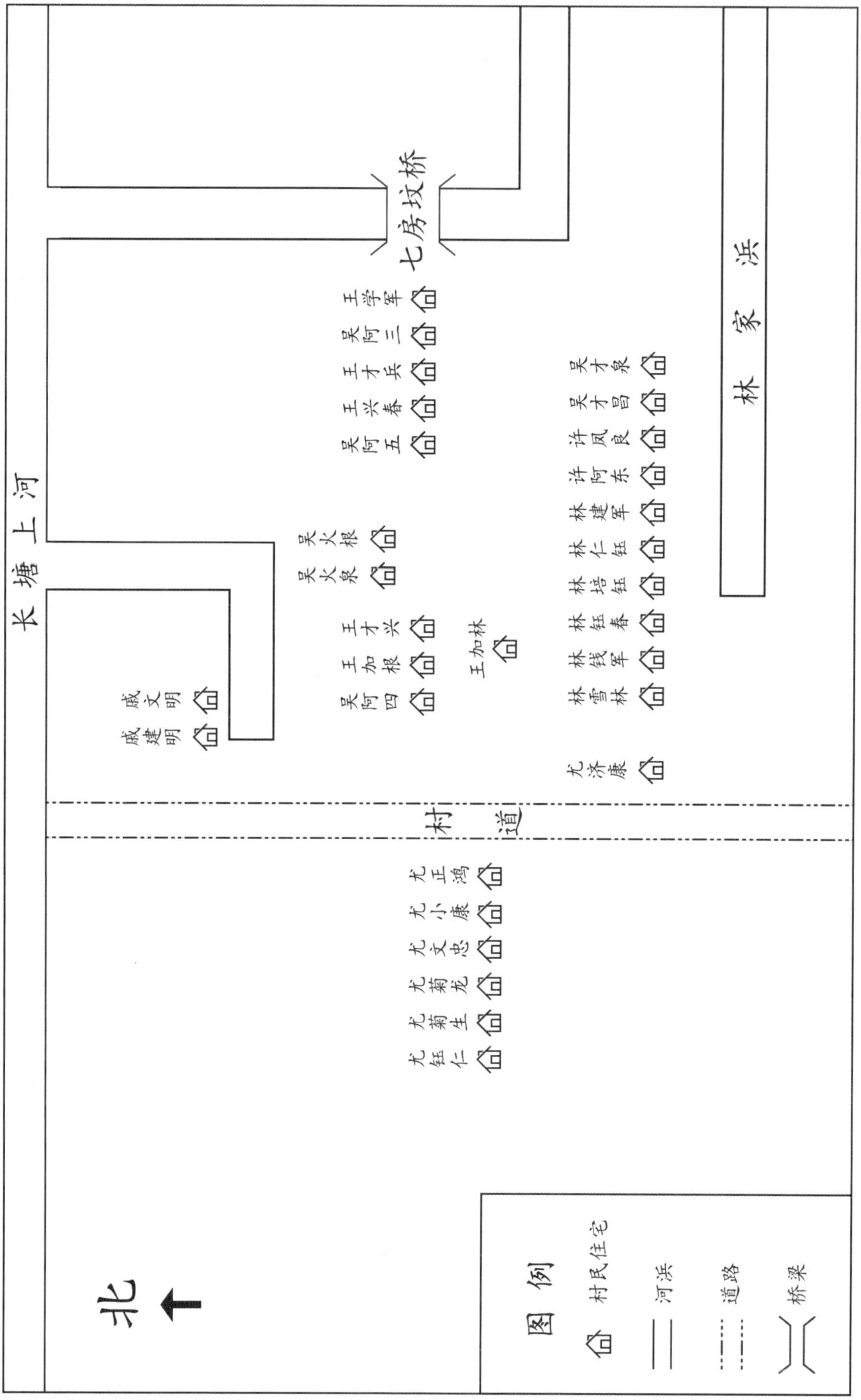

2007年林家里自然村住宅分布示意图

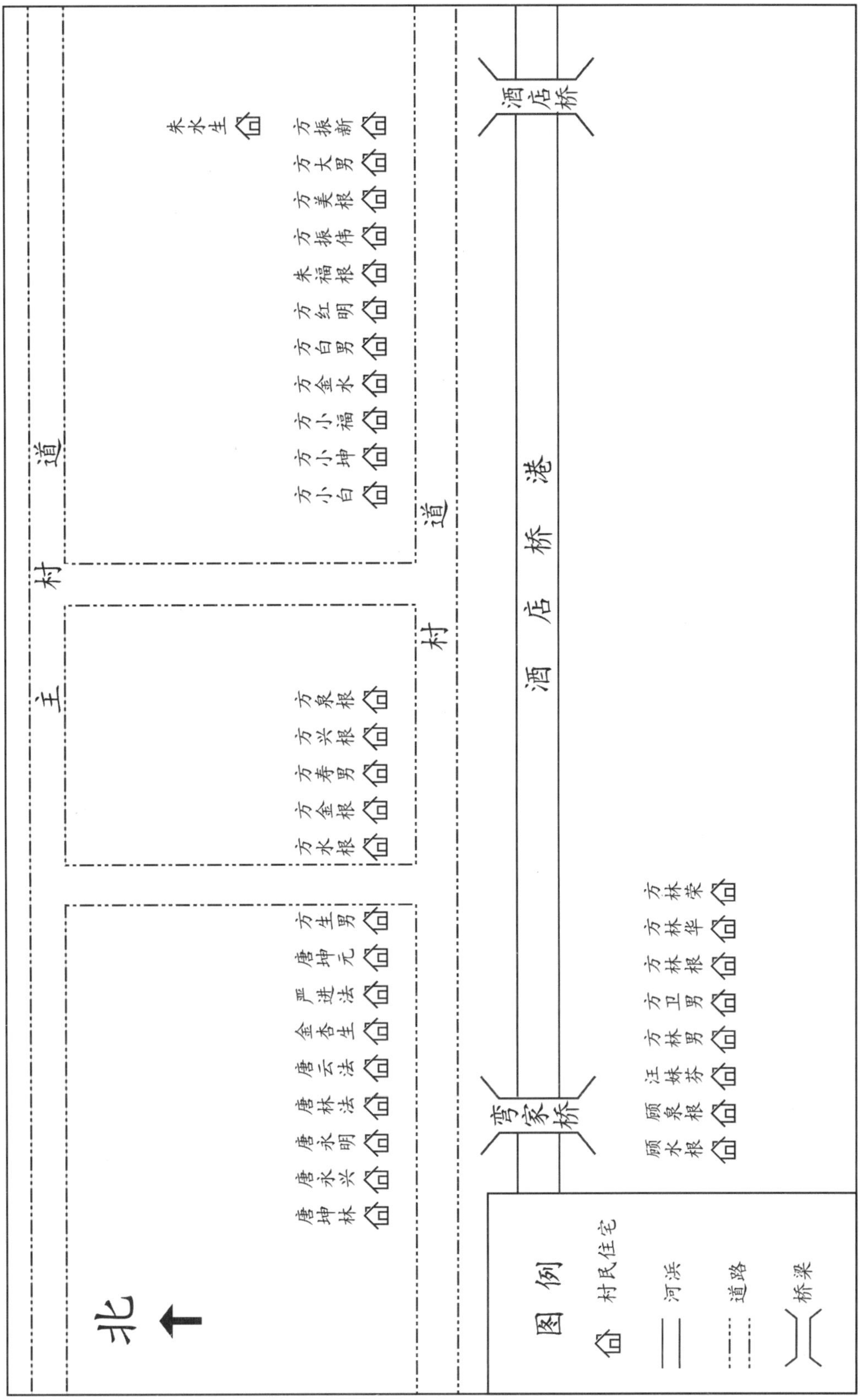

2007年方家里自然村住宅分布示意图

体制，为下堡村第八村民小组。1992年7月，属黄埭镇下堡村。2006年7月，属相城经济技术开发区漕湖产业园下堡村。2008年6月，属北桥街道下堡村。2014年8月，属漕湖街道下堡村。

20世纪70年代末，下堡村在方家里开办华宝农机配件厂，生产手动压缩喷雾器、高压电动喷雾机、轧稻机和一些重型农机的配件，主要为满足本村农业生产需求。1985年左右关停。

2008年10月，因建设苏州相城经济技术开发区需要，方家里动迁，村民被安置于漕湖花园和永昌泾花苑，方家里成为历史地名。2010年，有户籍人口33户148人，其中男性73人、女性75人。

方家里拆迁后，部分土地用于康阳路建设工程，部分宅基地和土地复耕种上庄稼。

七、廉埂上

位于下堡、琳桥和由巷三村的交界处，位置较独特。地域宽广，河流纵横，分为南、北两部分。东面为东望港，西有东方桥与琳桥相接，南临黄埭斜桥，北邻东西走向的南桥河与下堡街相连。该村姓氏以廉、钱、毛居多。

1950年3月至1956年2月，为黄埭区琳桥乡所辖。1983年7月，恢复乡管村体制，为下堡村第十二村民小组。1992年7月，属黄埭镇下堡村。2006年7月，属相城经济技术开发区漕湖产业园下堡村。2008年6月，属北桥街道下堡村。2014年8月，属漕湖街道下堡村。

1969年，下堡大队在廉埂上南侧的狗泾浜建过一座砖窑。

2008年10月至2016年12月底，廉埂上因京沪高铁工程建设需要陆续动迁，村民被安置于漕湖花园和永昌泾花苑，廉埂上成为历史地名。2010年，有户籍人口28户119人，其中男性59人、女性60人。

廉埂上是下堡村最晚拆迁的自然村。宅基地平整后与周围土地连成一片，整治复耕后绝大部分种上水稻。部分土地被承包户种上蔬菜瓜果等经济作物。

八、下堡街

位于下堡服务中心西南。东起庄桥港河（东望港延伸段），西至上场，南邻廉埂上，北至新开河。下堡街包括王家里、陈家里、新开河等自然村。姓氏有陈、顾、徐、张、姚、王等。明代顾九思于下堡街建埭川顾氏祠堂（后为下堡小学原址），祠堂东首铺设一条长50米、宽1.5米的东西向的人字砖街直通庄桥。当地有“先有下堡街，

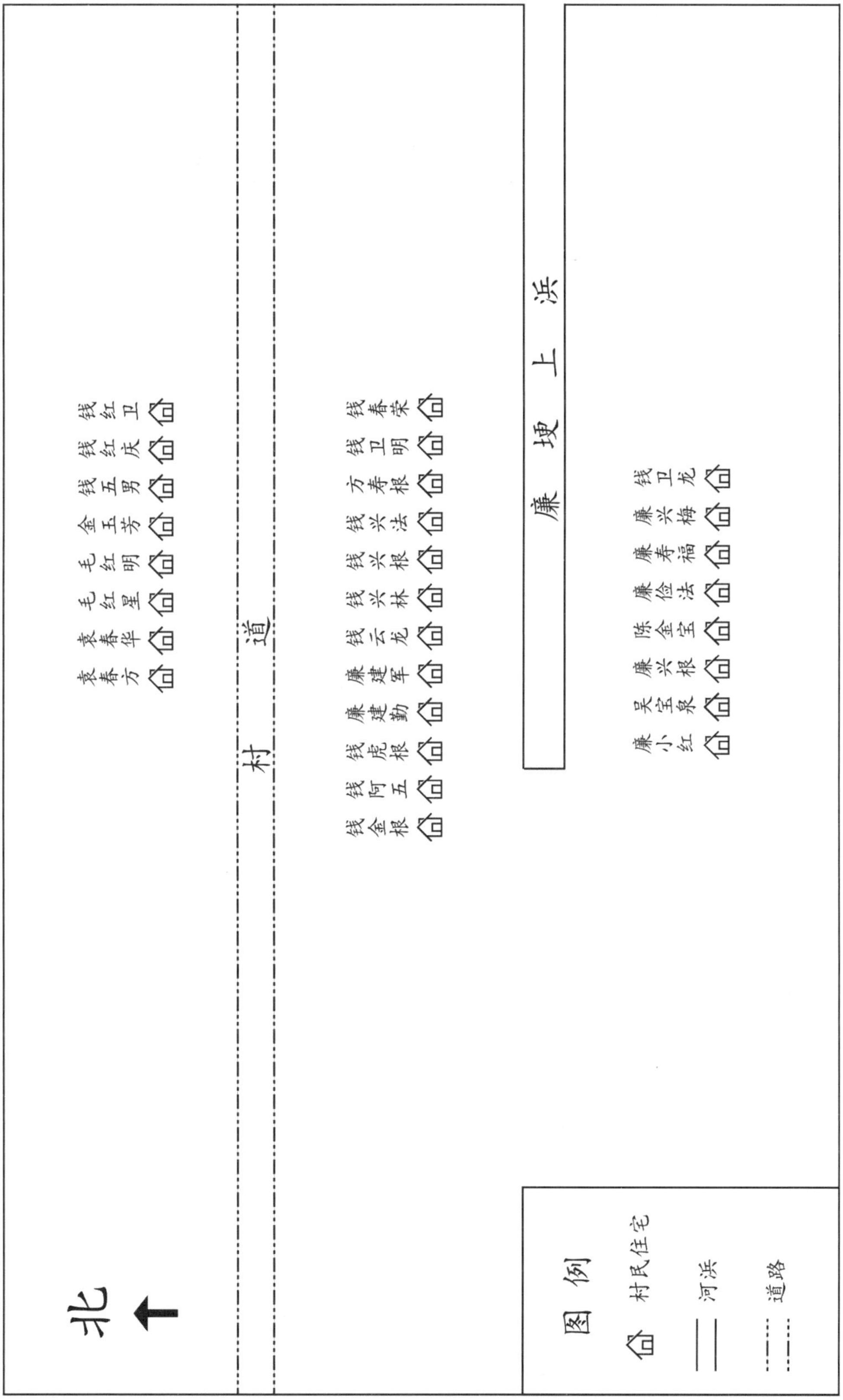

2010年廉埂上自然村住宅分布示意图

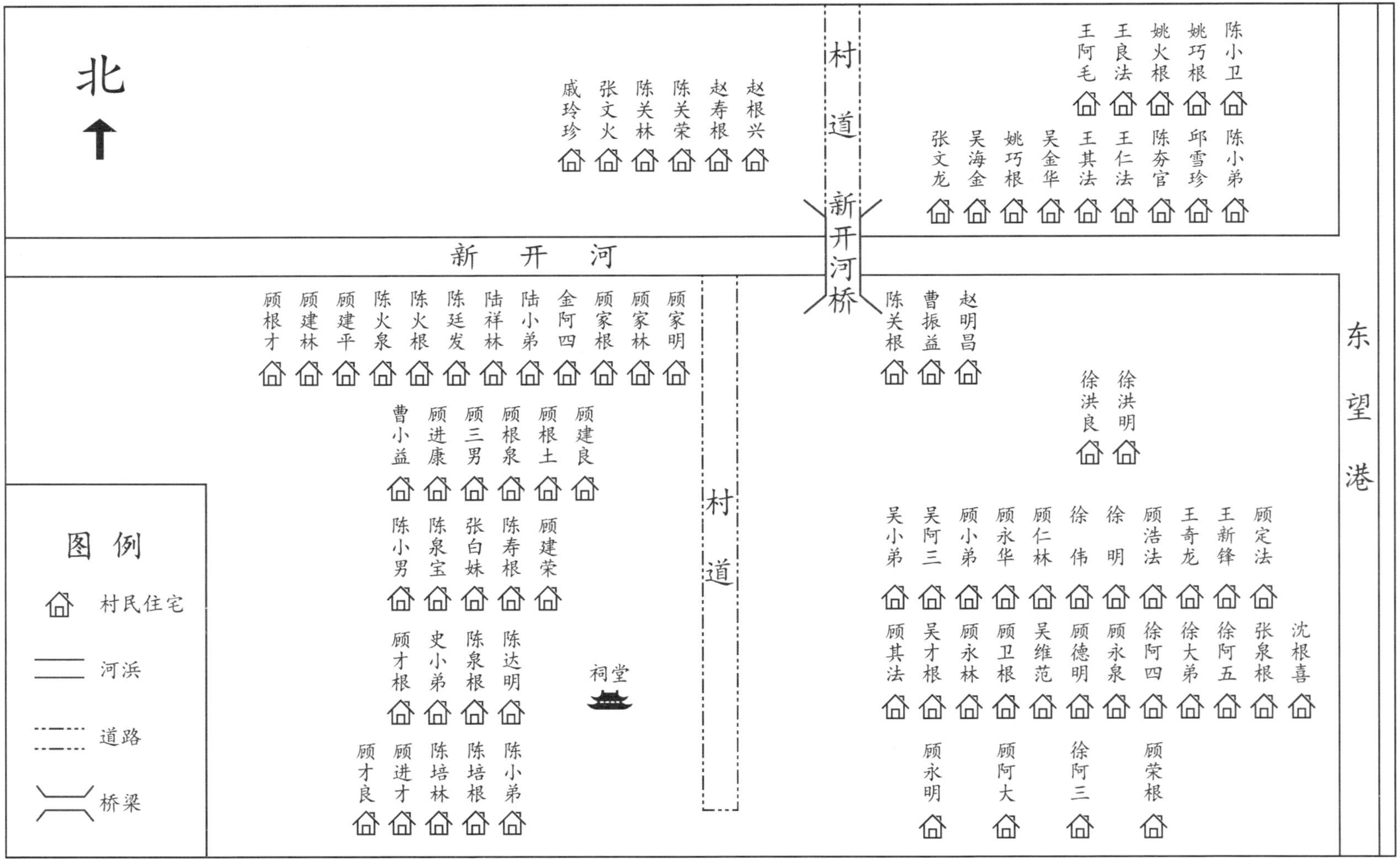

2007年下堡街自然村住宅分布示意图

后有黄埭街”之说，此村因此得名下堡街。20世纪90年代，下堡新村逐渐形成。

1950年3月至1956年2月，为黄埭区琳桥乡所辖。1983年7月，恢复乡管村体制，为下堡村第十、十一、二十六、三十三村民小组。1992年7月，属黄埭镇下堡村。2006年7月，属相城经济技术开发区漕湖产业园下堡村。2008年6月，属北桥街道下堡村。2014年8月，属漕湖街道下堡村。

下堡街上的装潢卷门厂是家远近闻名的大型企业。20世纪60年代，凭借一家铁丝厂起家。卷门厂建厂早、工人多、效益高，其专门从广州聘请工程师，持续培训技术人员，在发展过程中按需添置设备、扩建厨房，生产的各类重型、贵重卷门远销外省。90年代初，企业转制。

2008年10月开始，因城乡一体化规划建设需要，下堡街动迁，村民被安置于漕湖花园和永昌泾花苑。2010年10月，村民全部完成搬迁，下堡街成为历史地名。是年，有户籍人口83户336人，其中男性164人、女性172人。

拆迁后的下堡街，地块大部分用于建设苏绍高速公路，安装沿路蒸汽管道和高压燃气管道等，剩下部分整治复耕成横平纵直的水田，种上农作物。

九、蚂蚁浜

位于下堡服务中心中部。东起戚家浜，西近陶家里，南是下堡新街主干道中段，北以东西走向的河道与园墩上相隔。自然村居中一条小浜称为蚂蚁浜，村民在浜东、浜西安居，村子因河道得名。

该村姓氏以王、顾、马、贡、严姓为主，其中王、贡、马3个姓的村民是中华人民共和国成立前，为生计“种客田”由江阴迁徙至此的。

1950年3月至1956年2月，为黄埭区琳桥乡所辖。1983年7月，属下堡村第十四村民小组。1992年7月，属黄埭镇下堡村。2006年7月，属相城经济技术开发区漕湖产业园下堡村。2008年6月，属北桥街道下堡村。2014年8月，属漕湖街道下堡村。

20世纪50年代初期，粮食比较紧缺，该村村民在家前屋后种山芋，产量高且品质好，能代主粮，多余的还可去镇上交易，增加收入。

2008年至2016年12月底，因城乡一体化建设需要，蚂蚁浜整体拆迁，村民被安置于漕湖花园和永昌泾花苑，蚂蚁浜成为历史地名。2010年，有户籍人口25户105人，其中男性52人、女性53人。

蚂蚁浜是下堡村较晚被整体拆迁的自然村。拆迁后宅基地被平整与周边土地连成一片，经精细整治成为庄稼地。

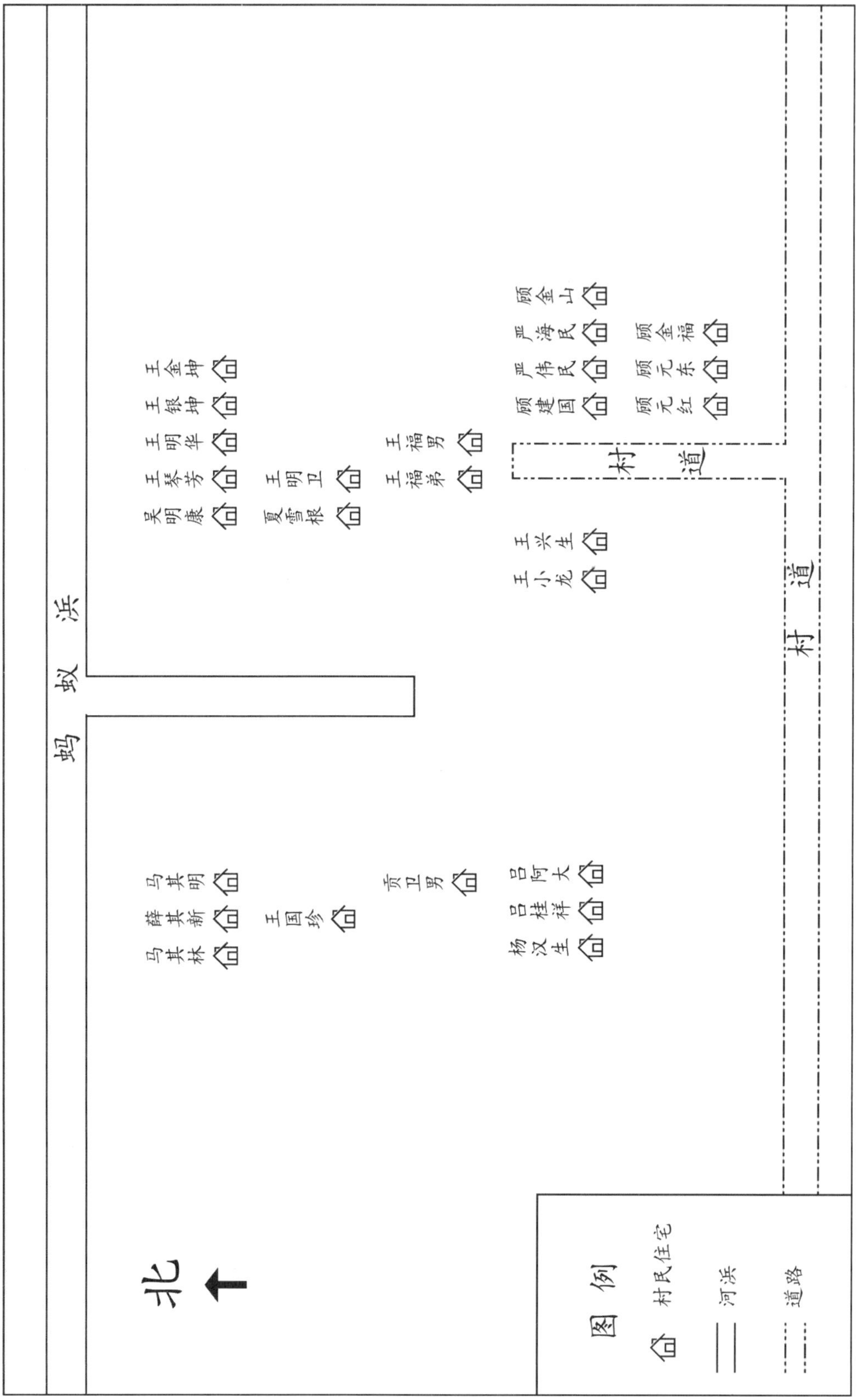

2008年蚂蚁浜自然村住宅分布示意图

十、戚家浜

位于下堡服务中心西，与东望港相隔，是下堡的第二大自然村。东面的下堡大桥（原名兵隆桥）将该自然村与村部的工业小区相连，西邻蚂蚁浜，南为下堡新街主干道（现京沪高铁贯穿于此），北以林家浜为界与林家里相望。居民分居于村庄中的戚家浜南、北两侧。该村姓氏以戚、刘为主，还有王、周、包姓等。戚家浜以东原有一个小村落，名刘家里，共有7户人家。

戚家浜有一戚姓刺绣世家，第三代传人就是现苏州瑞富祥丝绸有限公司董事长兼首席设计师戚秋兰、中国手工艺术大师戚春兰姐妹。

1950年3月至1956年2月，为黄埭区琳桥乡所辖。1983年7月，为下堡村第十五村民小组。1992年7月，属黄埭镇下堡村。2006年7月，属相城经济技术开发区漕湖产业园下堡村。2008年6月，属北桥街道下堡村。2014年8月，属漕湖街道下堡村。

2008年初，因京沪高铁建设需要，戚家浜部分农户动迁，后又因城乡一体化建设需要，村民陆续被安置于漕湖花园和永昌泾花苑。至2010年10月，村民全部完成搬迁，戚家浜成为历史地名。是年，有户籍人口28户115人，其中男性57人、女性58人。

戚家浜整体拆迁后，宅基地经平整，连同周边土地复耕为良田。

十一、邹家庄

位于下堡服务中心东南。东以胜安桥港为界与万安相隔，西至颜家桥港末段，南邻由巷，北至金家里。该村姓氏有邹、王、赵、薛等。以邹姓居多而得名，邹氏家族人丁兴旺、家风严谨。

1950年3月至1956年2月，为黄埭区琳桥乡所辖。1983年7月，为下堡村第五、六、三十村民小组。1992年7月，属黄埭镇下堡村。2006年7月，属相城经济技术开发区漕湖产业园下堡村。2008年6月，属北桥街道下堡村。2014年8月，属漕湖街道下堡村。

中华人民共和国成立前后，邹家庄村民主要种植土油菜，产量低，出油率亦低。20世纪50年代，改种引进的甘蓝品种（俗称朝鲜菜），重视种植技术，育苗、深耕、种植、施肥等环节措施得当，产量不断提高，亩产从40多公斤增至150公斤。2002年，因建设苏州绕城高速公路征收土地而停止种植。

2008年10月开始，邹家庄动迁，村民陆续被安置于漕湖花园和永昌泾花苑。至2010年10月，完成搬迁，邹家庄成为历史地名。是年，有户籍人口67户281

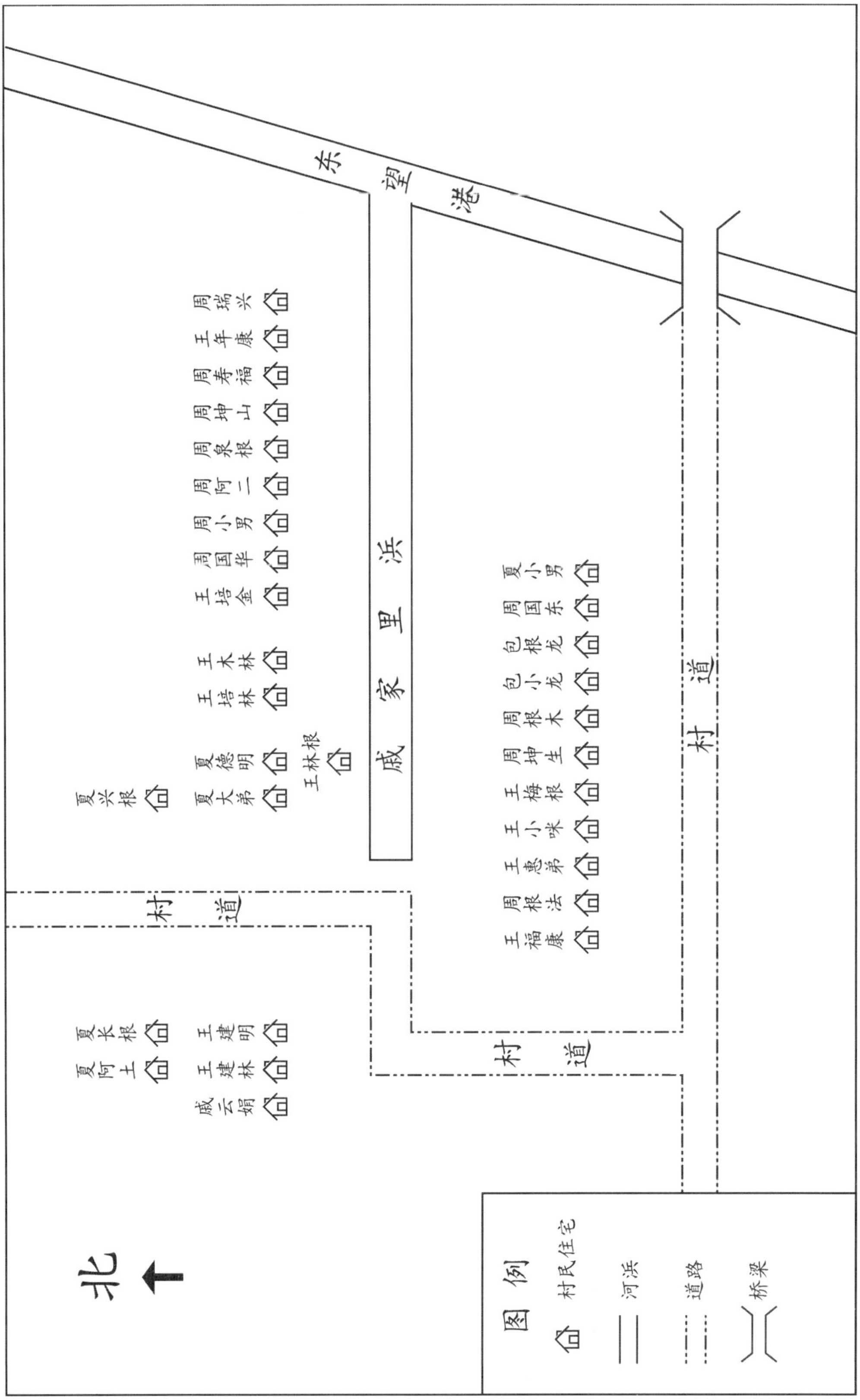

2007年戚家浜自然村住宅分布示意图

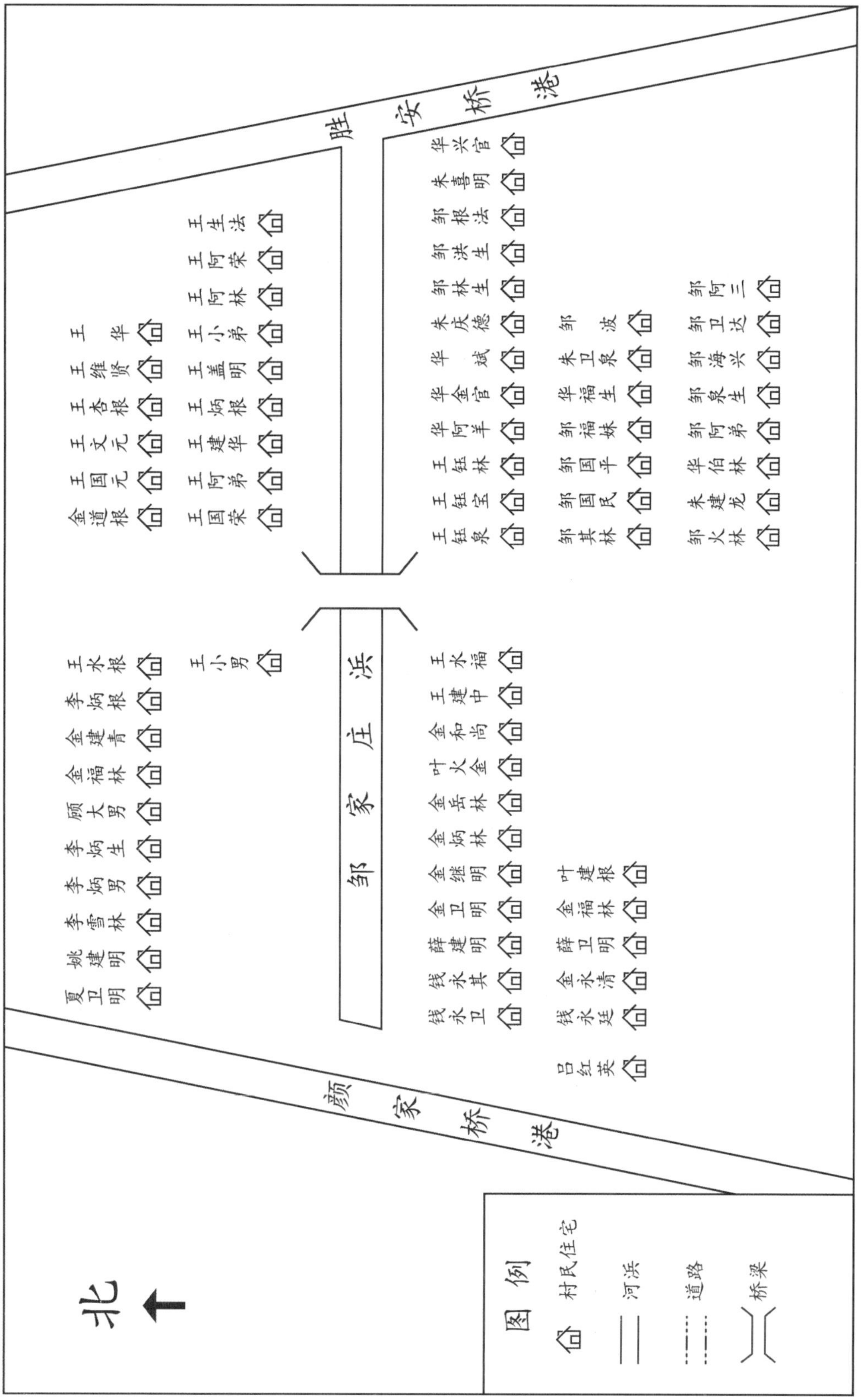

2007年邹家庄自然村住宅分布示意图

人，其中男性136人、女性145人。

邹家庄大部分宅基地和土地被用于建设苏绍高速公路和安装沿路蒸汽管道、高压天燃气管道，余下的宅基地和田地被平整复耕。

十二、长塘上

位于下堡服务中心最北部。东起东望港，西至西望港，南起陆家里、林家里，北靠漕湖。一条东西走向的小河浜，沟通东望港和西望港，把该村分为南、北两方，仅有一条土坝连接两地，故名长塘上。该村姓氏有王、龚、金等。

长塘上西南旺家里的东北角，曾有座古墓群，有石翁仲等古迹。20世纪70年代初建土窑时被移平。

1950年3月至1956年2月，为黄埭区琳桥乡所辖。1983年7月，属下堡村第十七村民小组。1992年7月，属黄埭镇下堡村。2006年7月，属相城经济技术开发区漕湖产业园下堡村。2008年6月，属北桥街道下堡村。2014年8月，属漕湖街道下堡村。

长塘上有特产菱角。高地上种菱不多见，可该村的菱角是自然生成的。上一年的菱荡自然消失后，来年不用下种，菱棵自己就长出来了，只需逐步将其拔稀就行，拔出的菱棵可作为蔬菜上市。菱角成熟后分批采摘上市，成为村里一笔不小的收益。

2008年10月开始，因建设相城经济技术开发区需要，长塘上村民陆续被安置于漕湖花园和永昌泾花苑。至2010年10月，村民全部完成搬迁，长塘上成为历史地名。是年，有户籍人口26户105人，其中男性52人、女性53人。

长塘上北部的土地用于修筑环漕湖滨湖大道及道旁绿化带，宅基地被平整成良田。

十三、园墩上

位于下堡服务中心西北部，是下堡面积最大、住户最多的村庄。东与旺家里相邻，西与凤凰相连，南与蚂蚁浜隔河相望，北以漕湖与北桥镇相望。漕湖的分支西望港把该自然村分为东、西两边。西望港水道较宽阔，往北出漕湖便可进入望虞河前往无锡、常熟等地。该村姓氏有王、吴、陆、俞、杨、顾等。

园墩上有座仅一间屋的小庙，建造年代无法考证。2012年，小庙搬迁至下堡安息堂东边，庙虽小香火却很旺。

1950年3月至1956年2月，为黄埭区琳桥乡所辖。1983年7月，为下堡村第十八、十九、二十八村民小组。1992年7月，属黄埭镇下堡村。2006年7月，属相

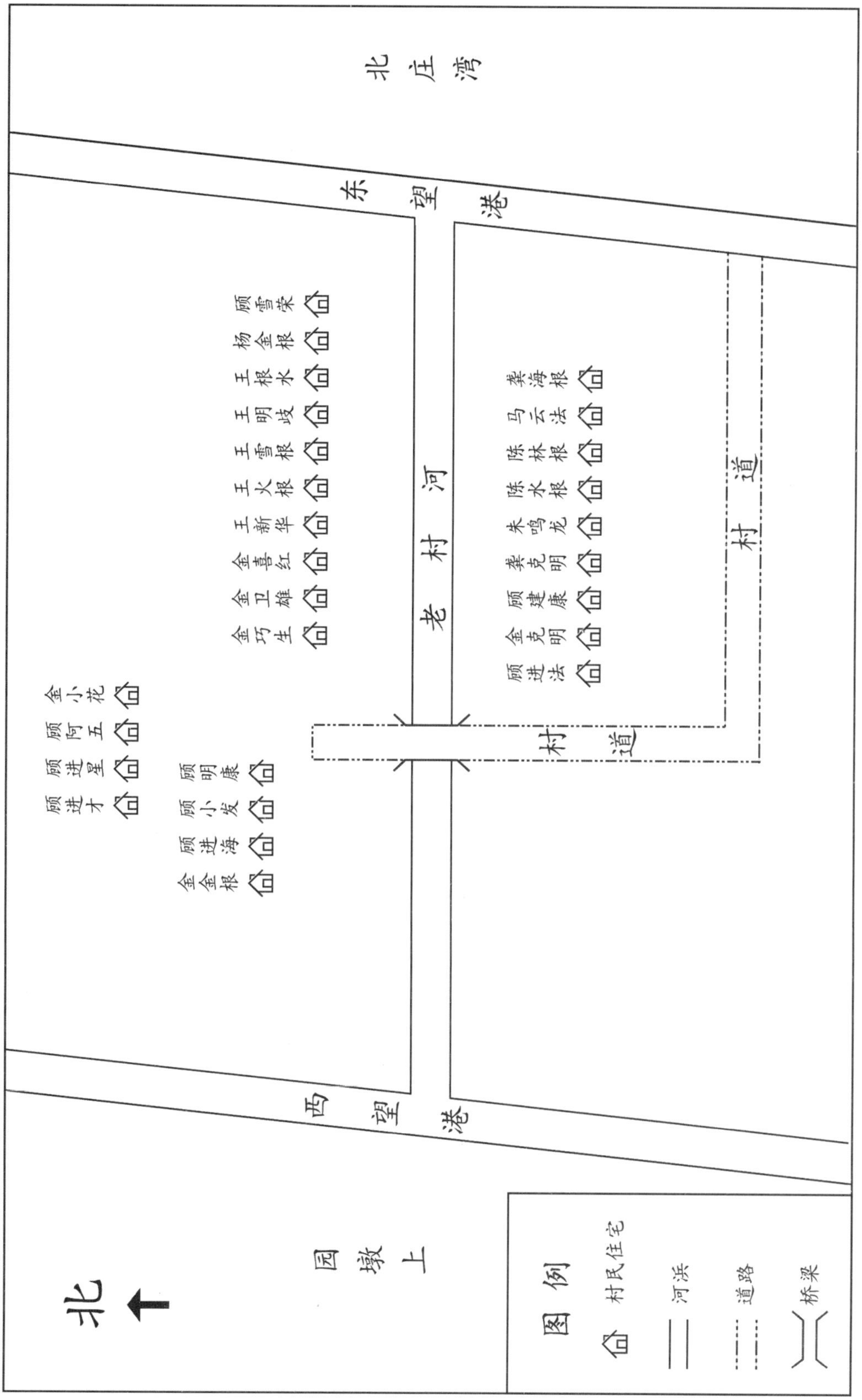

2007年长塘上自然村住宅分布示意图

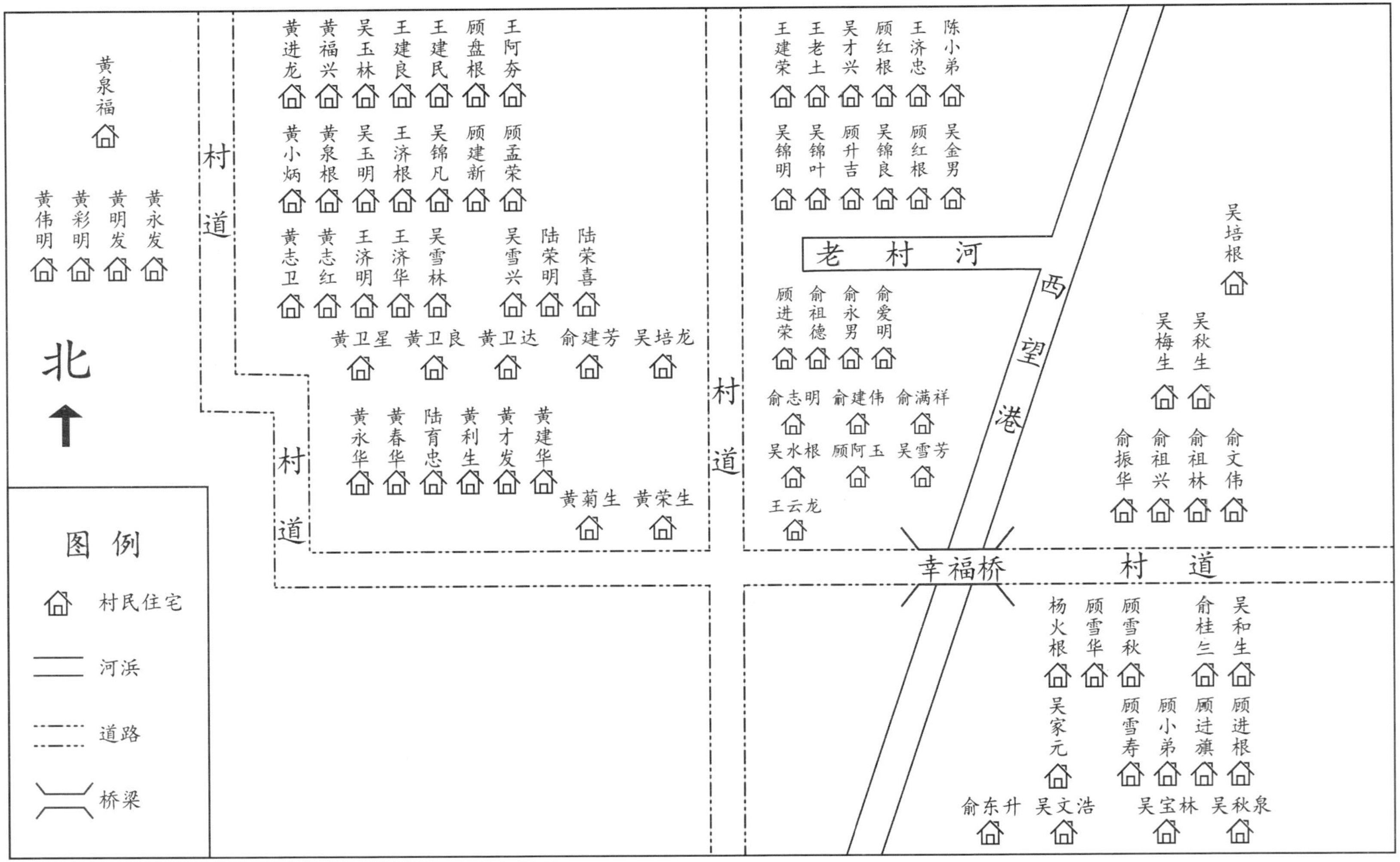

2010年园墩上自然村住宅分布示意图

城经济技术开发区漕湖产业园下堡村。2008年6月，属北桥街道下堡村。2014年8月，属漕湖街道下堡村。

2000年，村民黄钰生承包土地80亩，稻麦亩产908公斤，全年出售商品粮6.8万公斤，被黄埭镇政府评为“十佳”致富能手。

2008年10月开始，因建设相城经济技术开发区需要，园墩上动迁，村民被陆续安置于漕湖花园和永昌泾花苑。至2010年10月，村民全部完成搬迁，园墩上成为历史地名。是年，有户籍人口84户331人，其中男性163人、女性168人。

园墩上拆迁后，紧靠漕湖的一侧修筑环漕湖滨湖大道及道旁绿化带，宅基地和周边土地全部平整复耕。

十四、凤凰

位于下堡服务中心西北。东临西望港，西至望虞河口，南与陶家里、张家里接壤，北与园墩上连接。该村姓氏有徐、王、沈、钱、顾、胡、冯、郭等。

相传老巷上有棵枝叶茂盛的梧桐树，有只凤凰飞到漕湖边，在这棵梧桐树上筑巢，老巷一带逐渐兴旺起来，凤凰村就此得名。

1950年3月至1956年2月，为黄埭区琳桥乡所辖。1983年7月，为下堡村第二十、二十一、三十一村民小组。1992年7月，属黄埭镇下堡村。2006年7月，属相城经济技术开发区漕湖产业园下堡村。2008年6月，属北桥街道下堡村。2014年8月，属漕湖街道下堡村。

1999年，村民金兴龙自筹资金38万元，在凤凰建华一庄园养殖山羊，引进徐州山羊40只、波尔山羊2只。2000年，扩大规模，增加到100只，市场甚佳。另外还饲养鸵鸟、猪和鱼，种树苗等经济作物，经济收益甚多，是远近有名的致富能手。

2013年，村民徐永元承包30亩水田，种芡实（俗称鸡头米），收入也很可观。

2008年10月，因建设京沪高铁，凤凰开始动迁，村民被分批安置于漕湖花园和永昌泾花苑。至2010年10月，村民全部完成搬迁，凤凰成为历史地名。是年，有户籍人口124户496人，其中男性246人、女性250人。

凤凰拆迁后部分土地用于建京沪高铁，宅基地平整后与周边土地连成一片复耕成庄稼田。

十五、陶家里

位于下堡最西部。东临下堡新街，西以竖头河为界，南与琳桥接壤，北靠凤凰。是下堡村至无锡市大坊桥镇的必经之路。

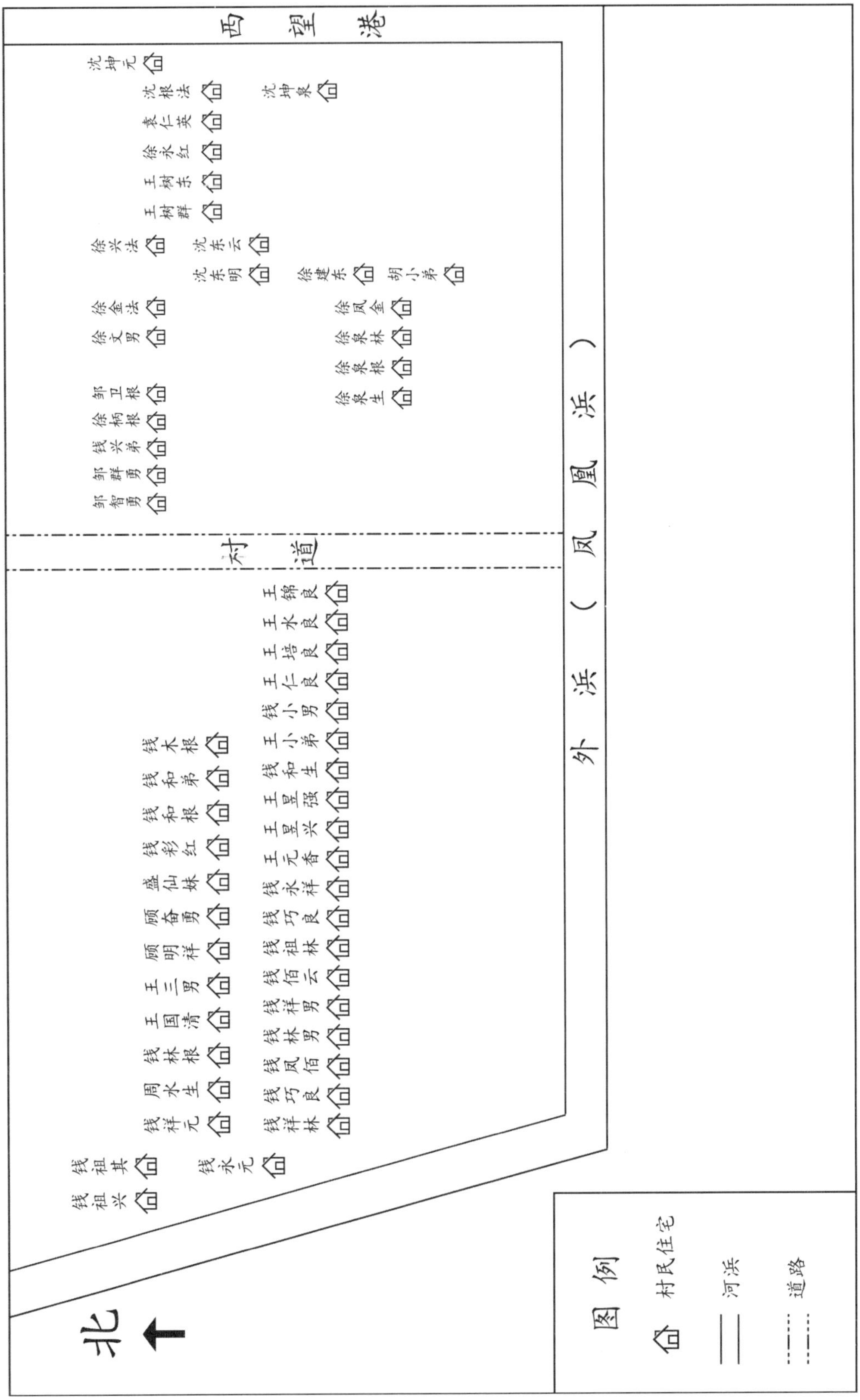

2007年凤凰自然村住宅分布示意图一

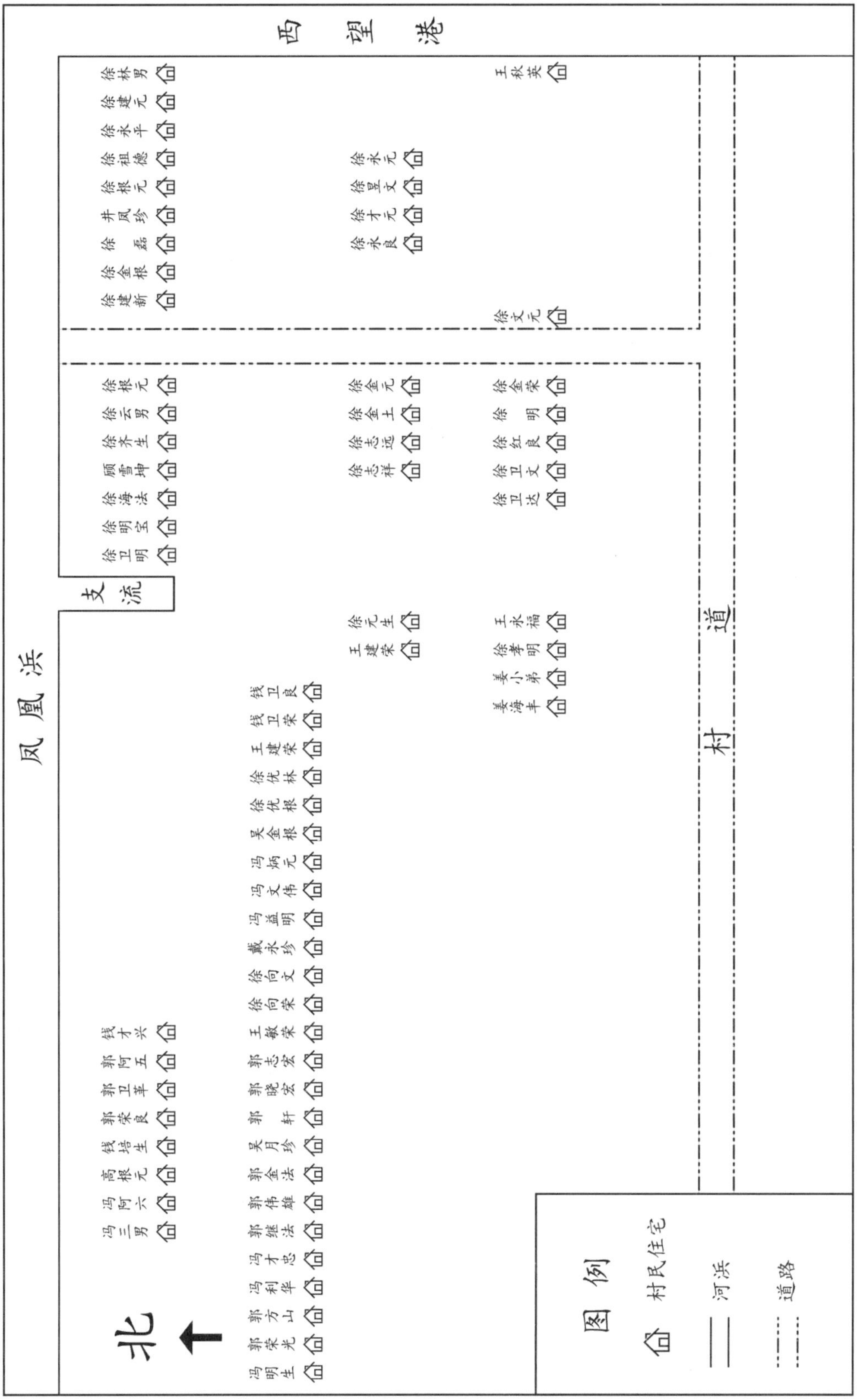

2007年凤凰自然村住宅分布示意图二

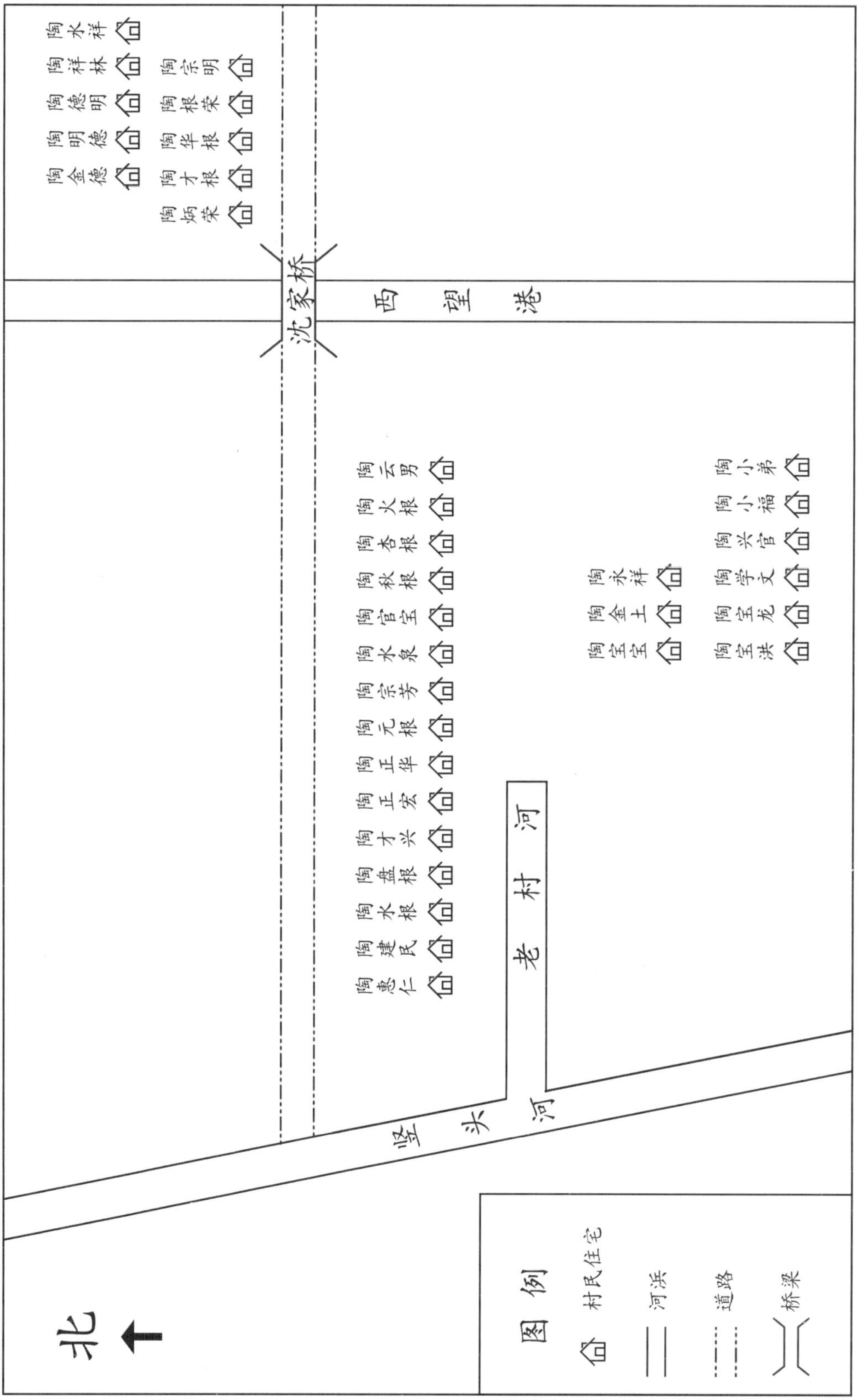

2008年陶家里自然村住宅分布示意图

陶家里建村时，村址是有名的乱坟岗，故又名新坟上陶家里、瓦雀坝陶家里。中华人民共和国成立前，仅有10余户人家，因村民均为陶姓，故名陶家里。中华人民共和国成立后，随着村民生活水平的提高，人口逐渐增多，村民住宅也随之增多。

1950年3月至1956年2月，为黄埭区琳桥乡所辖。1983年7月，为下堡村第二十二、二十三、二十四村民小组。1992年7月，属黄埭镇下堡村。2006年7月，属相城经济技术开发区漕湖产业园下堡村。2008年6月，属北桥街道下堡村。2014年8月，属漕湖街道下堡村。

2008年，因城乡一体化规划建设需要，陶家里开始动迁，村民被分批安置于漕湖花园和永昌泾花苑。至2010年10月，村民全部完成搬迁，陶家里成为历史地名。是年，有户籍人口33户135人，其中男性64人、女性71人。

陶家里拆迁后，土地经平整复耕成良田。

十六、上场

位于下堡服务中心西、沈家桥东南侧。东与下堡新街相邻，西靠东望港，南以狗泾浜为界，北至陶家里。该村以顾姓居多，此外为王姓。

农作之余，上场村民张鱼网、下鳝篓、捕虾、捉蟹，自食外还可上集市卖钱。

上场人擅编草鞋。草鞋结实耐用就靠一双底，底要板得紧密，有的还在稻草中添入一些麻，使编出的鞋底更结实。鞋帮普通的用稻草，考究一点的用蒲草或芦花，称蒲鞋或芦花蒲鞋，高帮的蒲鞋甚至比棉鞋更暖和。

1950年3月至1956年2月，为黄埭区琳桥乡所辖。1983年7月，为下堡村第十三村民小组。1992年7月，属黄埭镇下堡村。2006年7月，属相城经济技术开发区漕湖产业园下堡村。2008年6月，属北桥街道下堡村。2014年8月，属漕湖街道下堡村。

2008年10月，因城乡一体化规划建设需要，上场开始动迁，村民被分批安置于漕湖花园和永昌泾花苑。至2010年10月，村民全部完成搬迁，上场成为历史地名。是年，有户籍人口23户92人，其中男性45人、女性47人。

上场是下堡村面积较小的一个自然村，拆迁后整个上场被平整复耕为良田。

十七、陆家里

位于下堡服务中心西北部。东以颜家桥港为界与金家里相隔，西靠西望港延伸段，南接下堡菜场，北与北庄湾相邻。

陆家里村落比较分散，靠北的陆家桥连接村南、村北。菜场以北的一条水泥道

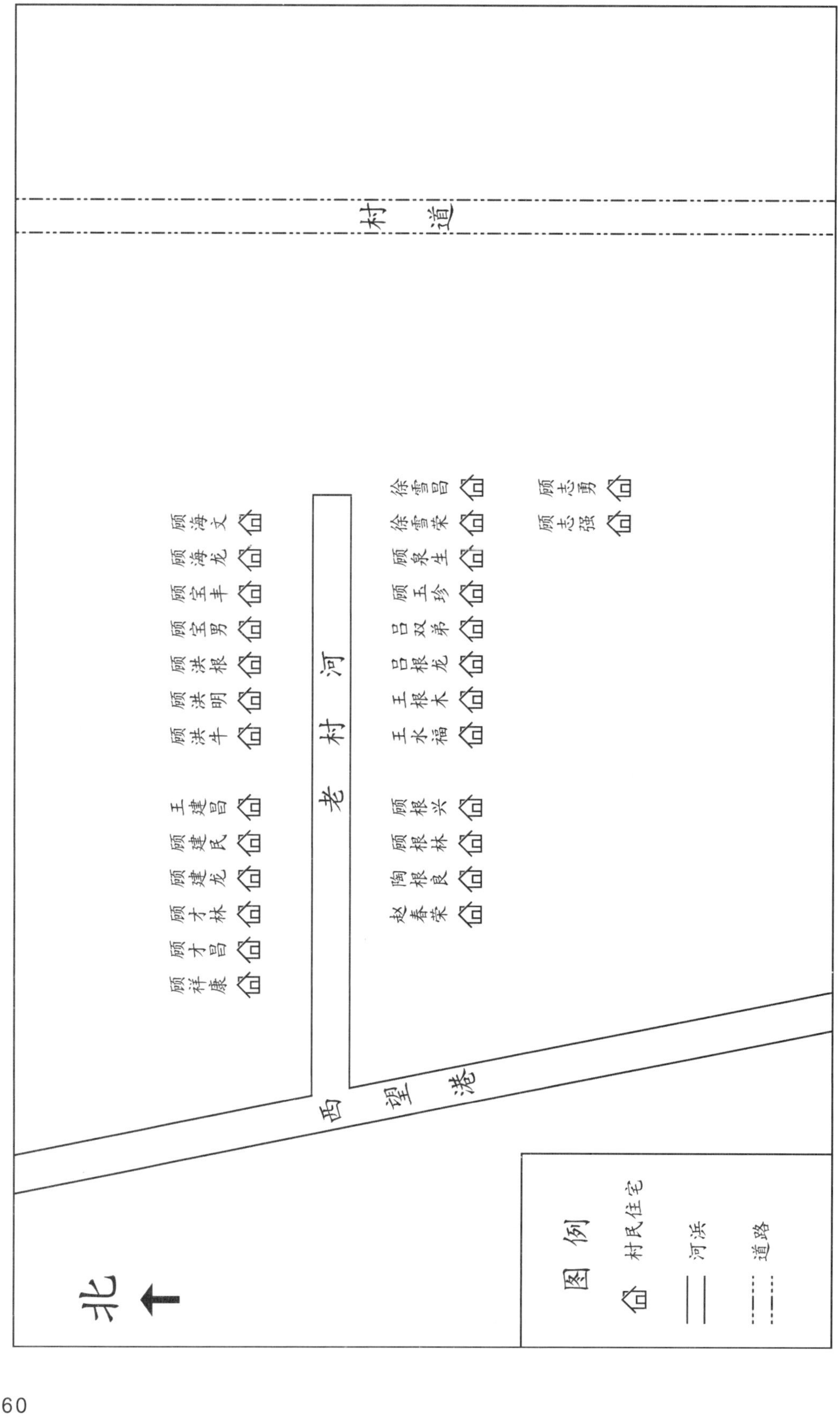

2007年上场自然村住宅分布示意图

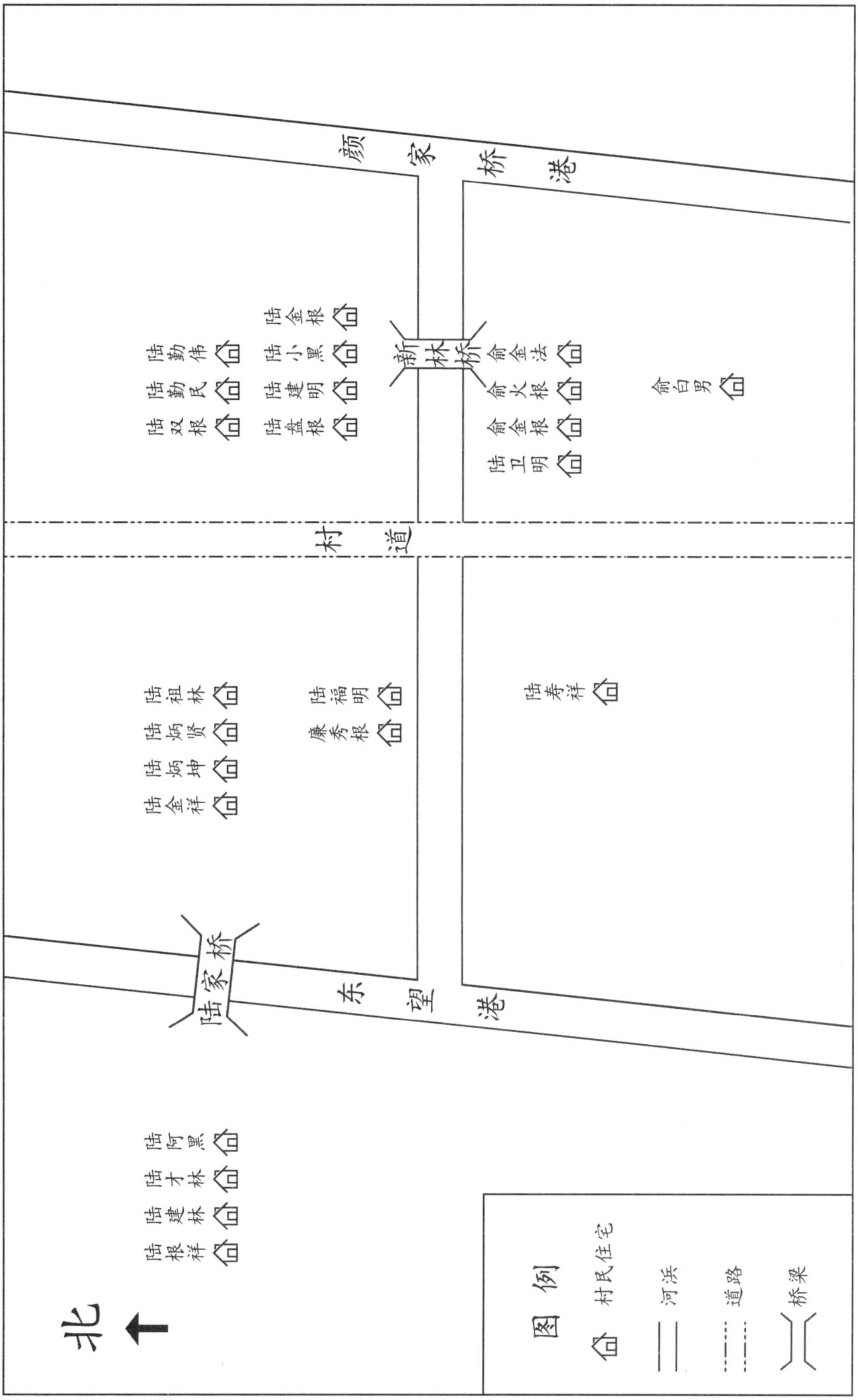

2009年陆家里自然村住宅分布示意图

又把南部分为东、西两边。该村以陆姓居多，此外有俞姓等。陆家里人常年种植市场上较少见的蔬菜瓜果出售。

1973年，在村中部新开河道一条，贯通颜家桥港与西望江延伸段，建新林桥连接村南和村北。

1950年3月至1956年2月，为黄埭区琳桥乡所辖。1983年7月，为下堡村第二十七村民小组。1992年7月，属黄埭镇下堡村。2006年7月，属相城经济技术开发区漕湖产业园下堡村。2008年6月，属北桥街道下堡村。2014年8月，属漕湖街道下堡村。

2008年10月，因城乡一体化建设需要，陆家里开始动迁，村民被安置于漕湖花园和永昌泾花苑。至2010年10月，村民全部完成搬迁，陆家里成为历史地名。是年，有户籍人口22户101人，其中男性48人、女性53人。

陆家里拆迁后，宅基地连同周边土地被整治复耕成良田。

十八、张家里

位于下堡服务中心偏西部。东以沈家桥东浜为界，西至陶家里，南与琳桥村以竖头河相隔，北邻凤凰。是下堡村通往无锡市大坊桥镇的必经之路。张家里一部分被东浜的分支分隔为南、北两边，其余的均在浜底的西部。该村以张姓居多，村名便出于此，此外还有金、陶等姓。

下堡村位于漕湖街道最西端，与无锡市大坊桥镇一河之隔，张家里又在下堡村的西部，张家里村民去大坊桥镇比上黄埭更方便。旧时无锡村镇每月有节场，常举办庙会等活动，而苏州村镇多展销与集市，张家里村民上无锡、去苏州，实是方便自在。

1950年3月至1956年2月，为黄埭区琳桥乡所辖。1983年7月，为下堡村第二十五、三十四村民小组。1992年7月，属黄埭镇下堡村。2006年7月，属相城经济技术开发区漕湖产业园下堡村。2008年6月，属北桥街道下堡村。2014年8月，属漕湖街道下堡村。

20世纪50~60年代，张家里村民主要副业是制作草绳。草绳取材容易，生产方便，一个简易踏绳机就能生产。草绳用途广，供销社大量收购。

2008年至2016年12月，因城乡一体化建设需要，张家里先后动迁，村民被安置于漕湖花园和永昌泾花苑。张家里村落消失，成为历史地名。2010年，有户籍人口28户114人，其中男性56人、女性58人。

张家里在下堡村拆迁稍晚，经整治复耕，成为下堡村西望河以西的粮仓。

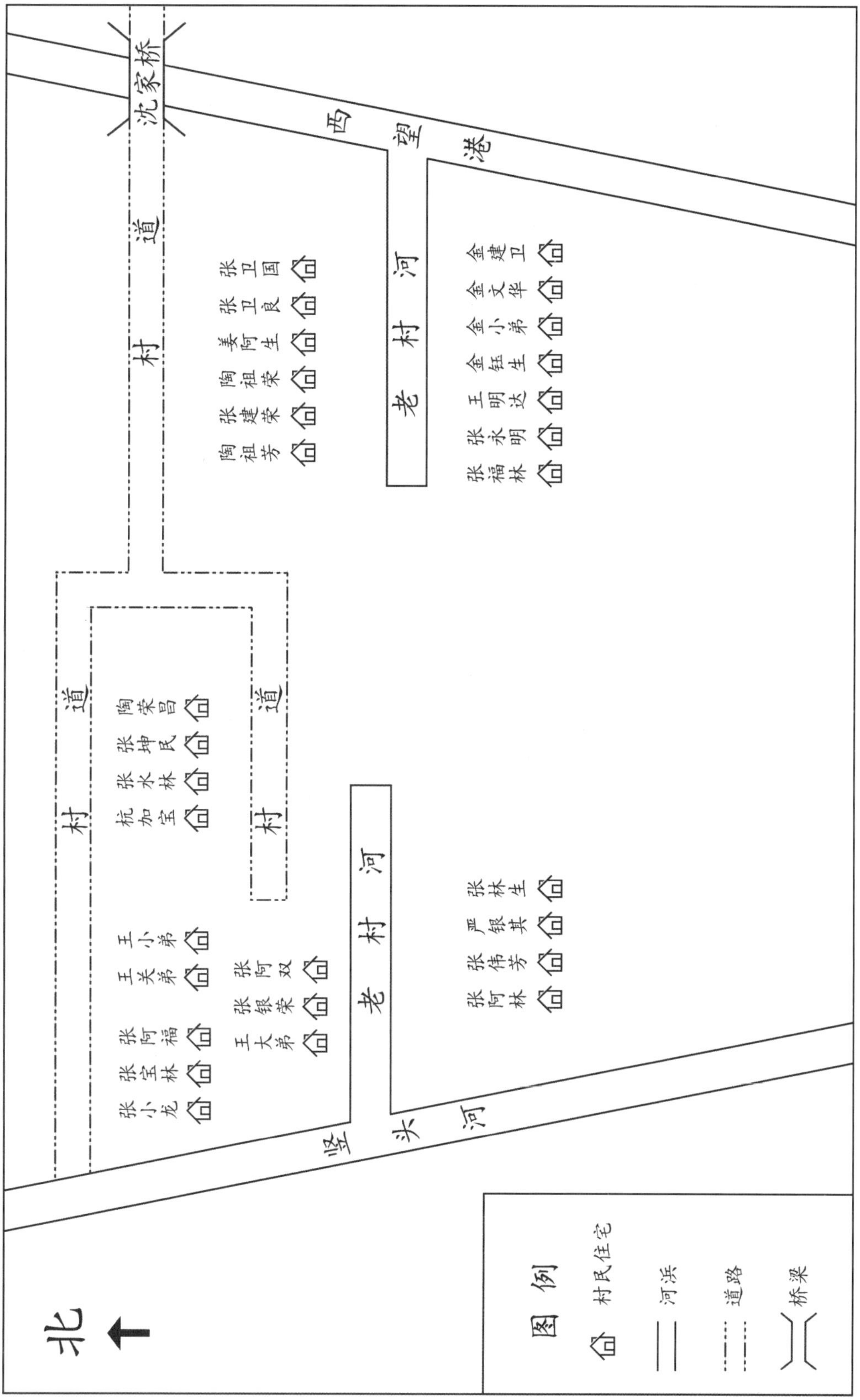

2009年张家里自然村住宅分布示意图

第四章 漕湖花园一社区

漕湖花园一社区是漕湖街道第一个动迁安置小区，位于漕湖街道西首。东起五星河西侧，西到广济北路，南起永昌泾河北侧，北到观塘河南侧。地处苏虞张一级公路与漕湖之间，广济北路、永昌泾大道、漕湖大道等公路贯穿域境，交通便捷，地理位置优越。

第一节 社区发展

2008年12月，漕湖花园一社区党总支成立，建立漕湖花园社区居委会筹备组。2010年7月，漕湖花园一社区正式成立。社区居民是湖林、新兴、卫星、倪汇、汤浜5个村的动迁村民。社区占地面积0.36万平方公里，有多层房124幢、小高层13幢、公建房6幢，共有住宅3252套。绿化覆盖率约30%。一条景观河横贯东西，市民休闲广场纵穿南北。景观河和休闲广场把社区隔成4个小区，社区居委会设在一区。一区位于东南方，有住宅楼34幢；二区位于西南方，有住宅楼20幢；三区位于东北方，有住宅楼51幢；四区位于西北方，有住宅楼32幢。

2021年，调整管辖区域，将倪汇村丁埂上、周家浜纳入管理范围，将原新兴村的西浜、周思墩、孟墩上、刘家浜划入汤浜社区，区域面积调整为0.55平方公里。

2015年，集体经济总收入278万元，人均纯收入27600元。2016年，集体经济总收入331万元，人均纯收入30400元。2017年，集体经济总收入22万元，人均纯收入30400元。2018年，集体经济总收入330万元，人均纯收入32400元。2019年，集体经济总收入427万元，人均纯收入35000元。2020年，集体经济总收入14.70万元，人均纯收入38000元。2021年，集体经济总收入310万元，人均纯收入38500元。

社区配套设施齐全。设有一站式服务中心、幼儿园、警务室、社区卫生服务中心、大型超市、农贸市场、漕湖客运站、清心书场、日间照料中心、社区助餐点、老年活动室等。2020年，开设居民议事厅，引入第三方物业公司进行专业化管理。建有民情接待室、党群议事会、"夕阳驿站"、爱心代办服务站、志愿者服务队、社区戏曲队等公益组织和文化服务平台。

2008~2021年，漕湖花园一社区历任党组织书记为陆峰、贾文明、聂佳佳，社区居委会主任为王彩英、苏其峰、贾文明、聂佳佳。

2015年，有户籍人口647户2249人。2021年末，有户籍人口1475户4995人，其中男性2444人、女性2551人，登记在册流动人口3975人。是年末，农村合作医疗参保1334人，社会养老保险参保2123人。境域内设公交站台3个，途经公交线路有815路、821路、824路、833路、835路、836路、839路、872路。

第二节　湖林村

湖林村位于漕湖大厦西南2公里。因有湖村荡、陈林2个自然村而得名。东接新兴村宝灯桥和杨家里，西与万安村相连，南以"鲤鱼断墩"为界与倪新村隔河相望，北靠永昌有孟墩桥与永昌村接壤。

2006年，辖湖村荡、钱家里、岳家里、陈头浜、俞家里、戴家里、周巷桥、朱家里、金家里、辽青沿、鲇鱼浜11个自然村，18个村民小组。有户籍人口367户1366人，其中男性672人、女性694人。全村共有75个姓氏，其中薛姓226人，占全村人数之冠，100人以上的姓氏有顾、许、钱3个。村中还有朱、岳、金、李、陆、俞等姓氏。

清宣统三年（1911），归属吴县黄埭乡。1912年，归属吴县南北桥市十二都六图、十二都十九图。1929年8月，归属吴县十二区。1934年6月，归属吴县第六区。1941年7月，归属吴县第四区。1947年，归属吴县黄埭区。

中华人民共和国成立初期，湖林村辖湖村荡、陈林、滕道3个自然村，为黄埭区永昌乡所辖。1954年，建胜利初级农业生产合作社。1956年，建高级农业生产合作社。1957年9月，吴县撤区并乡和整乡整社后为黄埭乡向前第十三社。1958年9月，为黄埭人民公社第五大队。1960年初，黄埭人民公社拆分，第五大队名湖林大队。1983年7月，恢复乡管村体制，建黄埭乡湖林村村民委员会。1992年7月，实行镇管村体制，村委会驻湖村荡。2006年7月，属相城经济技术开发区漕湖产业园。2008年6月，划归北桥街道。2014年8月，属相城区漕湖街道管辖。

湖林村地处黄埭镇域腹地，地理位置优越、水路交通方便。中华人民共和国成立后，村内道路、桥梁建设较快。1994年，全村实现路面硬化，所有泥石路变成水泥路。于东沟通埭卫公路，西与由巷、斜桥相连，南至太东路，北通永昌村，汽车行驶十分方便。

湖林村有1765亩耕地，均为水田，村民以种植水稻为生。改革开放后，村民家家饲养生猪、家禽，利用水面养殖淡水鱼、珍珠、菱角、茭白等，注重发展家庭副业。同时，发展村办工业企业，先后建办水泥制品厂、五金加工厂等10余家企业。扶植创办黄埭滤清器厂、林峰包装厂、黄埭电器元件厂、橡胶制品厂、彩钢板厂、毛织厂、湖林纸质厂、纤维厂、黄埭消声器厂、湖林水泥制件厂等民营企业。

2000年，湖林村年度村级总收入35万元，工业总产值541万元，村级积累资产总额117万元，人均年收入达3331元。2011年，企业动迁结束，当年度企业租赁上缴款达10.7万元。

因建京沪高铁，2006年10月，湖林村第一批动迁258户，村民被安置在漕湖花园一期内；2007年6月，第二批动迁126户，村民被安置在漕湖花园一期与二期内。2009年10月至2010年10月，因城乡一体化建设用地需要，湖林村第三批动迁，村民被安置在漕湖花园各个小区内。

1949~2018年，湖林村（大队）历任党组织书记为李兴耕、许炳才、顾梅生、董祖根、顾宝兴、陆峰。历任村（大队）负责人为李阿祖、董祖根、顾宝兴、顾倍生。

湖林村村民委员会（2012年摄）

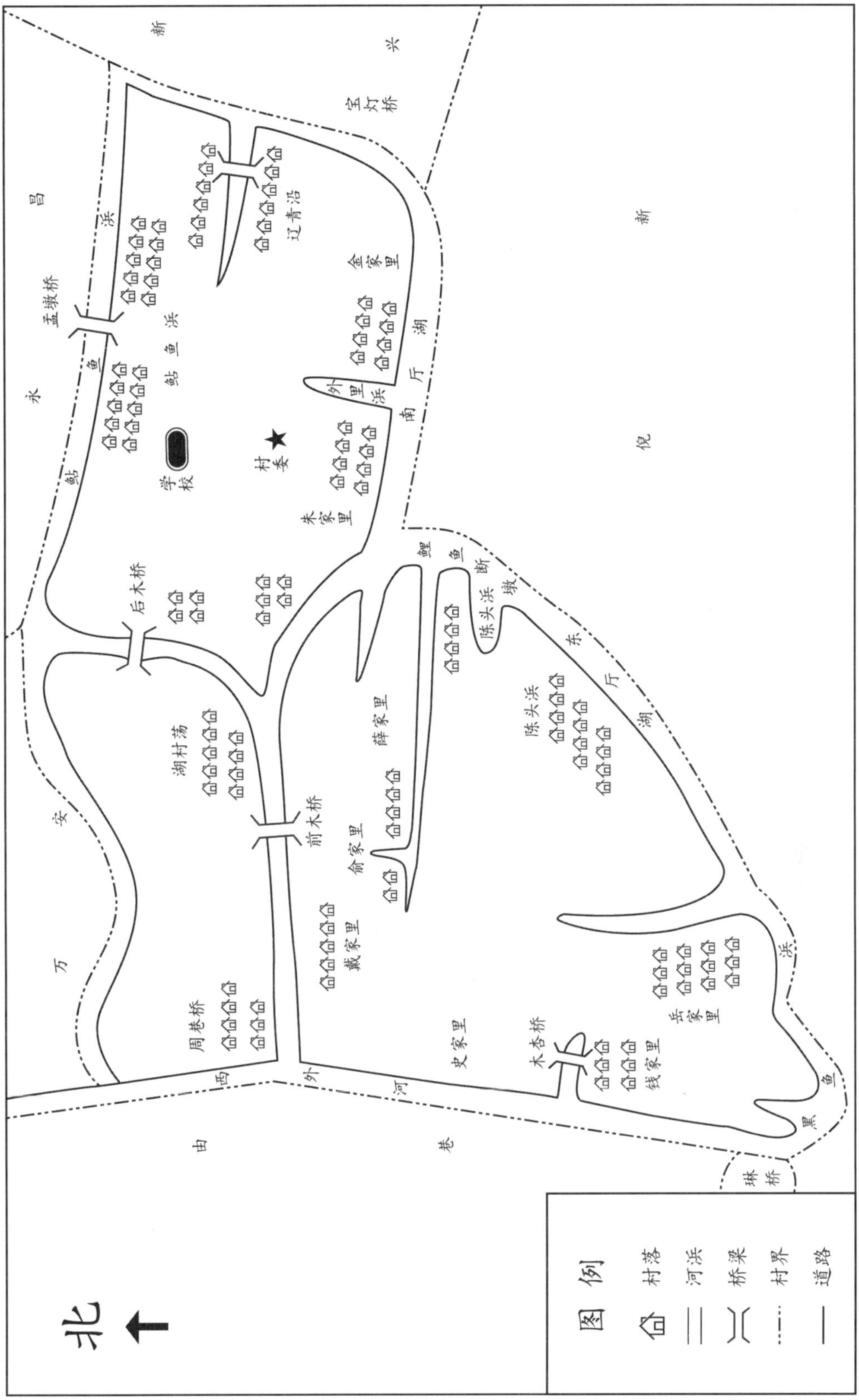

2003年湖林村河流与村落图11村18组

一、湖村荡

位于湖林村中北部，是湖林村村委会所在地。东为朱家里，西临周巷桥，南靠俞家里，北近鲇鱼浜。村民以顾、薛、朱、董、钱姓为主。2013年，有户籍人口75户262人，其中男性130人、女性132人。

湖村荡北有辽焦浜和大泾龤两条河浜，将湖村荡与鲇鱼浜隔开。南面有一座前木桥，连接邻村董家里。西北有一座后木桥，横跨邻村第七和第十七村民小组。相邻的村办厂从南至北依次为水泥制品厂、纸品厂、毛织厂、冲件厂、喷漆厂、彩钢板厂等。厂区附近有湖村荡小学（建于20世纪60年代，1996年并入永昌小学）。

清宣统三年（1911），属黄埭乡十二都十九图。1957年9月，属黄埭乡向前第十三社。1983年7月，为湖林村第七、八、十五、十七村民小组。2006年7月，属相城经济技术开发区漕湖产业园。2008年6月，属北桥街道。2014年8月，属相城区漕湖街道漕湖花园一社区。

湖村荡多圩田，以种植水稻为主。20世纪70年代，开始大规模发展淡水珍珠养殖，村里经济取得发展，农民收入有较大提高。

2009年年初，因相城经济技术开发区建设需要，湖村荡拆迁，村民被安置于漕湖花园一期。2009年年末，自然村消失，湖村荡成为历史地名。

湖村荡是个大村庄，拆迁后平整土地，成为苏州力美特汽车维修服务有限公司、苏州市创优净化科技有限公司等几家公司的厂区。

二、钱家里

位于湖林村西南角。东临岳家里，西近由巷，南与陆巷、斜桥隔河相望，北至史家里西外河。村民以钱姓为主，故村名为钱家里。2013年，有户籍人口36户145人，其中男性70人、女性75人。

钱家里与史家里之间隔着一条西外河，出行不便。1975年，发动村民在史家里建木杏桥。2005年，又新建一座木以连通邻村。

清宣统三年（1911），属黄埭乡十二都六图。1956年，为黄埭区永昌乡所辖。1983年7月，为湖林村第一村民小组。2006年7月，属相城经济技术开发区漕湖产业园。2008年6月，属北桥街道。2014年8月，属相城区漕湖街道漕湖花园一社区。

2004年开始，因黄埭镇永丰路建设和相城经济技术开发区建设征地，钱家里陆续拆迁，村民被安置在黄埭憧憬新村、玉莲新村和漕湖花园。2007年末，钱家里自然村消失。

钱家里拆迁后的土地为苏州平保健康科技有限公司所用。

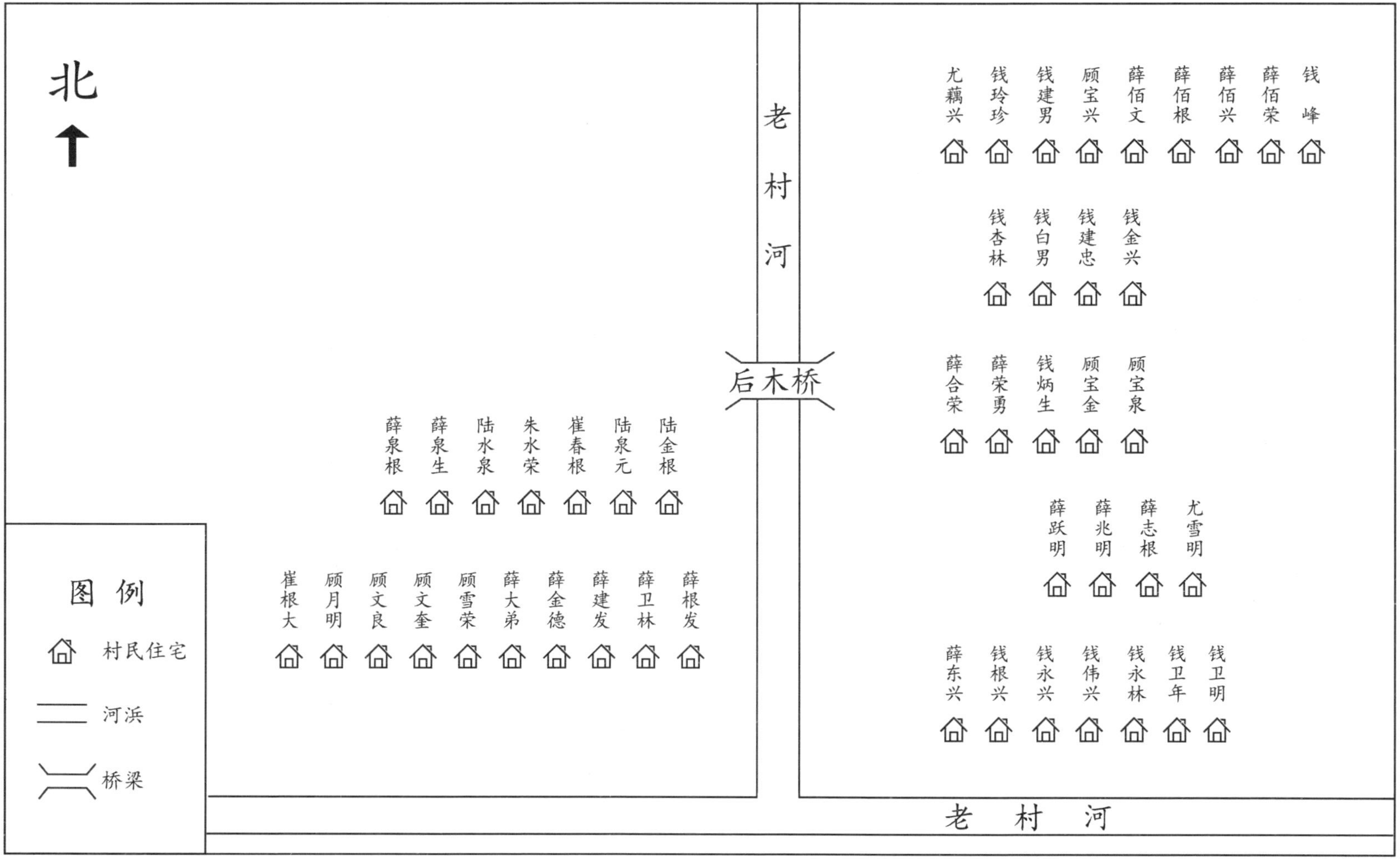

2007年湖村荡自然村住宅分布示意图一

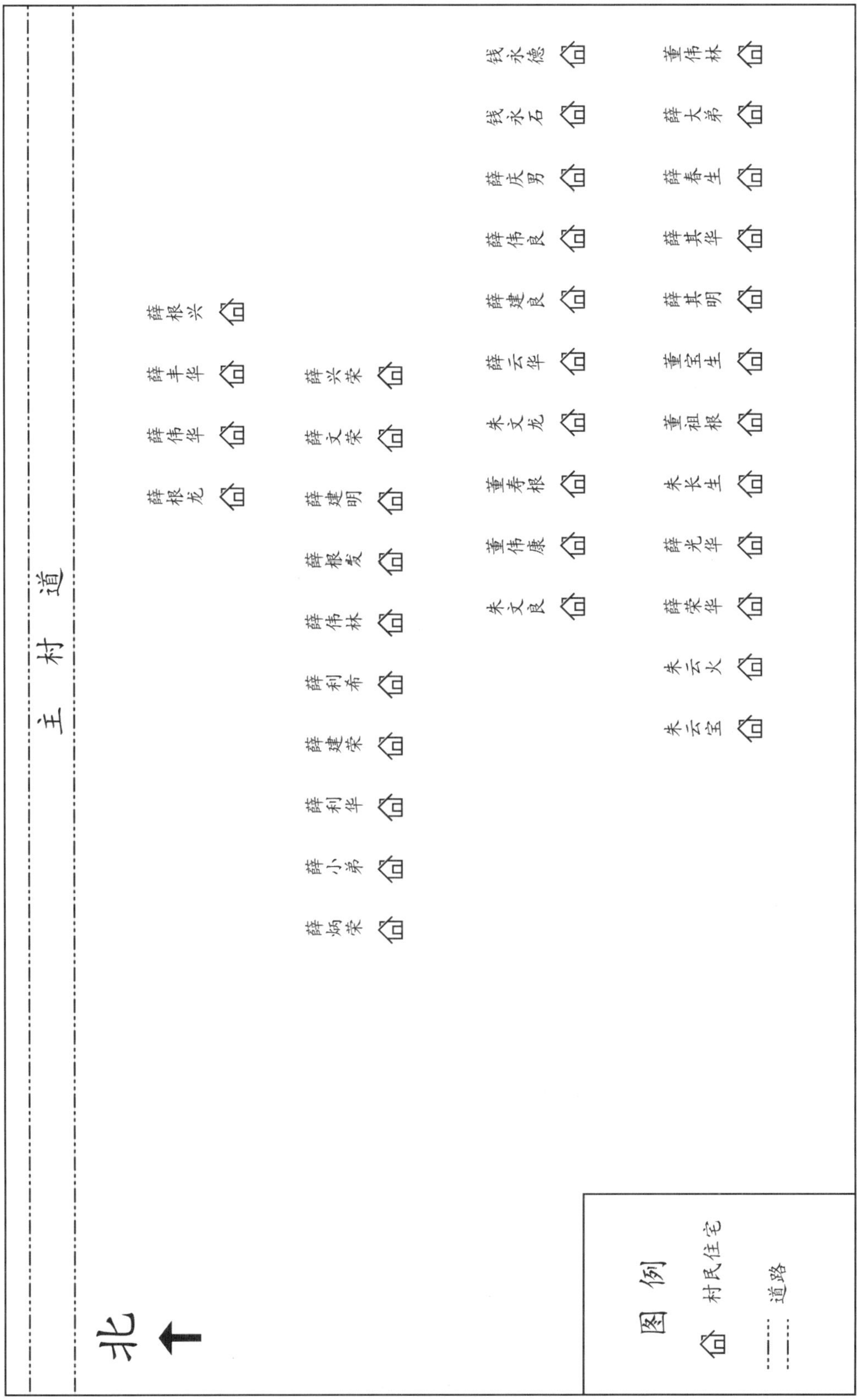

2007年湖村荡自然村住宅分布示意图二

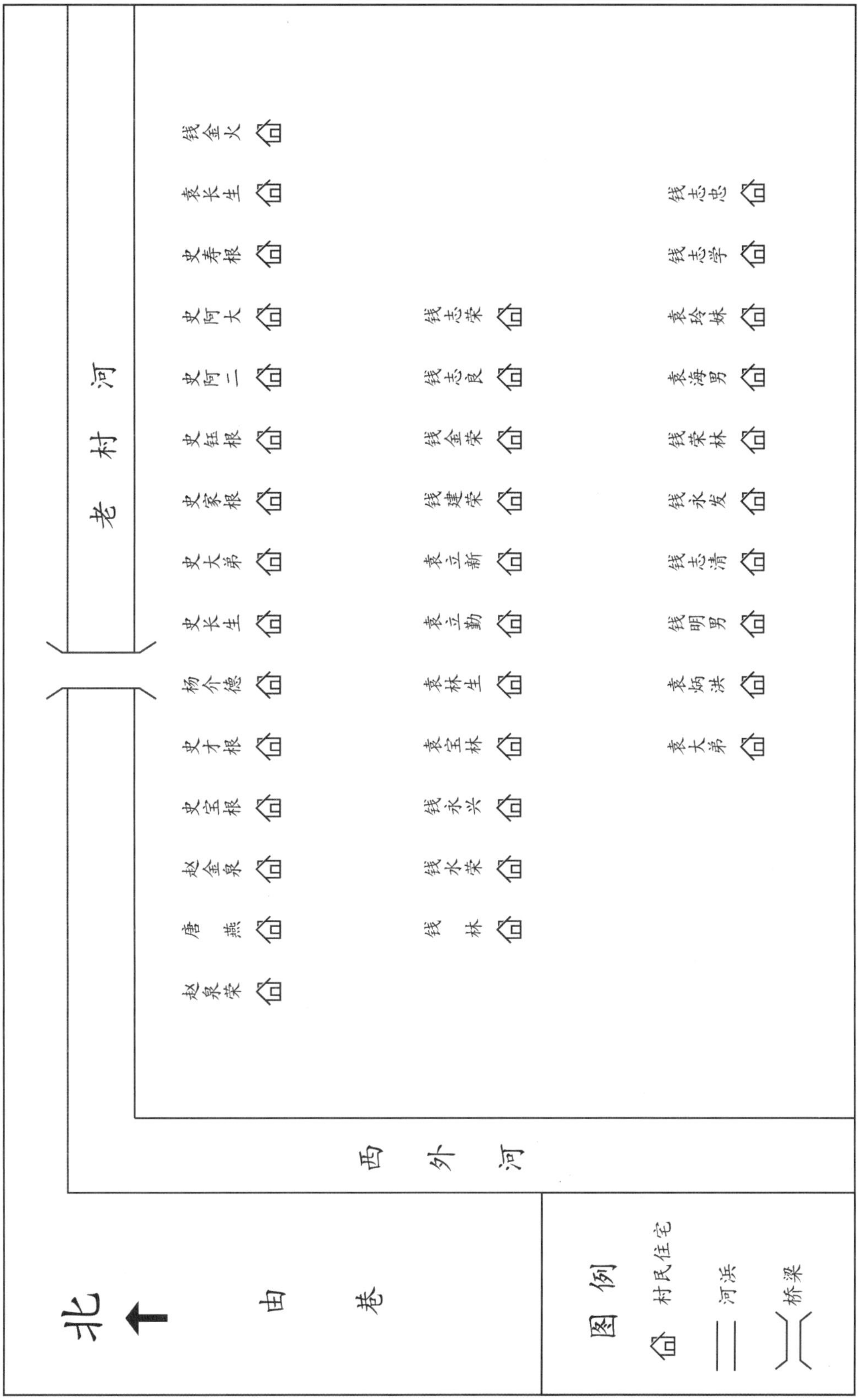

2003年钱家里自然村住宅分布示意图

三、岳家里

位于湖林村西南角。东临陈头浜，西近钱家里和史家里，南隔黑鱼浜与胜利村相望，北至薛家里。村民以岳姓为主，故村名为岳家里。2013年，有户籍人口18户75人，其中男性37人、女性38人。

岳家里村民素以团结、互助著称。全村无论哪家有事其他人都会前去相助。至今村风未变，只要村上谁家办喜事或丧事，男女老少都会齐出动帮忙。

清宣统三年（1911），属黄埭乡十二都六图。1954年，为黄埭区永昌乡所辖。1983年7月，为黄埭乡湖林村第二村民小组。2006年7月，属相城经济技术开发区漕湖产业园。2008年6月，属北桥街道。2014年8月，属相城区漕湖街道漕湖花园一社区。

中华人民共和国成立初期，村民以种植水稻、三麦、油菜为主。因生产水平落后，农作物产量不高（两熟相加亩产不足200公斤），村民生活较贫苦。推广科学种田、精耕细作后，粮食产量不断提高。1997年，亩产达888公斤，创历史新高。

2004年开始，因开发建设相城经济技术开发区，岳家里拆迁，村民被安置在漕湖花园一期。2007年末，自然村消失，岳家里成为历史地名。

岳家里在湖林村的最南端，拆迁后宅基地与土地用于建设楼氏电子（苏州）有限公司等几家企业。

四、陈头浜

位于湖林村东南方。东为倪新，西临岳家里，南靠陆巷，北近薛家里。村民有李、傅、顾、曹、陈、蒋姓等。2013年，有户籍人口42户167人，其中男性83人、女性84人。

清宣统三年（1911），属黄埭乡十二都十九图。1956年，为黄埭区永昌乡所辖。1983年7月，属湖林村第三、四村民小组。2006年7月，属相城经济技术开发区漕湖产业园。2008年6月，属北桥街道。2014年8月，属相城区漕湖街道漕湖花园一社区。

该村以农耕为主，另开鱼塘养鱼补贴家用。中华人民共和国成立后，集体开挖2个鱼塘，混养草鱼、青鱼、鳊鱼、鲢鱼。养草鱼投资少效益低，养青鱼投入大收益高，加上鳊鱼、花鲢、白鲢等，收益高于农耕数倍。村民生活得到明显改善。

2009年初，因相城经济技术开发区建设需要，陈头浜开始拆迁，村民被安置于漕湖花园一期。2009年末，自然村消失，陈头浜成为历史地名。

陈头浜的土地在春耀路南北两侧。路南已有泰连连接器（苏州）有限公司、鲁

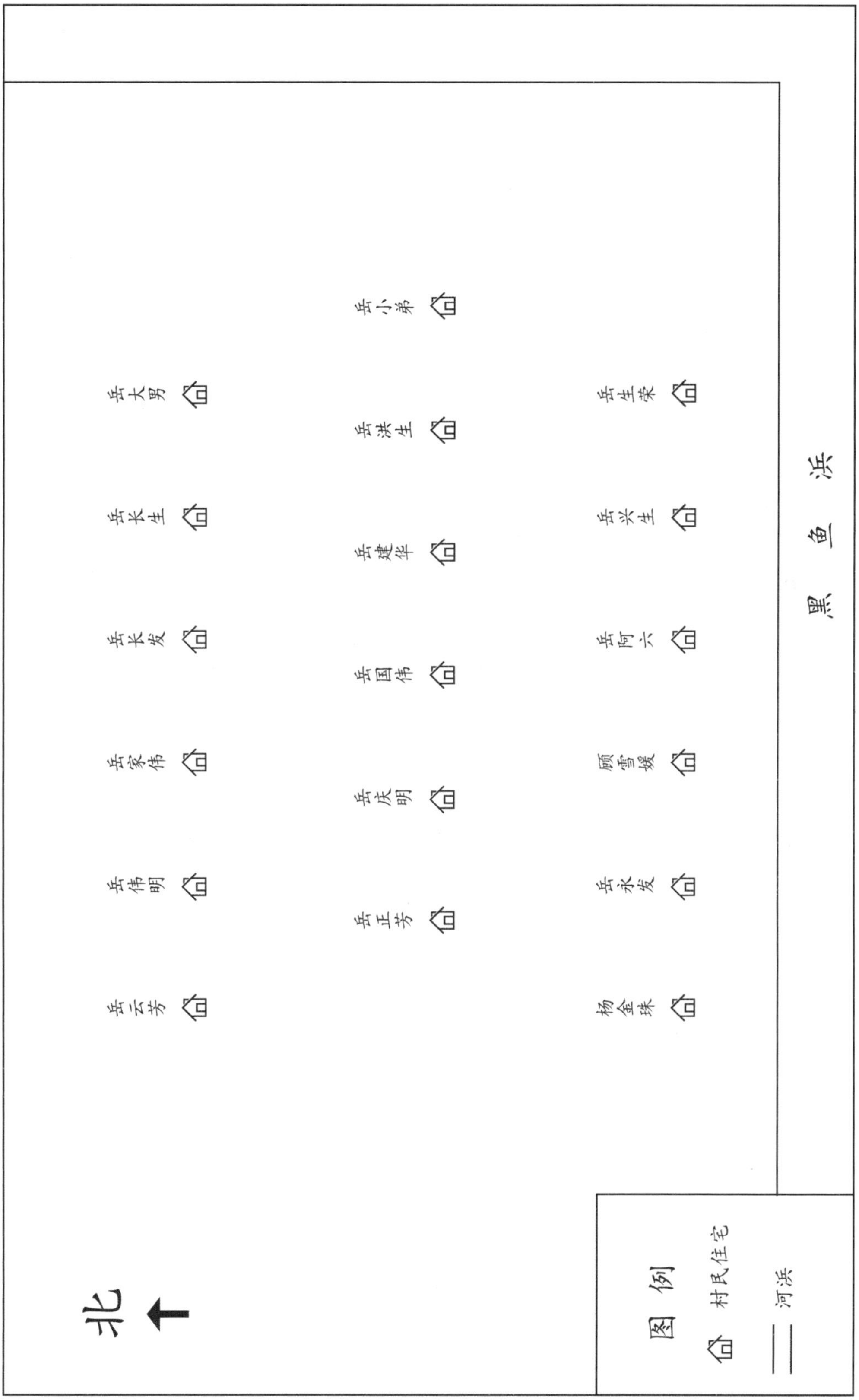

2003年岳家里自然村住宅分布示意图

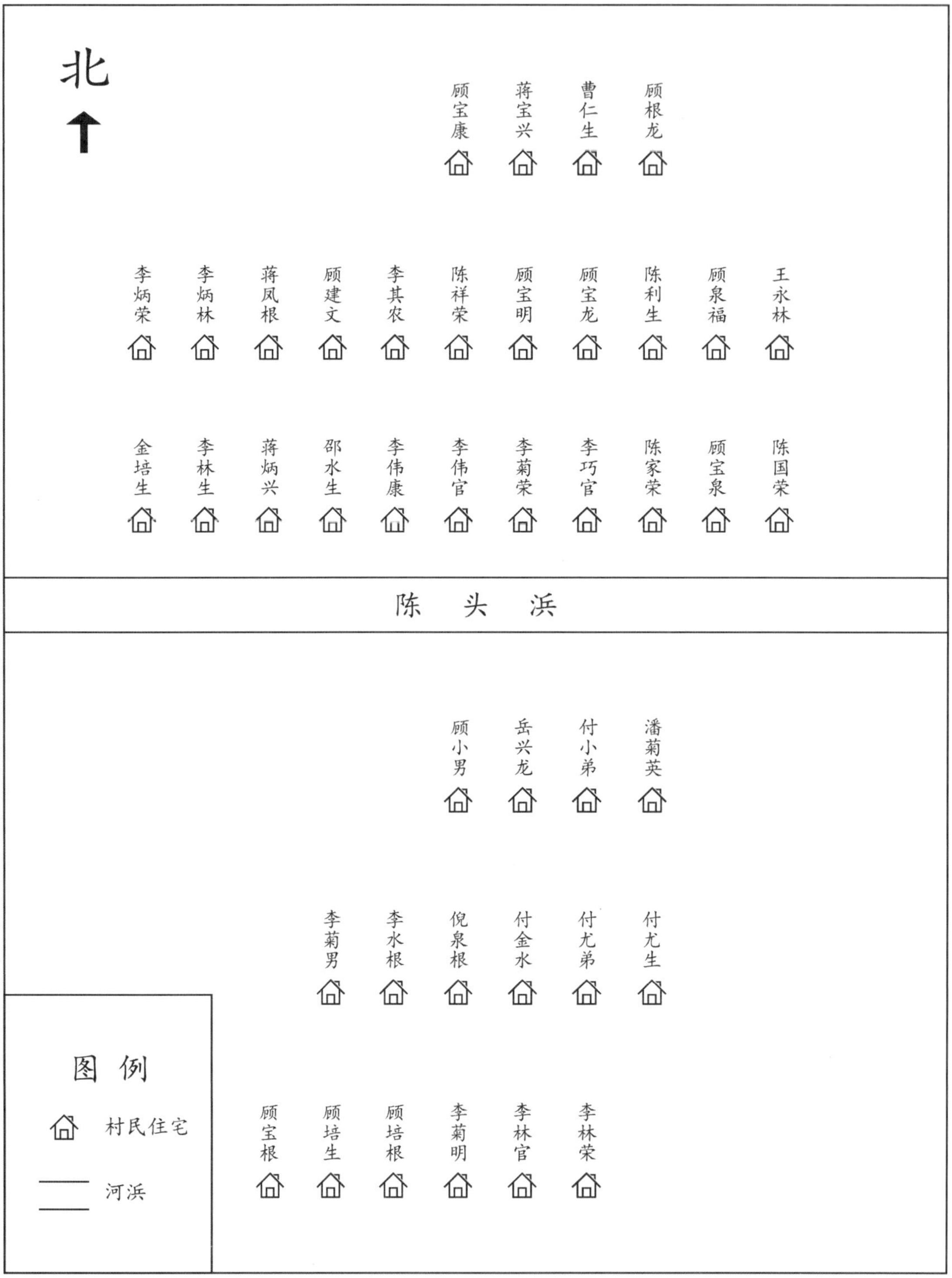

2008年陈头浜自然村住宅分布示意图

特运动服饰（苏州）有限公司、奥力拓医用包装材料（苏州）有限公司及苏州泽宇科技有限公司入驻，北边土地仍待开发。

五、俞家里

位于湖林村中部。东与倪新隔河相望，西为西外河，南靠陈头浜，北近戴家里。村民以俞姓为主，故村名为俞家里。2013年，有户籍人口17户66人，其中男性32人、女性34人。

清宣统三年（1911），属黄埭乡十二都十九图。1956年，为黄埭区永昌乡所辖。1983年7月，为湖林村第五村民小组。2006年7月，属相城经济技术开发区漕湖产业园。2008年6月，属北桥街道。2014年8月，属相城区漕湖街道漕湖花园一社区。

俞家里水面宽广，有养蚌育珍珠的极佳水系。20世纪80年代，村内先是集体养殖，后分地段划水面，村民通过承包、自产自销的模式，大幅度提高了收入。

2009年开始，因相城经济技术开发区建设需要，俞家里拆迁，村民被安置在漕湖花园一期。2009年末，自然村消失，俞家里成为历史地名。

俞家里地处京沪高铁和春耀路之间。方桥路东侧土地被新松机器人（苏州）未来科技城租用。

六、戴家里

位于湖林村西部。东临湖村荡，西近周巷桥，南靠俞家里，北为周巷桥。村民以戴姓为主，故名戴家里。村内还有薛、周等姓。2013年，有户籍人口19户64人，其中男性31人、女性33人。

清宣统三年（1911），属黄埭乡十二都九图。1956年，为黄埭区永昌乡所辖。1983年7月，为湖林村第十六村民小组。2006年7月，属相城经济技术开发区漕湖产业园。2008年6月，属北桥街道。2014年8月，属相城区漕湖街道漕湖花园一社区。

戴家里水源丰富，村民利用河浜种菱角，菱荡两岸到中间用水花生扎成高笼，仅留一条能过船的水道。村内有小规模个人珍珠养殖场。

2008年开始，因相城经济技术开发区建设需要，戴家里拆迁，村民被安置在漕湖花园一期。2008年末，戴家里成为历史地名。

戴家里拆迁后，苏州桑普机械有限公司在此建设厂房。

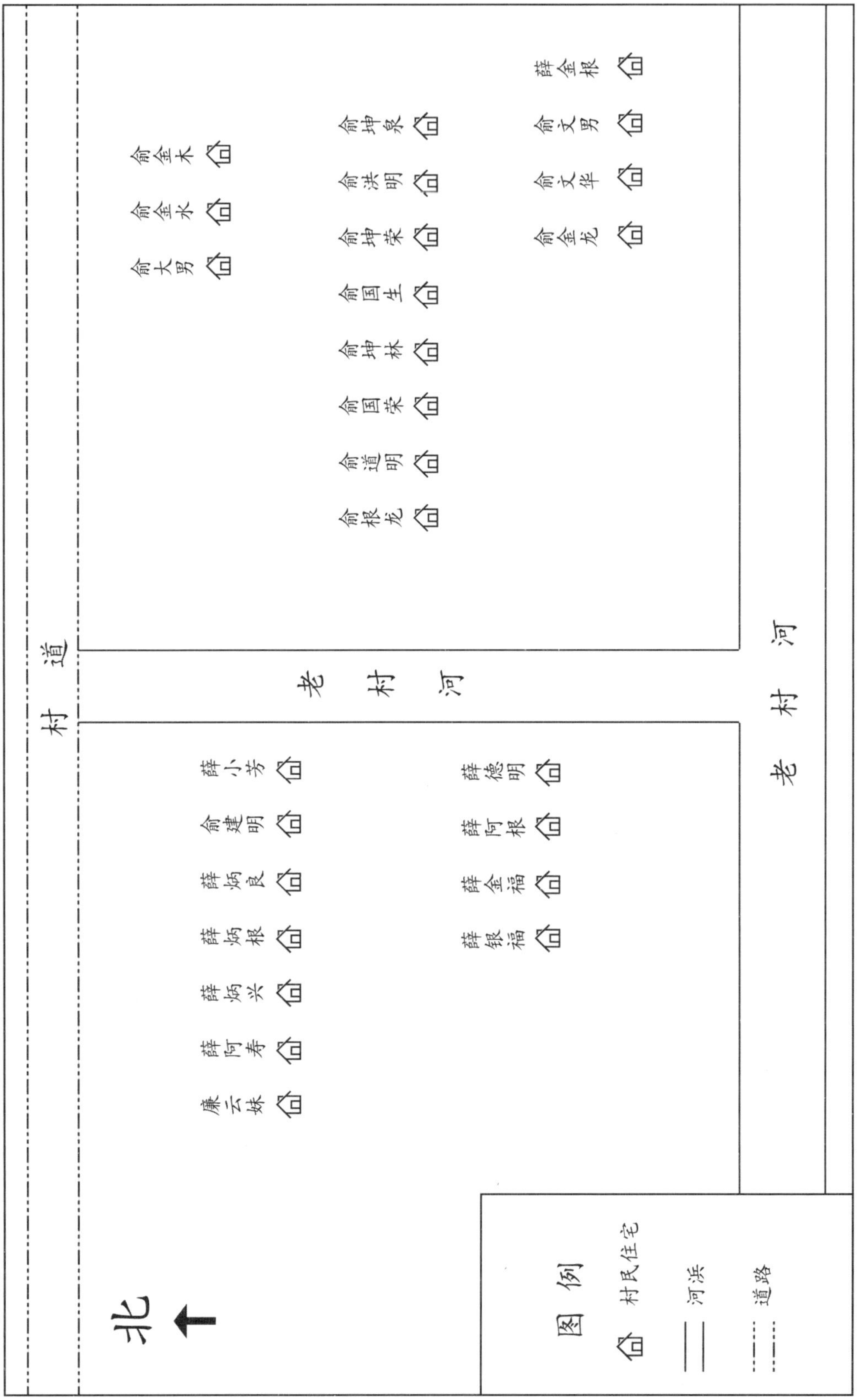

2008年俞家里自然村住宅分布示意图

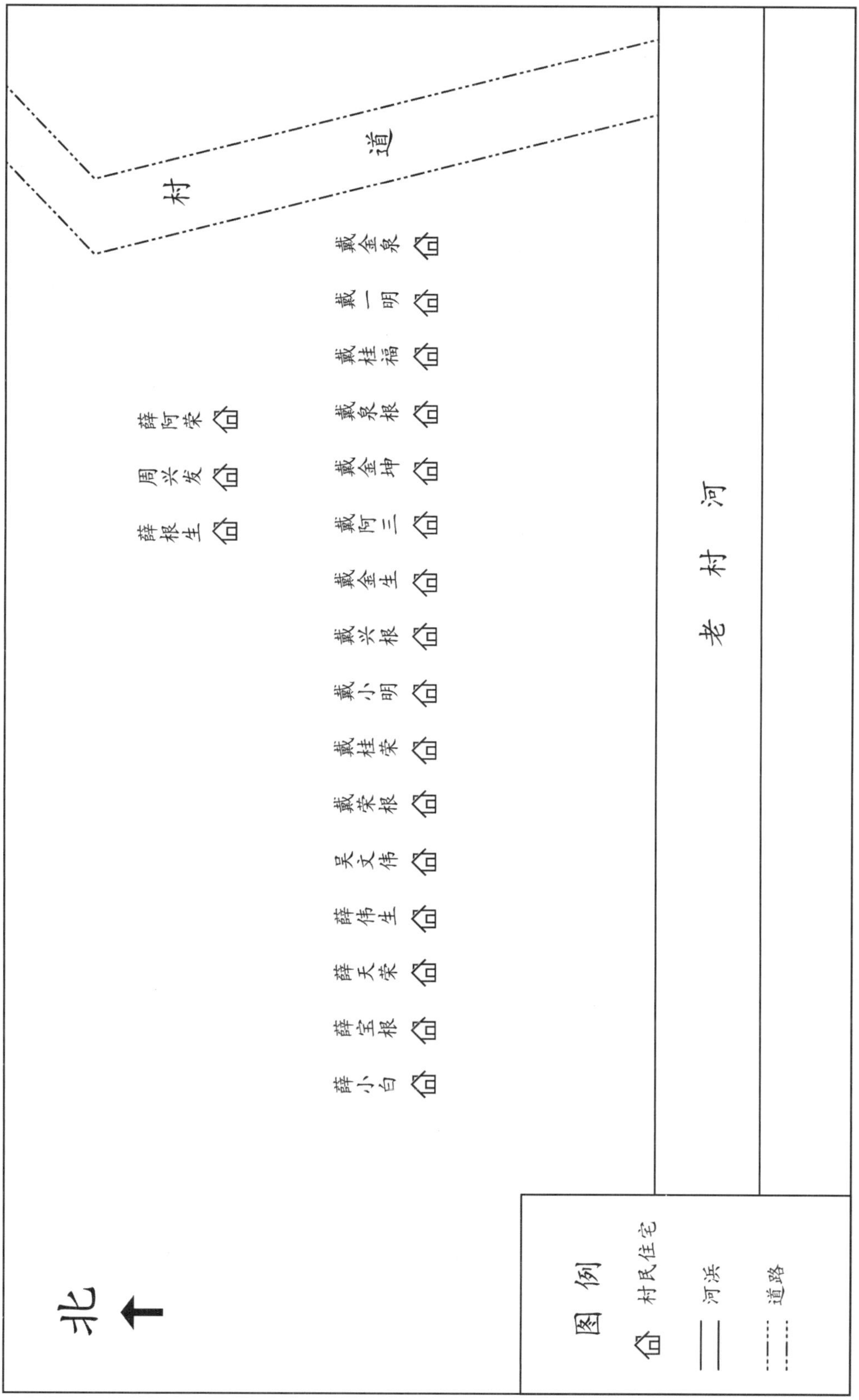

2007年戴家里自然村住宅分布示意图

七、周巷桥

位于湖林村西部。东临湖村荡，西与由巷相邻，南与史家里隔田相望，北近万安。村民以许姓为主。村名源于周巷浜上的一座桥。2013年，有户籍人口25户98人，其中男性48人、女性50人。

20世纪40年代，周巷桥有一座观音堂。20世纪50年代初期，观音堂被改建成观音堂小学。20世纪60年代以后，小学搬迁至湖林村村部附近并改称湖村荡小学。

清宣统三年（1911），属黄埭乡十二都九图。1956年，为黄埭区永昌乡所辖。1983年7月，为湖林村第六村民小组。2006年7月，属相城经济技术开发区漕湖产业园。2008年6月，属北桥街道。2014年8月，属相城区漕湖街道漕湖花园一社区。

周巷桥地势低，水系多。村民普遍养鱼，因为螺蛳是重要的鱼饲料，所以“捎螺蛳”成了个新行业。没鱼塘的村民“捎螺蛳”来贴补家用，有鱼塘的村民“捎螺蛳”来解决养鱼需求。

2009年初，因相城经济技术开发区建设需要，周巷桥拆迁，村民被安置在漕湖花园一期。是年末，周巷桥自然村消失。

周巷桥自然村拆迁后，土地用于建设苏州绿楷环保设备有限公司。

八、朱家里

位于湖林村东端。东临金家里，西边是轧米厂等厂房区，南与倪新村隔河相望，北近鲇鱼浜。村民以朱姓为主，故名朱家里。2013年，有户籍人口22户86人，其中男性42人、女性44人。

朱家里农户住宅（2009年摄）

朱家里与金家里以外、里浜相隔，外浜为朱家里，里浜为金家里。1954年和1991年发生的两次洪涝灾害，使朱家里受损极为严重。1995年，朱家里西面建造向阳抗洪闸，从此村民种植的农作物得到保障。大闸桥往西靠近湖林村有一座建于1986年的汽车大桥。

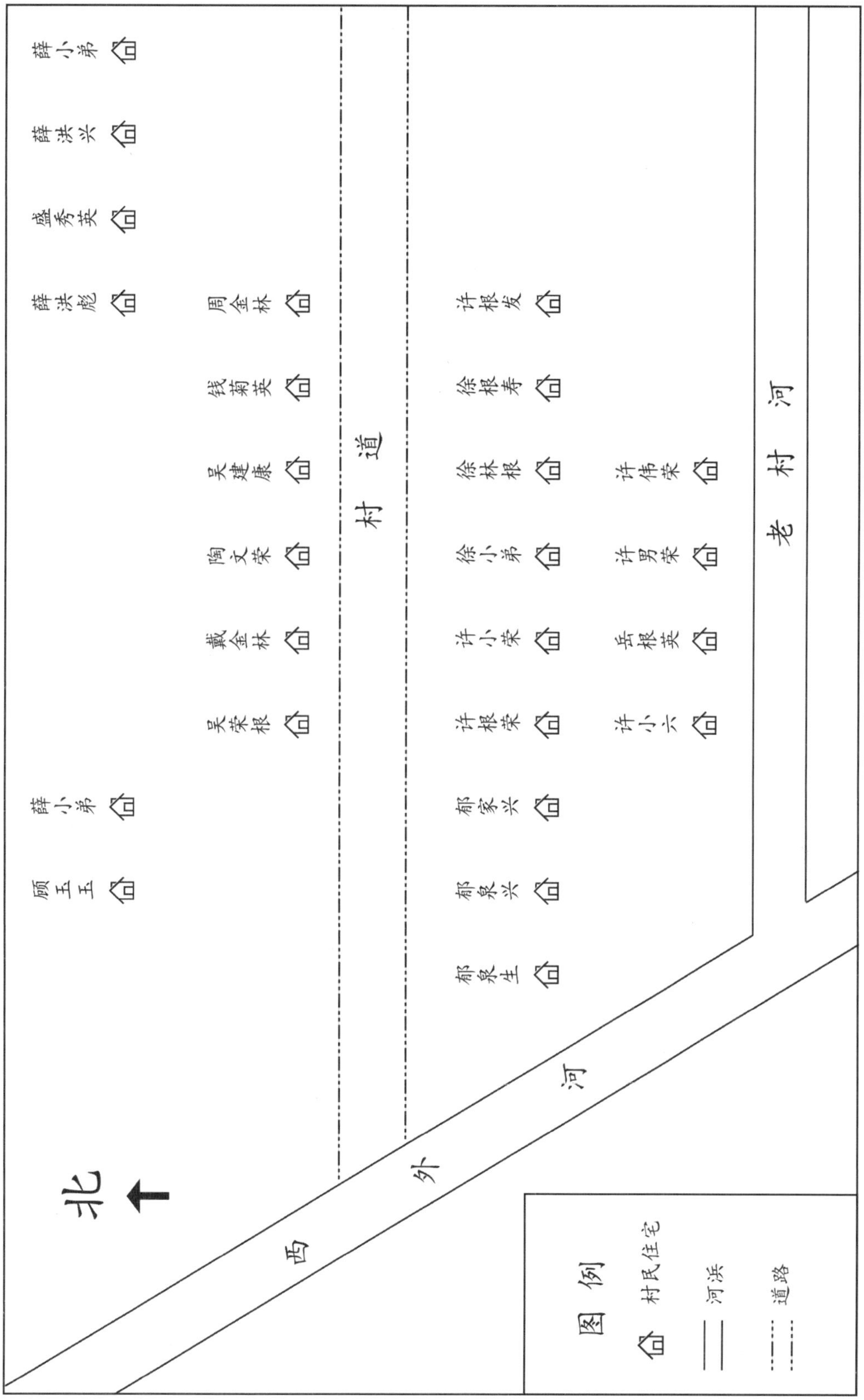

2008年周巷桥自然村住宅分布示意图

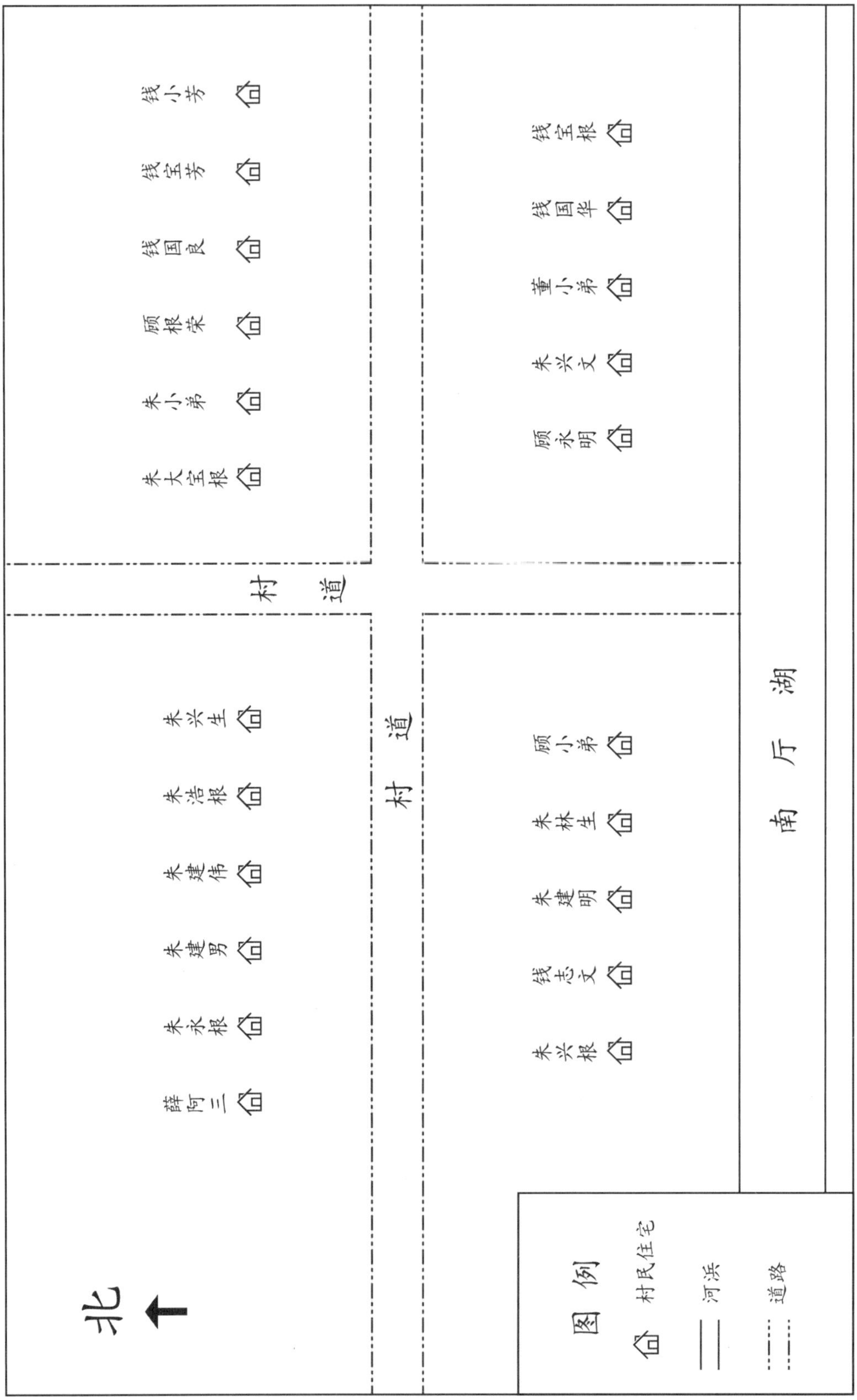

2008年朱家里自然村住宅分布示意图

清宣统三年(1911),属黄埭乡十二都六图。1952年,朱家里村民组成互助组。1954年,建初级农业生产合作社。1956年,合并建高级农业生产合作社,为黄埭区永昌乡所辖。1957年9月,吴县撤区并乡和整乡整社后属黄埭乡向前第十三社。1958年9月,为黄埭人民公社第五大队所管。1960年初,黄埭人民公社分拆第五大队为湖林大队第九小队。1983年7月,恢复乡管村体制,至1992年7月实行镇管村体制,朱家里为湖林村第九村民小组。2006年7月,属相城经济技术开发区漕湖产业园。2008年6月,属北桥街道。2014年8月,属相城区漕湖街道漕湖花园一社区管辖。

2009年初开始,因相城经济技术开发区建设需要,朱家里拆迁,村民被安置在漕湖花园一期。2009年末,自然村消失,朱家里成为历史地名。

朱家里拆迁后,将外里浜界填平并与金家里相连,土地用于以太航为主的几家企业建设。

九、金家里

位于湖林村东侧。东与新兴村相邻,西至朱家里,南与倪新村隔河相望,北面便是辽青沿。村民以金姓为主,故名金家里。2013年,有户籍人口21户74人,其中男性36人、女性38人。

村东面有一座爱民桥,原为木桥。20世纪60年代,改建为水泥桥,桥身下有两个桥墩,桥面宽敞平坦。解放军战士金元兴烈士墓就坐落在大桥旁。

1952年,金家里村民组成互助组。1954年,建初级农业生产合作社。1956年,合并建高级农业生产合作社,为黄埭区永昌乡所辖。1957年9月,吴县撤区并乡和整乡整社后属黄埭乡向前第十三社。1958年9月,为黄埭人民公社第五大队所辖。1960年初,黄埭人民公社分拆第五大队为湖林大队第十小队。1983年7月,恢复乡管村体制,至1992年7月,实行镇管村体制,金家里为湖林村第十村民小组。2006年7月,属相城经济技术开发区漕湖产业园。2008年6月,属北桥街道。2014年8月,属相城区漕湖街道漕湖花园一社区。

位于湖林村大队部旁有一家橡塑造粒厂,是金家里人开办的。

2009年初,因相城经济技术开发区建设需要,金家里拆迁,村民被安置在漕湖花园一期。是年末,自然村消失,金家里成为历史地名。

金家里拆迁时,与朱家里相隔的里外浜也被填平了。土地用于太航常青汽车完全设备(苏州)有限公司的建设。

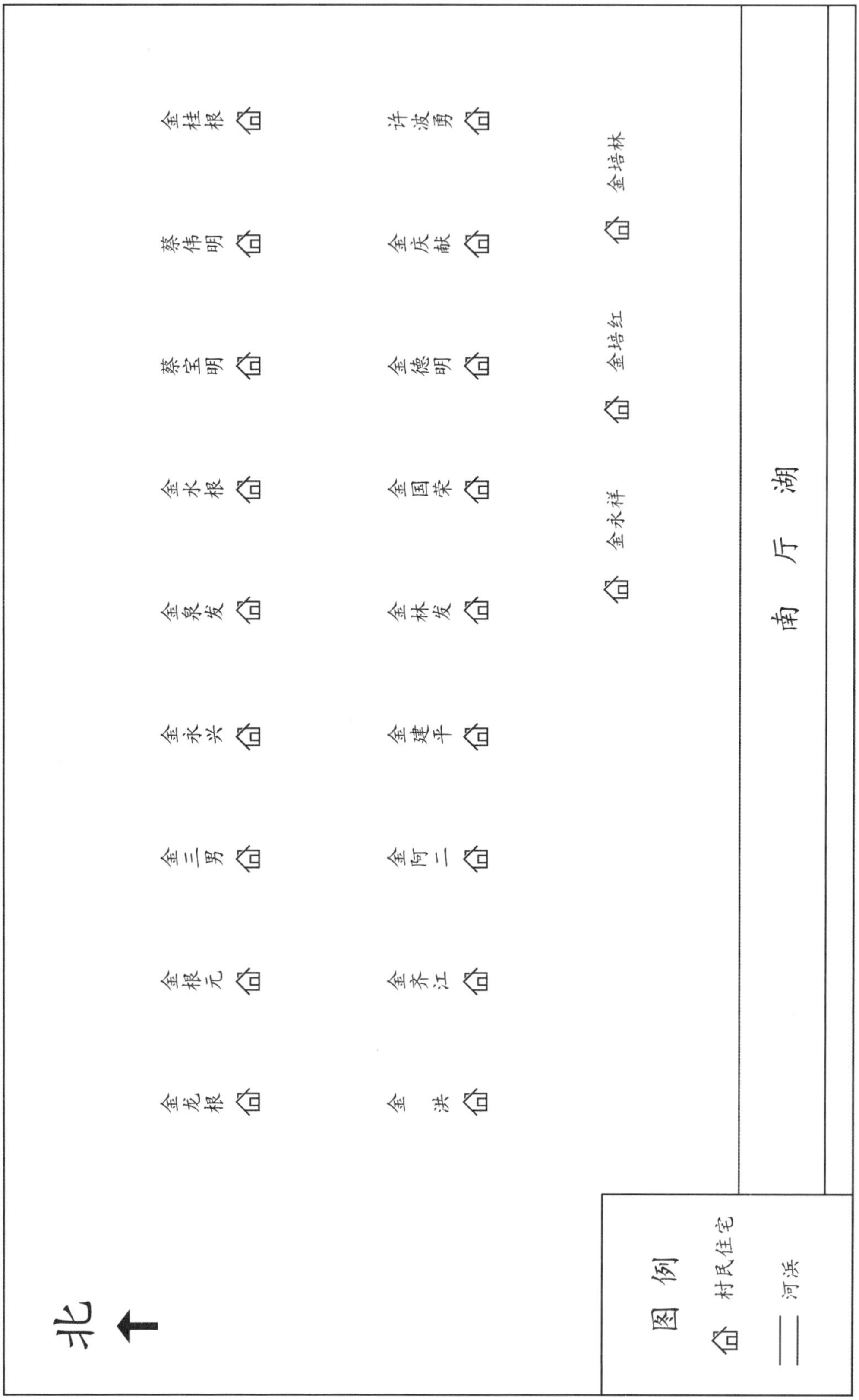

2008年金家里自然村住宅分布示意图

十、辽青沿

位于湖林村东部。东与新兴村相邻，西临湖村荡，南接金家里，北至鲇鱼浜。村民以陆、许、周三姓为主。2013年，有户籍人口51户182人，其中男性90人、女性92人。

辽青沿北面的辽青沿浜将辽青沿和鲇鱼浜相隔。辽青沿浜东面有一座建于20世纪80年代的7孔拱形桥，取名宝灯桥。桥底下是大拱形，桥身之下与大拱之上左右各有3个小拱，十分壮观。该桥连接湖林村和新兴村。辽青沿浜北面有一座建于20世纪90年代的平板桥，横跨鲇鱼浜。

1956年，为黄埭区永昌乡所辖。1957年9月，属黄埭乡向前第十三社。1958年9月，为黄埭人民公社第五大队所管。1960年初，黄埭人民公社分拆第五大队为湖林大队第十一、十二小队。1983年7月，恢复乡管村体制，直至1992年7月，实行镇管村体制，为湖林村第十一、十二村民小组。2006年7月，属相城经济技术开发区漕湖产业园。2008年6月，属北桥街道。2014年8月，属相城区漕湖街道漕湖花园一社区。

辽青沿河里出产一种叫“黄金边”的水草，是草鱼最喜欢的食料。村民利用自然资源优势，混养草鱼、白鲢，年前收获草鱼外销，白鲢过年自食，既增加收入，又改善伙食。

2007年初，因建设相城经济技术开发区需要，辽青沿拆迁，村民被安置于漕湖花园一期。2007年末，自然村消失，辽青沿成为历史地名。

辽青沿在湖林村的最东部，村庄拆迁后的土地用于建设长风药业股份有限公司。

十一、鲇鱼浜

位于湖林村北部，湖村荡路以北，永昌路以西。东临新兴村，西为万安村，南靠辽青沿，北近永昌村。村民以顾、许、周、朱姓为主。2013年，有户籍人口41户147人，其中男性73人、女性74人。

鲇鱼浜村庄较大，村内有2条河浜：小志浜，浜南面为湖林村第十一村民组，北面为湖林村第十三村民小组；鲇鱼浜，浜通外河，水面平静，清澈见底。夏天，村上男女老少都喜欢在此游泳戏水。

1957年9月，属黄埭乡向前第十三社。1958年9月，为黄埭人民公社第五大队所辖。1960年初，黄埭人民公社分拆第五大队为湖林大队第十三、十四小队。1983年7月，恢复乡管村体制，直至1992年7月，实行镇管村体制，鲇鱼浜为湖

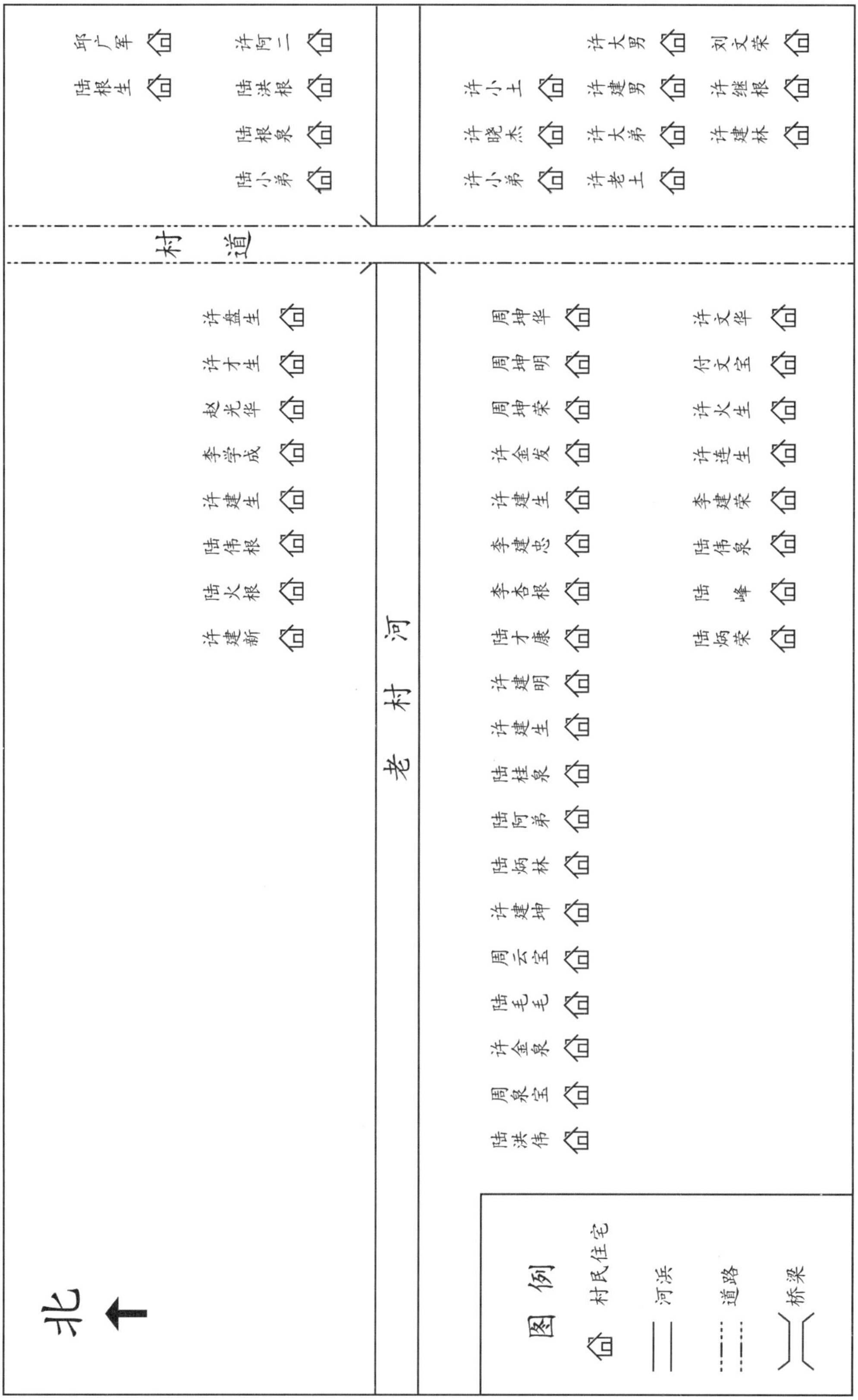

2006年辽青沿自然村住宅分布示意图

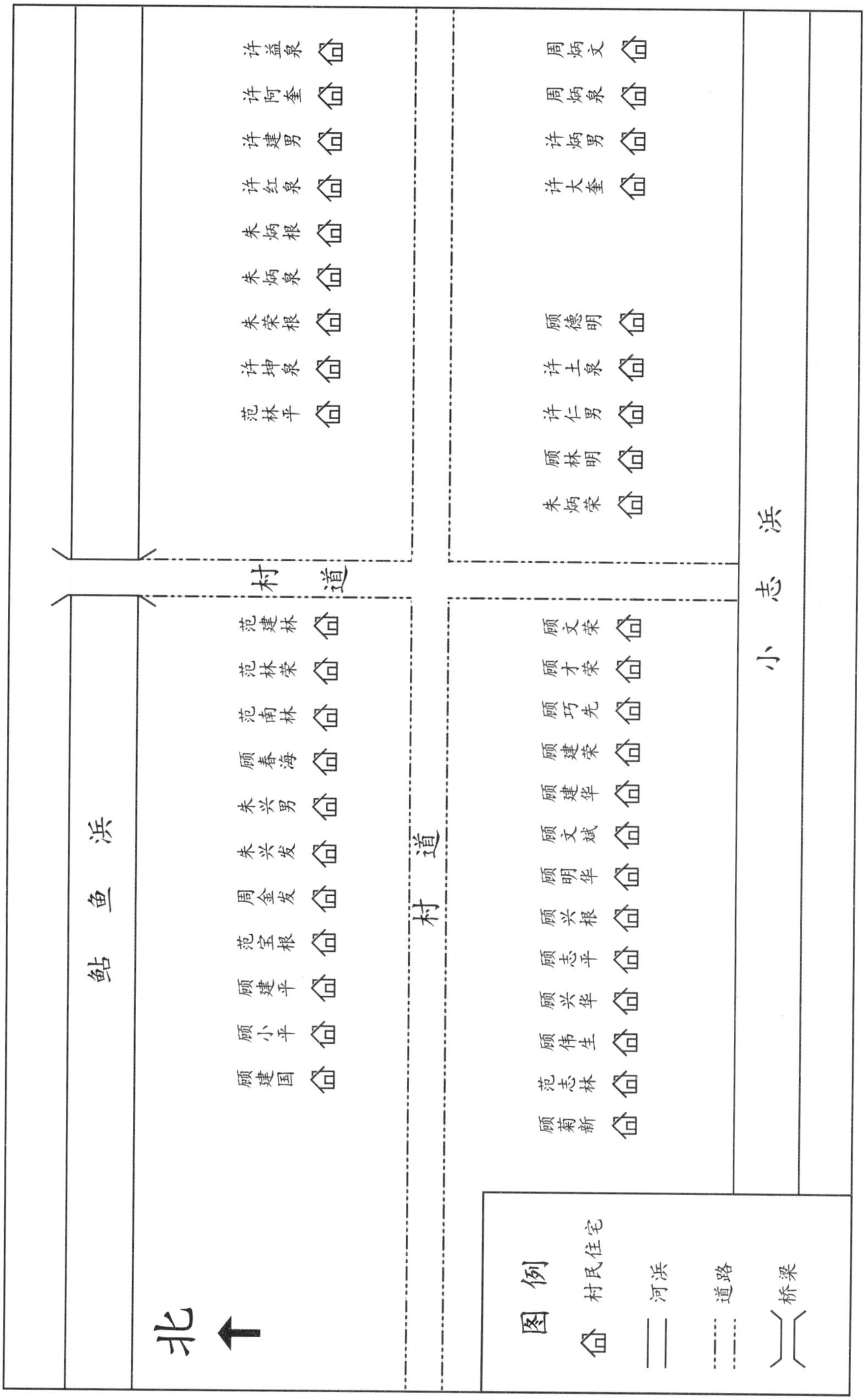

2006年鲇鱼浜自然村住宅分布示意图

林村第十三、十四村民小组。2006年7月，属相城经济技术开发区漕湖产业园。2008年6月，属北桥街道。2014年8月，属相城区漕湖街道漕湖花园一社区。

20世纪70年代，湖林村的养鱼业发展很快，很多村、河以鱼来命名，如鲇鱼浜、黑鱼浜、鲤鱼墩等。鲇鱼浜是湖林村养鱼收入最高的一个村庄。

2007年初，因建设相城经济技术开发区需要，鲇鱼浜拆迁，村民被安置在漕湖花园一期。2007年末，自然村消失，鲇鱼浜成为历史地名。

鲇鱼浜拆迁后，填平了几条无名小河，土地整平后主要为今后各区域企业的发展提供房源，现为漕湖工业坊地块，建造有漕湖青年公寓尚青景苑B区。

第三节　新兴村

新兴村位于永昌泾南，东起汤浜与石基上接壤，西与湖林、永昌相邻，南近汤浜村，北至倪汇村。2013年，辖西浜、周思墩、孟墩上、刘家浜、赵千浜、张华6个自然村，20个村民小组。全村有306户1151人，其中男性559人、女性592人。全村共有78个姓氏，100人以上的姓氏有薛、朱、郑3个，其中薛姓有198人，为全村人数之冠。村中还有杨、邱、傅、沈、金、钱、王等姓氏。

清宣统三年（1911），归属吴县黄埭乡。1912年，归属吴县南北桥市十二都六图。1929年8月，归属吴县十二区。1934年6月，归属吴县第六区。1941年7月，归属吴县第四区。1947年，归属吴县黄埭区。

中华人民共和国成立初期，新兴村村域为黄埭区倪汇乡所辖。因旧时张华、孟墩上、周思墩3个自然村传称“三金”，三金合字为“鑫”，而得名新兴。西浜与周思墩河西岸原属于太平村，1953年撤拆太平村，西浜划归倪新村，周思墩河西岸划归新兴村。1954年，建初级农业生产合作社。1956年，建高级农业生产社为光明合作社。1957年，为黄埭乡向前第二十三社。1958年9月，为黄埭人民公社第八大队所辖。1960年初，黄埭人民公社分拆地址八大队为新兴大队。1983年7月，恢复乡管村体制，建黄埭乡新兴村村民委员会。1992年7月，实行镇管村体制，村委会驻孟墩上。2003年，新兴村并入湖林村。2006年7月，湖林村划入相城经济技术开发区漕湖产业园。2008年6月，属北桥街道。2014年8月，由漕湖街道管辖。

中华人民共和国成立前，新兴村有耕地1525亩，其中大部分农田处在低洼的双漕圩，本地俗话说“一场大雨白茫茫，没掉圩田一口网”，粮食生产毫无保障。中

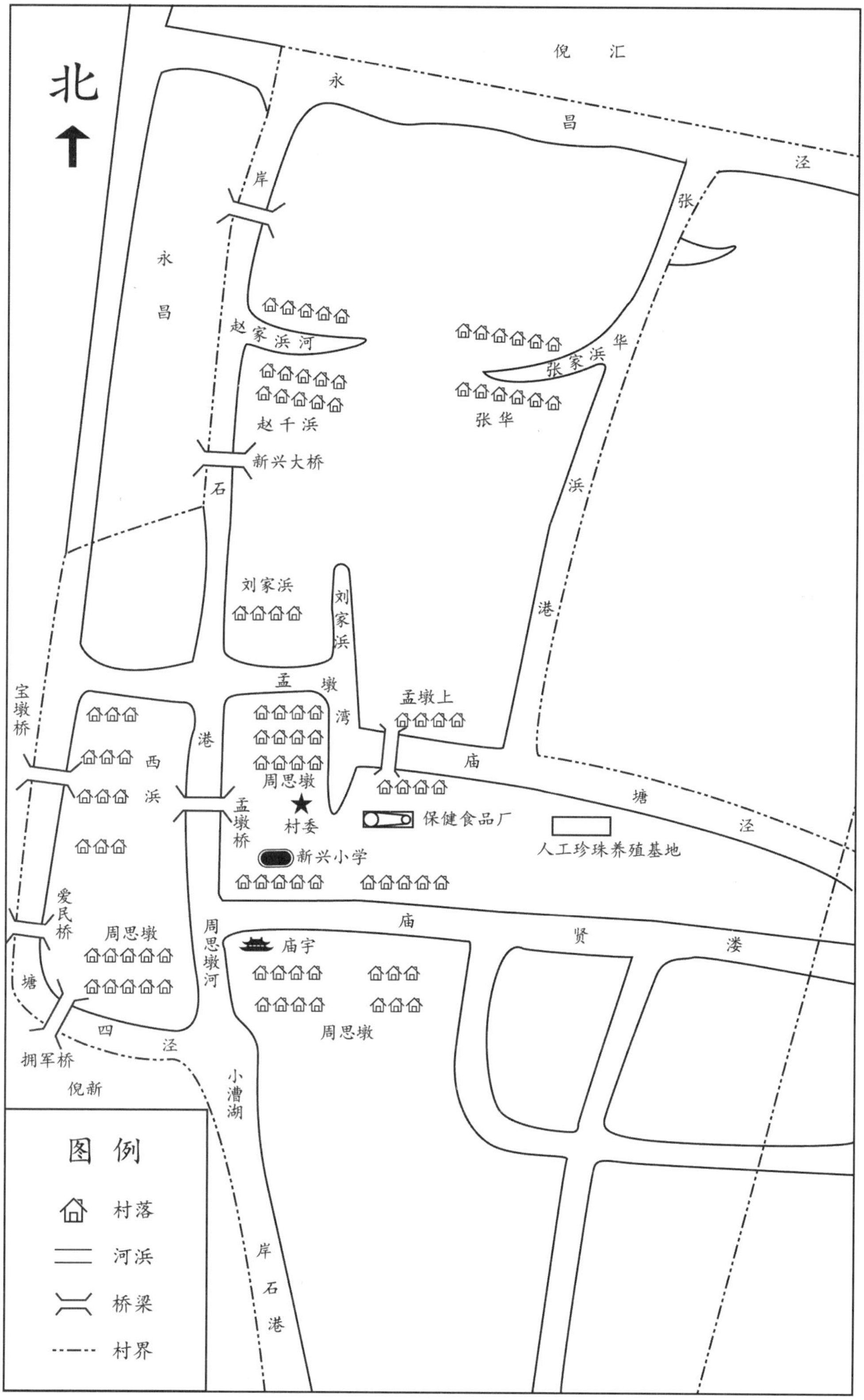

2005 年新兴村河流与村落图 6 村 20 组

华人民共和国成立后，统一规划修筑圩岸，加固岸堤。20世纪60年代，建造电力灌溉和排灌机房。1979年，搞吨粮方农田建设，在双漕圩开挖河道1000多米，新建防洪套闸，保障排水畅通，农田不再受洪涝影响，粮食生产有了保障。1985年，周思墩灌水机房获评江苏省水利系统先进单位。

新兴村河流较多，原以养殖鱼类和种植菱角为主。1967年，率先创办人工河蚌育珠场，成为黄埭地区养河蚌育珍珠技术人才的培训基地，同时也是江浙各地养蚌育珠技术的传播地。

新兴村村办企业曾有木螺丝厂、塑料厂、纸盒厂等。1977年，创办黄埭区域内首家日用化工厂——吴县新兴保健用品厂，产品有“丰乳宝”“灰甲灵”等。1989年，获哈尔滨首届消费品博览会银质奖。此后，民营企业有新兴保健用品厂、新兴日化研究所、新兴服装厂、新兴预制场。2006~2007年，因建设相城经济技术开发区需要，企业全面拆迁。

2000年，新兴村的年度村级总收入42万元，工业总产值624万元，村级积累资产总额129万元，人均年收入达4667元。2001年，年度村级总收入15万元。2002年，年度村级总收入19万元。

中华人民共和国成立至2018年，新兴村历任村（大队）党组织书记为晏惠男、汤世明、吴解康、许炳才、汤荣根、朱根法、付春芳、汤菊妹、钱国庆。历任村（大队）负责人为杨根寿、华金宝、朱土根、叶泉根、陈水英、郑兴生、沈兴元、汤荣根、钱福林。

一、西浜

位于新兴村西面。东起周思墩，西邻金家里，南临倪新，北靠永昌村，因西浜河而得名。该村村民以杨、付等姓居多。2013年，有户籍人口41户170人，其中男性82人、女性88人。

西浜村落四周河流纵横交错，交通十分不便。20世纪70年代起，政府在西浜村建造了4座石墩水泥拱桥。村东太平桥通向新兴村村委会、孟墩上；村南拥军桥建在“笠帽头顶”，通向黄埭镇；村西建爱民桥，通向湖林村；村北建宝灯桥，通往湖林和永昌小镇。

西浜和原周思墩河西岸组成太平村，1953年太平村撤拆，西浜划归倪新村。1955年，划归湖林村。1969年，划归新兴村。1983年7月，恢复乡管村体制，为吴县黄埭乡新兴村第十、十一村民小组。1992年7月，实行镇管村体制，至2003年，随新兴村并入湖林村。2006年7月，湖林村划入相城经济技术开发

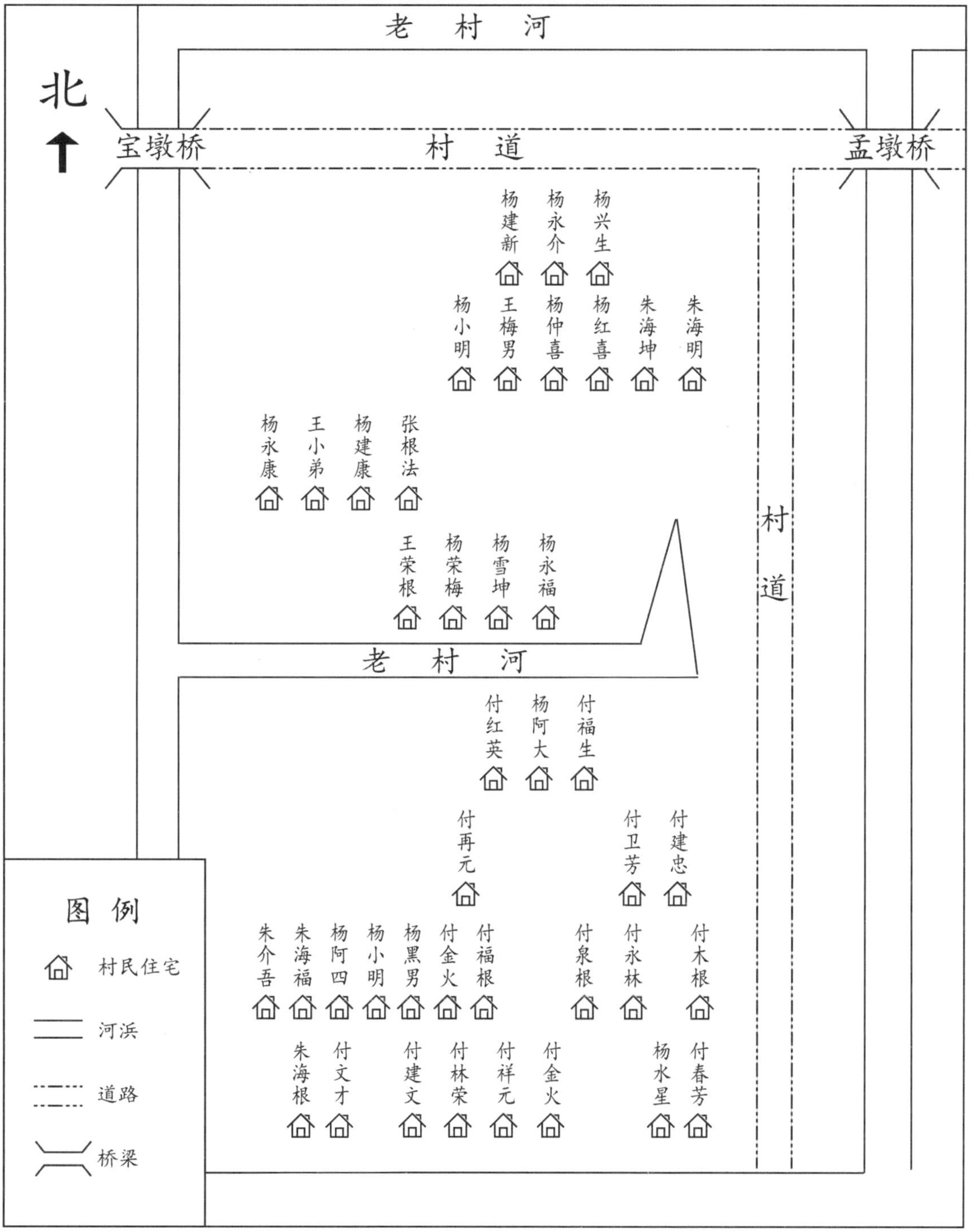

2005 年西浜自然村住宅分布示意图

区漕湖产业园。2008年6月，属北桥街道。2014年8月，由漕湖街道漕湖花园一社区所辖。

西浜是以种植稻麦为主的农耕区域。地处水乡，以养鱼、种菱为副业。1967年后，改为养殖珍珠，有的村民还到外地发展珍珠养殖业，村民收入大幅度提高。

2006年10月，因开发建设漕湖产业园需要，西浜村民分批搬迁，被安置在漕湖花园二社区。2009年末，自然村消失，西浜成为历史地名。

西浜在岸石港西岸，拆迁整治后，土地用于开发建设漕湖产业园。

二、周思墩

位于新兴村南部。东临汤浜村石基上河西岸，西至西浜，南邻汤浜村，北至孟墩上。该村村民姓氏以朱、郑、薛等为主。2013年，有户籍人口131户469人，其中男性230人、女性239人。周思墩有三多：教师多（17人）、军人多（23人）、党员多（36人）。

该村坐落在圩墩上，是摇船去黄埭镇的必经之途，四周环水，河网交错，地形复杂。船家经过那里，稍不留神就会迷失方向，环绕圩墩一直打转，故名周思墩。

一条从黄埭荡至永昌泾岸石港的长河，把周思墩分为河东、河西两个自然村落。一座跨河叫太平桥的石桥连通两岸，成为去黄埭镇的主要通道。石桥西堍曾有一亭叫明晓亭。该村还有座笠帽头顶桥，也叫拥军桥、爱民桥。

1954~1956年，属光明合作社所辖。1957年，为黄埭乡向前第二十三社。1958年9月，为黄埭人民公社第八大队所辖。1960年初，黄埭人民公社分拆第八大队为新兴大队第一至第五生产队。1983年7月，恢复乡管村体制，为吴县黄埭乡新兴村第一至第五、第十三至第十七村民小组。1992年7月，实行镇管村体制，至2003年，随新兴村并入湖林村。2006年7月，湖林村划入相城经济技术开发区漕湖产业园。2008年6月，属北桥街道。2014年8月，由漕湖街道漕湖花园一社区所辖。

1967年，苏州地区水产研究所在周思墩设立淡水珍珠养殖和推广基地。得益于水产专家的精心指导，该村村民掌握育珠技术后大量养殖淡水珍珠，很多人成为先富起来的专业户。

2008年10月起，因建设相城经济技术开发区需要，周思墩村民陆续搬迁，被分批安置在漕湖花园二社区。2009年末，自然村消失，周思墩成为历史地名。

周思墩是原新兴村最大的一个自然村。拆迁后，部分土地成为石港路至汤浜路一段（包括道旁绿化带）。周思墩河东岸绝大部分土地（从漕湖大道到京沪高

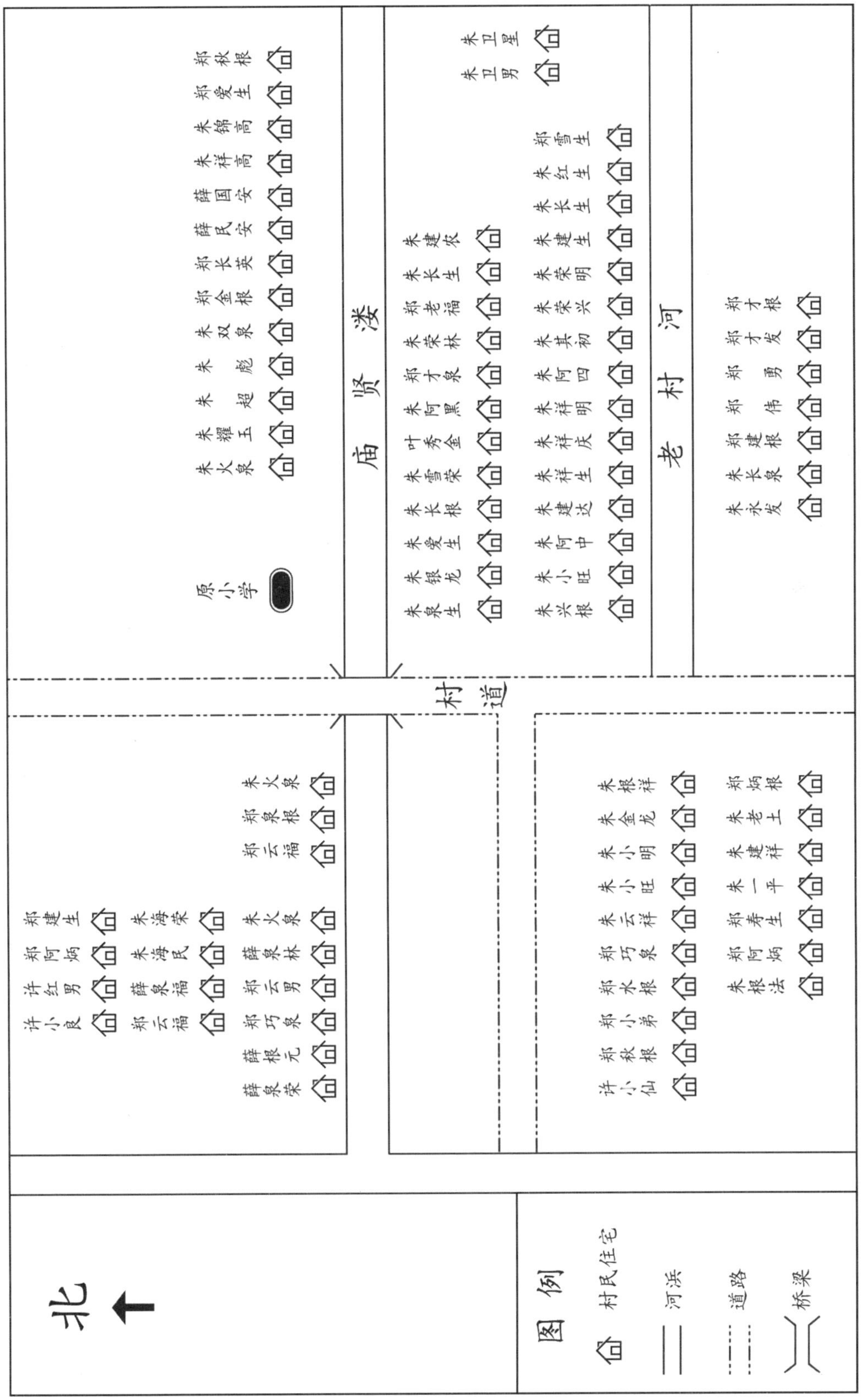

2007年周思墩自然村住宅分布示意图一

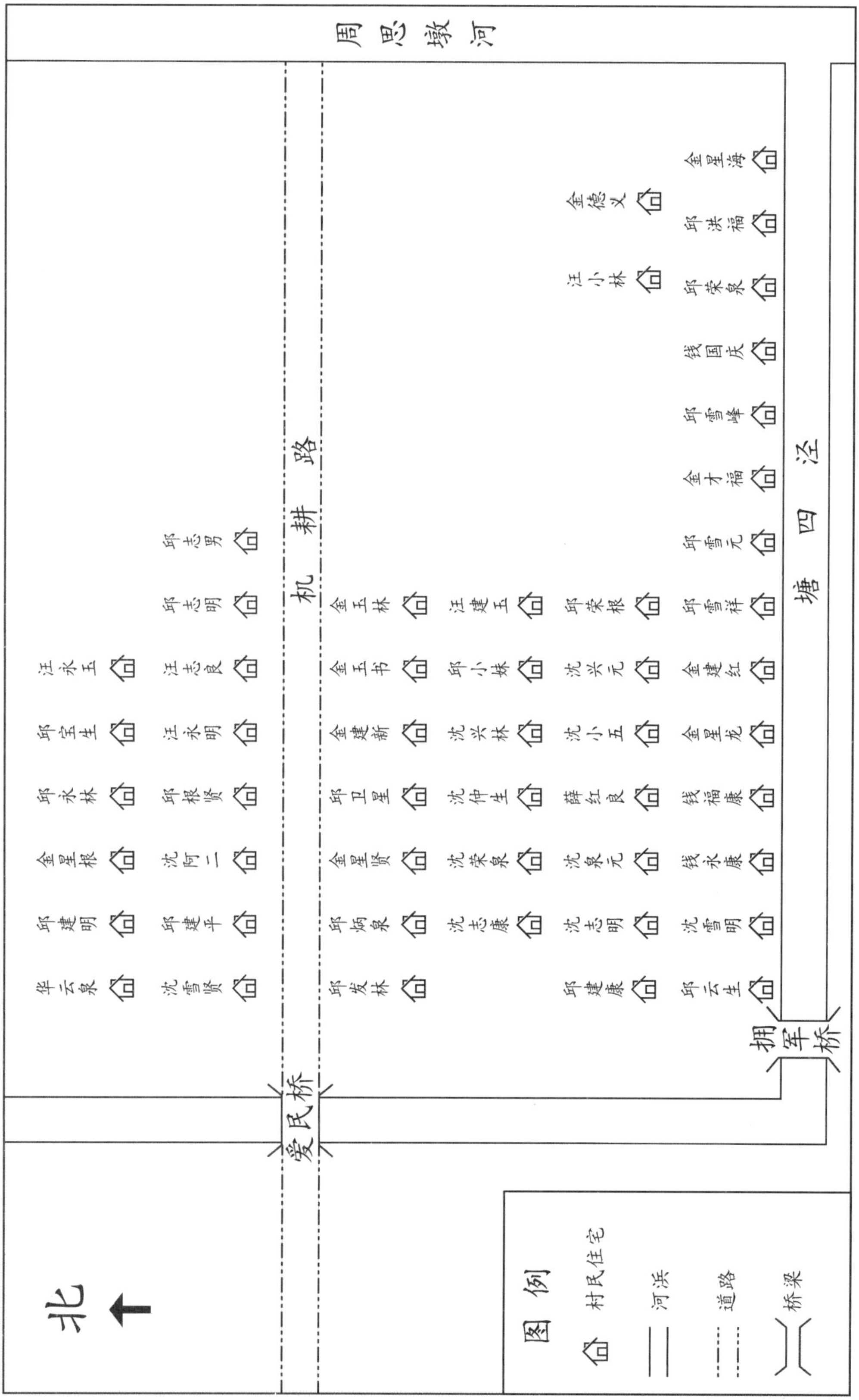

2007年周思墩自然村住宅分布示意图二

铁路段区块）用于建设福耀汽车玻璃厂。周思墩村西的土地是美的吸尘器制造基地。

三、孟墩上

位于新兴村东部，因坐落在河流旁的圩墩上，故名孟墩上。东临倪汇村，西至孟墩湾，南起周思墩，北至张华，西北部为大面积农田。该村有薛、郑、杨、晏、汤等姓氏。2013年，有户籍人口40户160人，其中男性78人、女性82人。

中华人民共和国成立初期，去孟墩上要过一座木桥。1975~1977年，木桥翻建为石墩单孔水泥拱桥，取名为孟墩桥，又叫新兴二号桥。孟墩上是新兴村村委会驻地，村上还有孟墩上小学。

1956年，建高级农业生产社为光明合作社。1957年，为黄埭乡向前第二十三社。1958年9月，为黄埭人民公社第八大队所辖。1960年初，黄埭人民公社分拆第八大队为新兴大队第六、七、十八生产队。1983年7月，恢复乡管村体制，为吴县黄埭乡新兴村第六、七、十八村民小组。1992年7月，实行镇管村体制，至2003年，随新兴村并入湖林村。2006年，划入相城经济技术开发区漕湖产业园。2008年6月，属北桥街道。2014年8月，漕湖街道成立，由漕湖花园一社区所辖。

20世纪80年代末，村民在掌握育珠技术后，发展珍珠养殖业。部分人在苏州地区研究所专家的帮助指导下，发展珍珠衍生产业，创办新兴保健用品厂和新兴日化研究所。

2008年10月起，孟墩上村民陆续搬迁，被分批安置于漕湖花园一社区和憧憬小区。2008年末，自然村消失，孟墩上成为历史地名。

孟墩上整体拆迁后，部分土地用于建设得意精密电子（苏州）有限公司。

四、刘家浜

位于新兴村北部。东邻张华，西临永昌，南起孟墩上，北靠赵千浜。村民以叶、汪、吴、周等姓居多。2013年，有户籍人口12户48人，其中男性23人、女性25人。

刘家浜村以所处刘家浜而得名。村西是长河岸石港，竖头河把庙塘泾和刘家浜连起来，河浜纵横，景色秀丽。

1954~1956年，属光明合作社所辖。1957年，为黄埭乡向前第二十三社。1958年9月，为黄埭人民公社第八大队所辖。1960年初，黄埭人民公社分拆第八大队为新兴大队第十九、二十生产小队。1983年7月，为吴县黄埭乡新兴村第

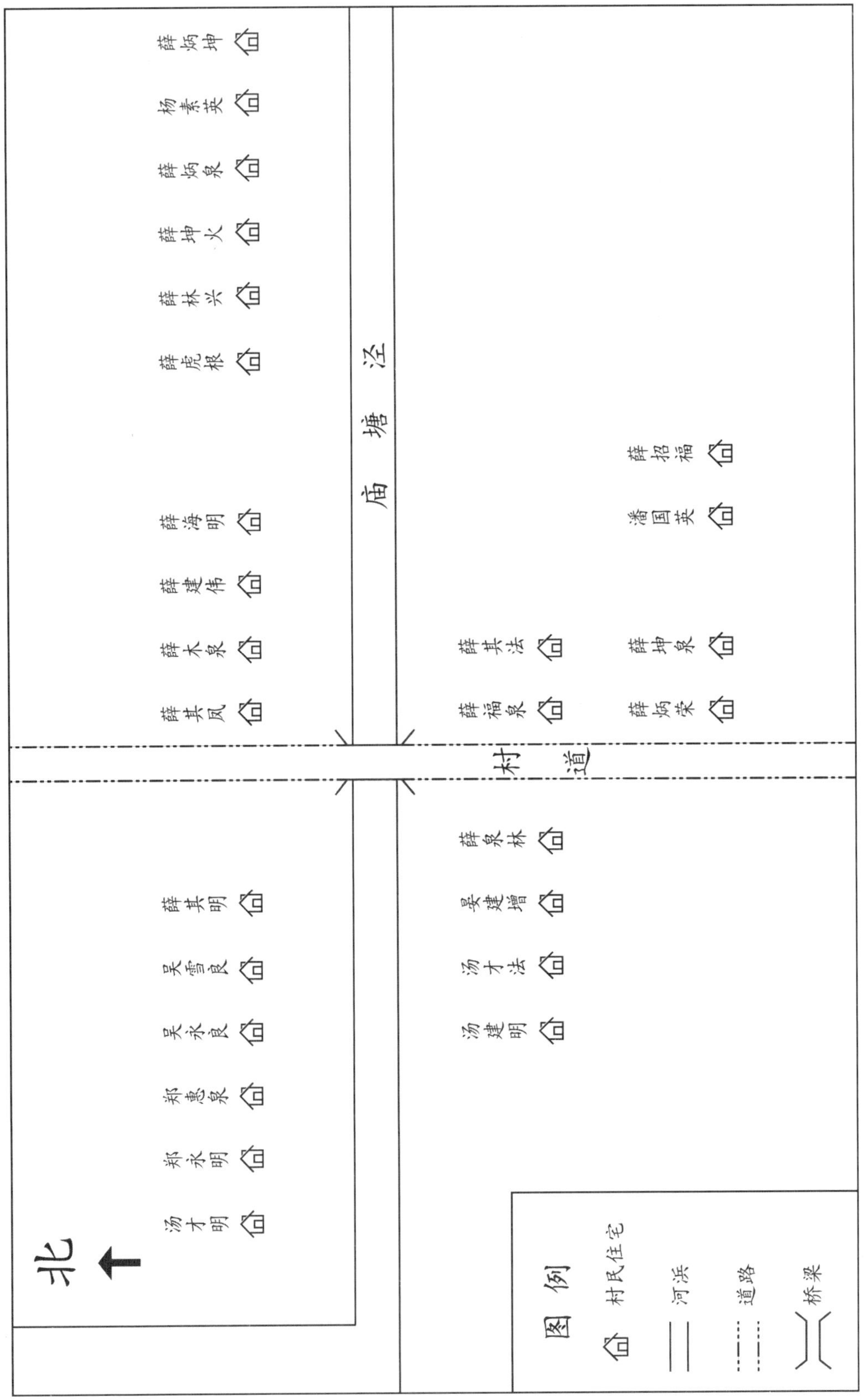

2008年孟墩上自然村住宅分布示意图

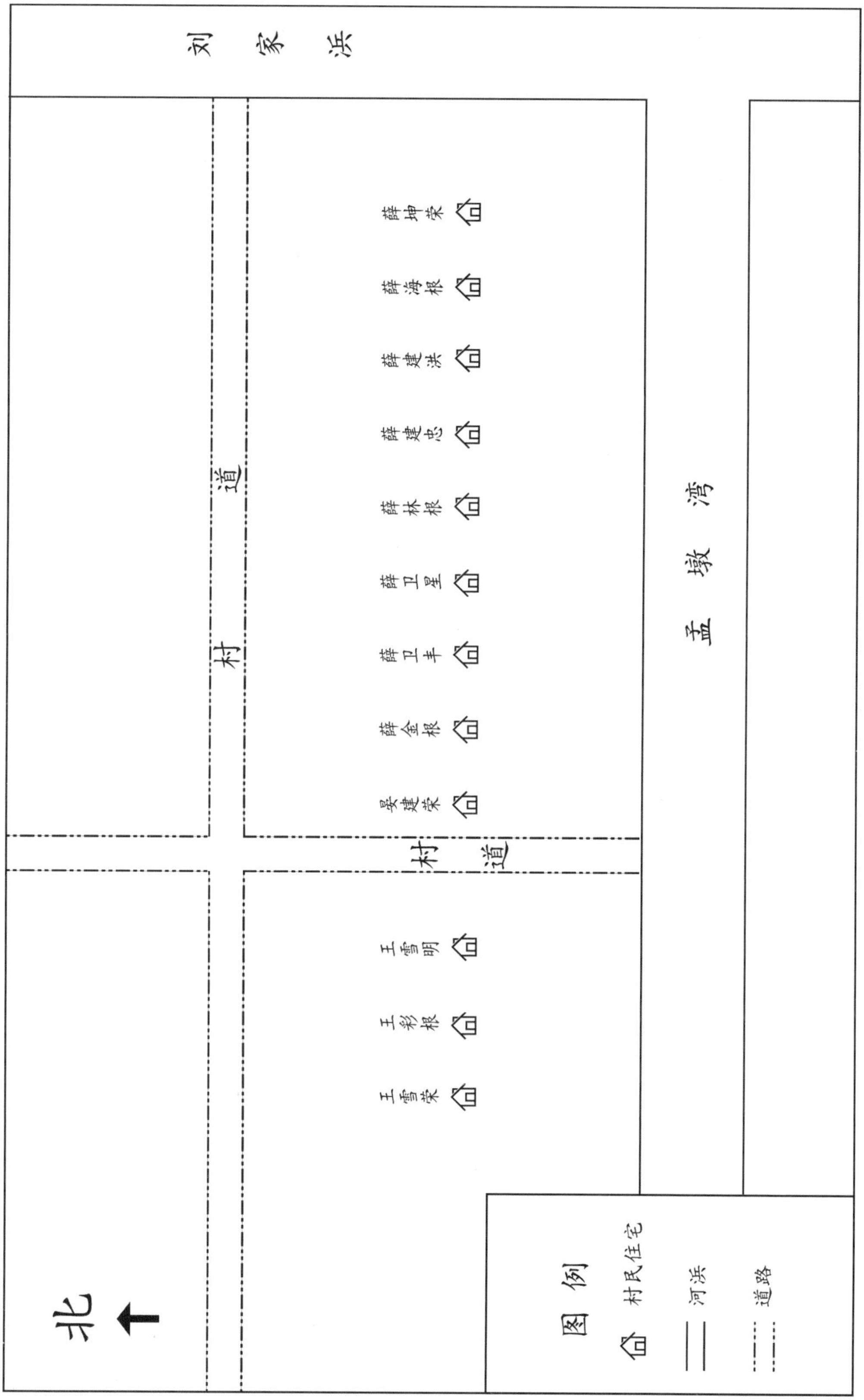

2005年刘家浜自然村住宅分布示意图

十九、二十村民小组。1992年7月，为黄埭镇新兴村第八村民小组。2003年，随新兴村并入湖林村。2006年7月，随湖林村划入相城经济技术开发区漕湖产业园。2008年6月，属北桥街道。2014年8月，属漕湖街道漕湖花园一社区。

刘家浜水域面积大，1967年起，村民的经济收入来自养殖河蚌、培育珍珠和养鱼。境内村民多用吊养法培育河蚌，即在河浜和池塘的水面上钉上竹桩，竹桩之间牵塑料绳，养殖河蚌的网袋挂在上面。20世纪90年代以后，开始推广水中养鱼、河面养蚌的鱼蚌混养法。

2006年10月开始，因开发建设相城经济技术开发区需要，刘家浜整体拆迁，村民被安置于漕湖花园一社区和憧憬社区。2008年末，自然村消失，刘家浜成为历史地名。

刘家浜拆迁后大部分土地用于建设艺达思科技（苏州）有限公司。

五、赵千浜

位于新兴村北部。东临张华，西靠永昌，南临刘家浜，北至永昌泾。村民以叶、汤、钱等姓居多。2013年，有户籍人口31户130人，其中男性63人、女性67人。

赵千浜因域内河流朝千浜而得名。村落有纵横交错的河浜和很多鱼塘。20世纪70年代初，朝千浜上建造了一座水泥桥，取名工农桥，方便村民去永昌小镇。自然村拆迁前，工农桥已经被拆除。

1954~1956年，属光明合作社所辖。1957年，为黄埭乡向前第二十三社。1958年9月，为黄埭人民公社第八大队所辖。1960年初埭人民公社分拆第八大队为新兴大队第十九、二十生产小队。1983年7月，为吴县黄埭乡新兴村第十九、二十村民小组。1992年7月，实行镇管村体制，至2003年，随新兴村并入湖林村。2006年7月，划入相城经济技术开发区漕湖产业园。2008年6月，属北桥街道。2014年8月，由漕湖街道漕湖花园一社区管辖。

赵千浜村民以农耕为主，副业为养鱼和种植菱角。1967年开始改为养殖河蚌、培育珍珠。

2006年10月开始，因开发建设相城经济技术开发区需要，赵千浜整体拆迁，村民被安置于漕湖花园一社区和憧憬小区。2008年末，自然村消失，赵千浜成为历史地名。

与赵千浜相邻的张华同时也在拆迁，整治后两村土地连成片。赵千浜村域用于建设诚信精密电子（苏州）有限公司和艾博莱特（苏州）科技有限公司。

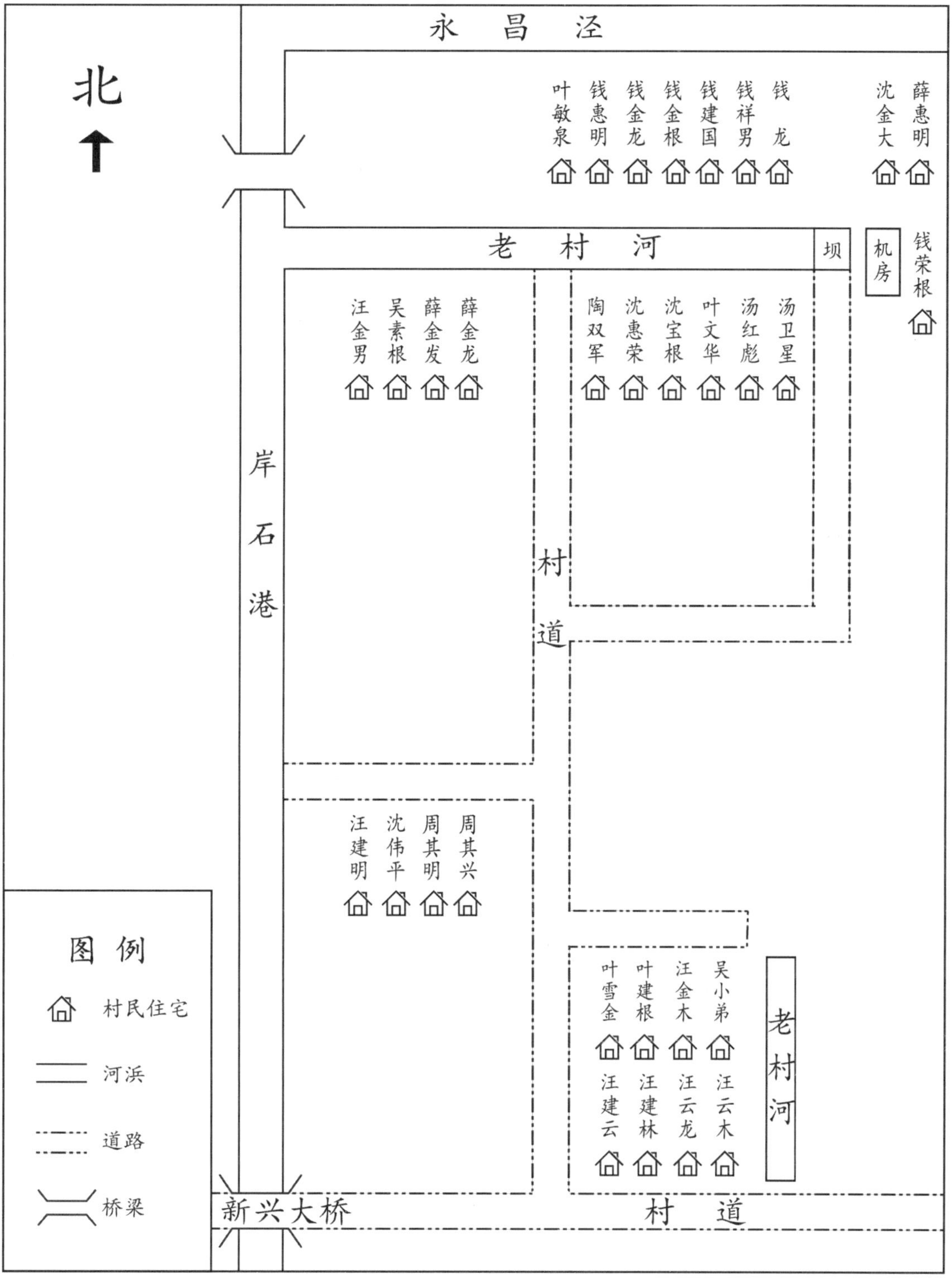

2005年赵千浜自然村住宅分布示意图

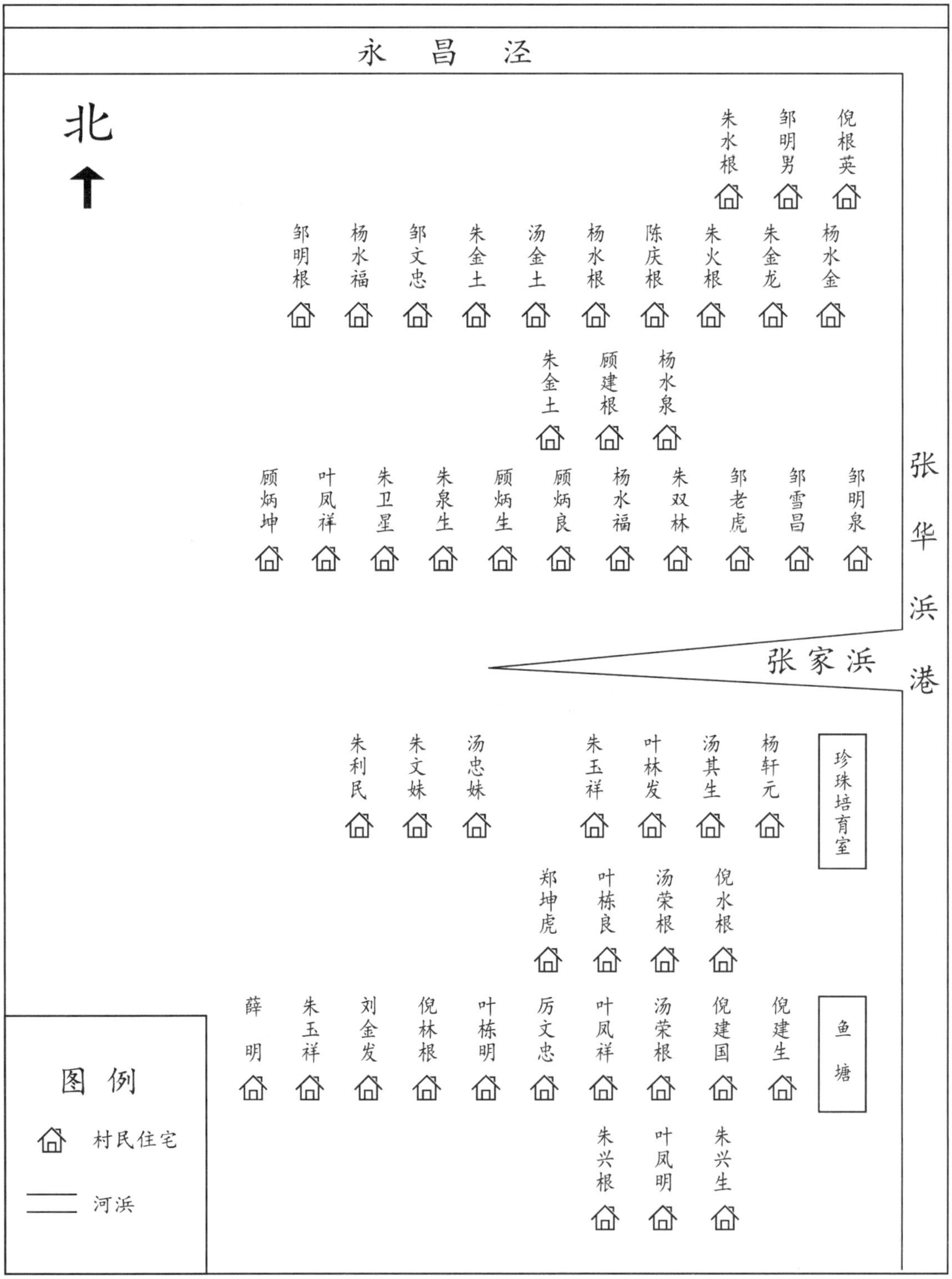

2005年张华自然村住宅分布示意图

六、张华

位于新兴村东北角。东起张华浜港，西临赵千浜，南邻孟墩上，北靠永昌泾。该村村民姓氏有刘、杨、邹、汤、朱等。2013年，有户籍人口51户174人，其中男性83人、女性91人。

相传该村原有姓张和姓华的两家大户，故取名张华。中华人民共和国成立前，这两家大户把自家大片田地租给外来佃户耕种，自家到上海经商创业，中华人民共和国成立后也没有回到家乡。张华村域形状较长，村东有新建水泥单孔拱桥——新联桥，通向倪汇镇。

1954~1956年，属光明合作社所辖。1957年，为黄埭乡向前第二十三社。1958年9月，为黄埭人民公社第八大队所辖。1960年初，黄埭人民公社分拆第八大队为新兴大队第九、十二生产小队。1983年7月，为吴县黄埭乡新兴村第九、十二村民小组。1992年7月，实行镇管村体制，至2003年，随新兴村并入湖林村。2006年7月，划入相城经济技术开发区漕湖产业园。2008年6月，划归北桥街道。2014年8月，由漕湖街道漕湖花园一社区管辖。

中华人民共和国成立前，张华村民沿习旧时耕作方法，靠天吃饭，踏水车灌溉排涝，生活十分辛苦。20世纪60~70年代，政府加圩岸、建机房、造水闸，收成有了保障，但产量不高。20世纪80年代，开始养殖珍珠，村民生活水平逐步提高。

2006年10月开始，因开发建设相城经济技术开发区需要，张华整体拆迁，村民被安置于漕湖花园一社区和憧憬小区。2008年末，自然村消失，张华成为历史地名。

张华拆迁后，村域土地用于建设卡士酸奶（苏州）有限公司的厂区。

第五章　澧湖花园二社区

澧湖花园二社区位于澧湖东畔。东起御窑路，西至倪汇路，南起观塘路，北至卫渭路，辖区面积0.36平方千米。

第一节　社区发展

2010年7月，澧湖花园二社区党总支、居委会正式成立，社区居民是原永昌村（2003年7月万安村并入）村民及卫星村、倪汇村、汤浜村、湖林村、下堡村、上浜村等部分动迁村民。2021年，调整管辖区域，原卫星村的皇埂上、洪家里、徐埂上、丁家里、阔井里纳入管理。原永昌村14个自然村、万安村15个自然村纳入下堡社区管理。

社区辖有3个小区，即五区（卫渭路37号）、六区（卫渭路35号）和七区（卫渭路33号）。居委会设在六区。有住宅楼86幢3164套，公建房4幢，社区文化广场（澧湖商业广场）1个。五区建筑面积为14.7万平方米，六区、七区建筑面积共有30.3万平方米。各小区均设有室外健身场所。

五区有住宅楼多层19幢、小高层6幢、高层5幢、公建房2幢。小区内有老年活动室、社区文体活动中心。文体中心设有影音室、健身房、儿童乐园等。2014年，苏州图书馆澧湖图书分馆进驻文体中心，馆藏图书8000余册、报刊100种、音像资料800余种，居民能够享受到与苏州图书馆总馆体系一致的服务。

六区有住宅楼多层28幢、小高层7幢、公建房1幢，是社区服务中心所在地，集科技、文化、卫生、物业管理、医疗服务等功能于一体，为居民提供优质便利的服务。

七区有住宅楼多层14幢、小高层7幢、公建房1幢。小区内有老年活动室和居家养老服务中心（日间照料中心）。日间照料中心成立于2011年4月，总建筑面积1400平方米，内部设有食堂、休息室、观影室、健身活动室、卫生室、手工制作室、棋牌室等。

2015年，集体经济总收入195万元，人均纯收入27400元。2016年，集体经济总收入380万元，人均纯收入30500元。2017年，集体经济总收入120.2万元，人均收入30500元。2018年，集体经济总收入46.58万元，人均纯收入32600元。2019年，集体经济总收入479万元，人均纯收入32000元。2020年，集体经济总收入103万元，人均纯收入30000元。2021年，集体经济总收入381.42万元，人均纯收入32500元。

社区有爱心代办服务站、“心商户　爱联盟”志愿服务队以及志愿服务基地，有“睦邻”广场舞队、太极拳队、“针爱”编织队、“新时代文明实践”文艺宣传队，有“永昌之声”大讲堂、汇心茶馆、九思斋、农家书屋等公益组织和文化服务平台。“微志愿”服务获评2019年度苏州市乡村社会治理先进集体。

2008~2021年，漕湖花园二社区历任党组织书记为任丙泉、朱金德、徐雪春、薛祥弟、苏其峰。社区居委会主任是薛祥弟、徐雪春、陶晓燕、苏其峰。

2015年，社区有户籍814户、户籍人口2815人。2018年，社区有户籍1214户、户籍人口4465人。2021年末，社区有1219户4383人，其中男性2125人、女性2125人，登记在册流动人口3840人。是年末，农村合作医疗参保1451人，社会养老保险参保1806人。境域内设公交站台5个，途经的公交线路有815路、821路、824路、833路、835路、836路、839路。

第二节　永昌村

永昌村位于漕湖大厦西侧，距大厦约3公里，因有永昌古镇而得名。东接倪汇杨端头，西连万安村，南傍新兴、湖林村，北靠漕湖。

2006年，永昌村辖河南寺、河南角、永昌西街、桑园角、中巷、牌楼巷、后头角、后桥头、东浜、矮墩桥、大桥头、野猫洞、杨四观音堂、前二房14个自然村，20个村民小组。有户籍人口393户1530人，其中男性743人、女性787人。全村共有80个姓氏，200人以上的有王姓和薛姓，其中王姓251人，占全村人数之冠。村中还有许、朱、徐、顾、张、吴、俞、胡等姓氏。

清宣统三年（1911），归属吴县黄埭乡。1912年，归属吴县南北桥市十二都五图、十二都六图。1929年8月，归属吴县十二区。1934年6月，归属吴县第六区。1941年7月，归属吴县第四区。1947年，归属吴县黄埭区。

中华人民共和国成立初期，永昌村为黄埭区永昌乡所辖，辖永昌、滕道两大自然村。1954年，建永利、穗丰、勤力3个初级农业生产合作社。1956年，三社合并建立高级农业生产合作社。1957年9月，吴县撤区并乡和整乡整社后，为黄埭乡向前第十四社。1958年9月，为黄埭人民公社第五大队所管。1960年，黄埭人民公社分拆第五大队名永昌大队。1983年7月，恢复乡管村体制，建黄埭乡永昌村村民委员会。1992年7月，实行镇管村体制，村委会驻地永昌镇。2003年7月，万安村并入永昌村，以永昌村为名。2006年7月，永昌村划入相城经济技术开发区漕湖产业园。2008年6月，属北桥街道。2014年8月，漕湖街道成立，由漕湖街道漕湖花园二社区管辖。2021年，撤村设社区，纳入下堡社区管理。

永昌镇历史悠久，两晋时已有人繁衍生活于此。北宋末年，金兵进犯中原，人口南迁，此地慢慢形成人口聚居区。据记载，薛、王两大姓居民先祖，就是北宋时期从华北迁徙而来，另有本地吴姓居民10多户。北宋金陵太守王同诸到永昌看望王氏族长，踏勘地形认为此处是块风水宝地。王同诸年老离职后再返永昌，大兴土木，建府邸定居于此。王府朝南，前门建三门式石牌坊1座，石牌坊前有旗杆石，府中内桥、花厅、客厅、四廊齐全共五进，后门通永昌泾。另造楼阁5间，供子女作卧室和书房（此老宅在明末清初遭焚毁，由其后裔王之屏重建）。王同诸又开挖“一竖”（竖头河）、“三横”（前、中、后浜）4条河浜成“卅”字形，由此永昌古镇格局初步形成。清代初期，王同诸后裔王之屏好行善事，为一乡表率。于顺治七年（1650）出资在前、中、后浜上各建环龙桥1座，从南至北分别取名为永福桥、永禄桥、永寿桥（现3座桥均因征地拆迁被拆除），并修建安乐、孟墩、衣锦3座桥，以便行人。永昌著名的“三浜六桥”古迹由此而来。

清代后期建永昌镇，又名西永昌镇。永昌镇有东街、西街和南北3条街。东、西两街总长350米，南北街长200米。镇上为薛、王、吴等几个大族聚居处，其中以薛家最为兴盛。

清道光年间，薛、王两族相继在永昌镇西建立祠堂。

薛家祠堂在前桥西堍，沿河建造三间二厢，正中整间对着河滩，大河滩石阶11级，由长8尺、宽1尺、厚半尺的金山条石叠成。大门前有一对石狮子。石狮子中间是由青石、明矾和糯米砌成的台阶。拾阶而上进入祠堂，正间的大厅堂是族里的议事厅，后两间是祖宗堂（长生堂）。后天井（院子）内有一棵合抱粗的黄杨树，另有一棵被紫藤环绕的榉树。整个薛家祠堂气势雄伟。薛家以农桑传家，除农耕外还植桑养蚕、织绵，尤以种苎麻织夏布最为著名。苎麻织成的布是那时人们在夏天用来制成短裤、短衫和蚊帐，故称夏布。夏布除供应本地外还远销大江南北，给永昌古镇商贸带来兴旺。

王家祠堂建在后桥西堍，挨着王氏老宅的东边，虽然只有三间两进，但厅内4

根楠木大柱（今保存在苏州博物馆）不同凡响，门前有石狮一对，门额蓝色瓷匾上的“王氏公祠”四字庄严肃穆。王氏是书香门第，出过秀才、教授，并盛传一时。

镇东街中段有吴氏祠堂，建造时间稍晚于薛、王两家祠堂。吴氏祠堂二进，门前有座朝廷表彰吴氏女节烈守道的贞节牌坊。

永昌还建有西庵观音堂，大门上方匾额是宋彭征卿所书刻。还有滕道观音堂、杨四观音堂和大桥头大王庙。清代初期，苏州东山王鏊的六世孙、花鸟画家王武在永昌置田，建造谢鸥草堂，并为西庵观音堂画送子观音一幅，为滕道观音堂画济公像一幅。

永昌镇商市颇为兴旺，有茶馆、药店、南货店等店铺20多家，附近乡民都到这里上集市。镇上有到苏州的日班航船和到上海的定期航船。民国时期，是永昌镇镇公所驻地。中华人民共和国成立初期，为永昌乡政府驻地。1957年起，并入黄埭乡（公社）。1992年，为永昌村委会驻地。2007年，因征地拆迁消失。

永昌文物古迹众多。滕道观音堂中有一座石雕四面观音像，中华人民共和国成立后被吴县文物局收藏。1966年，在推平永昌大坟时，发现大坟为黄石砖所砌，出土了很多陶器、瓦罐，其中有几件被吴县市文物管理委员会收藏。1977年，在道士坟出土了4头高5厘米、长10厘米的青铜牛，经苏州博物馆鉴定，为晋代文物，据博物馆文物专家说，全套文物应为4头牛、1只食料桶，但现场未发现食料桶。同年，青铜牛由苏州博物馆收藏。

《吴门表隐》载：“明太学徐璇墓在永昌。按子魁、孙璜、曾孙东泉、元孙万钟、五世孙铨，也有隐德，子孙聚族墓旁甚盛。六世孙龙溪，字跃卿处士，两代俱学于王敬臣之门下，以文行著，配享仁孝先生祠，俱祔。”（王敬臣，长洲人，明代大儒。以孝立本，人称仁孝先生。学说以“慎独”为先，有学生400余人，故居在苏州市大儒巷。）

永昌村北全线与漕湖相邻，永昌泾大河横穿永昌村东、西，永昌村水网密布，水路交通极其方便，也是黄埭镇菱种的发源地。民国时期，永昌村田地由历代大族掌握，所以永昌村民佃农户较多，生活极艰苦。

抗日战争时期，境内是中共地下党主要活动区域。1938年10月，锡东抗日游击队派战士夏阳、陈初梦进入永昌村开展地下活动，组织佃农抗租，积极发动有志青年参加革命队伍，王钰、王杏泉、杨荣贵及王茵、王玲姐妹等爱国青年过长江参加新四军。

2000年，永昌村办及民营企业有昌乐公司、光明五金工具厂、苏州市相城区永升喷灯制造有限公司、丽佳金属拉丝厂、黄埭五金铸造厂、苏州市相城区昌发塑料包装有限公司、苏州市永昌消声器有限公司7家，年度村级总收入29万元、工业总产值839万元，人均年收入达6419元。

永昌村有漕湖地区办学历史最长的一所学校——永昌小学（1912~2006年），原名吴县永昌初级小学。20世纪70年代，曾增设初中班。1999年9月，新兴小学并入。2006年后，永昌小学并入黄埭中心小学。

2006年10月至2007年4月，因修建京沪高铁，永昌村第一批动迁184户，村民被安置在漕湖花园。从2007年7月至2015年12月，因城乡一体化建设征地，永昌村又分三批动迁，村民被安置在漕湖花园各小区和永昌泾花苑。

中华人民共和国成立至2018年，永昌村历任村（大队）党组织书记为王志萍、许炳才、薛永耀、王阿安、吴林荣、王建伟、张惠康、钱晓东、任丙泉。历任村（大队）负责人为薛鸣达、王阿安、薛德荣、芮继高、吴林根。

相关链接：永昌镇古迹

滕道堂

滕道堂位于永昌古镇南，始建年代无考。民间有“先有永昌滕道堂，后有黄埭兴国寺”之说。黄埭兴国寺建于三国吴赤乌四年（241），故滕道堂更是历史悠久。滕道村便因滕道堂而得名。

据传，滕道堂规模宏大，拥有1048间房舍。前殿是金刚殿，四大金刚分列左右。进门正面弥陀佛慈眉善目、笑容可掬。正殿大雄宝殿如来佛祖面南端坐，两旁是伽蓝、文殊菩萨，十八罗汉分列两厢。后殿是观音殿堂，幽深恬静，大慈大悲的观世音菩萨端庄慈祥，左右是龙女和善财童子。三进殿堂两厢，最靠南独立楼阁是钟楼与鼓楼。右厢是斗姆阁、文昌阁；左厢是关圣殿、吕祖殿；两廊为斋堂、经堂，接待香客用膳、募捐和住宿。

东汉时期，滕道堂的香火盛极一时，周边的善男信女和远道而来的香客络绎不绝。

北宋时，滕道堂古刹遭火灾，金刚殿废墟形成一个大墩，人称金刚坟。西南角烧剩10余间厨房，被改造成一座小庙，仍叫滕道堂。后曾改名为关帝庙，复又更名为滕道观音堂，今已毁。仅存的一尊明代石雕四面观音像（上高70厘米、边长53厘米×55厘米，下高31厘米、边长74厘米×74厘米）被吴县文物管理委员会收藏于开元寺无梁殿，后由苏州市文物保护管理所接手保管。现藏于苏州古代石刻艺术博物馆。滕道堂曾有块1米见方、半米厚的浮石，后不知去向。

永昌大王庙

永昌大王庙原在永昌后浜，2011年迁至漕湖街道康阳路北砚鱼浜路西，占地面积4600平方米左右，建筑面积570平方米左右。

大王庙是一座土地庙，供奉着魏晋时期竹林七贤中的阮籍。阮籍（210—263），三国时期魏国诗人，字嗣宗，陈留（今属河南）尉氏人，竹林七贤之一。曾任步兵校尉，世称阮步兵。其博览群书，傲然任性，蔑视礼法，常醉酒佯狂，以避祸保身。阮籍认为人的形体和精神都禀受自然，他的理念深受本地士大夫推崇，故阮籍被尊封为“永昌土地幽冥大王阮籍大老爷”，所以永昌土地庙也叫永昌大王庙。

此庙坐北朝南，由前、中、后三殿组成，庙门前后有两棵参天银杏树，又开挖直通黄埭荡的河道，称阮籍港，以纪念阮籍获封永昌土地。

按当地风俗，人去世后，死者亲人一身重孝，手提桅灯，带着纸马，到土地庙跪拜焚化。境域内村民祭祖时，会另备一桌酒菜放在靠门处供土地神享用。每逢农历七月十三（阮籍的诞辰日），村民便聚集在大王庙举办庆典。

谢鸥草堂

为明代宰相王鏊（东山陆巷人，号守溪）六世孙王武（字勤中，晚号忘庵，又号雪颠道人，清代初期著名花鸟画家）的别业。

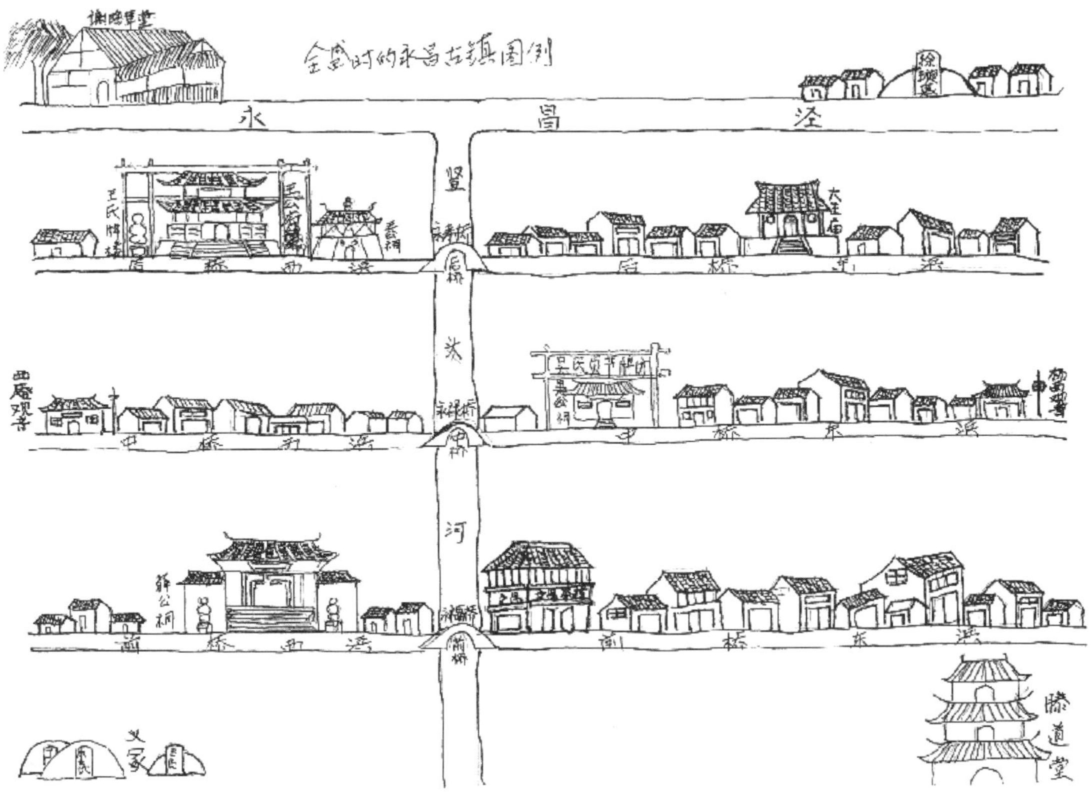

全盛时的永昌古镇图例

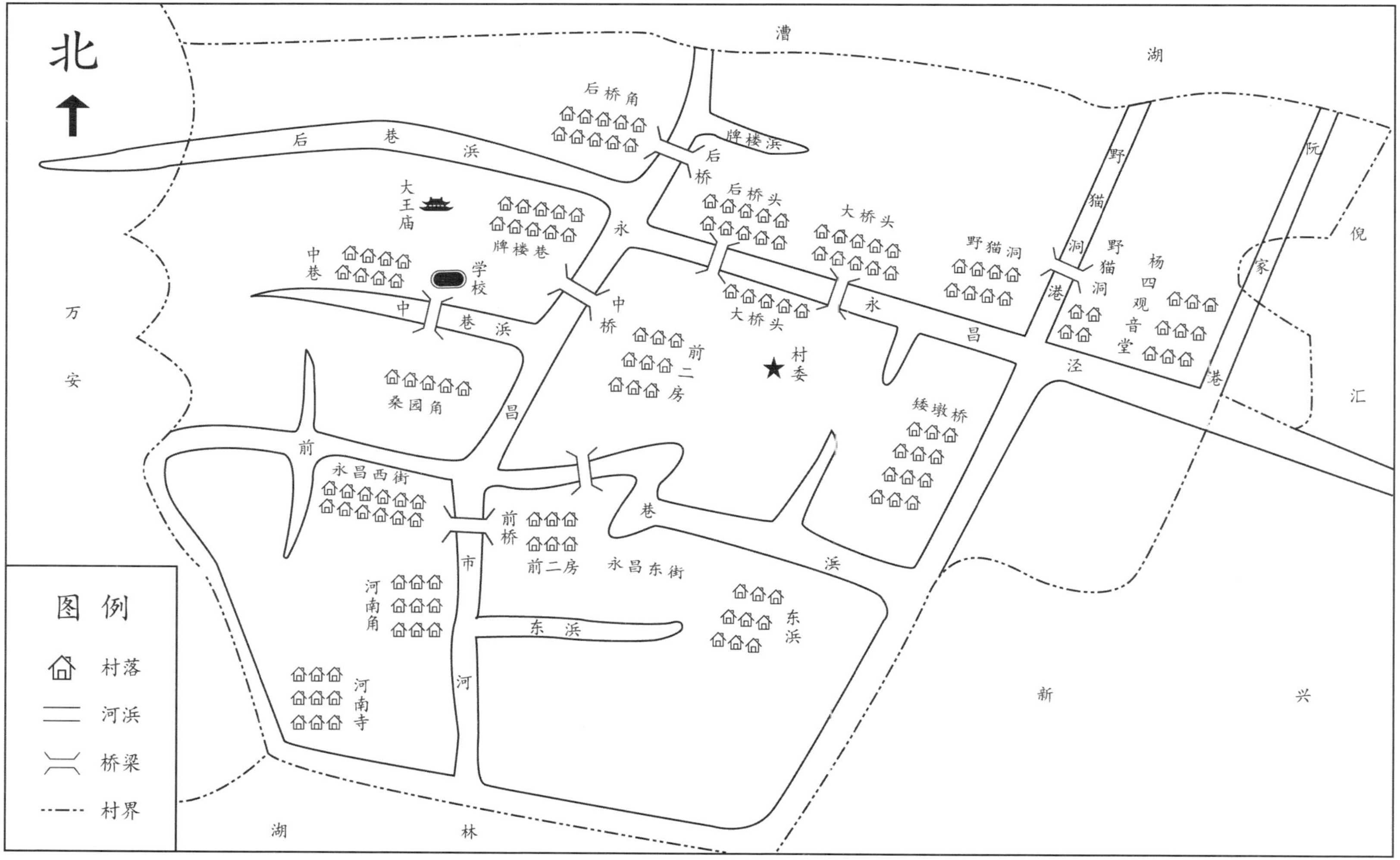

2006年永昌村河流与村落图14村20组

据清同治《苏州府志》载："草堂在齐门外四十余里，村名永昌。"南眺姑苏阳山，北睹常熟虞山，西看无锡锡、惠诸山，前挨永昌泾，后靠漕湖。王武听闻漕湖风景秀丽，便到漕湖旁的永昌游玩，见永昌民风纯朴，林木青翠欲滴，湖面波平浪静，一时流连忘返，后置田地造屋宇移居永昌。

清代文学家归庄为草堂作记云："夫草堂之景与夫营筑之因，勤中既自言之矣。""尝取陆鲁望栽诗'白鸥'之句额其别业之堂曰'谢鸥'属记之。""以漕船所经也，河中波涛烟霭帆桅罛罾历历在目，皆是供我丹青图写而数点，间鸥日夕相对，尤似与主人有情，兴之吟咏，欣然自得。此'谢鸥'之所由名也。"（归庄《谢鸥草堂记》）

王武《园居》诗吟道"孤城雨色晓苍苍，满耳秋声经已荒。岸草倒垂鱼食景，林花乱落鸟寻香。太平景物遗台谢，中古衣冠想庙廊。惭愧无能延祖泽，萧然双板闭鱼梁。"

一、河南寺

位于永昌村永昌古镇的西南端。东邻鲇鱼浜，西至万安村鱼池头，南依湖林村，北近永昌西街。村民以许姓居多。2009年，有户籍人口27户98人，其中男性47人、女性51人。

河南寺因村内原有一座猛将堂，供奉"灭蝗猛将军，普佑上天王"的猛将神而得名。猛将堂后来因一场大火被焚毁，可河南寺的村名流传至今。

清宣统三年（1911），属黄埭乡十二都五图。中华人民共和国成立初期，属黄埭区永昌乡。1957年9月，属黄埭乡向前第十四社。1958年，属黄埭人民公社第五大队。1960年，为永昌大队第一生产小队。1983年7月，恢复乡管村体制，为黄埭乡永昌村第一村民小组。1992年7月，为黄埭镇永昌村第一村民小组。2006年7月，属相城经济技术开发区漕湖产业园永昌村。2008年6月，属北桥街道。2014年8月，属漕湖街道漕湖花园二社区管辖。

河南寺的河浜和鱼塘出产的永昌紫背薄壳元宝菱远近闻名，一到采摘季节就会成为集市交易的抢手货。

2009年开始，因相城经济技术开发区建设需要，河南寺整体拆迁，村民被安置于漕湖花园二社区。2009年底，村落消失，河南寺成为历史地名。

河南寺整体拆迁后，平整宅基地，填平近旁小河浜。整片土地用于建设深圳德兰能源科技有限公司厂区。

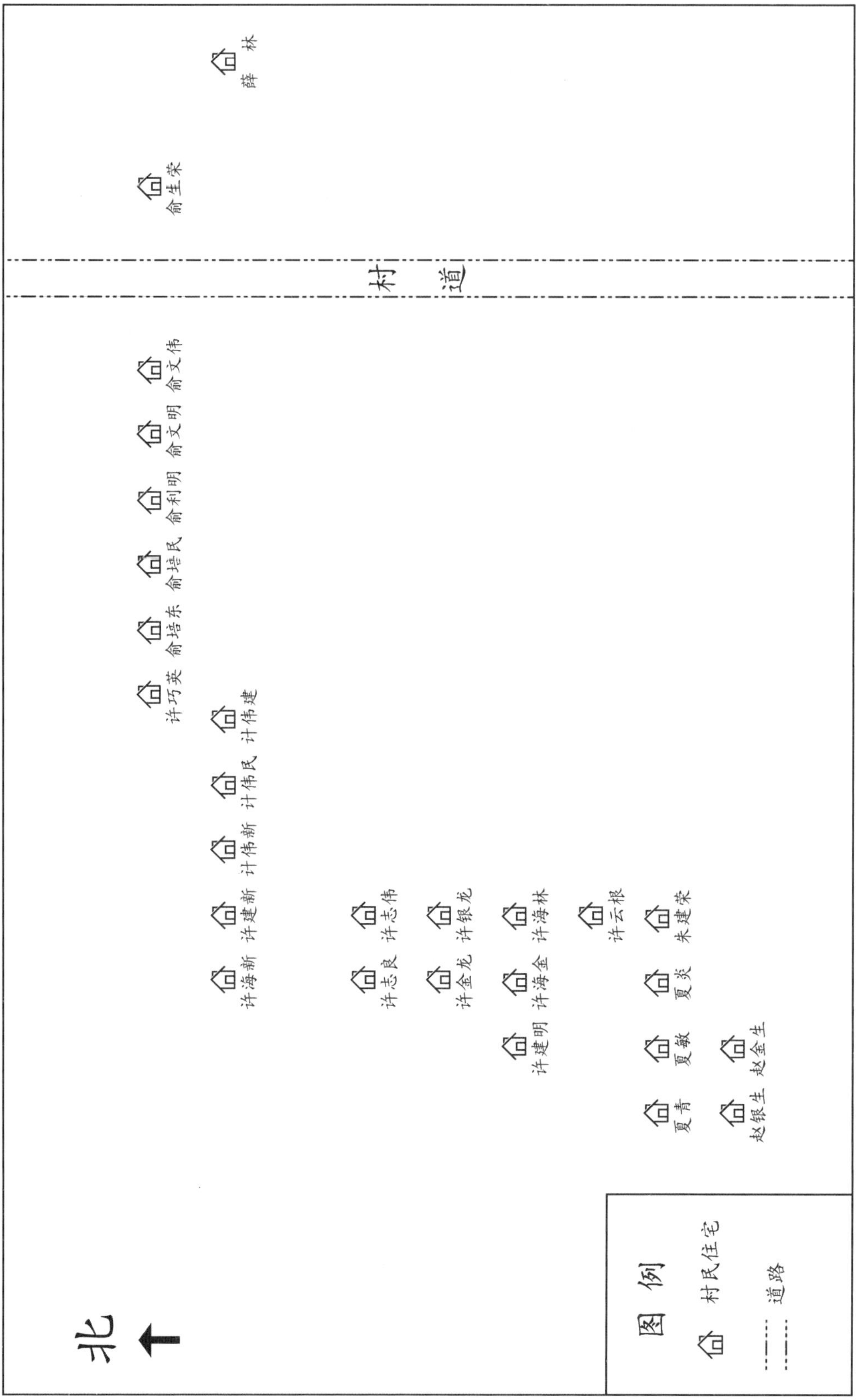

2009年河南寺自然村住宅分布示意图

二、河南角

位于永昌老街河南弯角里，因地形而得名。东起永昌市河，西邻万安村，南起鲇鱼浜，北至永昌西街。村民以俞姓居多。2009年，有户籍人口13户50人，其中男性24人、女性26人。

中华人民共和国成立前，河南角的村民清一色是佃户，以租富裕大户的土地为生。河南角除永昌特产菱角外，还种植“水八仙”中的茭白、莲藕、芡实、水芹等水生植物。

中华人民共和国成立初期，属黄埭区永昌乡。1957年9月，属黄埭乡向前第十四社。1958年，属黄埭公社第五大队。1960年，为永昌大队第二生产小队。1983年7月，恢复乡管村体制，为黄埭乡永昌村第二村民小组。1992年7月，属黄埭镇永昌村第二组。2006年7月，属相城经济技术开发区澧湖产业园永昌村。2014年8月，属澧湖街道澧湖花园二社区管辖。

2006年开始，因开发建设相城经济技术开发区需要，河南角整体拆迁，村民被安置于澧湖花园二社区。2006年底，村落消失，河南角成为历史地名。

河南角拆迁后的土地用于建设赛姆柯（苏州）智能科技有限公司厂区。

三、永昌西街

因位于永昌小集镇的街西而得名。东起永昌东街，西邻万安村，南靠河南角，北接桑园角。村民以王姓、徐姓居多。2009年，有户籍人口35户132人，其中男性64人、女性68人。

清道光年间，永昌西街是一个商贸中心，也是原永昌镇政府所在地。清代处士张亮采墓也在永昌西街。街上店铺、民居井然有序。王、薛两家祠堂互相映辉，在周边颇有影响。

清宣统三年（1911），属黄埭乡十二都五图。中华人民共和国成立初期，属黄埭区永昌乡。1957年9月，属黄埭乡向前第十四社。1958年，属黄埭人民公社第五大队。1960年，为永昌大队第三、十四生产小队。1983年7月，恢复乡管村体制，为黄埭乡永昌村第三、十四村民小组。1992年7月，为黄埭镇永昌村第三村民小组。2006年7月，属相城经济技术开发区澧湖产业园永昌村。2014年8月，属澧湖街道澧湖花园二社区管辖。

2006年开始，因开发建设相城经济技术开发区需要，永昌西街整体拆迁，村民被安置于澧湖花园二社区。2006年底，村落消失，西街成为历史地名。

永昌西街是永昌行政村的中心地带，拆迁后苏州特尔斯特电子科技有限公司

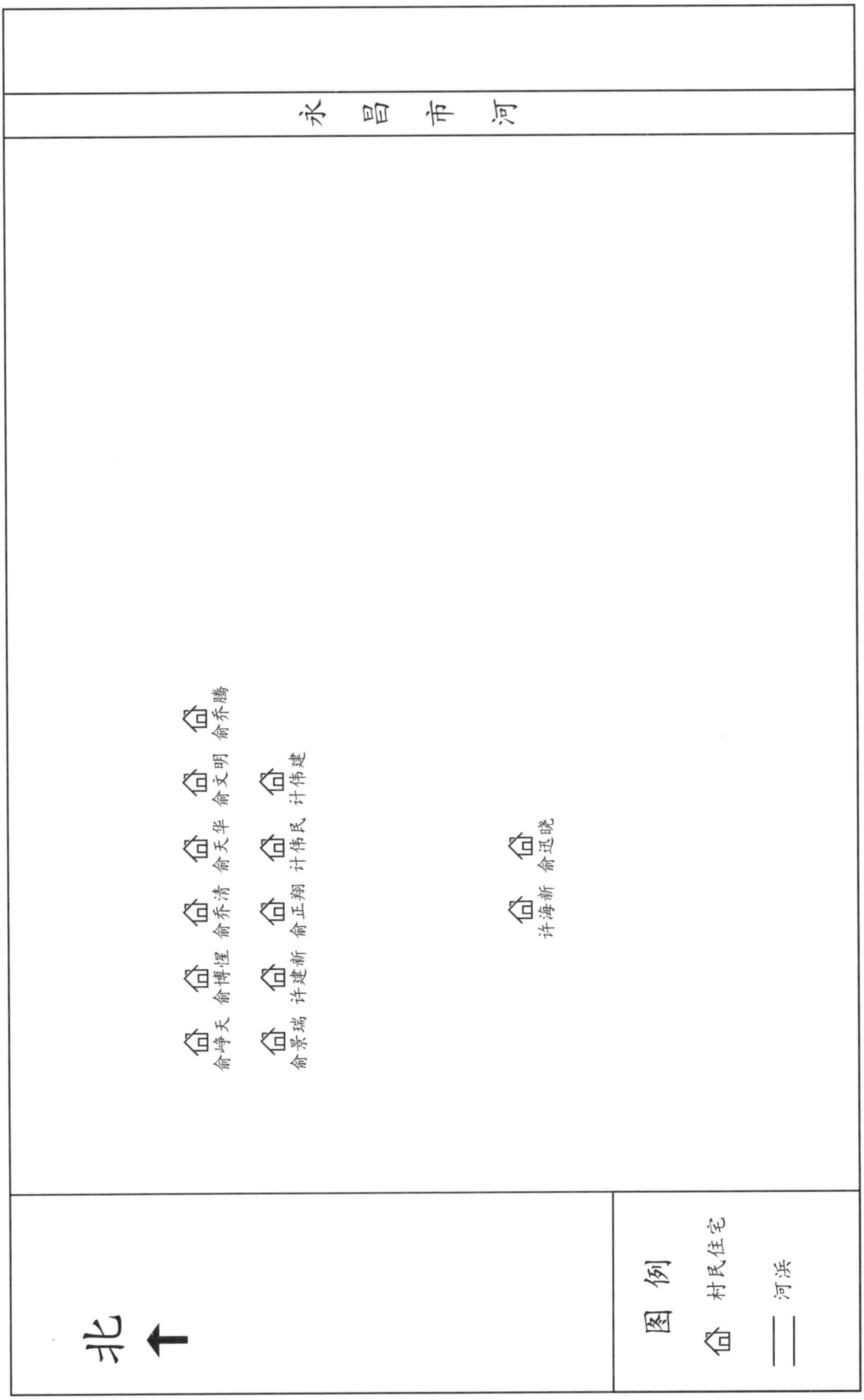

2009年河南角自然村住宅分布示意图

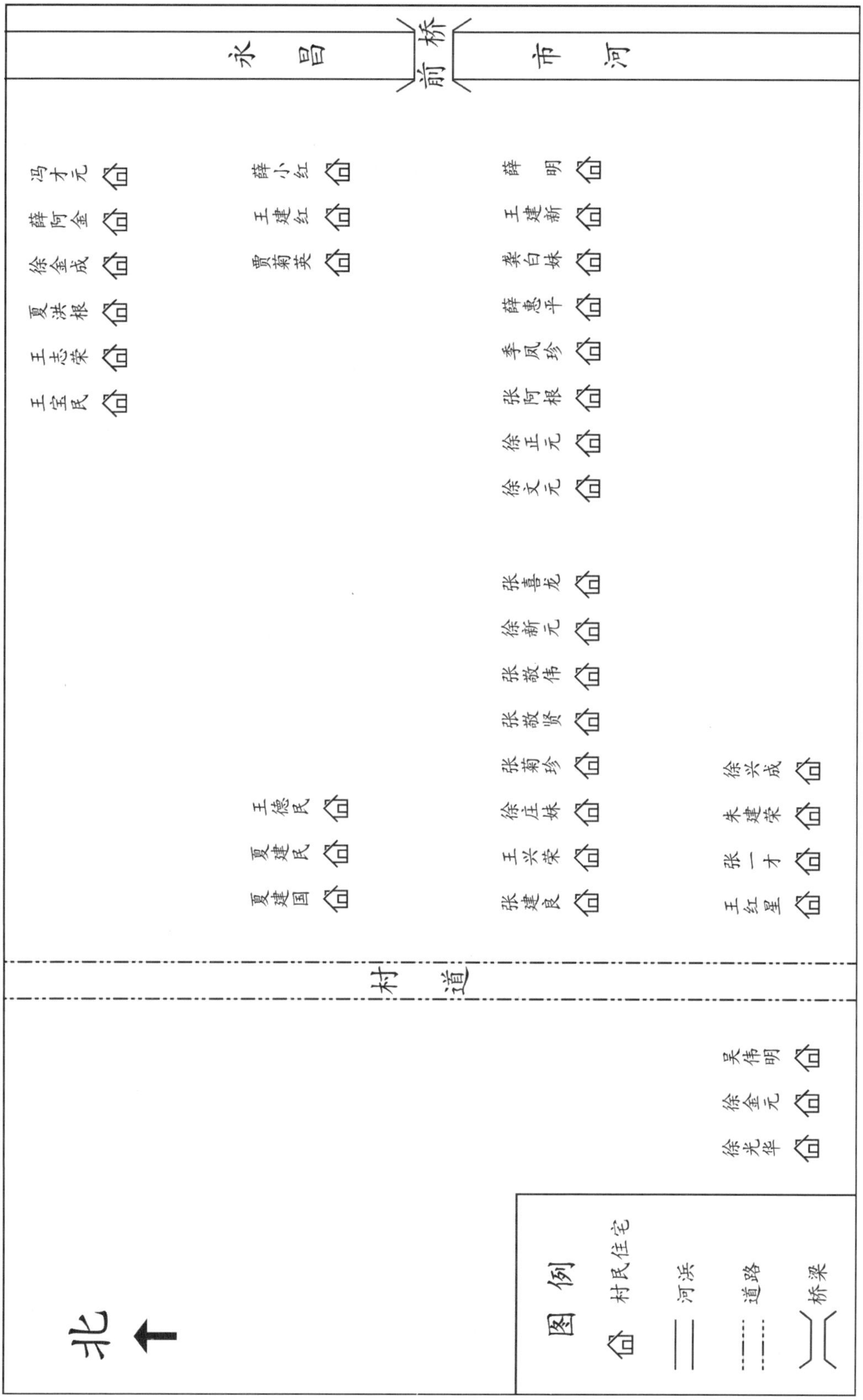

2009 年永昌西街自然村住宅分布示意图

建设入驻。西街往东到永昌路一段优质区块则在等待时机开发。

四、桑园角

因位于永昌小镇西的桑树园边而得名。东邻永昌市河，西至万安村，南接永昌西街，北靠中巷浜。村落呈方形。村民以王姓居多。2006年，有户籍人口30户94人，其中男性45人、女性49人。

北宋末年，因金兵进犯华北地区，薛氏祖先从老家迁到永昌定居，并在此种桑、养蚕、织锦，桑园角就是境域内桑树的始植地。薛氏抢了地区种桑、养蚕的先机，生意也曾做得十分兴旺。但因永昌区域地势低洼，不适合种桑养蚕，种桑养蚕慢慢消失，但村名保留了下来。

清同治十二年（1873），郡人捐资，在今桑园角置地三亩四分六厘，修西永昌义冢。

清宣统三年（1911），属黄埭乡十二都五图。中华人民共和国成立初期，属黄埭区永昌乡。1957年9月，属黄埭乡向前第十四社。1958年，属黄埭人民公社第五大队。1960年，为黄埭人民公社永昌大队第十三生产小队。1983年7月，为黄埭乡永昌村第十三村民小组。1992年7月，属黄埭镇永昌村第十三组。2006年7月，属相城经济技术开发区漕湖产业园永昌村。2014年8月，属漕湖街道漕湖花园二社区管辖。

桑园角村民受新兴村养殖珍珠影响，在永昌村率先养殖河蚌、培育珍珠，收益较高。

2006年开始，因开发建设相城经济技术开发区，桑园角整体拆迁，村民被安置于漕湖花园二社区。2006年底，村落消失，桑园角成为历史地名。

桑园角拆迁整治后，土地用于建设江苏凯尔生物识别科技有限公司。

五、中巷

位于永昌古镇中心，因地理位置而得名。东靠永昌市河，西近万安，南邻桑园角，北至牌楼巷。村落呈条状。村民以王姓、薛姓居多。2006年，有户籍人口38户128人，其中男性62人、女性66人。

中巷原有一座建于清雍正十年（1732）的贞节牌坊，是当时朝廷为嘉奖吴氏女而立，2006年因城乡一体化建设用地被拆除。

清宣统三年（1911），属黄埭乡十二都五图。中华人民共和国成立初期，属黄埭区永昌乡。1957年9月，属黄埭乡向前第十四社。1958年，属黄埭人民公社第

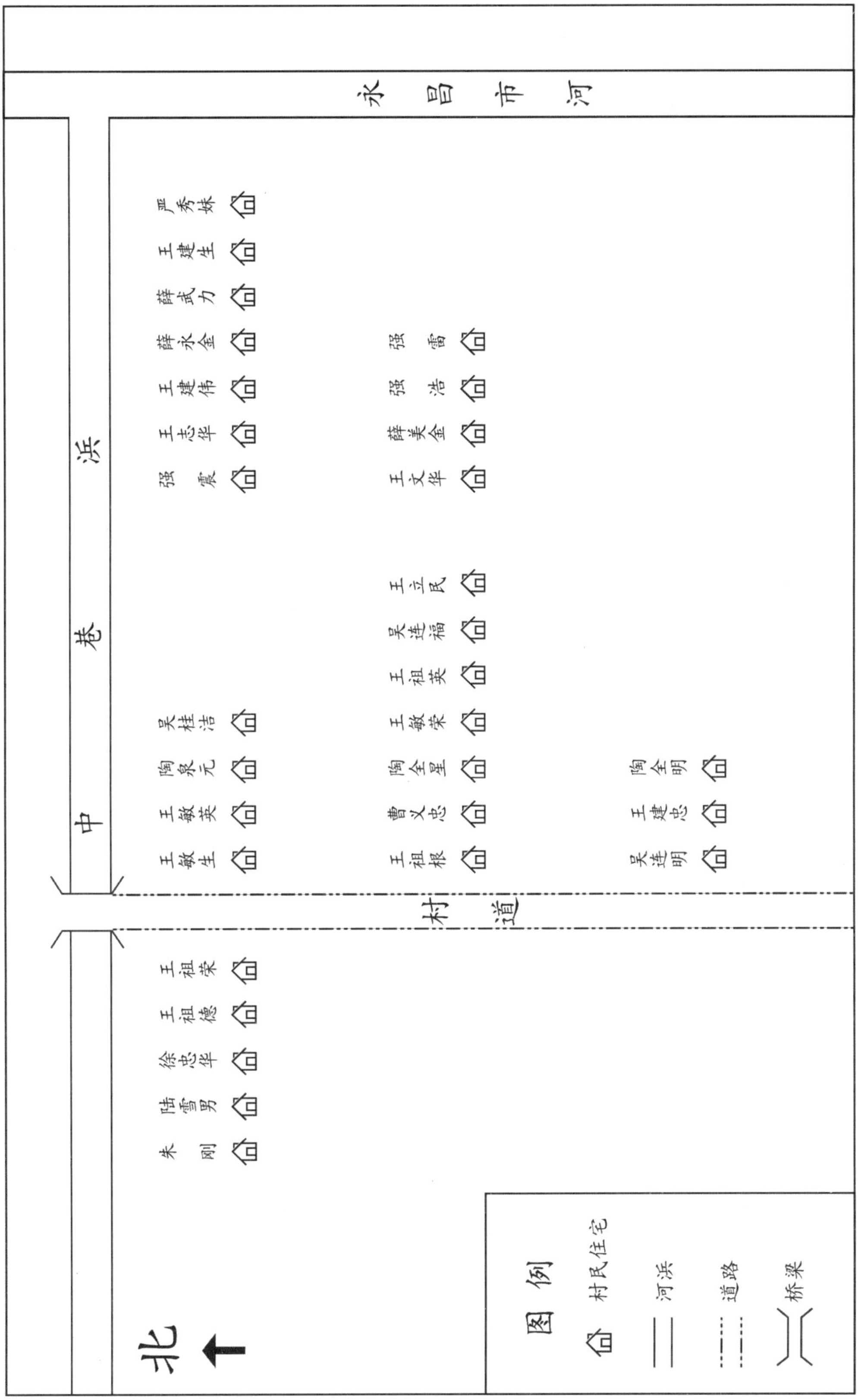

2006年桑田角自然村住宅分布示意图

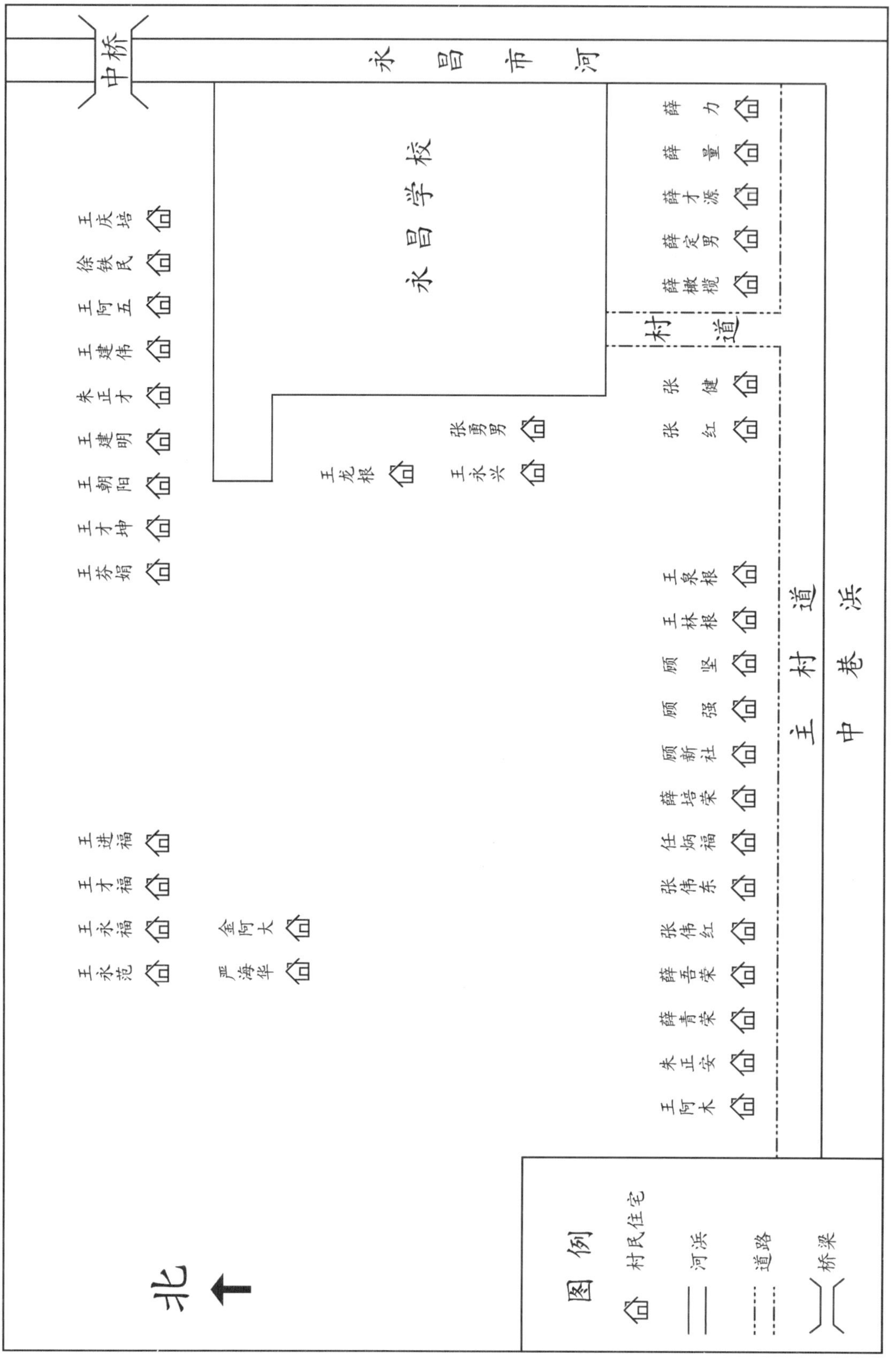

2006年中巷自然村住宅分布示意图

五大队。1960年，为永昌大队第四生产小队。1983年7月，为黄埭乡永昌村第四村民小组。1992年7月属黄埭镇永昌村第四组。2006年7月，属相城经济技术开发区漕湖产业园永昌村。2014年8月，属漕湖街道漕湖花园二社区。

中巷以农业为主。20世纪80年代，稻麦产量由每亩不足200公斤提高到近900公斤。副业生产以养蚌育珠为主。

2006年开始，因开发建设相城经济技术开发区，中巷整体拆迁，村民被安置于漕湖花园二社区。2006年底，村落消失，中巷成为历史地名。

中巷整体拆迁后，方桥路和滕道路夹角处的建筑用土取自中巷的土地。部分区域用于建设苏州德兰能源科技股份有限公司。

六、牌楼巷

位于永昌古镇东北方，因巷中曾有清道光年间王之屏所建三门式石牌楼（2006年牌楼被拆除）而得名。东邻后桥头，西靠万安村，南起中巷，北至后巷浜。村落呈条状。村民以王姓、薛姓居多。2006年，有户籍人口22户88人，其中男性43人、女性45人。

清宣统三年（1911），属黄埭乡十二都五图。中华人民共和国成立初期，属黄埭区永昌乡。1957年9月，属黄埭乡向前第十四社。1958年，属黄埭人民公社第五大队。1960年，为永昌大队第五、二十生产小队。1983年7月，恢复乡管村体制，为黄埭乡永昌村第五、二十村民小组。1992年7月，属黄埭镇永昌村第五、二十组。2006年7月，属相城经济技术开发区漕湖产业园永昌村。2014年8月，属漕湖街道漕湖花园二社区。

牌楼巷的村民以农为本，农耕生产从个体到互助合作、从集体生产到联产承包，自大农户出现到大农户规模化经营，农业产量稳步提高。

2006年开始，因开发建设相城经济技术开发区，牌楼巷整体拆迁，村民被安置于漕湖花园二社区。2006年底，村落消失，牌楼巷成为历史地名。

牌楼巷虽在竖头河西，但它半数田地在河东，拆迁后的宅基地和大部分土地用于建设苏州科阳光电科技有限公司。

七、后桥角

因位于永昌镇的北面、后桥东浜中段，俗称镇后头，以村庄位置而得名。东邻后桥头，西靠万安村，南起牌楼巷，北临漕湖。村落呈方形，是永昌比较大的自然村，村民以刘姓为主。2006年，有户籍人口11户50人，其中男性24人、女性26人。

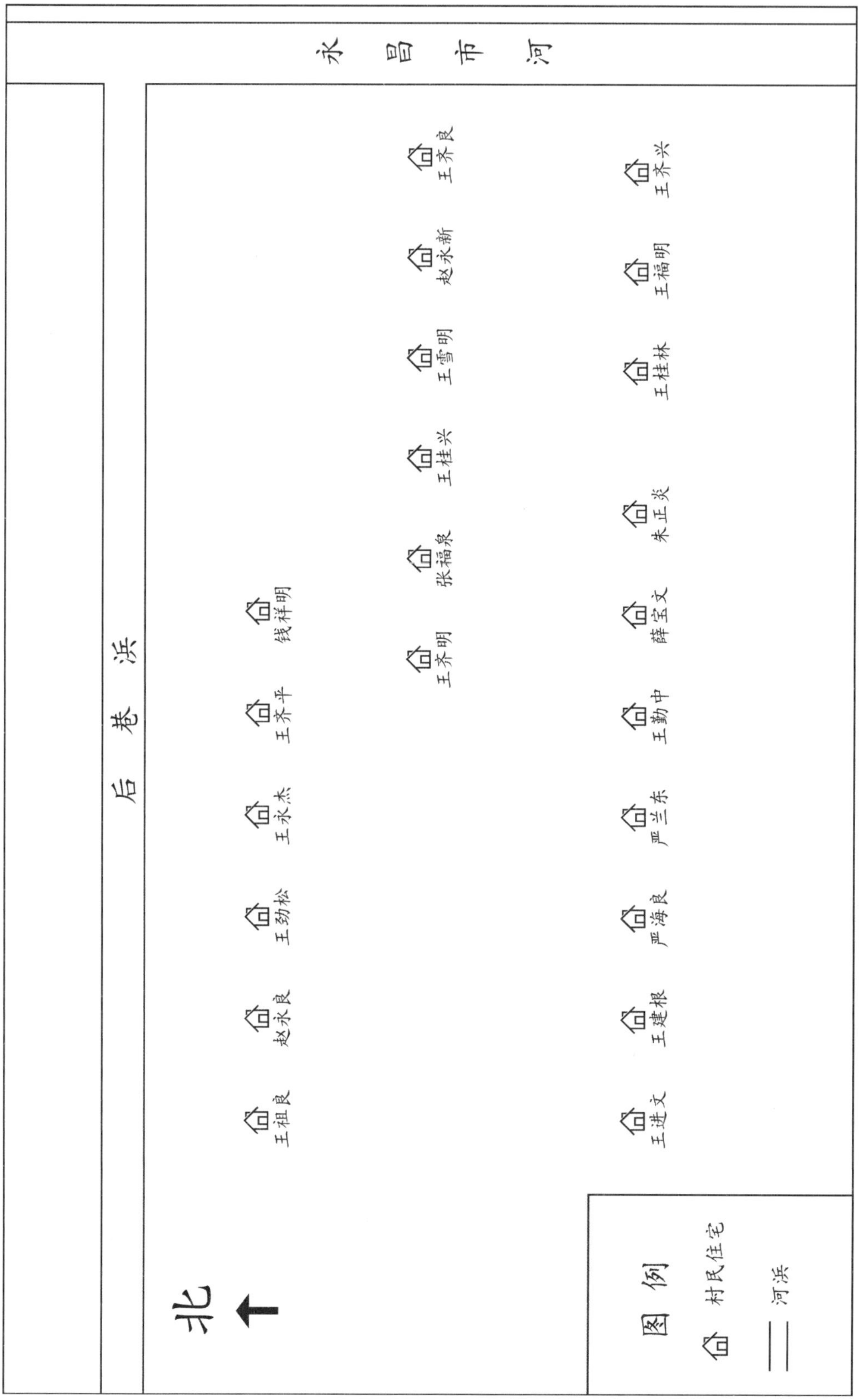

2006年牌楼巷自然村住宅分布示意图

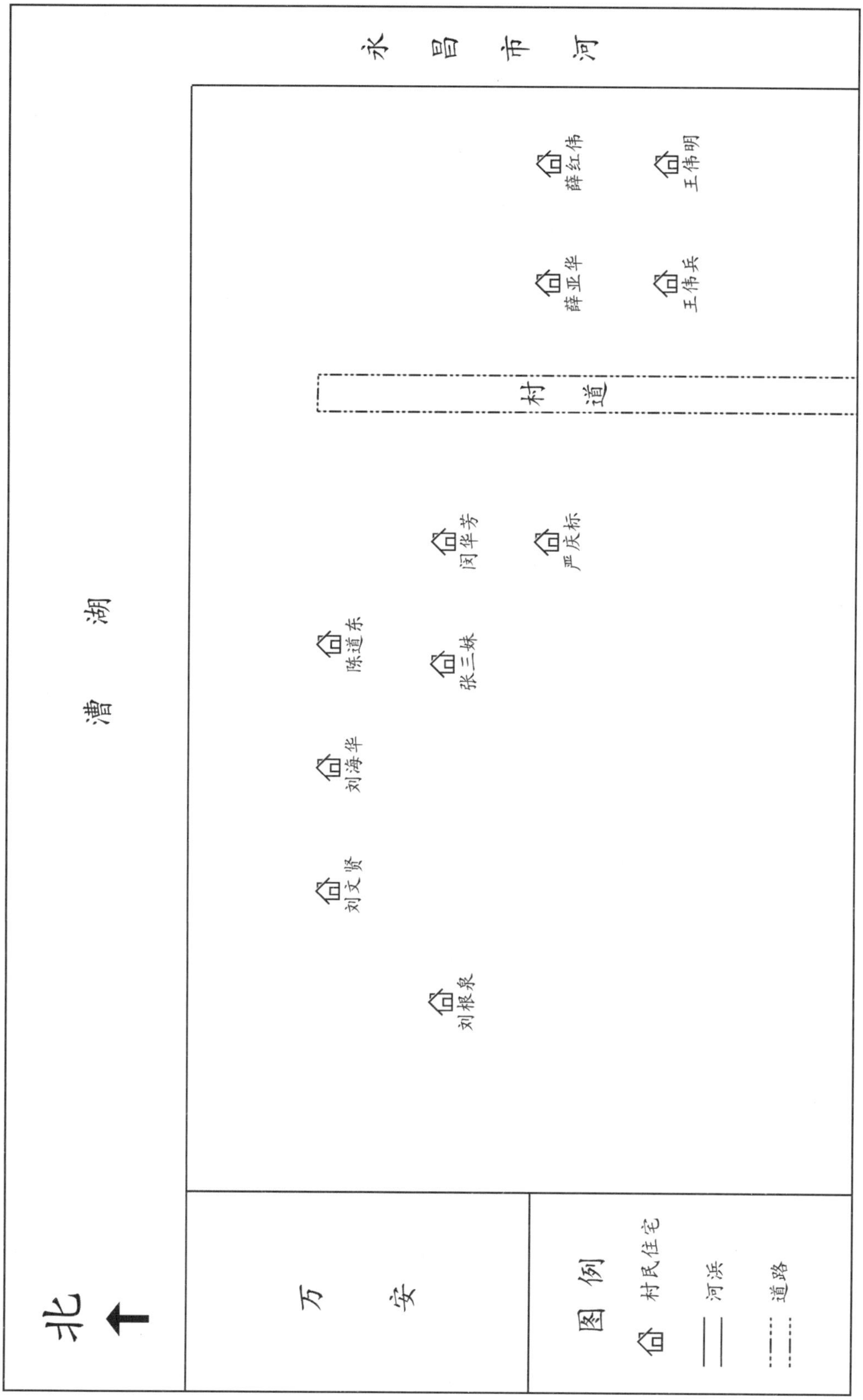

2006年后桥角自然村住宅分布示意图

清宣统三年（1911），后桥角属黄埭乡十二都五图。中华人民共和国成立初期，属黄埭区永昌乡。1957年9月，属黄埭乡向前第十四社。1958年，属黄埭人民公社第五大队。1960年，为永昌大队第六、十八生产小队。1983年7月，为黄埭乡永昌村第六、十八村民小组。2006年7月，属相城经济技术开发区漕湖产业园永昌村。2014年8月，属漕湖街道漕湖花园二社区。

20世纪80年代，后桥角村民养蚌育珠技术熟练，积累了丰富经验，村中妇女、姑娘们组团到浙江、安徽等地工作，在帮助这些地方发展养蚌育珠业的同时，也获得高额收入。

2006年开始，因开发建设相城经济技术开发区，后桥角整体拆迁，村民被安置于漕湖花园二社区。是年底，村落消失，后桥角成为历史地名。

后桥角拆迁后，土地大部分用于东海高热（苏州）工业炉有限公司和苏州西帝摩三维打印科技有限公司建设。

八、后桥头

因位于永昌古镇中石桥旁而得名。东邻大桥头，西靠后桥南，南邻前二房，北靠漕湖。村落呈方形。村民以王姓为主。2006年，有户籍人口8户36人，其中男性17人、女性19人。

后桥头曾是清望族大姓王氏的聚居地。该村曾有王氏府第、祠堂、牌楼等建筑，今均不存。

清宣统三年（1911），属黄埭乡十二都五图。中华人民共和国成立初期，属黄埭区永昌乡。1957年9月，属黄埭乡向前第十四社。1958年，属黄埭人民公社第五大队。1960年，为永昌大队第七生产小队。1983年7月，为黄埭乡永昌村第七村民小组。1992年7月，属黄埭镇永昌村第七组。2006年7月，属相城经济技术开发区漕湖产业园永昌村。2014年8月，属漕湖街道漕湖花园二社区。

1999年，永昌人薛全生在后桥头办苏州市相城区永升喷灯制造有限公司，主要生产冲压件、各式喷灯、塑料件等产品，产品销往北方，是汽车运输业的必备器材。2010年，征地拆迁搬至相城区永昌路，改名为苏州市永升汽车配件制造有限公司，经营良好，年收入达100多万。

2006年开始，因开发建设相城经济技术开发区，后桥头整体拆迁，村民被安置于漕湖花园二社区。2006年底，村落消失，后桥头成为历史地名。

后桥头紧靠漕湖，漕湖湿地公园修筑跨湖大桥和人工岛时，取用了后桥头村北的泥土。而令村北成大水塘，苏绍高速公路及蒸汽管道穿越其上。

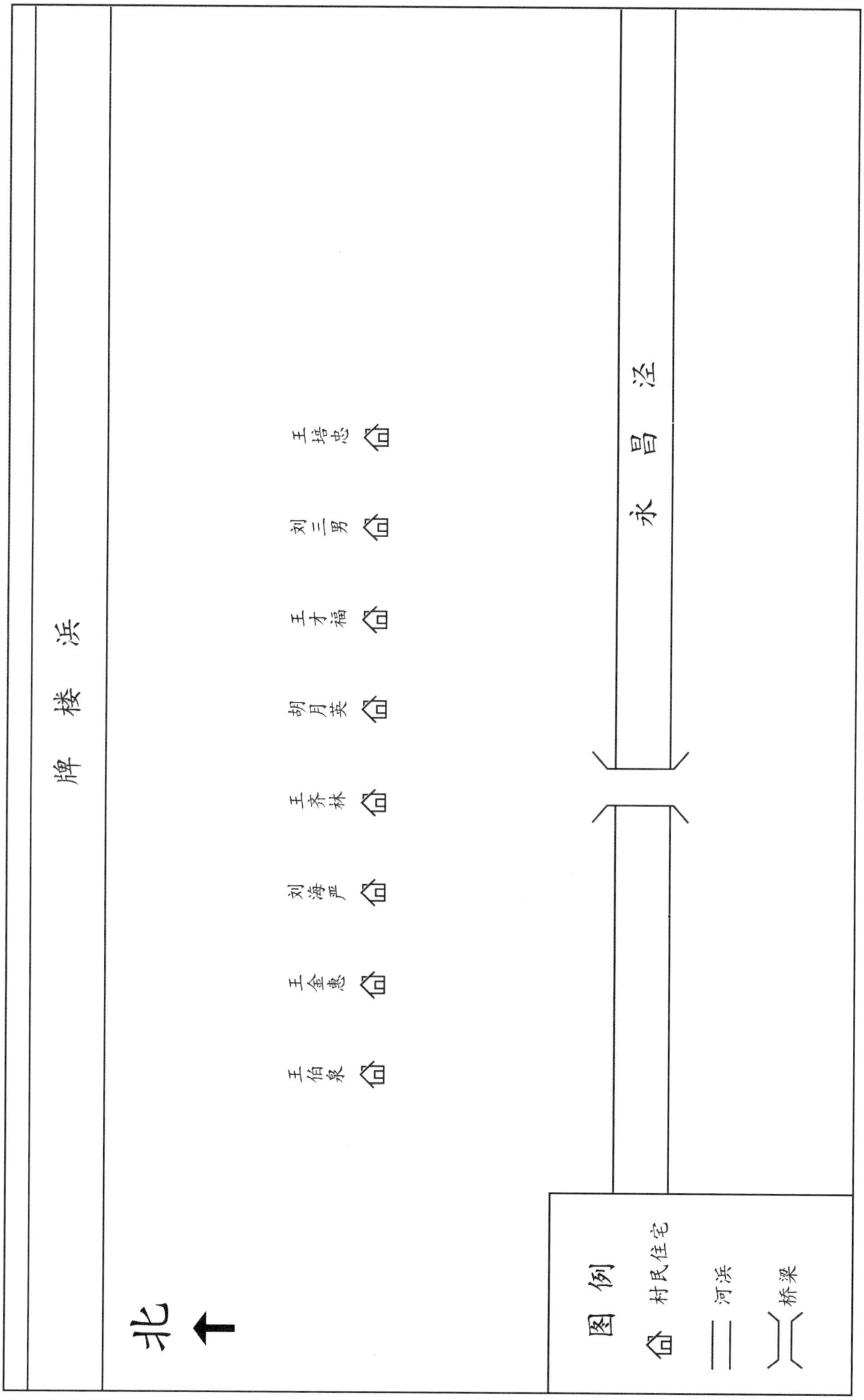

2006年后桥头自然村住宅分布示意图

九、东浜

因位于永昌竖头河以东而得名，与中巷交织共存。东邻新兴，西靠永昌东街，南邻湖林村，北靠矮墩桥。村落呈方形。村民以薛姓为主。2006年，有户籍人口53户238人，其中男性117人、女性121人。

清宣统三年（1911），属黄埭乡十二都六图。中华人民共和国成立初期，属黄埭区永昌乡。1957年9月，属黄埭乡向前第十四社。1958年，属黄埭人民公社第五大队。1960年，为永昌大队第八生产小队。1983年7月，为黄埭乡永昌村第八村民小组。2006年7月，属相城经济技术开发区漕湖产业园永昌村。2014年8月，属漕湖街道漕湖花园二社区管辖。

村民以农耕为业，家庭副业多为养猪。

2006年开始，因开发建设相城经济技术开发区，东浜整体拆迁，村民被安置于漕湖花园二社区。2006年底，村落消失，东浜成为历史地名。

东浜在矮墩桥南，拆迁后用于建设永昌路和漕湖大道。中心地段用于建设漕湖产业园及其所属各企业。漕湖大道南边的部分土地为美的集团企业所在地。

十、矮墩桥

位于永昌老街东边，因所处的桥梁而得名。东邻新兴，西靠前二房，南邻东浜，北傍永昌泾。村落呈方形。村民以俞姓、朱姓为主。2006年，有户籍人口20户82人，其中男性40人、女性42人。

矮墩桥原与野猫洞南北相对，矮墩桥以低矮的土墩为特色，野猫洞则以高岗见长。曾有村民利用矮墩的土丘建起了一座桥，以方便通行，人们称之为“矮凳桥”或是“矮墩桥”，后沿袭成为村名。

清宣统三年（1911），属黄埭乡十二都六图。中华人民共和国成立初期，属黄埭区永昌乡。1957年9月，属黄埭乡向前第十四社。1958年，属黄埭人民公社第五大队。1960年，为永昌大队第九、十生产小队。1983年7月，为黄埭乡永昌村第九、十村民小组。2006年7月，属相城经济技术开发区漕湖产业园永昌村。2014年8月，属漕湖街道漕湖花园二社区。

矮墩桥水系丰盈，村民均种植茭白去集市交易，以补贴家用。

2006年开始，因开发建设相城经济技术开发区，矮墩桥整体拆迁，村民被安置于漕湖花园二社区。是年底，村落消失，矮墩桥成为历史地名。

矮墩桥处永昌路中段，拆迁整治后，部分土地用于建设苏州江源精密机械有限公司。

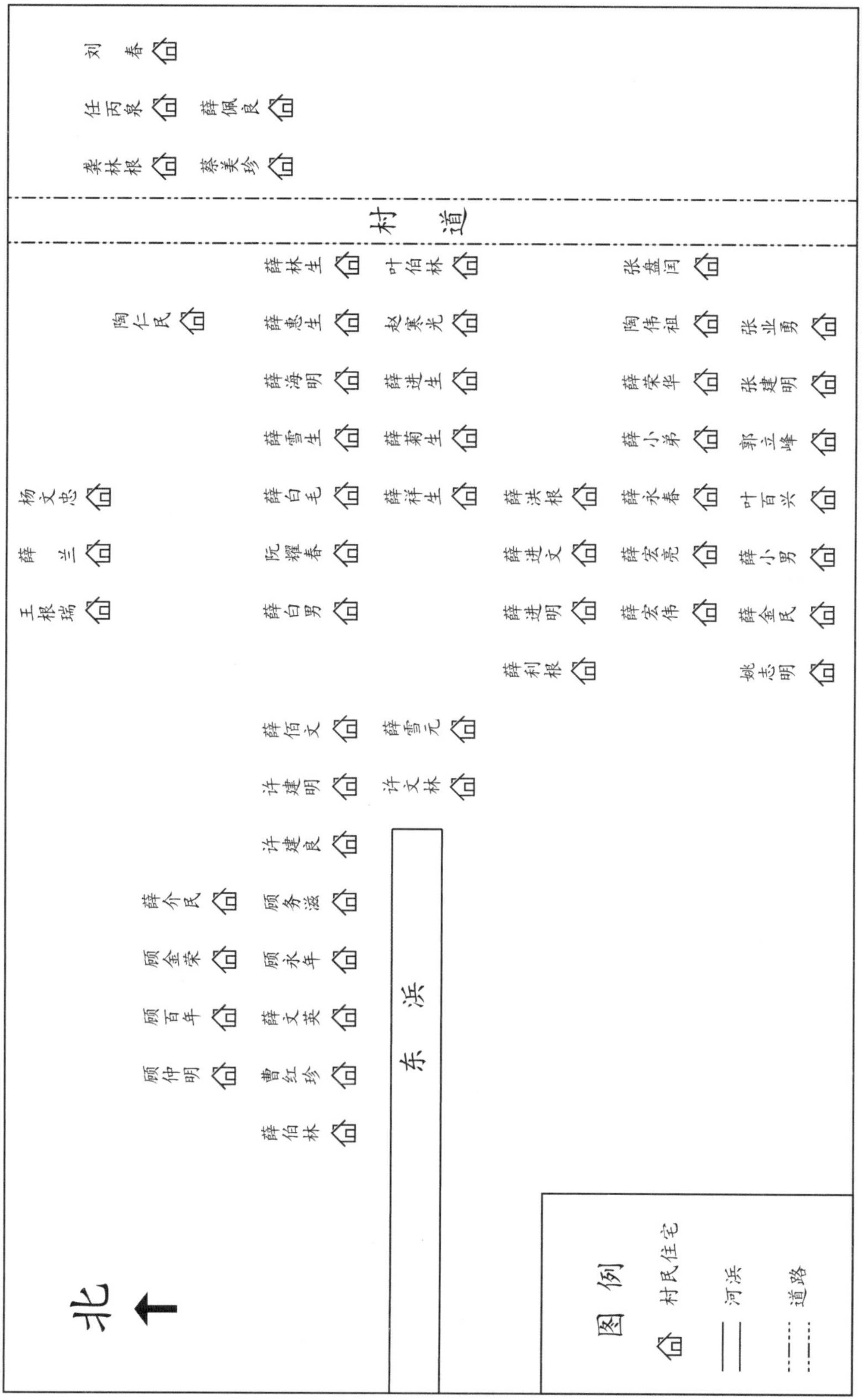

2006年东浜自然村住宅分布示意图

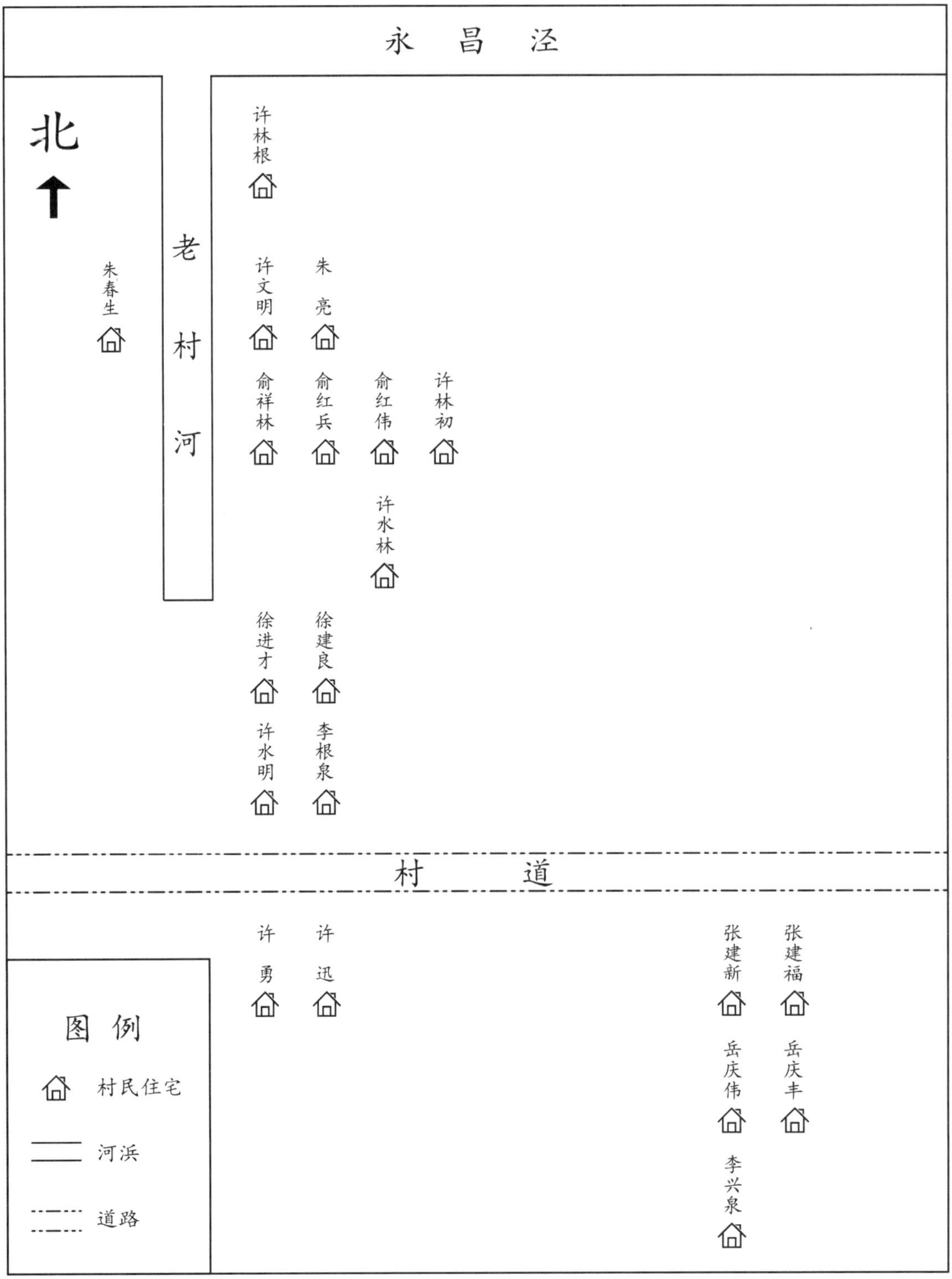

2006年矮墩桥自然村住宅分布示意图

十一、大桥头

位于永昌镇东北方，因所处桥梁而得名。东邻野猫洞，西靠后桥头，南邻永昌泾，北濒漕湖。村庄聚落形状为长方形。村民以王姓为主，还有郁姓等。2006年，有户籍人口24户97人，其中男性47人、女性50人。

村域内建在永昌泾上的大桥是南北交通的枢纽。永昌泾水流湍急，河面宽阔，架设桥梁在当时是一项大工程，大桥头村民也以大桥建在本村为荣。2008年后，因城乡一体化建设需要，大桥被拆除。

清宣统三年（1911），属黄埭乡十二都六图。中华人民共和国成立初期，属黄埭区永昌乡。1957年9月，属黄埭乡向前第十四社。1958年，属黄埭人民公社第五大队。1960年，为永昌大队第十五、十六生产小队。1983年7月，为黄埭乡永昌村第十五、十六村民小组。2006年7月，属相城经济技术开发区漕湖产业园永昌村。2014年8月，属漕湖街道漕湖花园二社区。

2006年开始，因开发建设相城经济技术开发区，大桥头整体拆迁，村民被安置于漕湖花园二社区。是年底，村落消失，大桥头成为历史地名。

大桥头在永昌竖头河的右岸，拆迁后经过整治和野猫洞的土地连成一片，成为漕湖南滩的大草坪。

十二、野猫洞

位于永昌镇大桥头东，因所处漕湖的野猫洞港而得名。东邻杨四观音堂，西靠大桥头，南邻矮墩桥，北濒漕湖。村落呈方状。村民以薛姓、王姓为主。2006年，有户籍人口24户96人，其中男性46人、女性50人。

野猫洞原本是高岗，较为荒凉，此处蛇虫鼠蚁孳生，是野猫、野狗觅食的好去处，久而久之野猫就在此打洞聚居。有人因此处地势高，便在此建屋居住，此处渐渐形成村庄，野猫洞成为村名。

清宣统三年（1911），属黄埭乡十二都六图。中华人民共和国成立初期，属黄埭区永昌乡。1957年9月，属黄埭乡向前第十四社。1958年，属黄埭人民办公社第五大队。1960年，为永昌大队第十一生产小队。1983年7月，为黄埭乡永昌村第十一村民小组。2006年7月，属相城经济技术开发区漕湖产业园永昌村。2014年8月，属漕湖街道漕湖花园二社区。

野猫洞的村民以农耕为主业，并想方设法增产增收，如养猪积家肥、多罱河泥等，农产品产量逐年上升。

2006年开始，因开发建设漕湖湿地公园和苏绍高速公路，野猫洞整体拆迁，

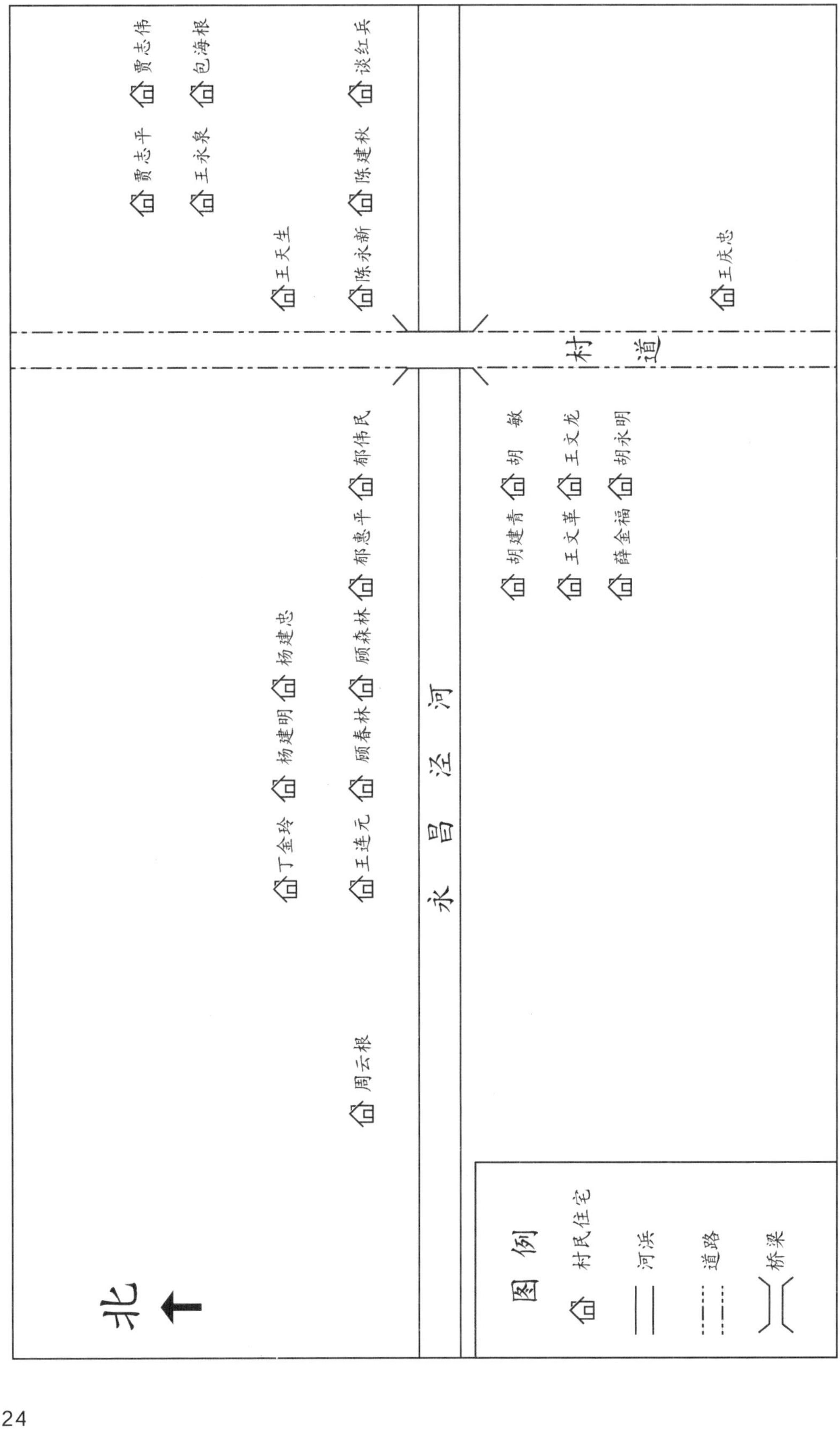

2006年大桥头自然村住宅分布示意图

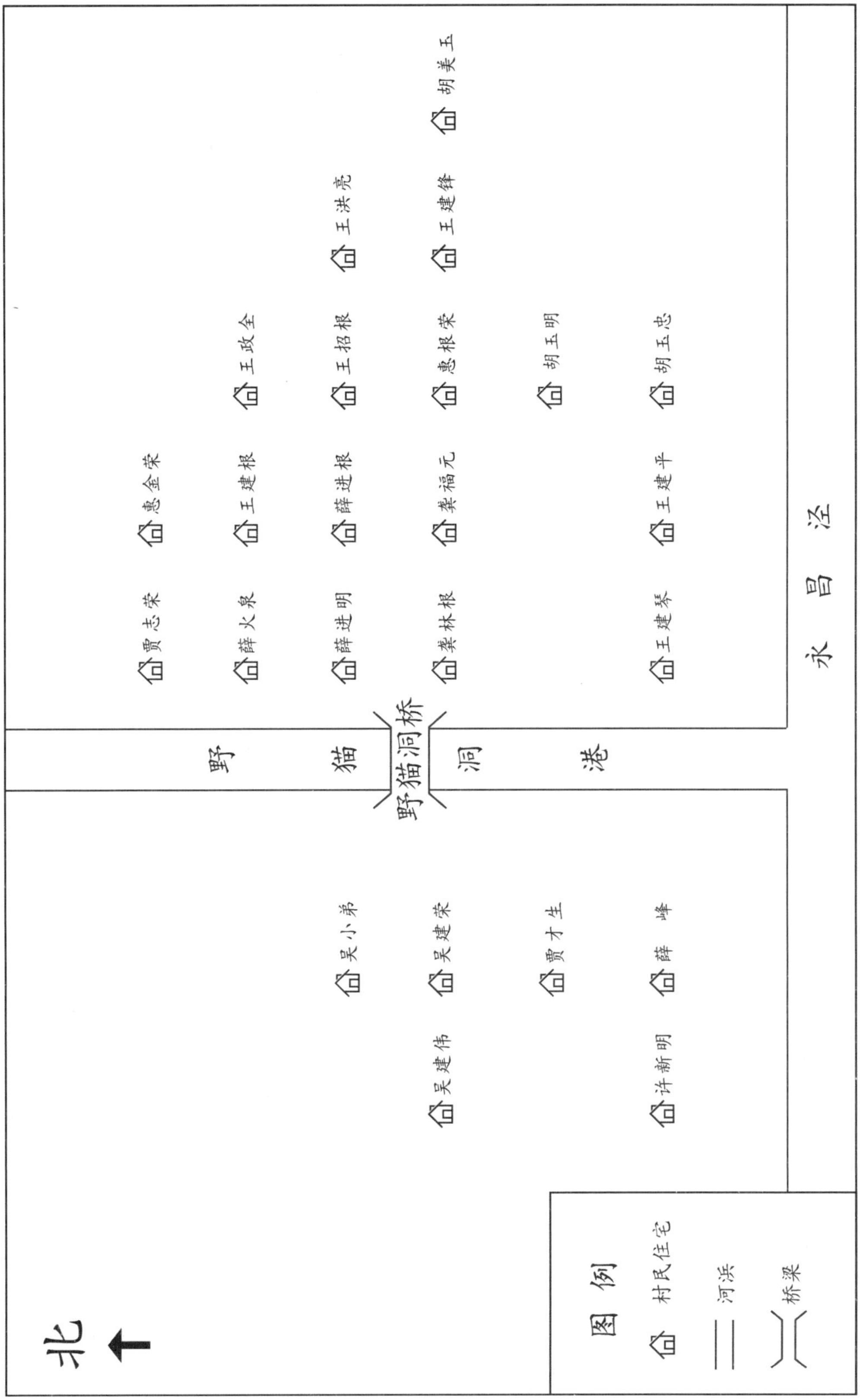

2006年野猫洞自然村住宅分布示意图

村民被安置于漕湖花园二社区。是年底，村落消失，野猫洞成为历史地名。

野猫洞拆迁时，填埋了村域内的小河、野猫洞，拆迁后的土地主要用于建漕湖南坡草坪和永昌泾大道景观带。

十三、杨四观音堂

位于永昌镇东。东邻倪汇村，西接野猫洞，南邻新兴，北濒漕湖。据说有个叫杨四的人在此先建了座观音堂，后在观音堂四周建村，该村因此得名杨四观音堂。村落呈长方形。村民以杨姓、贾姓居多。2006年，有户籍人口33户132人，其中男性64人、女性68人。

清宣统三年（1911），属黄埭乡十二都六图。中华人民共和国成立初期，属黄埭区永昌乡。1957年9月，属黄埭乡向前第十四社。1958年，属黄埭人民公社第五大队。1960年，为永昌大队第十二、十七生产小队。1983年7月，为黄埭乡永昌村第十二、十七村民小组。2006年7月，属相城经济技术开发区漕湖产业园永昌村。2014年8月，属漕湖街道漕湖花园二社区。

20世纪70年代，受相邻的倪汇村影响，杨四观音堂许多村民除养蚌育珍珠外，还会到何家湾珍珠市场做珍珠贸易。

2006年开始，因规划建设苏绍高速公路和建永昌泾大道，杨四观音堂整体拆迁，村民被安置于漕湖花园二社区。是年底，村落消失，杨四观音堂成为历史地名。

杨四观音堂拆迁整治后，部分土地用于建苏绍高速公路和建永昌泾大道，部分土地开辟成漕湖南草坪和大道两旁的景观林带。

十四、前二房

位于永昌镇的前桥旁。东邻矮墩桥，西至中巷，南起东浜，北到后桥头。村落呈方形。村民以吴姓为主。2006年，有户籍人口55户209人，其中男性103人、女性106人。

永昌的王家是望族，王氏聚居在后桥头，按习俗兄弟成家后要分户，长房（兄长）留在原址，二房（弟弟）分出去居住。王氏二房迁徙到后桥头的南边，族里称迁徙到前（南）面的二房为“前二房”，“前二房”后为村名。

清宣统三年（1911），属黄埭乡十二都五图。中华人民共和国成立初期，属黄埭区永昌乡。1957年9月，属黄埭乡向前第十四社。1958年，属黄埭人民公社第五大队。1960年，为永昌大队第十九生产小队。1983年7月，恢复乡管村体制，为黄埭乡永昌村第十九村民小组。1992年7月，属黄埭镇永昌村第十九组。2006年

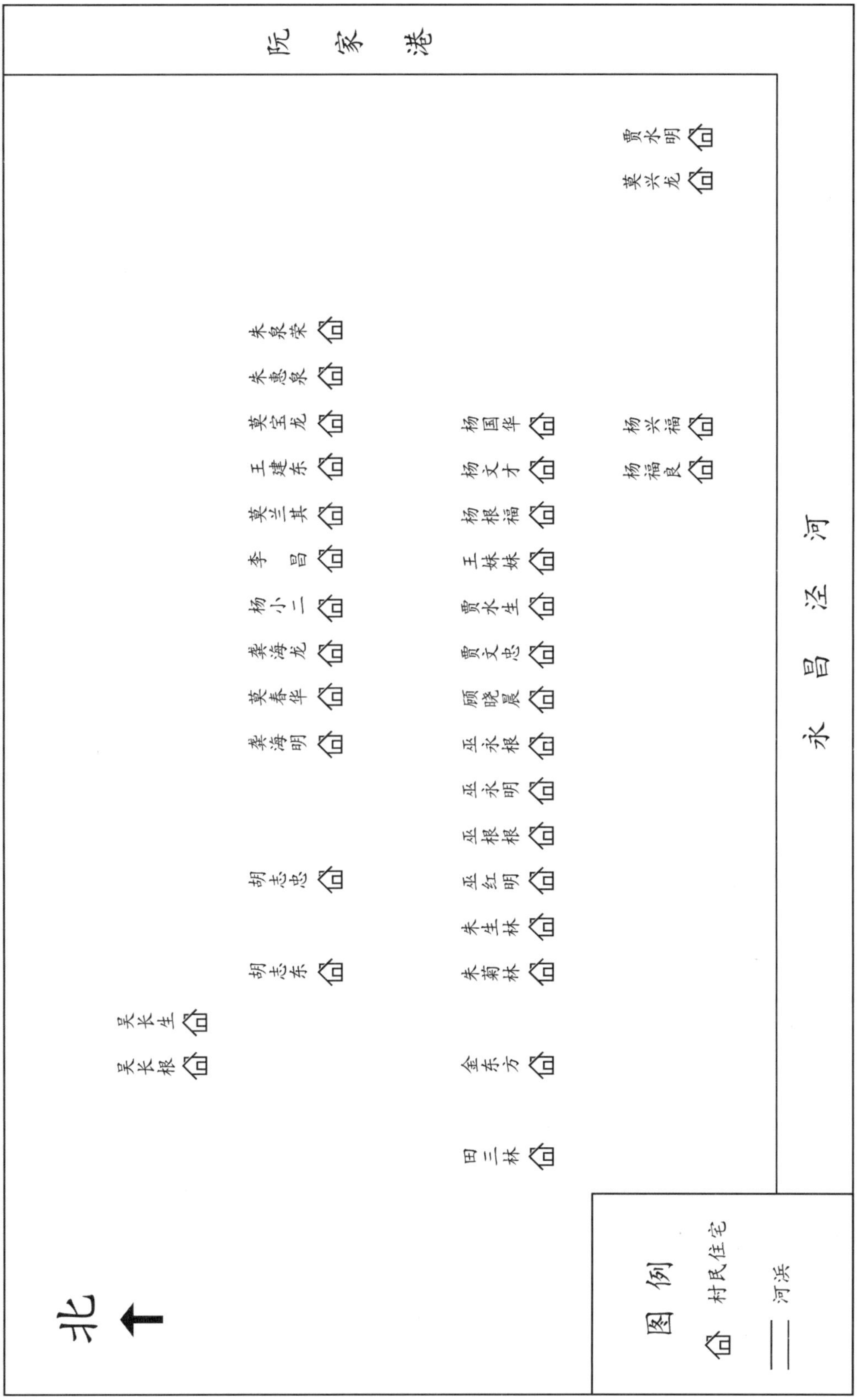

2006年杨四观音堂自然村住宅分布示意图

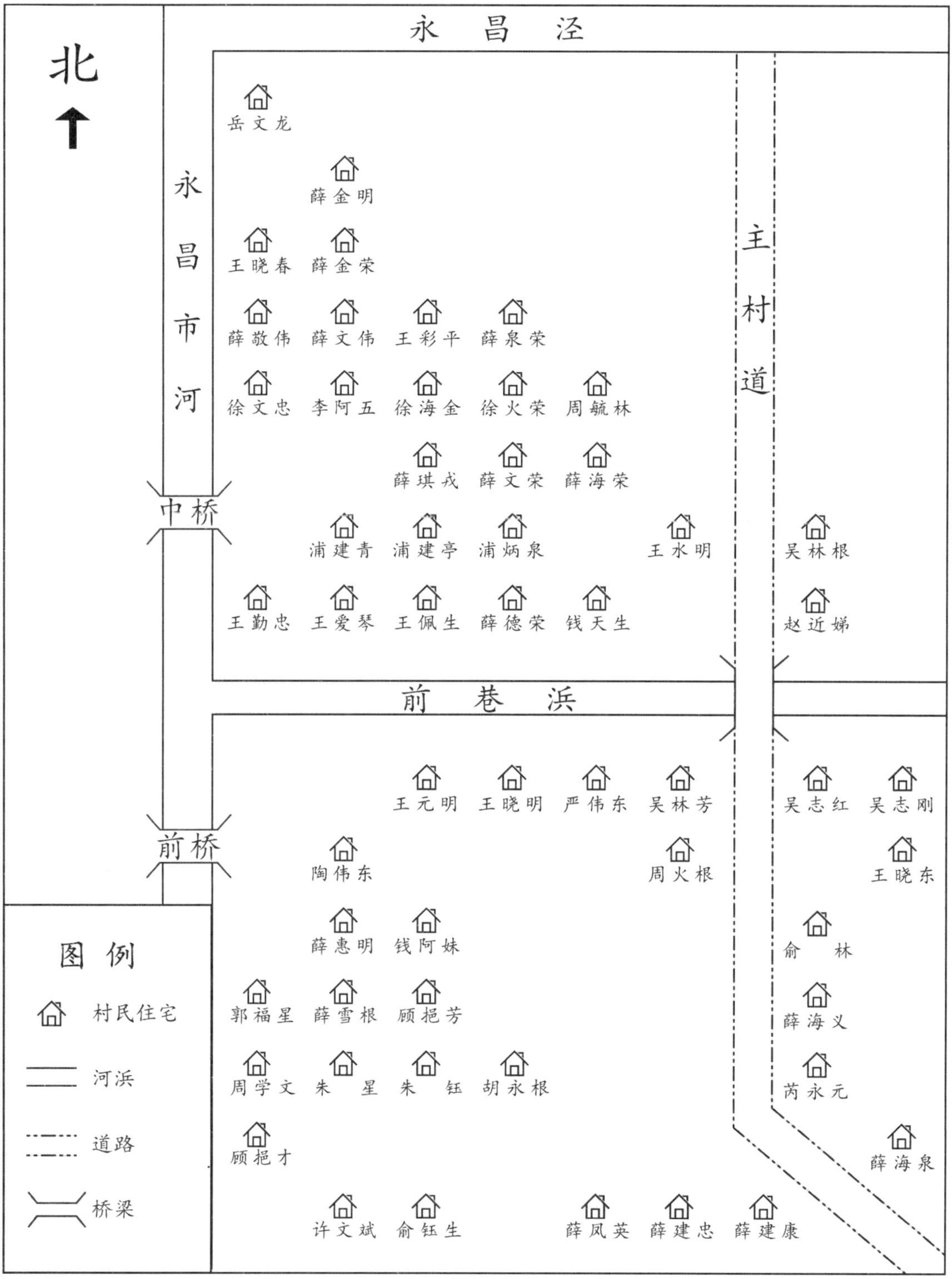

2006 年前二房自然村住宅分布示意图

7月，属相城经济技术开发区漕湖产业园永昌村。2014年8月，属漕湖花园二社区管辖。

1996年，村民巫红明创办光明五金工具厂。工具厂以代加工为主，主要生产胶木配件、汽灯配件等产品，后动迁至春耀路88号，年收入400多万元。

2006年开始，因开发建设相城经济技术开发区需要，前二房整体拆迁，村民被安置于漕湖花园二社区。是年底，村落消失，前二房成为历史地名。

前二房拆迁后，北端部分土地用于建设苏州世迈常青汽车安全科技有限公司。南端土地为青年公寓A区专用，漕湖大道南是漕湖街道的办公用地。

第三节 万安村

万安村位于漕湖南畔，因有万安桥而得名。东接永昌村，西连下堡村，南傍湖林村，北濒漕湖。2006年，辖南杨四巷、北杨四巷、孙泾港、华家里、鳑鲏头、鱼池头、陈家沿、李家里、陶家桥、横河港、西桥头、查家浜、弄塘湾、万安桥、马家浜15个自然村，15个村民小组。有户籍人口416户1572人，其中男性763人、女性809人。全村共有32个姓氏，100人以上的姓氏有金、薛、顾、李4个，金姓145人，为全村之冠，还有吴、王、钱、陈、朱、陆等姓氏。

清宣统三年（1911），属吴县黄埭乡。1912年，属吴县南北桥市十二都四图、十二都五图。1929年8月，属吴县十二区。1934年6月，属吴县第六区。1941年7月，属吴县第四区。1947年，属吴县黄埭区。

中华人民共和国成立初期，万安村由万安、杨安两大自然村落组成，为黄埭区永昌乡所辖。1954年，两村分别建星火、星光初级农业生产合作社。1956年，合并建高级农业生产合作社。1957年9月，吴县撤区并乡和整乡整社后，为黄埭乡向前第十二社。1958年9月，为黄埭人民公社第五大队所辖。1960年初，黄埭人民公社分拆第五大队后名万安大队。1983年7月，恢复乡管村体制，建黄埭乡万安村村民委员会。1992年7月，实行镇管村体制，村委会驻杨四巷。2003年7月，万安村并入永昌村。2006年7月，属相城经济技术开发区漕湖产业园永昌村。2008年6月，属北桥街道永昌村。2014年8月，漕湖街道成立，由漕湖花园二社区管辖。2021年，撤村设社区，调整管理范围，纳入下堡社区管理。

万安村距黄埭镇较远，而临近漕湖。中华人民共和国成立前，交通非常不便，出行主要走水路，大多数农户都就近上永昌小集镇赶集市。

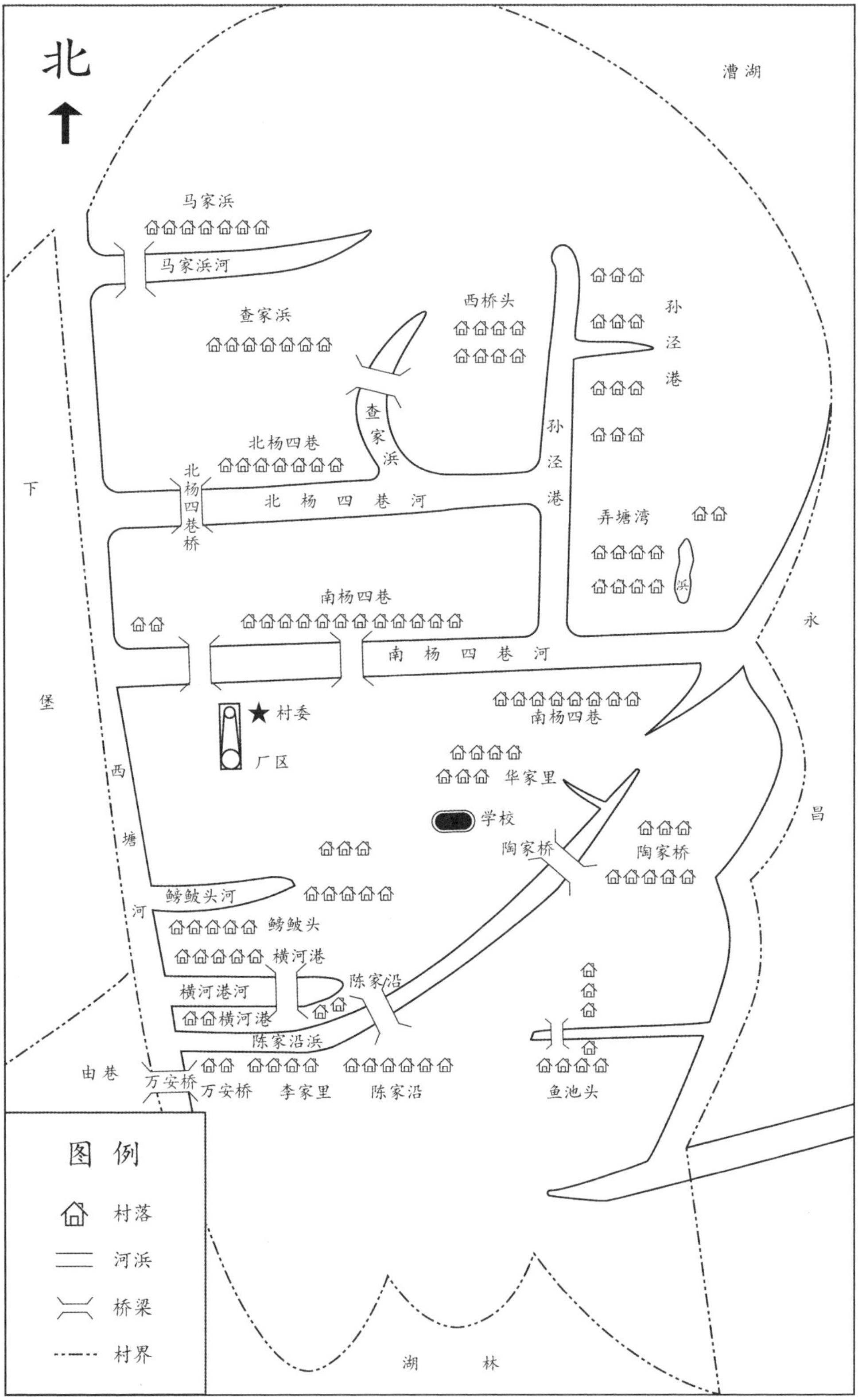

2005 年万安村河流与村落图 15 村 15 组

1968年，建造万安小学，学校占地面积800平方米。1970~1974年，建大队饲料厂、塑料厂、砖窑厂以及陶家桥灌溉机房。1975年，建一座100千伏变压器所（配电所），实现全村通电。1978年，建大队办公用房10间，附设商店、医疗站、仓库等。1986年，建造陶家桥、堡安桥等公路桥，同时铺路连通各自然村。1990年，重建村委会办公楼，建筑面积350平方米。1996年，血防工作获吴县市表彰。1998年，重筑漕湖防洪墙，改为石坡墙，全长1600米。1998~1999年，进行农业产业结构调整，创办60多亩养虾基地。

2000年，有村办及民营企业万安塑料厂、兴飞电器公司、万达装潢厂、三力农配有限公司4家，村级年度总收入40万元，工业总产值330万元，人均年收入达2444元。

2006~2018年，因城乡一体化建设用地需要，村民动迁，厂房全部被拆除，村民大部分被安置在漕湖花园一社区、二社区，小部分被安置在永昌泾花园、卫星社区。

中华人民共和国成立至2018年，万安村历任村（大队）党组织书记为薛长忠、吴元根、陈兴培、钱林生、朱福林、廉长根、顾海荣、陈其男、吴祥华。历任村（大队）负责人为薛盘根、李后福、顾志达、钱白男、钱根发、李永宝、陈兴培、薛良男、李根元。

一、南杨四巷

位于万安村村委会北部，万安村的中心位置。东邻孙泾港，西到下堡，南邻华家里，北傍北杨四巷河。村庄聚落形状为条形。村民以金姓、王姓居多。2006年，有户籍人口79户285人，其中男性140人、女性145人。

相传该村祖先是宋朝杨家将中杨业第四子杨延辉的部下，因抗辽战败而流落在此。为纪念杨四郎，故把村名叫作杨四巷村，依杨四巷河分成南、北两部分。

清宣统三年（1911），属黄埭乡十二都五图。中华人民共和国成立初期，属黄埭区永昌乡。1983年7月，为黄埭乡万安村第四村民小组。2006年7月，属相城经济技术开发区漕湖产业园永昌村。2014年8月，属漕湖街道漕湖花园二社区管辖。

2005年，万安人顾荣海在南杨四巷创办装潢厂，生产塑钢门窗架、卷门等产品。产品主要用于工厂厂房和农村建房的内外装潢，后该厂因征地而被拆除。

2006年开始，因城乡一体化建设用地需要，南杨四巷整体拆迁，村民被安置于漕湖花园二社区。是年底，村落消失，南杨四巷成为历史地名。

南杨四巷拆迁整平后，宅基地与南面华家里及陶家里的北边土地连成片，规划成为水田区。

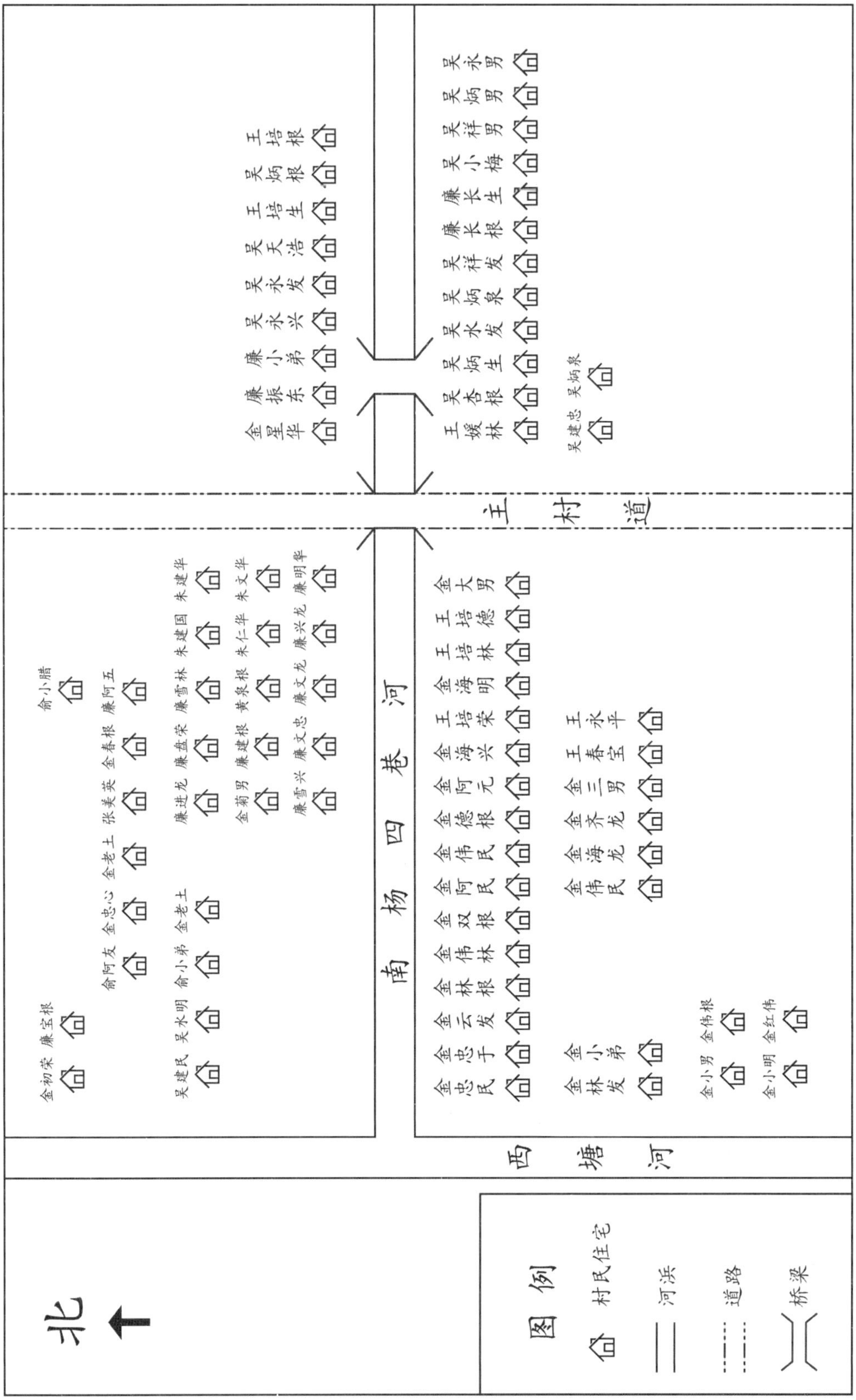

2005年南杨四巷自然村住宅分布示意图

二、北杨四巷

位于万安村村委会北部、北杨四巷河北岸，是从南杨四巷迁出的村民组成的村庄，为区别于旧居而命名。东邻孙泾港，西靠西塘河，南邻北杨四巷河，北濒查家浜。原村落形状为长方形。村民以朱姓、吴姓居多。2006年，有户籍人口6户30人，其中男性14人、女性16人。

清宣统三年（1911），属黄埭乡十二都五图。中华人民共和国成立初期，属黄埭区永昌乡。1983年7月，为黄埭乡万安村第十五村民小组。2006年7月，属相城经济技术开发区漕湖产业园永昌村。2014年8月，属漕湖街道漕湖花园二社区管辖。

改革开放后，万安村在北杨四巷率先创办塑料厂。塑料厂以生产塑料薄膜、编织袋、五金制品等产品为主，而后发展为生产电冰箱、电风扇的塑料配件。后因城乡一体化建设征地搬迁至相城区北桥街道洋塘村11号，现经营良好，年营业收入几千万。

2006年开始，因城乡一体化建设用地需要，北杨四巷整体拆迁，村民被安置于漕湖花园二社区。是年底，村落消失，北杨四巷成为历史地名。

北杨四巷拆迁整平后，宅基地与相邻的查家里土地连成片，复耕成为水稻田。

三、孙泾港

位于万安村村委会北部。东邻永昌村，西至西桥头，南靠弄塘湾，北濒漕湖。村子坐落于一条河港的发端地，河港因村而得名孙泾港。村落形状呈条形。村民以赵姓、薛姓居多。2006年，有户籍人口54户205人，其中男性101人、女性104人。

清宣统三年（1911），属黄埭乡十二都五图。中华人民共和国成立初期，属黄埭区永昌乡。1983年7月，属黄埭乡万安村第三村民小组。2006年7月，属相城经济技术开发区漕湖产业园永昌村。2014年8月，属漕湖街道漕湖花园二社区管辖。

孙泾港和西港河交汇处适宜养珍珠。20世纪70年代后期，村民开始养蚌育珠。因村里无人系统掌握育珠技术，加上珍珠销售渠道不够畅通，养蚌育珠没能实现规模性发展，至孙泾港拆迁时养蚌育珠业结束。

2006年开始，因城乡一体化建设用地需要，孙泾港整体拆迁，村民被安置于漕湖花园二社区。是年底，村落消失，孙泾港成为历史地名。

孙泾港在滨湖大道开阔处，拆迁后宅基地整平复耕。

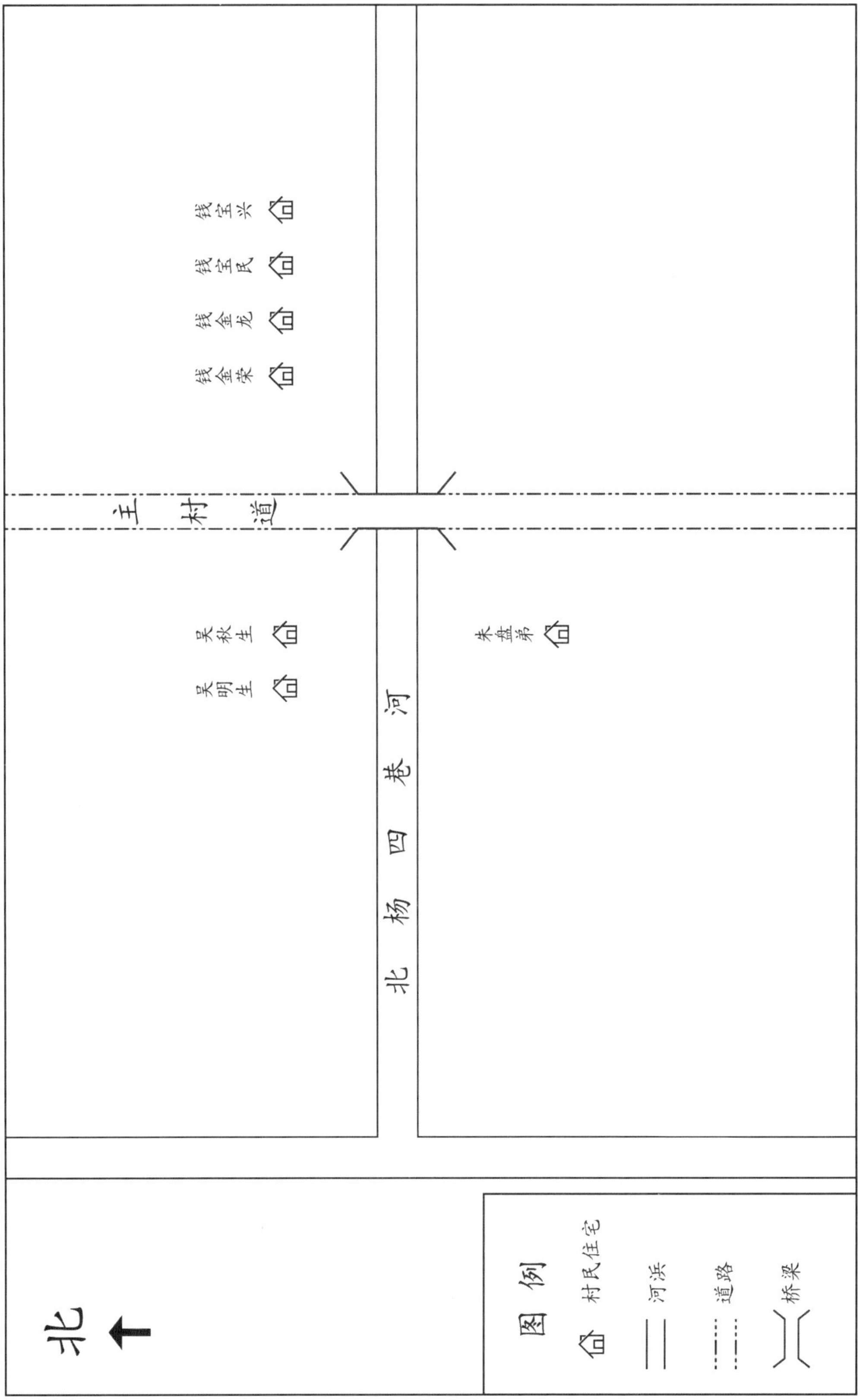

2006年北杨四巷自然村住宅分布示意图

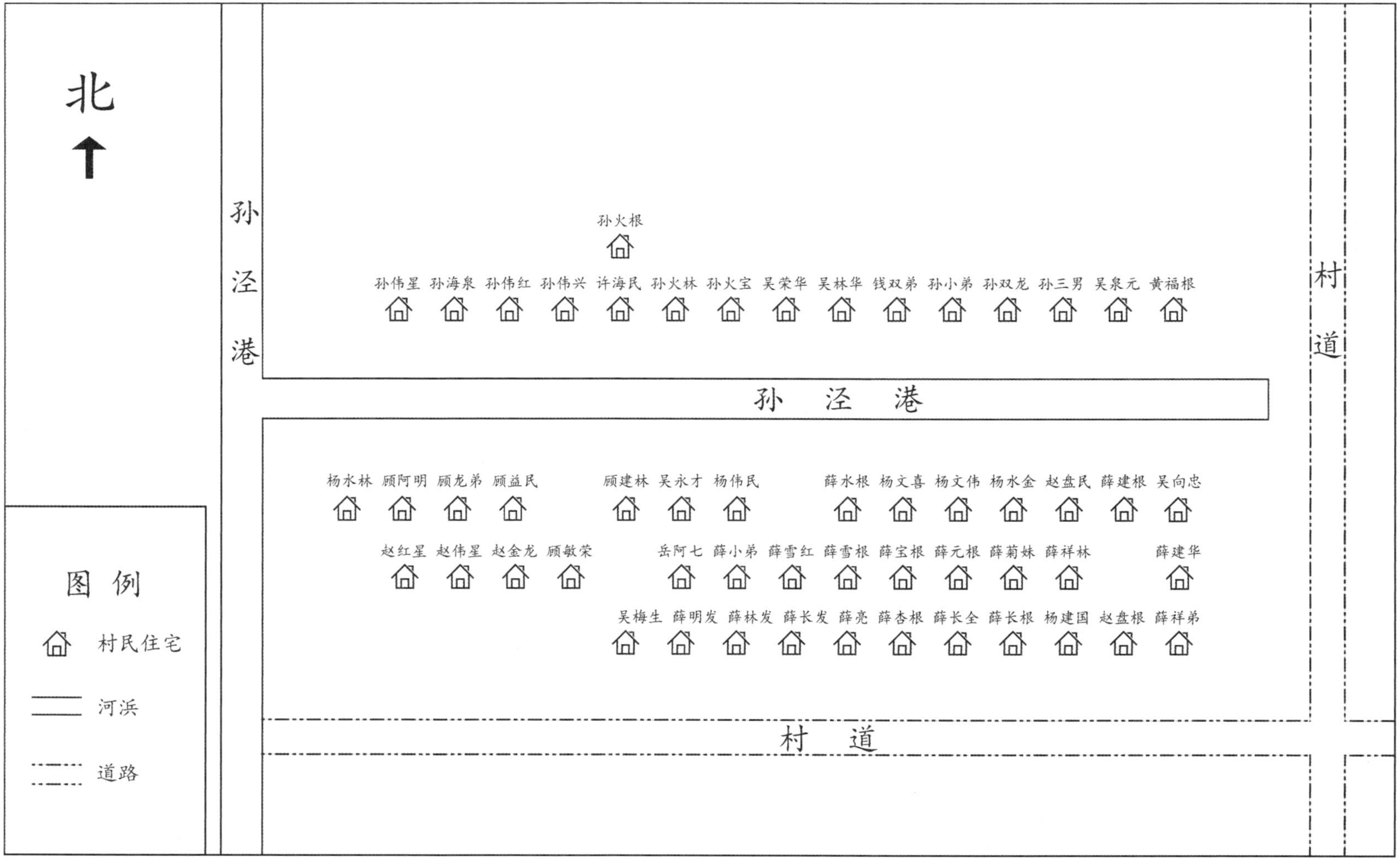

2006 年孙泾港自然村住宅分布示意图

四、华家里

位于万安村村委会南部，以华姓居多而得名。东邻陶家桥，西至西塘河，南近陈家沿浜，北靠南杨四巷。村落形状呈方形。村民以华姓居多，还有李姓等。2006年，有户籍人口19户72人，其中男性35人、女性37人。

据传，华家里的华姓祖先是历史名人华察的后裔，其先祖由无锡迁徙至此，但无族谱为凭。

清宣统三年（1911），属黄埭乡十二都五图。中华人民共和国成立初期，属黄埭区永昌乡。1958年，属黄埭人民公社第五大队。1983年7月，为黄埭乡万安村第六村民小组。2006年7月，属相城经济技术开发区漕湖产业园永昌村。2014年8月，属漕湖街道漕湖花园二社区管辖。

华家里的村民薛生荣是万安村“大农户”。1993年，他承包土地60亩，亩产850公斤，上交商品粮10万斤，净收入3万余元。1994年，薛生荣获评苏州市劳动模范。

2006年开始，因城乡一体化建设用地需要，华家里整体拆迁，村民被安置于漕湖花园二社区。是年底，村落消失，华家里成为历史地名。

华家里村域在苏绍高速（绕城高速）公路和康阳路建设的范围内。自然村拆迁整平后，宅基地与大部分土地用以绿化。

五、鳑鲏头

位于万安村村委会西侧，以所处河浜鳑鲏头而得名。东邻陶家桥，西靠下堡村，南近横河港，北靠南杨四巷河。村落形状呈方形。村民以金姓居多。2006年，有户籍人口33户125人，其中男性61人、女性64人。

鳑鲏头河是万安村和下堡村的界河，又是孙安港的一条支流，水流清澈、河床平坦，水草疏密相间，以盛产鳑鲏鱼闻名。鳑鲏鱼体形扁平，色彩斑斓，味道鲜美且营养丰富，为优质鱼类。虽颇受美食家青睐，但对生存环境要求十分苛刻。能在此大量繁殖，可见鳑鲏头的生态环境有多好。

清宣统三年（1911），属黄埭乡十二都五图。中华人民共和国成立初期，属黄埭区永昌乡。1958年，属黄埭人民公社第五大队。1983年7月，为黄埭乡万安村第八村民小组。2006年7月，属相城经济技术开发区漕湖产业园永昌村。2014年8月，属漕湖街道漕湖花园二社区管辖。

20世纪90年代，新辟特种水产养殖基地共800亩，并与漕湖水产养殖场合股经营，水产养殖成为村民增收的主要产业。

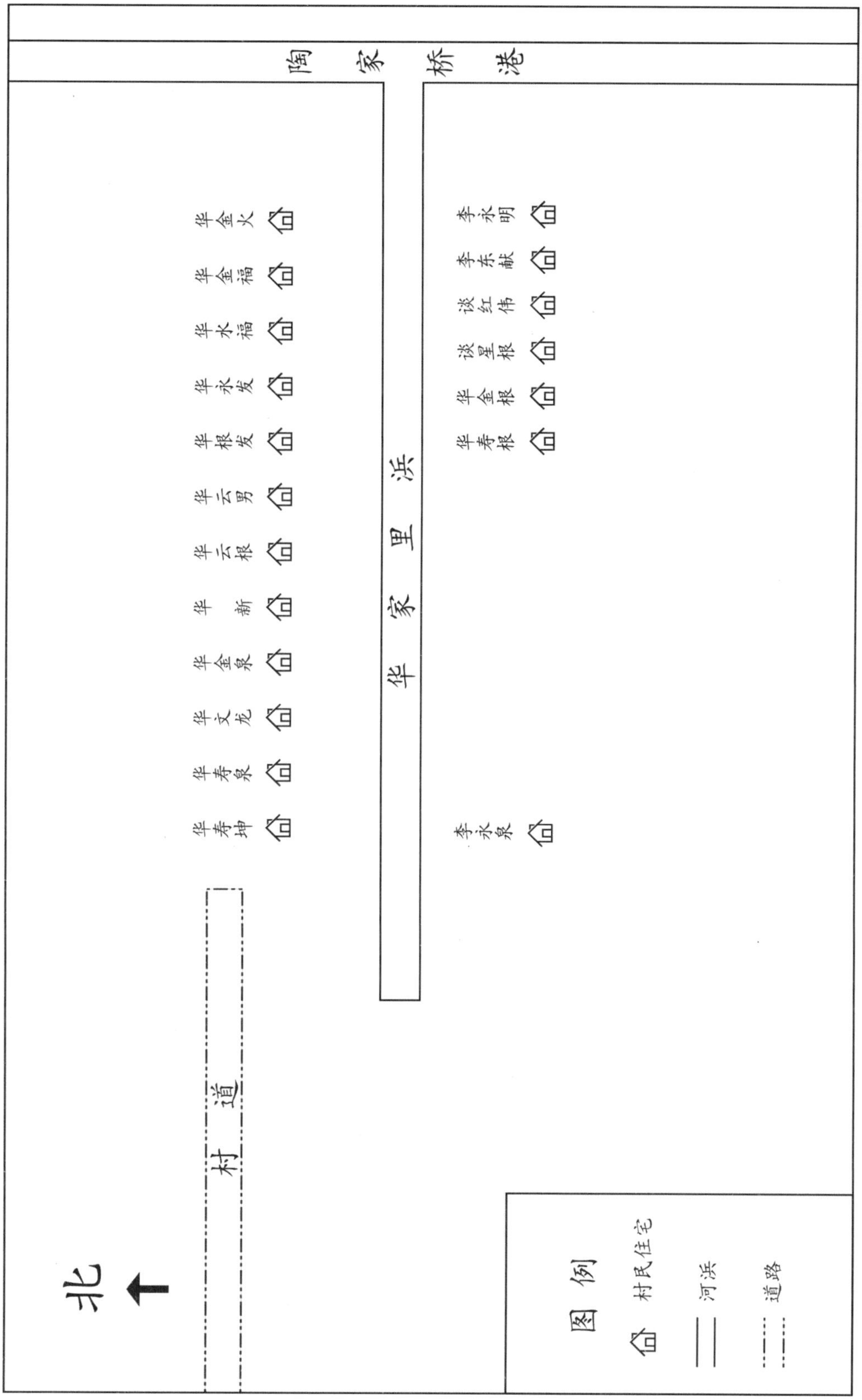

2006年华家里自然村住宅分布示意图

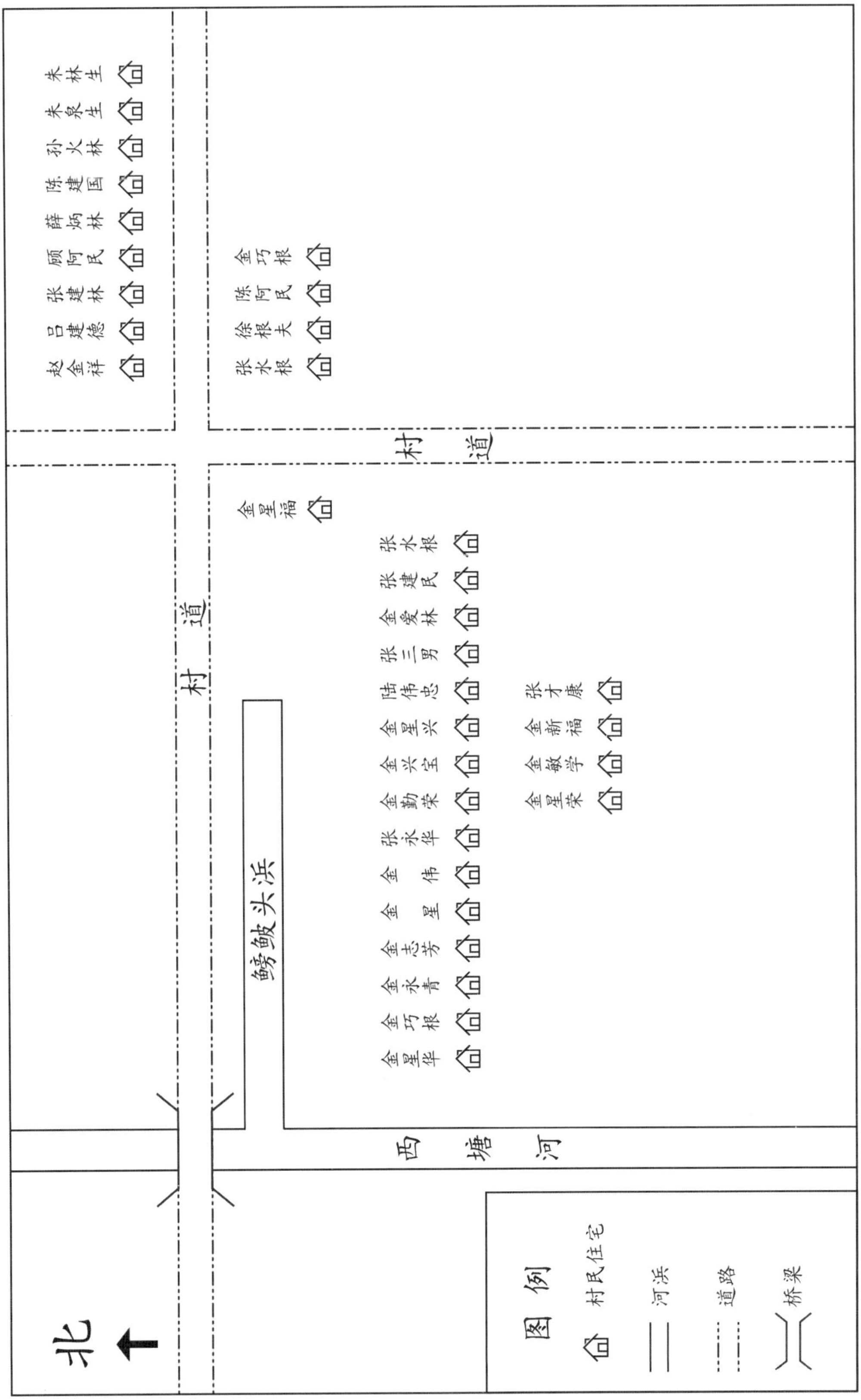

2006年鳑鲏头自然村住宅分布示意图

2006年开始，因城乡一体化建设用地需要，鳑鲏头整体拆迁，村民被安置于漕湖花园二社区。是年底，村落消失，鳑鲏头成为历史地名。

鳑鲏头地处康阳路和湖村荡路交界处，大部分土地在苏绍高速公路和康阳路之间。拆迁整平后由多方建设使用，公路南边归苏州市漕湖产业园污水处理有限公司使用。

六、鱼池头

位于万安村村委会偏东南方。东临永昌村，西至陈家沿，南邻湖林村，北靠陶家桥。村落形状呈方形。村民以薛姓、顾姓居多。2006年，有户籍人口47户178人，其中男性86人、女性92人。

永昌河的延长段末梢经鱼池头流入万安村，村民利用这条河流经的低洼田挖池塘养鱼，因地制宜发展农渔业相结合的水产养殖模式，成效优于单农作业。因为鱼池比较多，外村人称这里为鱼池头，久而久之，本村人也认同这个称呼。

清宣统三年（1911），属黄埭乡十二都五图。中华人民共和国成立初期，属黄埭区永昌乡。1958年，属黄埭人民公社第五大队。1983年7月，为黄埭乡万安村第九村民小组。2006年7月，属相城经济技术开发区漕湖产业园永昌村。2014年8月，属漕湖街道漕湖花园二社区。

鱼池头约有30多口鱼塘，村民用一口池塘养鱼苗，一口池塘养过池鱼种（未达标需继续养殖的鱼），其他鱼池养各种成鱼或特种优质鱼。

2006年开始，因城乡一体化建设用地需要，鱼池头整体拆迁，村民被安置于漕湖花园二社区。是年底，村落消失，鱼池头成为历史地名。

在鱼池头拆迁过程中，用留存的砖块瓦砾填平鱼池，部分土地用于修筑漕湖大道、康阳路、湖村荡路、方桥路，大片土地建成绿化林带。

七、陈家沿

位于万安村村委会南方。东邻鱼池头，西至李家里，南傍湖林村俞家里，北靠陈家沿浜。村落形状呈条形。该村是陈姓集居地，三面环水，村民沿河而居，故名陈家沿。2006年，有户籍人口32户127人，其中男性61人、女性66人。

清宣统三年（1911），属黄埭乡十二都五图。中华人民共和国成立初期，属黄埭区永昌乡。1958年，属黄埭人民公社第五大队。1983年7月，为黄埭乡万安村第十一村民小组。2006年7月，属相城经济技术开发区漕湖产业园永昌村。2014年8月，属漕湖街道漕湖花园二社区管辖。

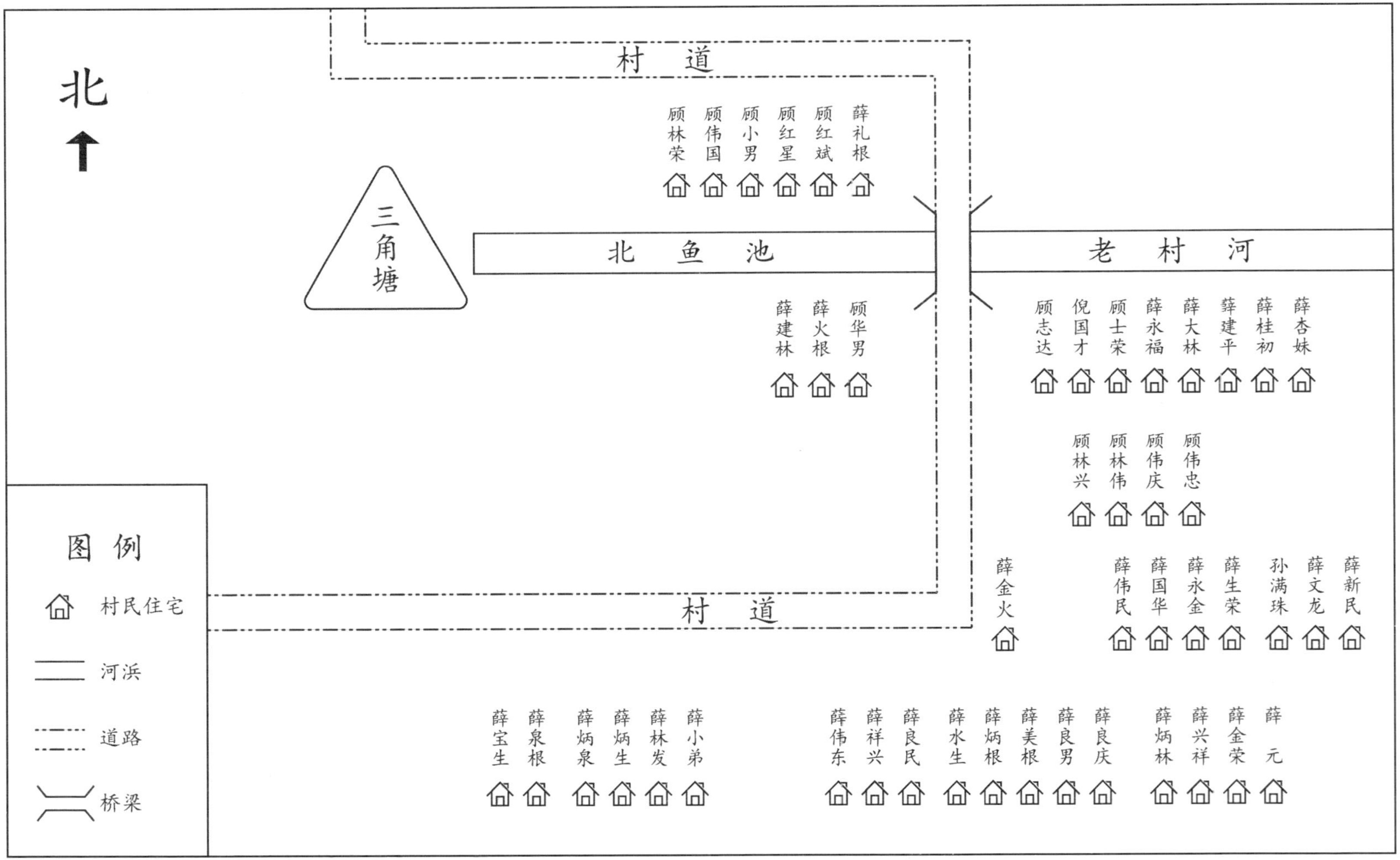

2006年鱼池头自然村住宅分布示意图

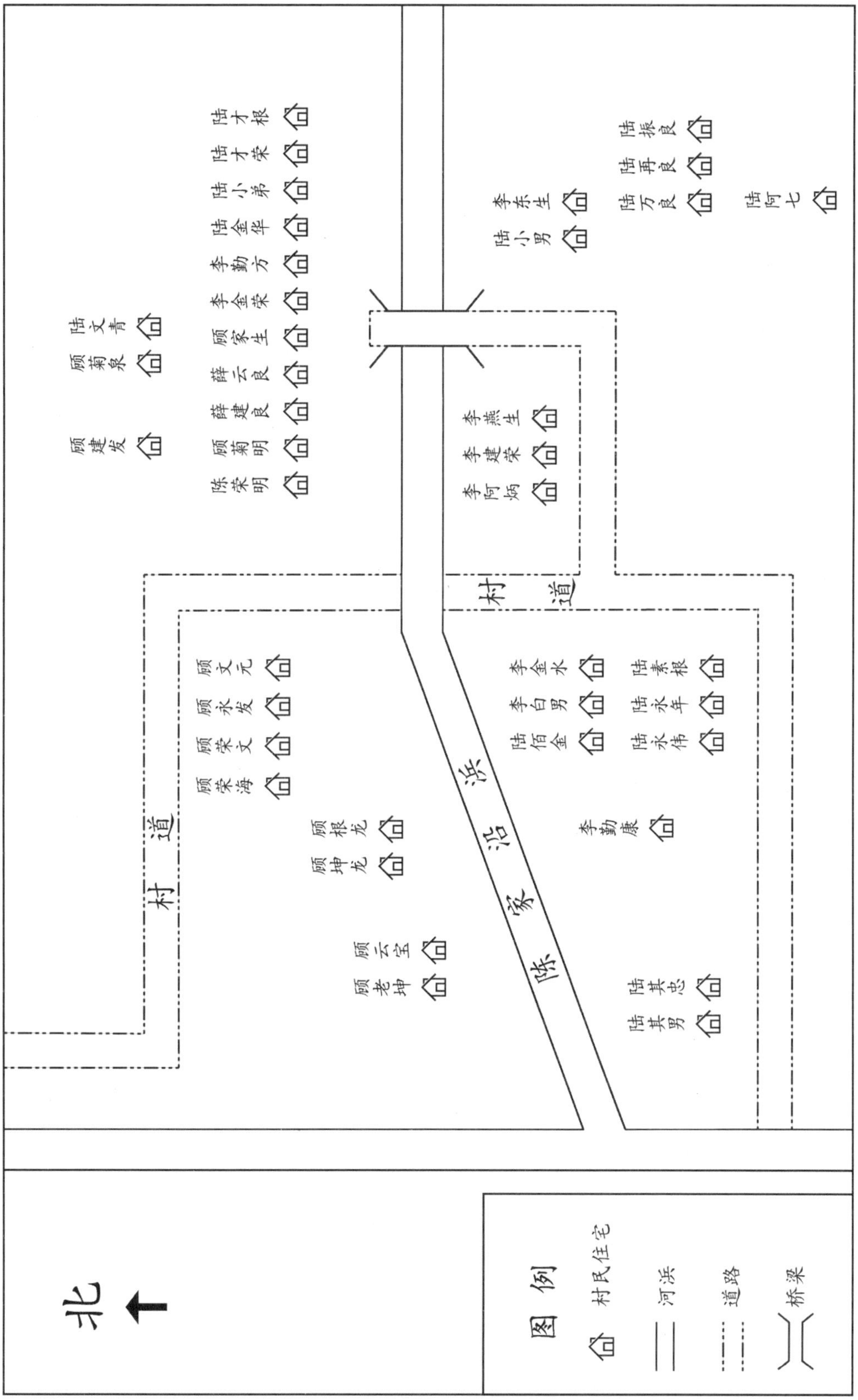

2005年陈家沿自然村住宅分布示意图

陈家沿村民以接绩为主要副业。漕湖沿岸一带是编织夏布之乡，一匹夏布要用6~8斤线材，需接苎线2~3天。村民晚上靠煤油灯照明接绩。20世纪60~70年代，一斤优质线1.2元，一斤普通线0.8元。

2006年开始，因城乡一体化建设用地需要，陈家沿整体拆迁，村民被安置于漕湖花园二社区。是年底，村落消失，陈家沿成为历史地名。

陈家沿村域在京沪高铁工程的建设范围内，拆迁整平后的宅基地主要用于绿化造林和建观赏草坪。

八、李家里

位于万安村委会西南方，因该村李姓居多而得名。东邻陈家沿，西至万安桥，南临湖林，北至陈家沿。2006年，有户籍人口13户52人，其中男性25人，女性27人。

清宣统三年（1911），属黄埭乡十二都五图。中华人民共和国成立初期，属黄埭区永昌乡。1958年，属黄埭人民公社第五大队。1983年7月，为黄埭乡万安村第二村民小组。2006年7月，属相城经济技术开发区漕湖产业园永昌村。2014年8月，属漕湖街道漕湖花园二社区管辖。

20世纪90年代后期，李家里曾有家三力农配有限公司，主要生产小型农业机械，后因征地，该企业被拆除。

2006年开始，因城乡一体化建设用地需要，李家里整体拆迁，村民被安置于漕湖花园二社区。是年底，村落消失，李家里成为历史地名。

李家里拆迁整治后，大部分成为京沪高速铁路及专用蒸汽管道用地，其余土地全部是绿化造林用地。

九、陶家桥

又称陶家里，位于万安村村委会东南，在万安村的中心地带，因所处的桥梁而得名。东邻永昌村，西至华家里，南傍鱼池头，北靠弄塘湾。村落形状为方状。村民以陶姓居多。2006年，有户籍人口19户75人，其中男性36人、女性39人。

清宣统三年（1911），属黄埭乡十二都五图。中华人民共和国成立初期，属黄埭区永昌乡。1958年，属黄埭人民公社第五大队。1983年7月，为黄埭乡万安村第七村民小组。2006年7月，属相城经济技术开发区漕湖产业园永昌村。2014年8月，属漕湖街道漕湖花园二社区。

1999年6月30日至7月5日，由于连降暴雨，河水猛涨，水位达4.57米。陶家

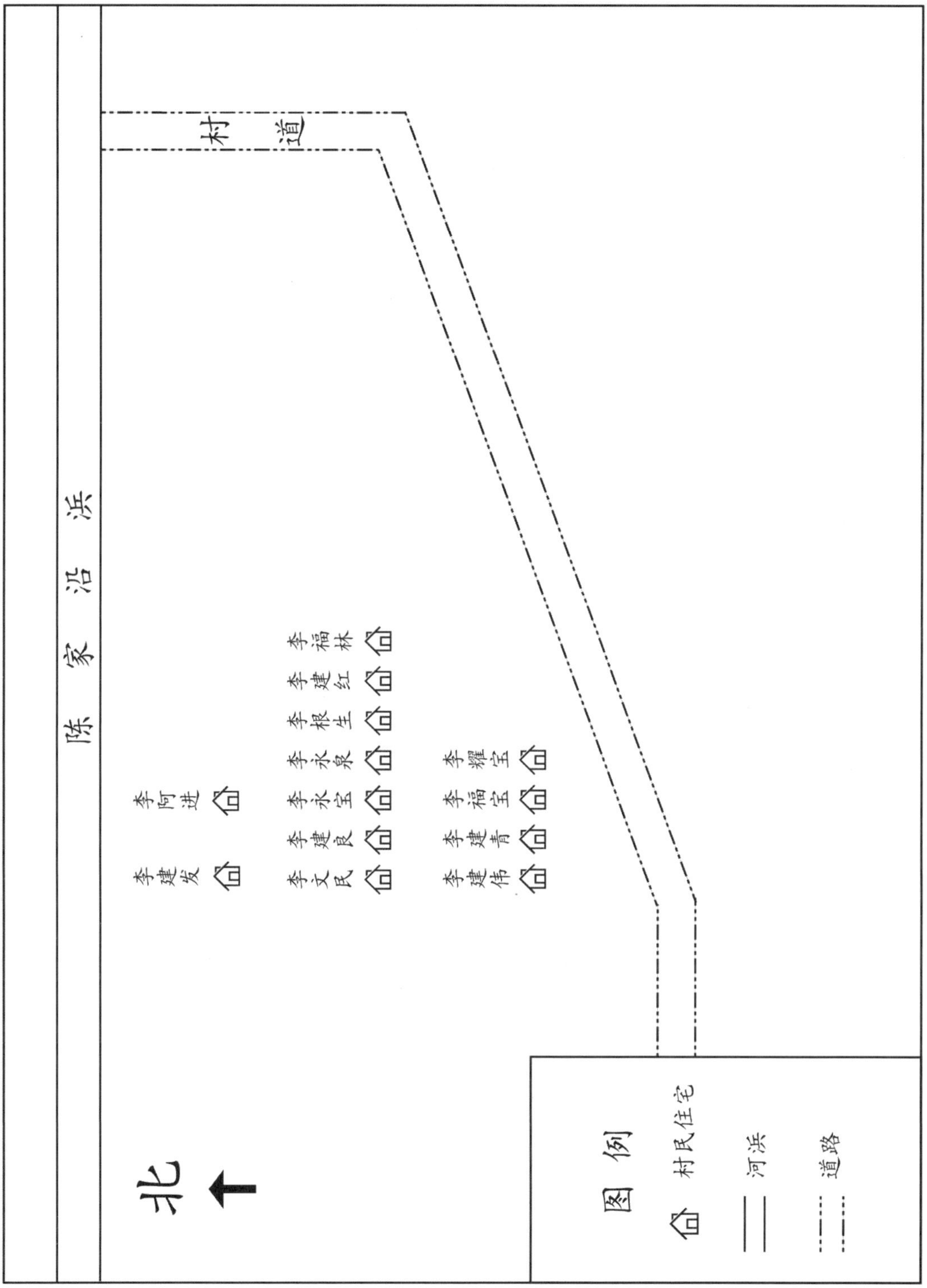

2006年李家里自然村住宅分布示意图

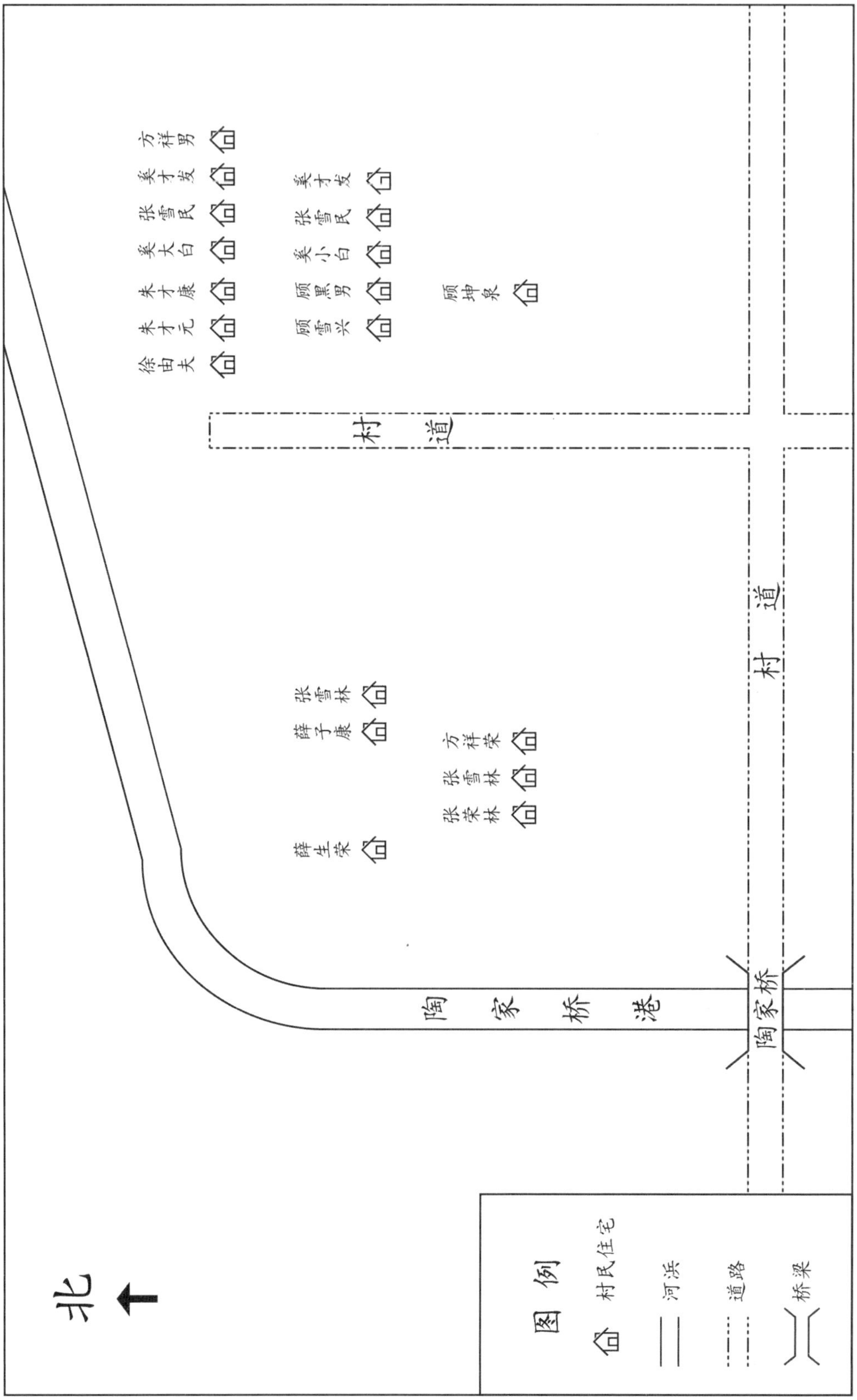

2006年陶家桥自然村住宅分布示意图

桥村民随万安村村委会组成的突击队赶往增援，和圩田人民一起抗洪抢险，使受灾损失降到最低。

2006年开始，因城乡一体化建设用地需要，陶家桥整体拆迁，村民被安置于漕湖花园二社区。是年底，村落消失，陶家桥成为历史地名。

陶家桥拆迁平整后，东部因取土成深潭，过康阳路南的土地由苏州市天然气管网有限公司专用，剩余部分土地用于建设苏绍高速公路。

十、横河港

位于万安村村委会东北。东邻陈家沿，西靠西塘河，南起万安桥，北濒鳑鲏头。村落形状为条形。村民以杨姓、吴姓居多。2006年，有户籍人口27户101人，其中男性49人、女性52人。

漕湖南畔有一条狭小的河浜，村民在河浜两岸的河堤上各竖一块大石板，用两块长条石铺在上面，建成一座小小的石桥，后人称这条河浜为横河港，村名由此而来。

清宣统三年（1911），属黄埭乡十二都五图。中华人民共和国成立初期，属黄埭区永昌乡。1958年，属黄埭公社第五大队。1983年7月，为黄埭乡万安村第十四村民小组。2006年7月，属相城经济技术开发区漕湖产业园永昌村。2014年8月，属漕湖街道漕湖花园二社区。

1979年，横河港村民推行大组联产承包制，农、副、工业劳动力公开分工分组，对务工人员实行交钱记工制。务工人员指的是“五匠”（泥水匠、铁匠、木匠、竹匠、油漆匠）手工艺人，有的集中经营，如裁缝师傅；有的可自由经营，如油漆匠等。

2006年开始，因城乡一体化建设用地需要，横河港整体拆迁，村民被安置于漕湖花园二社区。是年底，村落消失，横河港成为历史地名。

横河港拆迁后大部分土地用于兴建滨湖大道及绿化林带建设，部分土地与孙泾港的土地连成一片复耕为良田。

十一、西桥头

位于万安村村委会正北，紧靠漕湖滩，与横河港隔河相望，因桥而得村名。东邻孙泾港，西至查家浜，南傍北杨四巷河，北靠漕湖。村落形状为条形。村民以钱姓、朱姓居多。2006年，有户籍人口17户67人，其中男性32人、女性35人。

清宣统三年（1911），属黄埭乡十二都五图。中华人民共和国成立初期，属黄埭区永昌乡。1958年，属黄埭人民公社第五大队。1983年7月，为黄埭乡万安村

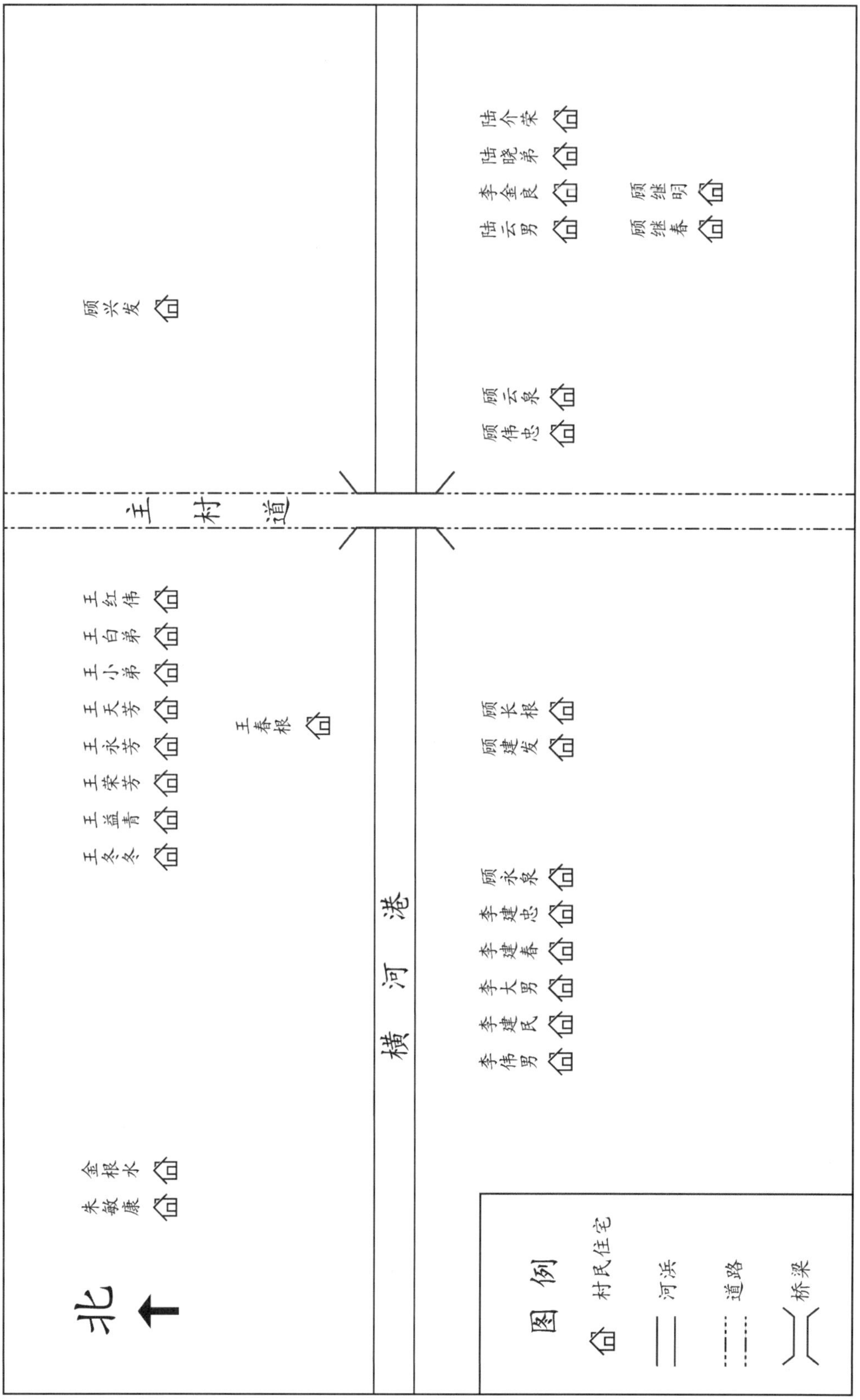

2005年横河港自然村住宅分布示意图

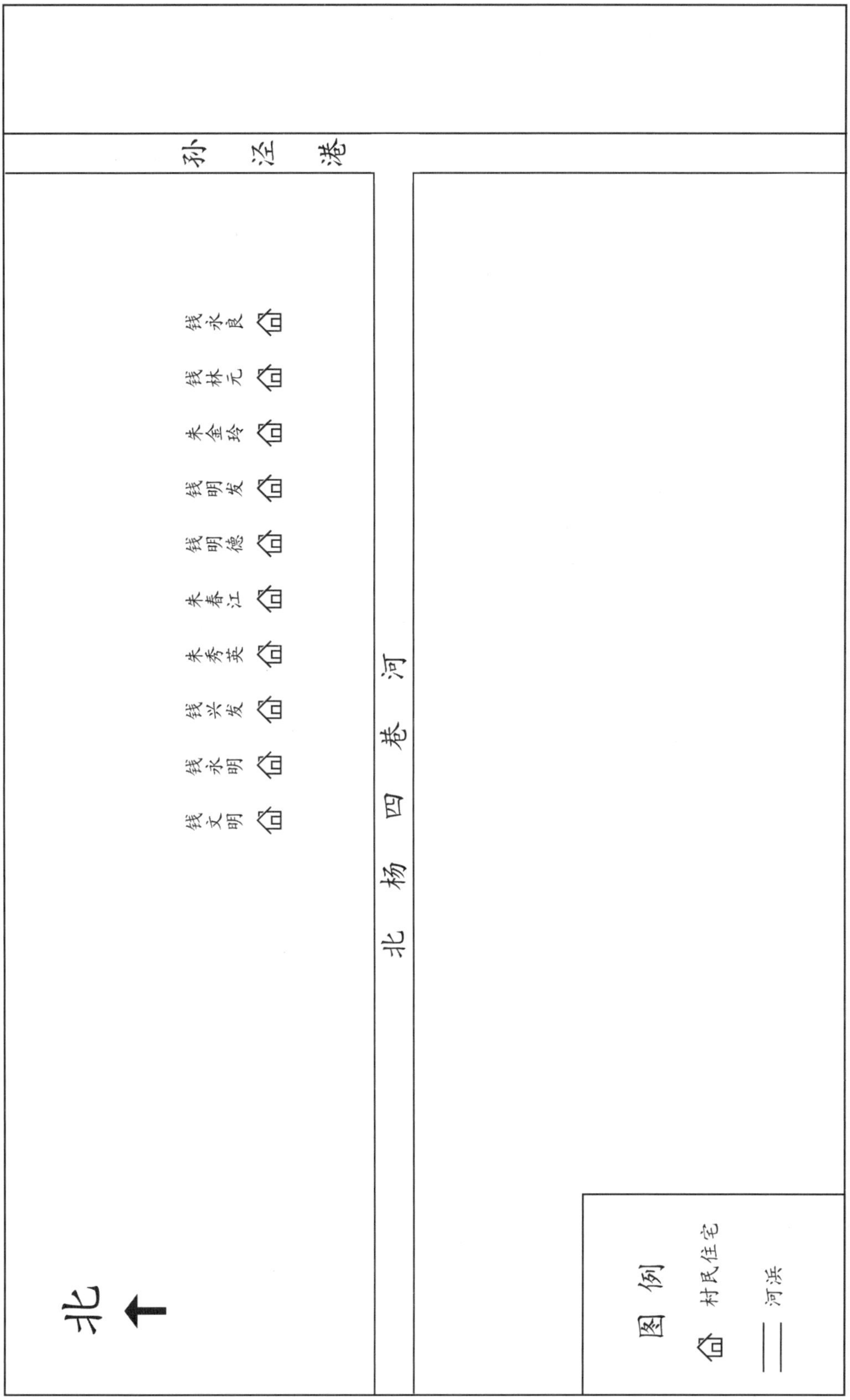

2006年西桥头自然村住宅分布示意图

第十村民小组。2006年7月,属相城经济技术开发区漕湖产业园永昌村。2014年8月,属漕湖街道漕湖花园二社区管辖。

2006年开始,因城乡一体化建设用地需要,西桥头整体拆迁,村民被安置于漕湖花园二社区。是年底,村落消失,西桥头成为历史地名。

西桥头北边土地整治加固,兴建滨湖大道,并在道旁植树造林成了景观路带。村宅基地拆迁后整治成为丰产水田。

十二、查家浜

位于万安村村委会正北、孙泾港河北岸,四面环水,因所处查家浜河而得名。东邻西桥头,西至下堡村,南起北杨四巷,北濒马家浜。村落形状为条形。村民以钱姓、朱姓居多。2006年,有户籍人口12户46人,其中男性22人、女性24人。

清宣统三年(1911),属黄埭乡十二都四图。中华人民共和国成立初期,属黄埭区永昌乡。1958年,属黄埭人民公社第五大队。1983年7月,为黄埭乡万安村第十三村民小组。2006年7月,属相城经济技术开发区漕湖产业园永昌村。2014年8月,属漕湖街道漕湖花园二社区管辖。

中华人民共和国成立初期,该村一般用戽水车灌溉水田,费时费力。1957年,建立电力灌溉站,改变了落后的灌溉方式。

2006年开始,因城乡一体化建设用地需要,查家浜整体拆迁,村民被安置于漕湖花园二社区。是年底,村落消失,查家浜成为历史地名。

查家浜拆迁后整治复耕为大片水田。

十三、弄塘湾

位于万安村村委会东北,因孙泾港的一条弯曲的支流而得名。东起永昌,西至南杨四巷,南邻南杨四巷河,北濒孙泾港。村落形状为条状。村民以吕姓居多。2006年,有户籍人口13户46人,其中男性22人、女性24人。

弄塘湾村庄小,水资源丰富,有个小港湾叫弄塘湾。刮风下雨时,漕湖风急浪高,商船、渔舟都会选择到此避风挡雨。

清宣统三年(1911),属黄埭乡十二都五图。中华人民共和国成立初期,属黄埭区永昌乡。1958年,属黄埭人民公社第五大队。1983年7月,为黄埭乡万安村第五村民小组。2006年7月,属相城经济技术开发区漕湖产业园永昌村。2014年8月,属漕湖街道漕湖花园二社区管辖。

20世纪90年代,弄塘湾村民曾靠打柴包改善生活。打柴包源于抗洪救灾中加

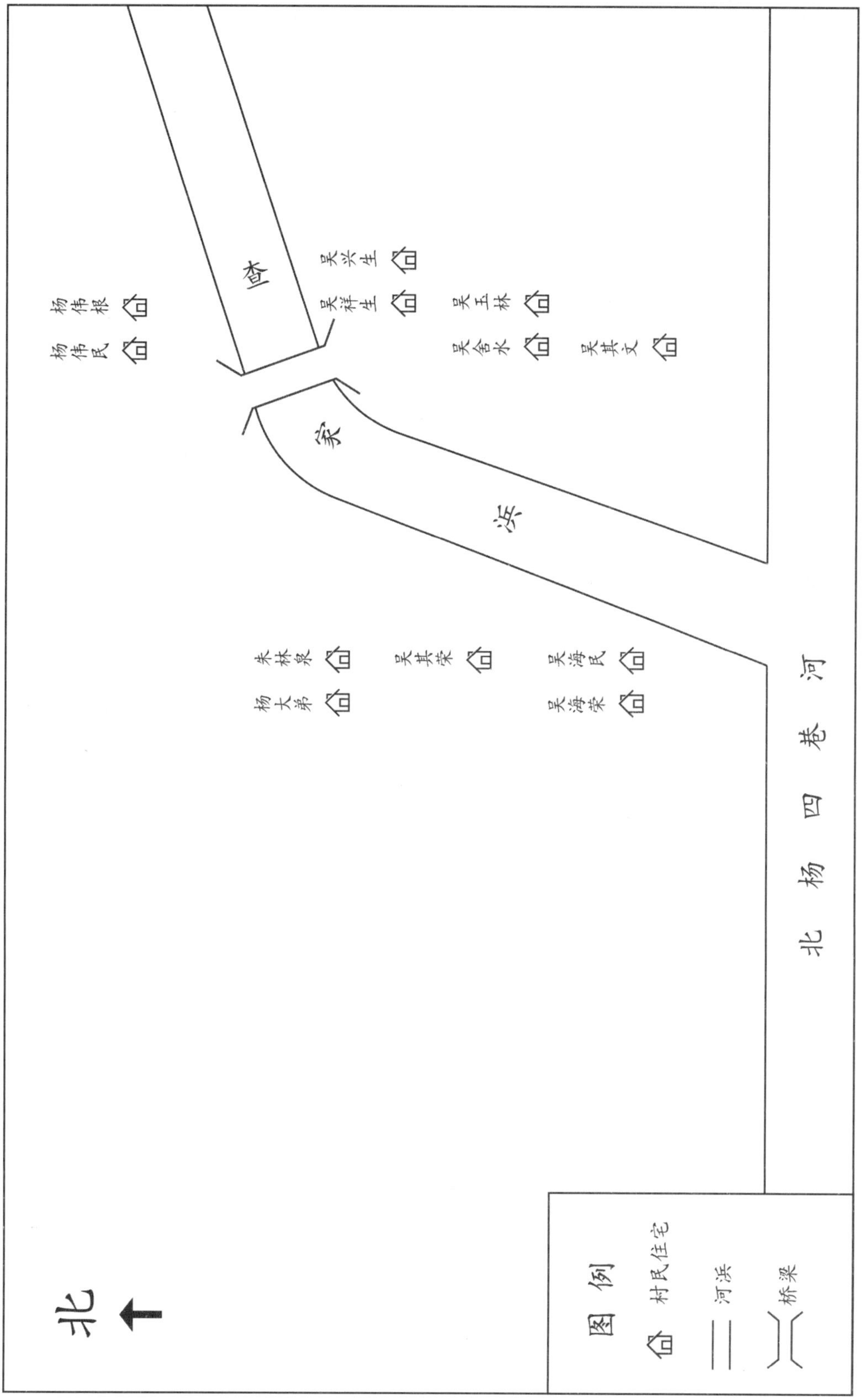

2006年查家浜自然村住宅分布示意图

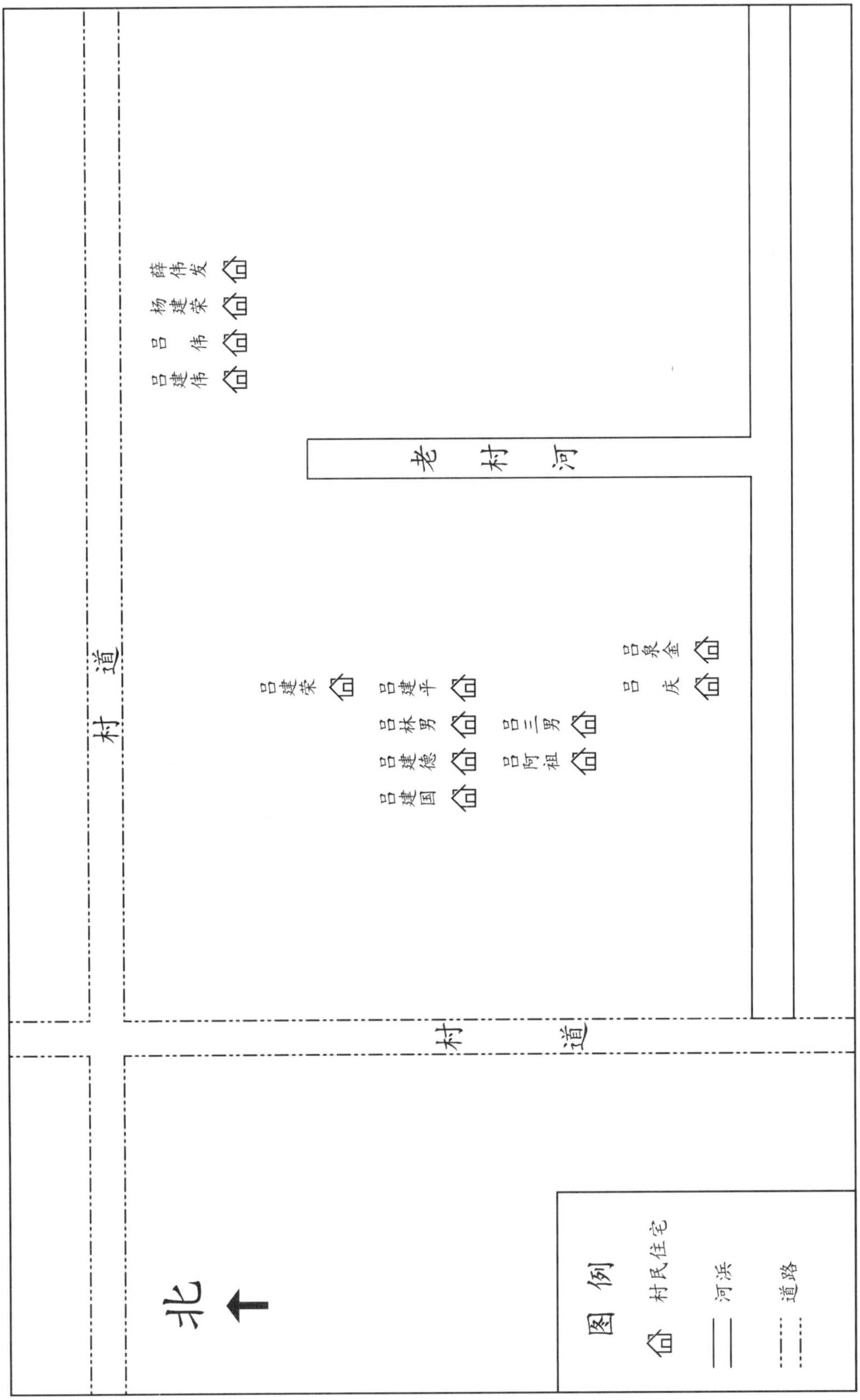

2006年弄塘湾自然村住宅分布示意图

固堤岸筑坝装土所需。柴包分柴包袋和柴包片。一个柴包用5~6斤稻草，成本约0.15元，成品价格为0.33~0.35元，一天可打20余个柴包，能挣6~7元。

2006年开始，因城乡一体化建设用地需要，弄塘湾整体拆迁，村民被安置于漕湖花园二社区。是年底，村落消失，弄塘湾成为历史地名。

弄塘湾拆迁时宅基地的砖石瓦砾用以填平一些小鱼塘和小河，整治后与孙泾港的土地连片复耕。

十四、万安桥

位于万安村村委会西南方，为万安村最西南端的自然村，因所处桥名而得名。东邻李家里，西傍由巷，南望湖林，北至横河港。村落形状为长方形。村民以俞姓、沈姓居多。2006年，有户籍人口6户23人，其中男性11人、女性12人。

万安桥是一座古桥。当地有俗话说："先有万安桥，后有万安村。"据传一位仙姑路经此地，为测试民心，她扮作老妪在河畔叫渡。草屋中走出一个姑娘，二话不说用菱桶把老妪送到了对岸。为感谢村姑，仙姑拔下一支金钗化作一座桥，口念"万福金安"而去。此乃万安桥的来历传说。

清宣统三年（1911），属黄埭乡十二都四图。中华人民共和国成立初期，属黄埭区永昌乡。1958年，属黄埭人民公社第五大队。1983年7月，为黄埭乡万安村第十二村民小组。2006年7月，属相城经济技术开发区漕湖产业园永昌村。2014年8月，属漕湖街道漕湖花园二社区管辖。

村民旧时有重大熟（水稻）、轻小熟（三麦）的传统。三麦指大麦、元麦、小麦。村中以前基本不种大麦，后因酒厂酿酒需要、大麦收购价格高等原因，大麦才得以推广种植。元麦为家畜饲料。那时粮食比较紧缺，青黄不接时会用元麦轧成麦片和大米一起煮来充饥。

2006年开始，因城乡一体化建设用地需要，万安桥整体拆迁，村民被安置于漕湖花园二社区。是年底，村落消失，万安桥成为历史地名。

万安桥是万安村最早拆迁的村子，土地均为建京沪高速铁路及架设蒸汽管道所用。

十五、马家浜

位于万安村村委会西北端，因所处的马家浜河得名。东邻孙泾港，西靠下堡，南接查家浜，北濒漕湖。原村落形状为条形。村民以李姓、马姓居多。2006年，有户籍人口39户140人，其中男性68人、女性72人。

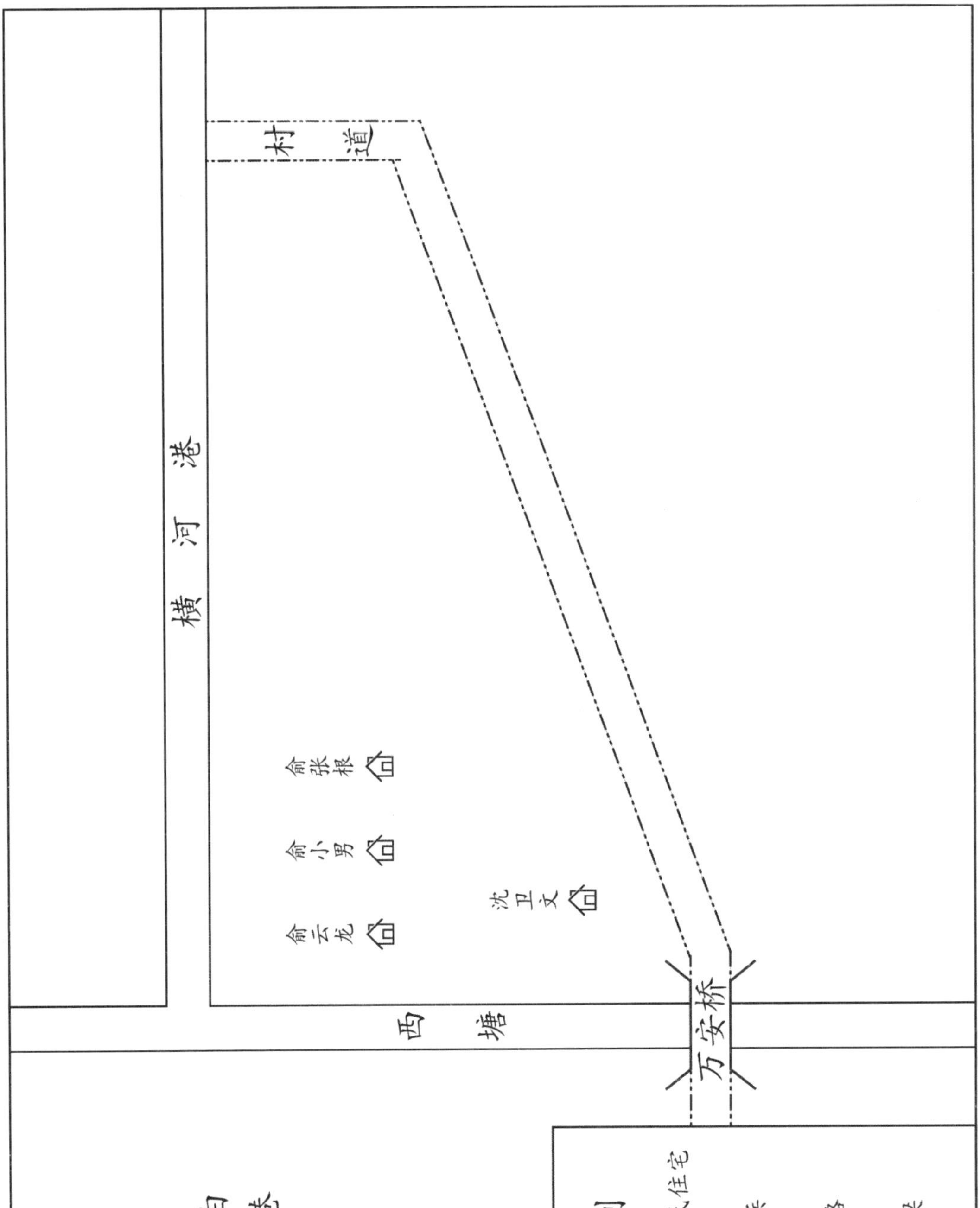

2006年万安桥自然村住宅分布示意图

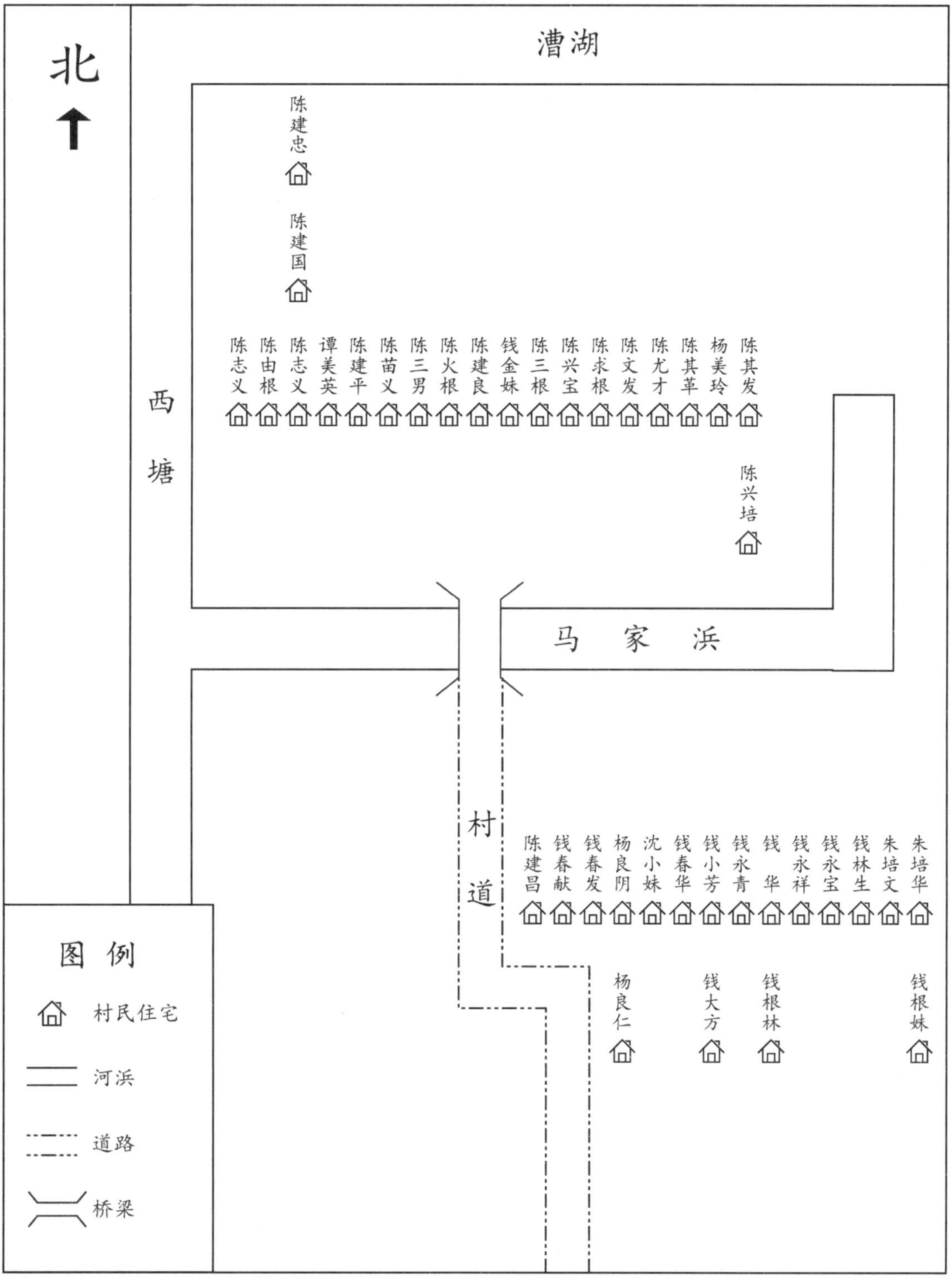

2006年马家浜自然村住宅分布示意图

马家浜三面环水，是一个天然良港，往西可直通无锡，往东至冶长泾，北抵常熟，南达苏州市区。马家浜紧临漕湖，村民在农耕之余，可下湖捕鱼、捉蟹改善伙食。

清宣统三年(1911)，属黄埭乡十二都四图、五图。中华人民共和国成立初期，属黄埭区永昌乡。1958年，属黄埭人民公社第五大队。1983年7月，为黄埭乡万安村第一村民小组。2006年7月，属相城经济技术开发区漕湖产业园永昌村。2014年8月，属漕湖街道漕湖花园二社区管辖。

1965年，马家浜曾引种双季稻。一熟变为两熟，产量有所提高。因种植成本高、米质口感差、收成率不稳定等原因，1983年家庭联产承包制推行后停止种植双季稻。

2006年开始，因城乡一体化建设用地需要，马家浜整体拆迁，村民被安置于漕湖花园二社区。是年底，村落消失，马家浜成为历史地名。

马家浜北临漕湖，在建设环漕湖滨湖大道时往西连接下堡。自然村拆迁整平后复耕。

第六章　观塘社区

观塘社区地处苏相合作区（漕湖街道）未来生活先导区，是其核心商务区，苏相合作区（漕湖街道）党工委、管委会（办事处）所在地。东起御窑路，西至五星河，南起永昌泾河北侧，北到观塘路北侧（漕湖花园五区围墙）。区域曾经是渭西村（永沿村）的低洼水田。社区交通便利，有漕湖大道、广济北路、永昌泾大道等公路主干道经越。

第一节　社区发展

2015年5月，设立观塘社区筹备组。2016年9月，观塘社区党支部、居委会正式成立，辖区包含苏相合作区（漕湖街道）唯一的商业综合体（漕湖邻里中心）、2家级科技孵化器和国家级“众创空间”（西安交通大学科技园·漕湖科技园）、两个商品房居民小区（瑜翠花园、彩叠湾花园）、青年公寓、苏相合作区（漕湖街道）便民服务中心以及在建的苏州国家质量基础（NQI）基地项目、苏相科技大楼项目、综合商务中心（150米超高层建筑）项目和永昌水街（江南风情商业街）项目，辖地面积0.73平方千米。分为3块管理区域：瑜翠园片区，漕湖邻里中心、瑜翠花园、西交大漕湖科创园、彩叠湾花园；黄畦路片区，漕湖集贸市场及商业街、漕湖商业广场、漕湖汽车站；青年公寓片区，青年公寓一期及二期、尚青景苑。2021年，调整管理区域，青年公寓片区划归下堡社区，漕湖商业广场纳入漕湖花园二社区管理。

观塘社区是漕湖街道前期开发的商品房小区。辖区内有苏州银行和中国农业银行的营业网点，已形成餐饮、百货超市、零售、宾馆住宿、美容美发、教育培训、健身娱乐、网络休闲等20种业态。2017年，有商业网点182家，商业营业面积60000平方米，人均商业面积达7.8平方米。商业服务体系完备、功能健全、布局合理、环境优美、整洁舒适，获评“苏州市社区商业示范社区”称号。

社区服务中心位于彩叠坊201室，设有综治办、矛盾纠纷调解室、党员活动中心、法治广场、篮球场等。建有时间银行、志愿者“馨驿站”、邻里空间服务站暨海棠花红“暖蜂驿站”等服务平台。“吴语话漕湖”项目入选2020年度相城区最佳志愿服务项目。

2016~2021年观塘社区历任党组织书记为贾文明、苏其峰、聂佳佳、马耀军，社区居委会主任为贾文明、苏其峰、聂佳佳、马耀军。

2016年，社区有户籍30户，户籍人口59人。2020年，社区有户籍1555户，户籍人口3141人。2021年，社区户籍人数789人，其中男性367人、女性422人，登记在册流动人口3913人。境域内设公交站台8个，途经公交线路有815路、821路、824路、833路、835路、836路、839路、872路。

第二节 商住小区

一、瑜翠花园

位于相城苏虞张公路与观塘路交界处，漕湖大厦北端，距漕湖大厦约500米。东邻苏虞张公路，西临漕湖花园五区，南靠观塘河，北与邻里中心为邻。原属于渭塘镇渭西村地界，后属于漕湖街道，是漕湖街道建立后的第一个商品房小区。

瑜翠花园（2018年摄）

2013年4月1日，瑜翠花园投入建造，占地面积3.42万平方米。2014年7月2日开盘，8月30日竣工。建筑面积9.98万平方米，房屋面积为8.55万平方米。2015年6月30日交房。

瑜翠花园是个经济实惠的居住小区，居民出行、购物十分便利。小区共有居民楼7幢（其中不设6幢）216户。1、2、4、7幢是纯居民楼，3、5、8幢在楼的东、西、北三面建有裙房挨着大楼。裙房辟成商业用房，开设有小超市、粮油店、饮食店、童装店、妇女用品店、床上用品店、足浴店、理发店、美容店等。

二、漕湖邻里中心

苏相合作区的首个邻里中心项目，位于卫渭路和御窑路交汇处、漕湖花园五区和瑜翠园两大住宅区的交界处。2014年10月18日正式开业。

漕湖邻里中心占地面积1.67万平方米，建筑面积2.68万平方米，总投资1.2亿，总高4层，设置厅店68家。四楼的顶层是停车场，共有停车位166个。

漕湖邻里中心以大众化、家庭化为特色，涵盖餐饮、零售、大型超市、儿童娱乐、培训便民等多种业态，打造一站式社区商业服务中心，汇聚肯德基、好利来、味庄、嘉利宝贝、明乐迪KTV等一系列人气品牌店。吴江大润发超市首次进驻邻里中心，为漕湖街道居民带来更多的便利与实惠。

三、西安交通大学漕湖科创园

苏相合作区管委会与西安交通大学合作，依托西交大苏州研究院建设的大学科技园。位于苏州工业园区——相城合作开发区CBD（中央商务区）。东接苏虞张公路，西邻漕湖，紧靠漕湖大厦，距京沪高铁苏州北站仅8分钟车程。外围被苏州绕城高速公路、苏嘉杭高速公路以及京沪高速公路环绕，交通便利，规划中其是苏相合作区未来发展的中心地带。

西安交通大学漕湖科创园（2022年摄）

2012年6月26日，西安交通大学苏州科技园·漕湖在漕湖大厦举行签约仪式。是年8月21日，西安交通大学苏州科技园·漕湖举行揭牌仪式。科技园总面积3.13万平方米，依托西安交通大学等高校院所技术、人才、项目资源，招引和孵化智能制造、新一代信息技术、新材料等领域高科技企业；科技园以提供技术、金融、政策、创辅及中介集合的“4+1”功能孵化体系为核心，开展科技企业孵化、科技人才培养和科技成果转化等。已获评国家级科技企业孵化器、国家级众创空间等国家、省、市各级荣誉20余项。园内建有一站式服务中心、公共技术实验室、展厅、多功能路演厅等设施。一站式服务中心占地450平米，为在孵企业提供工商税务登记、科技申报、法律咨询、知识产权咨询、财税信息咨询、宣传设计、市场接入等服务。

四、彩叠湾花园

彩叠湾花园（2021年摄）

位于漕湖大厦西。东与漕湖大厦隔河相望，西至五星河，南临永昌泾大道，北靠中心河。该小区于2015年11月26日开工建造，2017年10月10日竣工。

彩叠湾花园占地面积2.98万平方米，总建筑面积1.06万平方米，共有楼宇6幢，其中1幢商业用房、5幢住宅房。商业用房1~2层为商用房，3~12层为公馆；住宅房共716户。

彩叠湾花园环境绿化率达35%，地下车位545个。商业房下面两层面积4514.13平方米，有商铺51家。

小区设有自动喷火灭火系统、消防泵房供水系统、消火栓系统、红外线报警系统、电子巡更系统及闭路电视监控系统等。

五、漕湖青年公寓A区

东起永昌路，西至鲇鱼浜路，南临漕湖大道，北靠滕道路。占地面积4.2万平方米，建筑面积16.9万平方米。该区于2007年6月18日开工建造，2010年7月18日竣工，分白领公寓和普通公寓。其中白领公寓为4幢5层楼宇，分别以B1~B4排序。B1楼5层2单元每层10户，共20户；B2楼与B1楼房型相同；B3楼有3个单元，共30户；B4楼有4个单元，共40户，总户数110户。普通公寓共8幢，以D1~D8排序。每幢5层，每层户数70户至143户，总户数912户。

公寓均不对外租赁，只供周边企业、厂家集体签约，安排企业干部、技术人员、高层人士家庭等居住。

D5楼是面向漕湖大道的楼层。底层部分用作单位的办公场所、商铺出租。有超市、饭店、药店、点心店等店铺12家。

六、漕湖青年公寓B区（尚青景苑）

东起永昌路，西至鲇鱼浜路，南临湖村荡路，北与漕湖大道政府行政单位为邻。占地面积1.58万平方米，内部环境优美，场地宽广，分青年公寓B区、商用尚青汇和尚青景苑商品房3个区块，是高档商品房与公寓房的联合体。东部靠永昌路一侧开辟出大片树木和草坪，还有曲径通幽的小道、平坦高阔的绿地供居民散步和休息。该区于2014年3月18日开工建造，建筑面积4.29万平方米。2016年6月18日竣工。尚青景苑共有商品房6幢（其中1幢1号楼为尚青汇商业街），2~5幢共448户，已售出401户。6幢共128户，现今由第三方全部承包（已在装修准备出租）。

漕湖青年公寓B区（2018年摄）

漕湖青年公寓B区共有12幢房。1~7幢高16层，8幢高12层，9~12幢高13层，建筑面积10.81万平方米，共1984户。青年公寓配套商业楼尚青汇1幢，高3层，建筑面积7455.28平方米。1~2层为商铺，有17家商铺，为区域住户和到访者服务。第三层为物业及公用处所。

七、漕湖商业广场

位于漕湖街道渭卫路的中心地带。东临黄畦路，与漕湖花园六区仅隔一条马路；西靠漕湖花园七区；南起观塘路；北至渭卫路。2011年，开始投入建造，占地面积1.9万平方米，建筑面积3.01万平方米。原属卫星村管辖，观塘社区成立后划入其管辖范围。

漕湖商业广场（2018年摄）

漕湖商业广场有商业楼6幢，其中心为一个大超市，4幢3层商业楼以矩形合围状紧挨在大超市四周。东、南、北楼是双向店铺，西楼紧挨七区为单向商铺。底层门面各自独立，上面两层店铺用6座过街楼连接起来，使4座商业楼成为一个格局别致、结构严谨的整体。

商业楼底层面积3万平方米，店铺140家。饮食一条街位于漕湖农贸市场前面，长约200米。另有手机店、电器店、照相馆、洗衣店、文具用品店、药房、易买盛超市等。位于4幢楼上的商铺是较大型的单位开设的，如网吧、宾馆、各类专卖店，还有跆拳道学馆、健美减肥馆、各类辅导机构等。商业广场南边为农贸市场，北端是公交站台，有815路、833路、835路、836路公交车经停。

第七章　永昌泾社区

永昌泾社区位于漕湖东南方。东起御窑路，西至汤浜路—永昌路，南起漕湖大道，北至永昌泾河—广济北路—绕城高速。

第一节　社区发展

2016年3月31日，设立永昌泾社区居委会。小区居民由倪汇、上浜2个村的村民及卫星、汤浜、永昌、下堡4个村的动迁户组成。是年8月18日，撤销倪汇、上浜2个村民委员会，原倪汇村、上浜村村务由永昌泾社区管理。辖区面积0.22平方公里。2016年11月，永昌泾社区党总支成立。

2021年，调整管辖区域，原陆严村的许金浜纳入管理，原上浜村8个自然村划归下堡社区管理，区域面积调整为3.8平方千米。社区居委会设在永昌泾花苑一期。

永昌泾社区的主体构成是永昌泾花苑一期和二期。一期建筑面积67.94万平方米，共计53幢居民楼（3390户），其中多层楼共18幢、小高层楼共35幢。2016年10月，正式交房安置。永昌泾花苑是苏相合作区成立以来的第一个动迁安置小区。二期建筑面积22.53万平方米，安置房15幢，其中1幢为公建房，其余14幢为居民楼（1596户）。2020年4月，正式交房安置。

永昌泾花苑（2020年摄）

社区融文体娱乐、党员活动、教育培训、图书阅览、育儿养老、医疗保健等功能为一体，实行一站式服务。配置图书馆、舞蹈室、民心茶馆、妇女儿童之家、家长学校、日间照料中心爱龄之家、公用宴会厅、永昌医院分院、文体中心等功能场室。2018年7月，文体中心琳桥书场开放，深受居民欢迎。小区里设有便民超市、健身器材、物业服务中心等。社区运用辖区资源，成立“三月阳光”志愿服务队、“红色巾帼，心向党”志愿服务队，推出特色邮政便民服务项目服务居民。社区获评2020年度相城区人民调解工作先进集体。

永昌泾社区日间照料中心（2018 年摄）

琳桥书场（2018 年摄）

2016年，倪汇村、上浜村集体经济总收入分别为664万元、285万元，人均纯收入分别为31200元、34100元。2017年，集体经济总收入383.6万元，人均纯收入37700元。2018年，集体经济总收入637万元，人均纯收入38000元。2019年，集体经济总收入1101万元，人均纯收入40000元。2020年，集体经济总收入219.30万元，人均纯收入42000元。2021年，集体经济总收入992万元，人均纯收入37000元。

2016~2021年，永昌泾社区历任党组织书记为朱金德、薛祥弟、贾文明。历任社区居委会主任为杨建良、赵佳、丁叶兰、薛祥弟、贾文明。

2016年，社区有户籍数936户，户籍人口3599人。2018年，社区有户籍数1538户，户籍人口6201人。2021年末，社区户籍人口4555人，其中男性2154人、女性2401人，登记在册流动人口6827人。是年末，农村合作医疗参保1902人，社会养老保险参保3015人。境域内设公交站台8个，途经公交线路有824路、833路、835路、836路、839路。

第二节　倪汇村

倪汇村位于漕湖大厦西侧，因有倪家湾自然村而得名。东与渭塘镇永沿村接界，西连永昌镇大桥头，南傍任浜、汤浜村，北靠卫星村。2003年6月，任浜村并入倪汇村。2006年，下辖周家浜、牙浜、丁埂郎、翁秋头、东钱泾、西钱泾、计家里、杨端头、北横头、倪家湾10个自然村，20个村民小组。全村共604户2285人，其中男性1128人、女性1157人。全村共有75个姓氏，200人以上的姓氏为周，100人以上的姓氏有丁、钱、吴3个。其中周姓293人，占全村人数之冠。还有朱、薛、计、李、杨、张等姓氏。

清宣统三年（1911），归属吴县黄埭乡。1912年，归属吴县南北桥市十二都上下九图、十二都上下十二图。1929年8月，归属吴县十二区。1934年6月，归属吴县第六区。1941年7月，归属吴县第四区。1947年，归属吴县黄埭区。

中华人民共和国成立初期，倪汇村（包括联合村）属黄埭区倪汇乡所辖。1954年，建初级农业生产合作社。1956年，合并建高级农业生产合作社。1957年9月，吴县撤区并乡和整乡整社后，为黄埭乡向前第二十四社。1958年9月，属黄埭人民公社第九大队。1960年初，黄埭人民公社析出第九大队名倪汇大队。1983年7月，恢复乡管村体制，建黄埭乡倪汇村村民委员会。1992年7月，实行镇管村体制，村委会驻倪家湾。2006年7月，属相城经济技术开发区漕湖产业园。2008年6月，属北桥街道。2014年8月，漕湖街道成立，由漕湖街道管辖。2016年8月，归永昌泾社区管理。

倪家湾水路畅通，清末民初时渐成集镇，称倪家湾镇。清初，距倪家湾不足200米的西北处牙浜村上有位黄姓老爹，因酿的白酒醇厚浓香、黄酒色亮味纯，开了个酒馆。村旁有一官运堂，香火鼎盛，人流量大，黄老爹酒馆生意十分兴隆。酒馆旁边陆续开了茶馆、南货、香烛纸扎等店铺，形成小集镇。因倪家湾紧靠永昌泾，水道纵横，交通便利，黄老爹去倪家湾置地建屋，将酒馆迁至倪家湾，牙浜其他几家店也随之搬至倪家湾。至清末民国初，倪家湾集镇已初具规模，时街长100米，有20家住户近百人。镇上有南货店、鱼行、茶馆等12家店铺。

中华人民共和国成立后，倪家湾镇商市更加繁荣，曾有常熟吴塔中医世家曹家到倪家湾镇开中药铺，名为天保堂，店主曹宋臣。另有朱叔良的采德堂、杨忆椿的饮和堂。黄老爹的第三代四兄妹全在镇上经商，另有茶馆、南货店、铁匠铺、肉店、鲜鱼交易处等商铺。除农忙季节外，镇上的交易十分活跃兴旺。1954年，镇上设立信用社、联合医疗诊所和小碾米厂。1956年，建倪汇合作商店，时有药店、铁匠铺等20多家店铺，镇上有开往黄埭的航船。

至20世纪80年代初，倪家湾镇是周边村民日常购物、交易首选地，也是倪汇村村委会驻地，镇西梢有中、小学校各1所。1987年，镇区面积3公顷，有黄埭集体商业公司和食品公司的百货店、药店、肉店，还有村办农工商公司的饲料店、小农具店、农贸市场、老年茶室以及个体办的饭店、饼馒店和水果摊等，商品零售额48万元。20世纪90年代，埭渭路开通后，倪家湾镇由原东西向直街改建成丁字街。水陆交通更加便利，去卫星可搭乘公交，去苏州、黄埭有2班航船。苏州银行分行、黄埭邮政代办所应运而生。浴室、布店、饭店、点心店、酒馆、糕团店鳞次栉比，还有联合诊所、生猪收购站及屠宰场，倪家湾镇很是繁荣热闹。

倪汇村北濒漕湖，永昌泾横穿村东西，村内河道密布，水路交通极其方便。抗日战争时期，中共地下党组织及新四军“江抗”部队曾于此频繁活动。1940年，有名的周家浜战斗即在倪汇村境内发生。

1987年，倪汇村有7家村办厂，工业产值360万元，商品零售额48万元。2000年，有苏州市明珠钢带有限公司、东吴冷轧厂、倪汇金属制品厂、倪汇建材厂4家民营企业，年度村级总收入28万元，村级积累资产总额122万元，工业总产值2059万元，人均年收入达9923元。是年，吴县市民政局授予倪汇村“村民自治模范村”称号。

2015年，集体经济总收入421万元，人均纯收入28000元。2016年，集体经济总收入664万元，人均纯收入31200元。

倪汇村的初等教育始于1912年4月创办吴县倪汇初级小学。20世纪70年代，增设初中班。随着卫星村初中班并入，初中部独立建倪汇片中学。1995年9月，原任浜初小并入倪汇小学。2001年8月，倪汇片中学并入黄埭中学。2006年8月，倪汇小学撤并到黄埭中心小学。

2006年10月至2009年2月，因修筑广济北路北延用地需要，倪汇村222户村民分两批动迁，村民被安置在漕湖花园二区、四区。2009年3月至2014年12月，因城乡一体化建设征地，倪汇村又分批动迁，动迁村民被安置在漕湖花园一社区和永昌泾花苑。

中华人民共和国成立至2018年，倪汇村历任村（大队）党组织书记为周阿夯、高根虎、龚梅荣、高本棣、宋金木、冯忠宝、吴宝荣、周培根、汤福宝、丁雪龙、龚水生、周其安、龚正升，历任村（大队）负责人为李阿狗、尤阿三、冯忠宝、汤福宝、龚惠英、周其安、狄云根、邹海明、龚建龙。

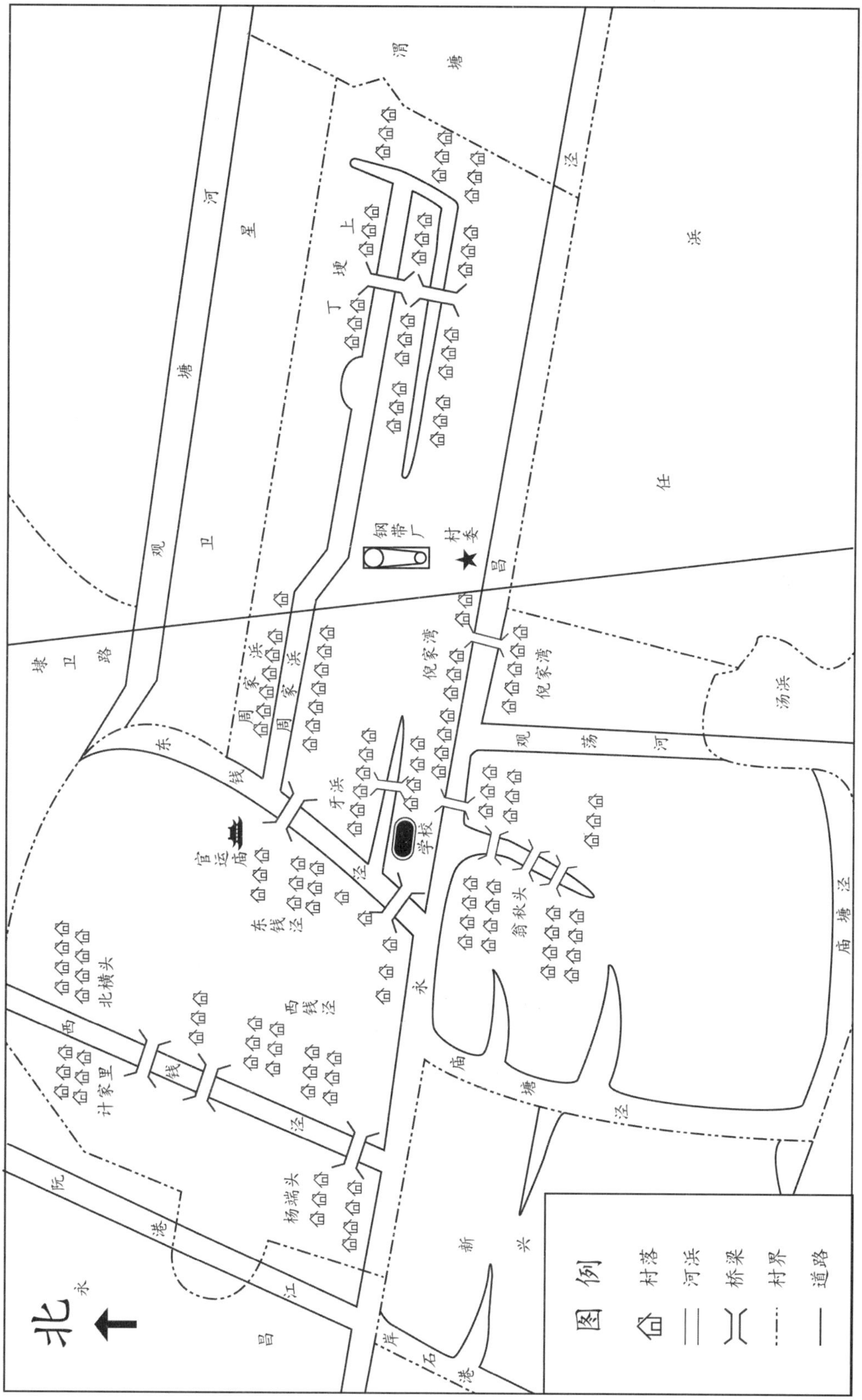

2003年倪汇村河流与村落图10村20组

相关链接：倪家湾的诊所和药铺

倪家湾有不少诊所和药铺，其中较为出名的是倪汇联合诊所、曹宋臣的天保堂、朱叔良的采德堂和杨忆椿的饮和堂等。

1954年5月，个体诊所按照政府领导、自愿结合、集体经营、民主管理的原则，由杨同乐、钱济中等人组成倪汇联合诊所，简称联诊所。联诊所人才济济。任浜杨氏三昆仲出身医学世家：老大杨同乐专攻中医，行医桑梓，素负盛名；老二杨岐康以西医为业，那时西医尚未普及，可他独树一帜；老三杨忆椿对药理颇有研究，有问病下药的功底。杨同乐是当仁不让的首席中医师，他医道精湛，药到病除。钱济中虽是中医内科，但中西医结合的医治方式非常得心应手，也是病者必求的医生。医师朱素珍人称王老太，黄畦村人，疔科专家。她眼快、手快、刀快，自制的治疔痈类中成药效果也十分了得。她的名声响彻附近3个县。诊所还有杨歧康、钱济万等医师。诊所实行经济独立核算，自负盈亏。医师若没有真才实学，只能坐冷板凳。所以那时竞争很激烈，联诊所越办越好。

天保堂、采德堂和饮和堂3家药铺均以中药齐全闻名，故而其它乡镇的中医处方也会到倪家湾出药。杨忆椿的药铺生意得益于其兄杨同乐。朱、曹两家本身就是中医师，自己坐堂，自家配药。

倪家湾的联诊所和天保堂等3家药房，促进了倪家湾商业的兴旺。

一、周家浜

位于倪家湾北端、周家浜河两岸。东至丁埂上，西跨钱泾河靠近东钱泾，南近倪家湾，北邻卫星村。该村周是大姓，另有陈、陆、吴姓等。2009年，有户籍人口69户276人，其中男性136人、女性140人。

清宣统三年（1911），属黄埭乡十二都十二图。中华人民共和国成立初期，属黄埭区倪汇乡。1983年7月，为黄埭乡倪汇村第九、十村民小组。2006年7月，属相城经济技术开发区漕湖产业园倪汇村。2014年8月，属漕湖街道倪汇村管辖。

20世纪40年代的周家浜是江南地区抗日战争的前沿阵地。1940年12月7日，常熟的日军勾结土匪司令胡肇汉倾巢出动，“围剿”新四军“江抗”三支队二连驻在周家浜的队伍，二连9人牺牲。

1967年，周家浜部分村民在新兴珍珠技术基地培训后，开始集体养蚌育珠，但规模不大。因前期产品销路不畅，只在何家湾进行小型交易。

2006年开始，因城乡一体化建设需要，周家浜整体拆迁，村民被安置于漕湖

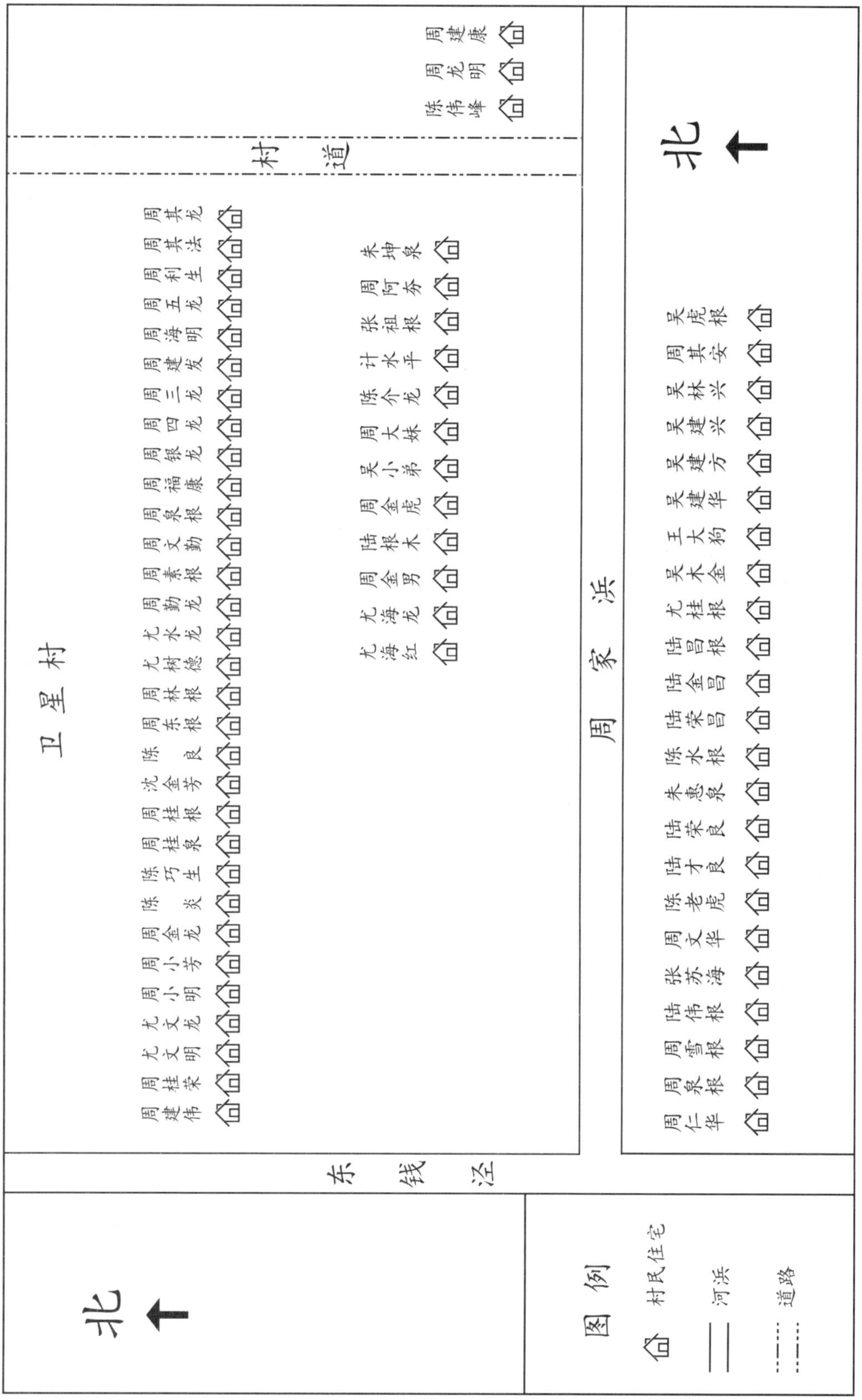

2009年周家浜自然村住宅分布示意图

花园八区。村落消失，周家浜成为历史地名。

周家浜拆迁后，东面土地为广济北路北延工程（包括景观带）所用，南面部分土地由中国交建下属公司使用。自然村的宅基地和周边其他土地整平待开发利用。部分土地用于建设高标准农田。

二、牙浜

位于倪家湾西北向，村子虽小却分布在外浜河两岸。牙浜东与丁埂上遥遥相望，西同东钱泾相邻，南面隔永昌泾与翁秋头相对，北近周家浜。因村中河浜形似颗断牙而得名。村民姓氏有张、李、高等。2006年，有户籍人口27户107人，其中男性53人、女性54人。

据说倪家湾集镇是受牙浜影响而形成的。牙浜的“牙”字旧时是指做买卖的牙行。牙浜早前确实有茶馆、南货行等店铺，可是村小河窄，交通不便。而附近的倪家湾紧靠永昌泾，村落大、人口密度高，且交通便利，商家便陆续从牙浜迁至倪家湾，倪家湾集市渐成，牙浜渐渐冷清下来。

牙浜有周姓大户人家，祖坟建在翁秋头，规模很大。曾与柳亚子之亲戚联姻。周琪瑞曾任伪相城区区长，后人周甦、周鞠、周百兴3人是中华人民共和国成立初期当地的教师。

清宣统三年（1911），属黄埭乡十二都上下九图。中华人民共和国成立初期，属黄埭区倪汇乡。1983年7月，属黄埭乡倪汇村第八村民小组。2006年7月，属相城经济技术开发区漕湖产业园倪汇村。2014年8月，属漕湖街道倪汇村管辖。

1967年，牙浜开始养蚌育珍珠，产出的珍珠在何家湾交易。为增加收入，有村民去广州药材一条街摆地摊，以药材的价格销售珍珠。

2006年开始，因城乡一体化建设需要，牙浜整体拆迁，村民被安置于永昌泾花苑。村落消失，牙浜成为历史地名。

牙浜拆迁后的宅基地与填没后的牙浜河连片整治后复耕，村南的土地为建永昌泾大道连同景观草坪所用。

三、丁埂上

地处黄埭与渭塘的交界处，倪家湾东面。东邻渭塘渭西，西至埭卫路，南临永昌泾，北至倪汇、卫星的交界道。丁埂上中丁姓是大姓，还有吴、胡、薛等姓氏。2006年，有户籍人口122户463人，其中男性230人、女性233人。

永昌泾丁埂上段上有座木桥，是四方枢纽。桥南向东到任浜，西去是汤浜；桥

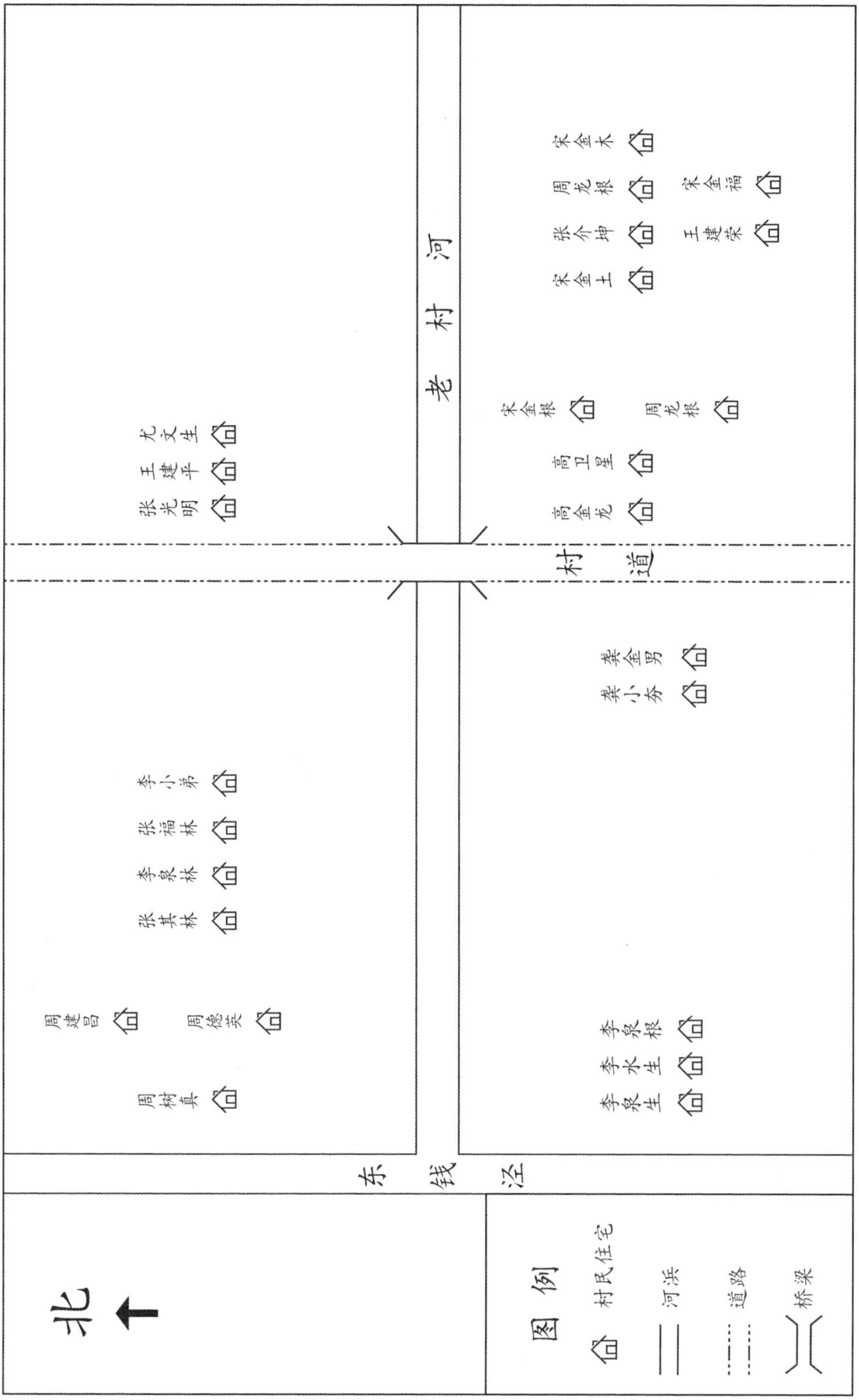

2006年牙浜自然村住宅分布示意图

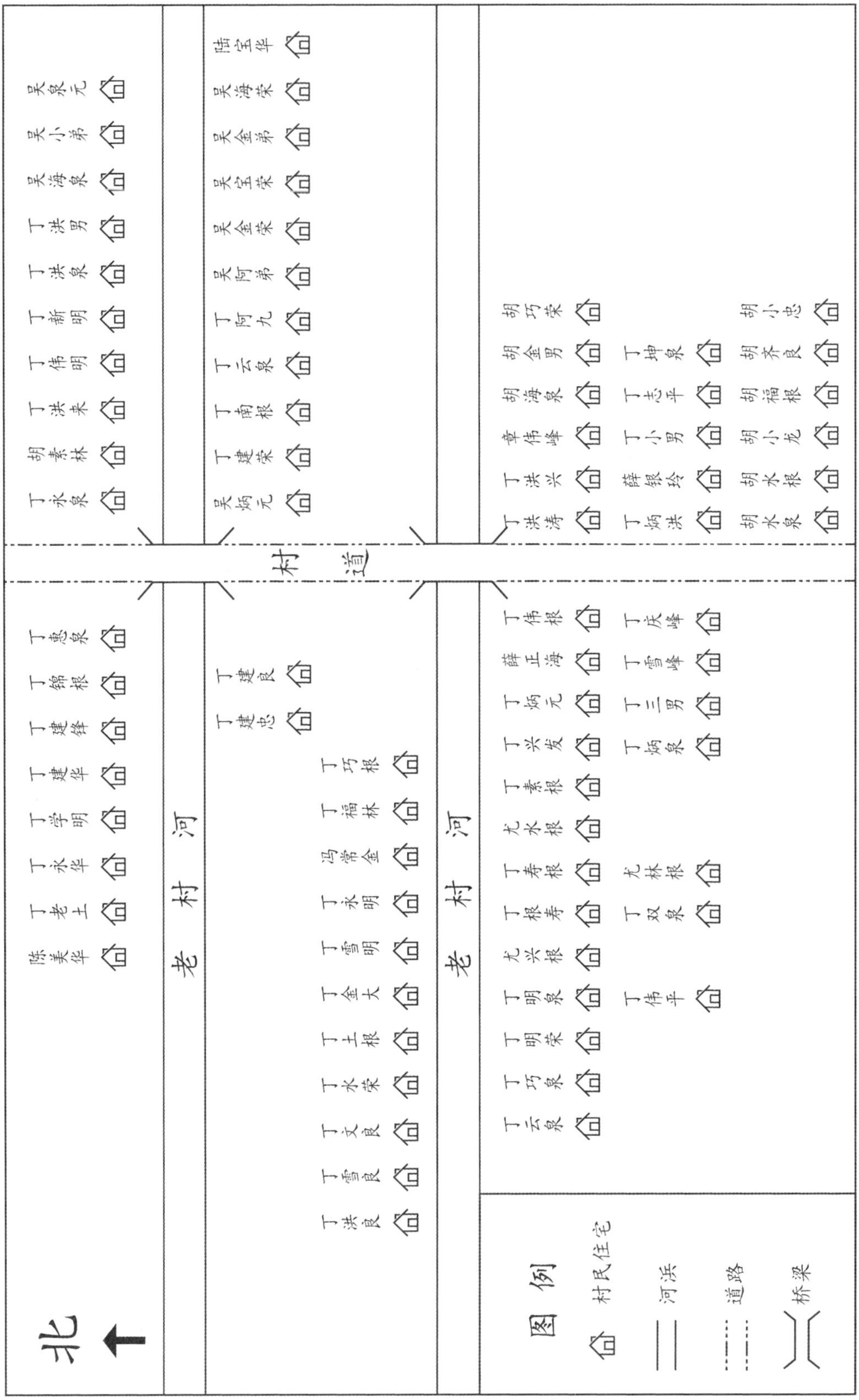

2006年丁埂上自然村住宅分布示意图一

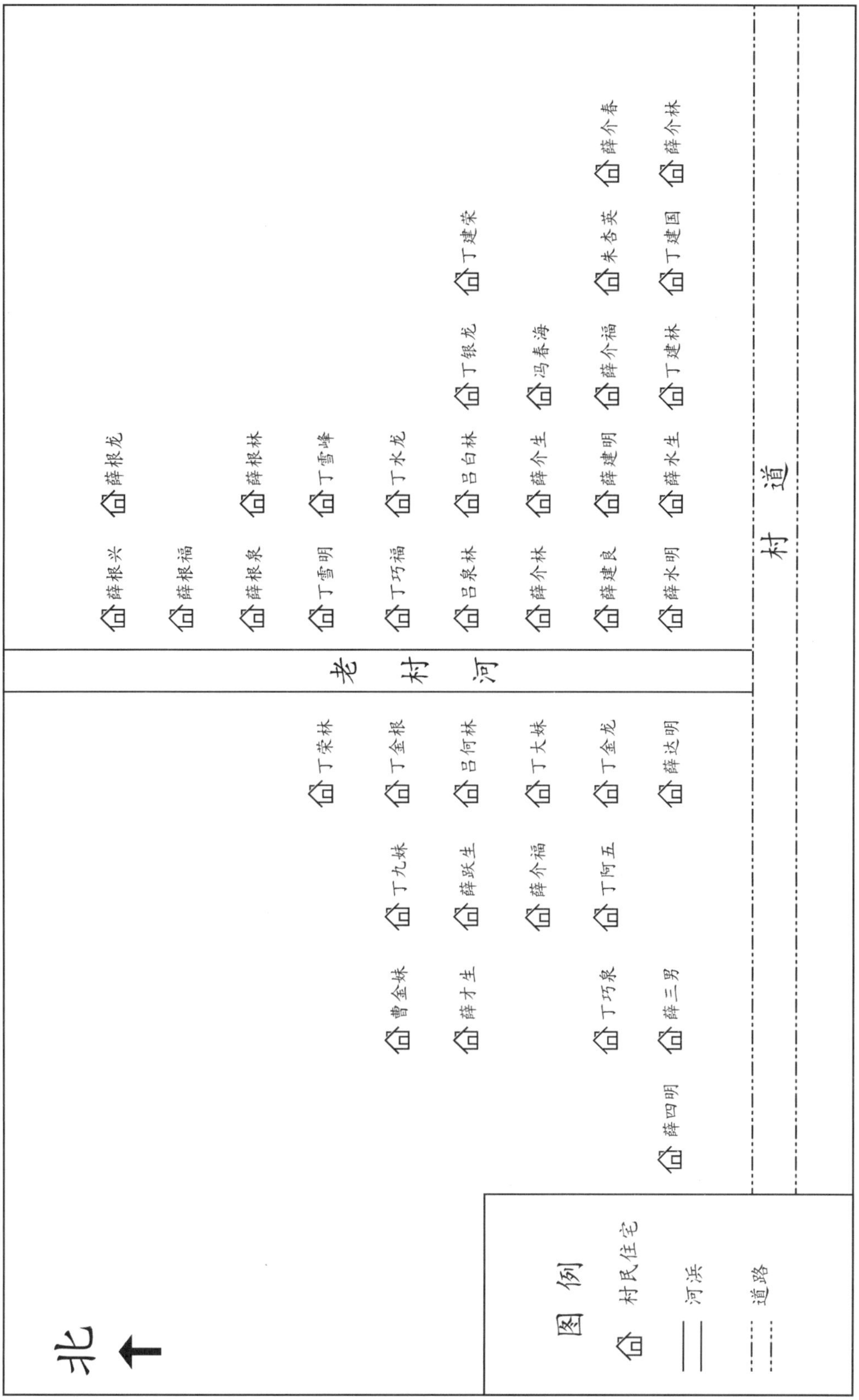

2006年丁埂上自然村住宅分布示意图二

北往东是渭塘，往西便是永昌、黄埭。

清宣统三年（1911），属黄埭乡十二都十二图。中华人民共和国成立初期，属黄埭区倪汇乡。1983年7月，为黄埭乡倪汇村第一、二、三村民小组。2006年7月，属相城经济技术开发区漕湖产业园倪汇村。2014年8月，属漕湖街道倪汇村管辖。

丁埂上与渭塘的永沿、何家湾相邻，离渭塘集镇近，倪汇村村民日常习惯去渭塘集镇，丁埂郎是去渭塘镇的必经之路。20世纪80年代是养蚌育珠的全盛期，何家湾有村民自发组成珍珠交易市场。因地域优势，村内做珍珠交易的人渐增，经济收入呈多元化，村民比较富裕。

2006年开始，因城乡一体化建设需要，丁埂上整体拆迁，村民被安置于漕湖花园一社区。村落消失，丁埂上成为历史地名。

丁埂上是倪汇村最早动迁且土地最早被规划使用的自然村。漕湖花园一社区绝大部分用地是丁埂上的。

四、翁秋头

位于倪家湾西南，永昌泾南岸。东与倪家湾河南岸隔倪汇竖头河相望，西与新兴张华相邻，南临庙荡泾，北靠永昌泾。翁秋头地形比较独特，似占鱼墩。一条翁秋头河将村一分为二，河东绝大部分姓周；河西李姓居多，也有汤姓、吴姓等。2010年，有户籍人口72户259人，其中男性128人、女性131人。

翁秋头四面环水，像个孤岛。后来为了提高村民出行便捷度造了桥，翁秋头成为周边村村民去黄埭的必经之路。

清宣统三年（1911），属黄埭乡十二都上下九图。中华人民共和国成立初期，属黄埭区倪汇乡。1983年7月，为黄埭乡倪汇村第六、七、十七村民小组。2006年7月，属相城经济技术开发区漕湖产业园倪汇村。2014年8月，属漕湖街道倪汇村管辖。

翁秋头河流宽广，有发展养蚌育珠的最佳水域，加之临近新兴珍珠技术培训基地，村民大量养蚌育珠。养蚌育珠使翁秋头成为倪汇村最富裕的一个自然村。

2006年开始，因城乡一体化建设需要，翁秋头整体拆迁，村民被安置于永昌泾花苑。村落消失，翁秋头成为历史地名。

翁秋头村村域面积宽广，拆迁后的土地由苏州市农林局联合漕湖街道共同开发成倪家湾·水之田，又称倪家湾生态田间小综合体示范园。

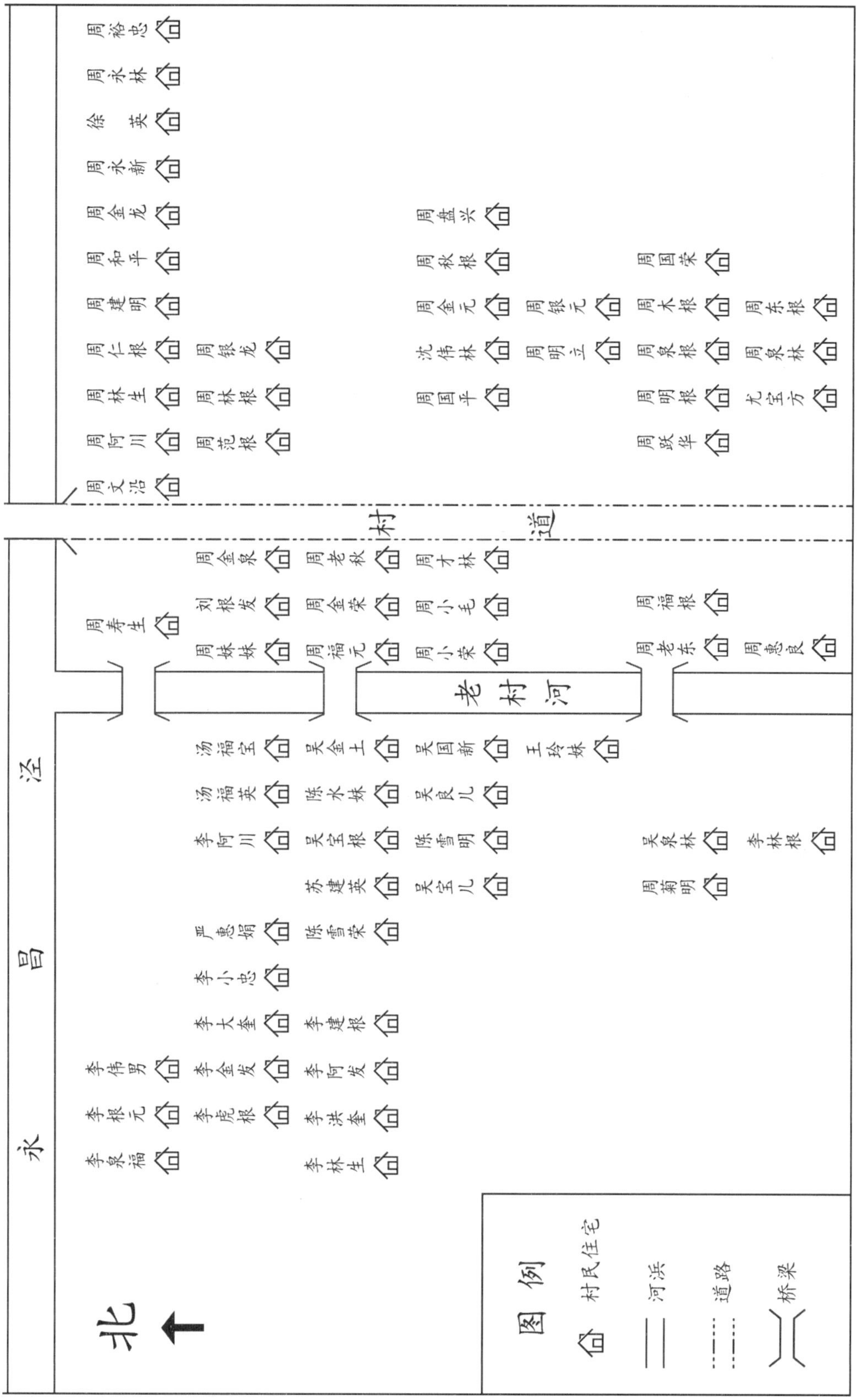

2003年翁秋头自然村住宅分布示意图

相关链接：倪家湾·水之田

倪家湾·水之田位于漕湖产业园永昌泾南岸原倪汇区域，广济北路与永昌泾大道交界处往西200米。2013年启动建设，总投资4000万元，2018年底完成，是集休闲观光和现代农业生产于一体的现代化农业园。农业园建设占地1173亩，其中陆地面积682亩、水面面积491亩。园区四面环水，内部有生态果园、高标准农田、高科技温室、特色花海、湿地木栈道、九曲十八弯漫步道等。

生态公园种植130亩生态绿色稻米，主干道、木栈道、彩色环路把公园分割成12个景点。香樟树林、银杏走廊、翠冠梨园、桃林长道、枇杷片块、薰衣草庄园等植物园各显特色。园内花海区设有一座高15米、主体采用钢结构的3层瞭望台，登上瞭望台可将整个公园景致尽收眼底。永昌泾、观荡河、庙塘泾3条河道及其支流环绕公园四周，河网交错、沟渠纵横。2018年，倪家湾·水之田获评江苏省主题创意农园。

倪家湾·水之田指示牌（2020年摄）

倪家湾·水之田的花海区（2019年摄）

五、东钱泾

位于倪家湾偏西方向。东沿东钱泾，西与西钱泾相交，南达永昌泾，北抵北横头。因东钱泾河而得名。该村钱、张、周为大姓，另外有陈、吴、冯等姓氏。2004年，有户籍人口58户221人，其中男性108人、女性113人。

东钱泾河较宽阔，流经安基坟一带，向南直通永昌泾，是水路交通的要道。

清宣统三年（1911），属黄埭乡十二都上下十二图。中华人民共和国成立初期，东钱泾及西边的几个村落曾独立组建过行政单位，合称联合村，属黄埭区倪汇乡。1954年，建初级农业生产合作社。1956年，建高级农业生产合作社。1957年，并入倪汇村，是年9月，吴县撤区并乡和整乡整社后，属黄埭乡向前第二十四

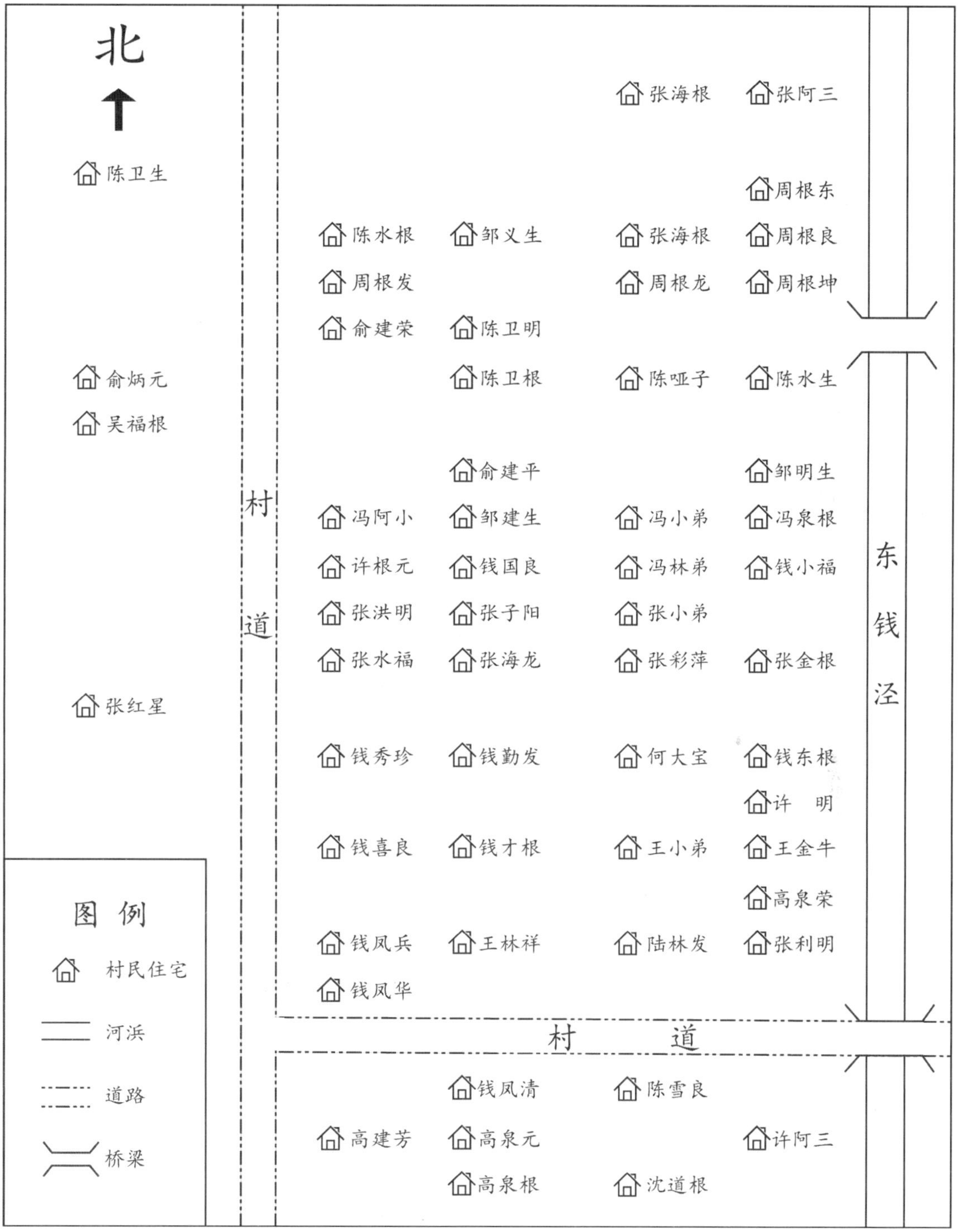

2003年东钱泾自然村住宅分布示意图

社。1983年7月，为黄埭乡倪汇村第十一、十九村民小组。2006年7月，属相城经济技术开发区漕湖产业园倪汇村。2014年8月，属漕湖街道倪汇村管辖。

1983年，东钱泾养鱼大户钱巧泉科学混养青鱼、草鱼、鲢鱼、鳊鱼等，取得较好收益。1999年，养鱼专业户阿招福以5亩鱼池放养黑鱼鱼苗6000条，每条成本价1.2元。试养成功后，年产量4900公斤，收入6.57万元，净利润2万多元。

2006年开始，因城乡一体化建设需要，东钱泾整体拆迁，村民被安置于漕湖花园和永昌泾花苑。村落消失，东钱泾成为历史地名。

拆迁后，最北边的土地用于建设苏绍高速公路，部分土地辟成连片林木带。村宅基地连同周边土地经整治后复耕。

六、西钱泾

位于倪家湾西北面。东邻东钱泾，西接杨端头，南临永昌泾，北与北横头相邻。该村以周、钱姓居多，还有俞、仲等姓。2015年，有户籍人口35户131人，其中男性65人、女性66人。

清宣统三年（1911），属黄埭乡十二都上下十二图。中华人民共和国成立初期，属黄埭区倪汇乡。1957年9月，属黄埭乡向前第二十四社。1983年7月，为黄埭乡倪汇村第十二村民小组。2006年7月，属相城经济技术开发区漕湖产业园倪汇村。2014年8月，属漕湖街道倪汇村。

1940年初冬的一天，以胡肇汉为首的日伪军与驻扎在周家浜的新四军展开了一场殊死战斗，枪声整整持续4个小时。钱阿弟是西钱泾河畔周家浜战斗的第一个见证者。

1976年，倪汇村在西钱泾盘了口窑，即西钱泾砖窑，烧制砖及黛瓦，质量较好，供不应求。

2006年开始，因城乡一体化建设需要，西钱泾整体拆迁，村民被安置于漕湖花园和永昌泾花苑。

西钱泾拆迁后，南边的土地用于永昌泾大道路桥工程，部分土地成为永昌泾北岸和大道两旁的景观林木和草坪用地，村宅基地连同周围土地已复耕。

七、计家里

位于倪家湾西北边。东为西钱泾，西与永昌村相交，南和杨端头相邻，北靠漕湖。计家里以计姓居多，还有朱、毛、陆、姚、钱等姓。2015年，有户籍人口44户163人，其中男性80人、女性83人。

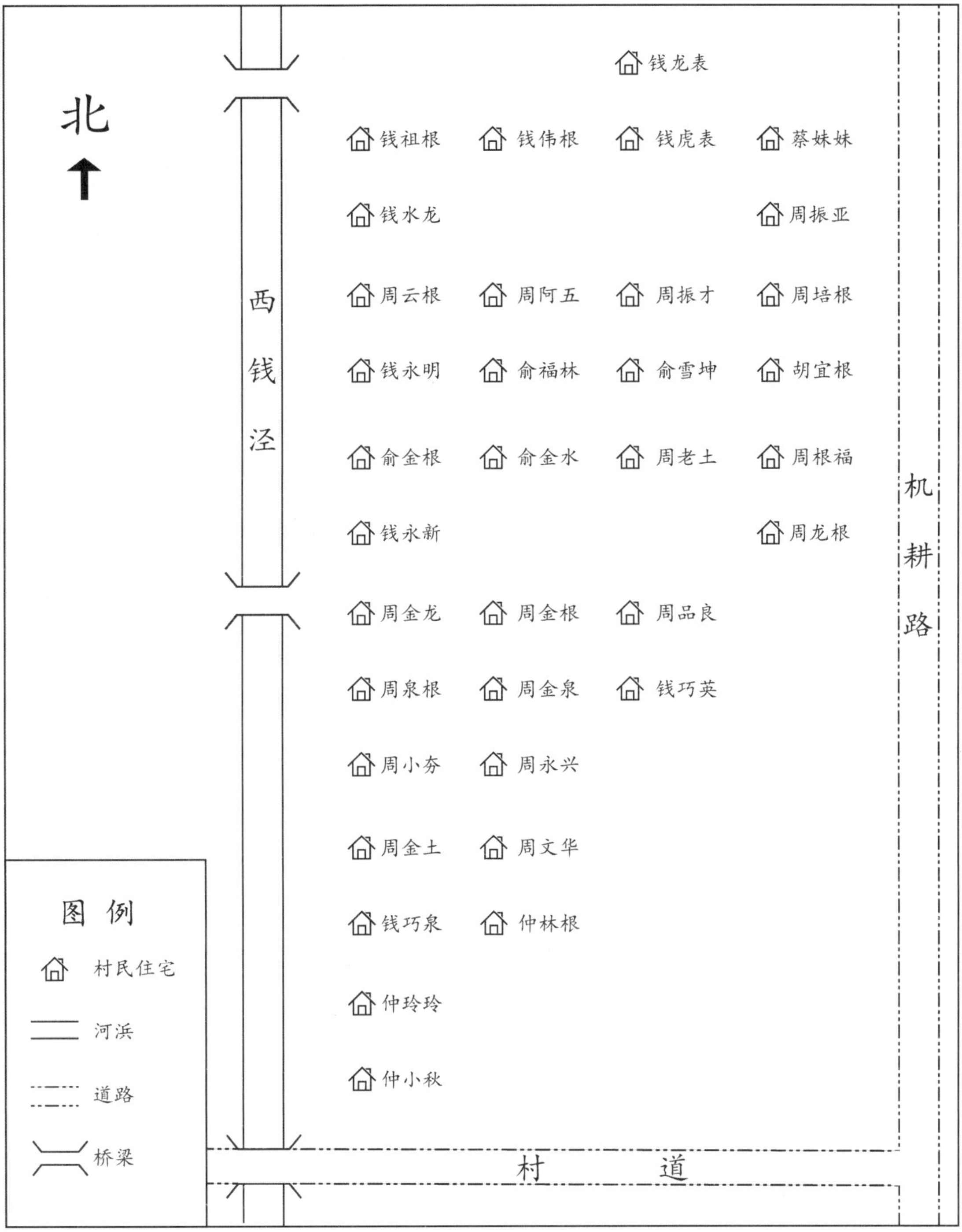

2015年西钱泾自然村住宅分布示意图

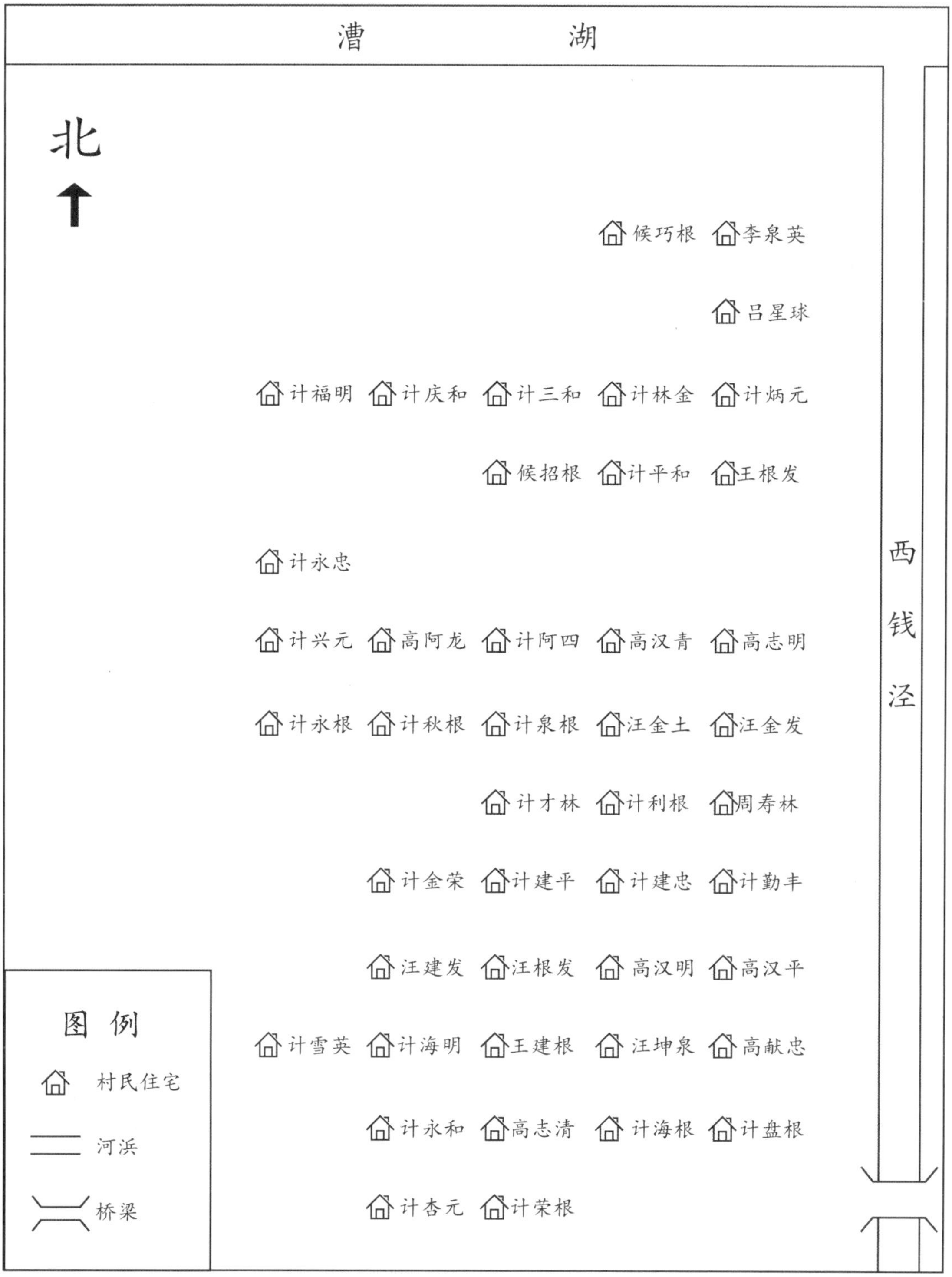

2015年计家里自然村住宅分布示意图

清宣统三年（1911），属黄埭乡十二都上下十二图。中华人民共和国成立初期，属黄埭区倪汇乡。1957年9月，属黄埭乡向前第二十四社。1983年7月，为黄埭乡倪汇村第十四村民小组。2006年7月，属相城经济技术开发区漕湖产业园倪汇村。2014年8月，属漕湖街道倪汇村。

计家里在倪汇村最北端，漕湖近在咫尺，景色秀丽，可观漕湖风帆，诗情画意，为宜居村庄。该村河流纵横，水资源十分丰富，村民广植茭白、芡实、茨菇等水生植物。

2006年开始，因城乡一体化建设需要，计家里整体拆迁，村民被安置于永昌泾花苑内。村落消失，计家里成为历史地名。

计家里拆迁后，北部土地用于建设苏绍高速公路及路旁的高压蒸汽管道。自然村宅基地连同西南部分土地整平后对外承租种植蔬果庄稼。

八、杨端头

位于倪家湾西倪汇村的最西边，永昌、倪家湾两个小镇的交界处。东靠西钱泾，西跨阮港江与杨四观音堂相邻，南抵永昌泾，北望计家里。该村以杨、钱、吴姓为主，还有朱姓、曹姓等。2015年，有户籍人口51户191人，其中男性94人、女性97人。

抗日战争时期，村民为新四军“江抗”部队提供帮助，做出贡献。村民钱阿木、仲锦高冒着生命危险，在战场搜寻伤员并连夜送到“江抗”驻地。

清宣统三年（1911），属黄埭乡十二都上下十二图。中华人民共和国成立初期，属黄埭区倪汇乡。1957年9月，属黄埭乡向前第二十四社。1983年7月，为黄埭乡倪汇村第十五、十六村民小组。2006年7月，属相城经济技术开发区漕湖产业园倪汇村。2014年8月，属漕湖街道倪汇村管辖。

2006年开始，因城乡一体化建设需要，杨端头整体拆迁，村民被安置于永昌泾花苑内。村落消失，杨端头成为历史地名。

杨端头在永昌泾大道的拐角处，拆迁后的宅基地和周围的土地用于修筑永昌泾大道，其余土地用于建设大道两边的景观带和草坪。

九、北横头

位于倪家湾西北方。东与东钱泾交界，西跟计家里相邻，南紧靠西钱泾，北临漕湖。该村村民以周、钱姓居多，还有张、陈等姓。因所处地理位置比较特别，由外村村民随意称呼而得名。后随着人口繁衍，户籍人口增加，北横头与计家里、钱泾

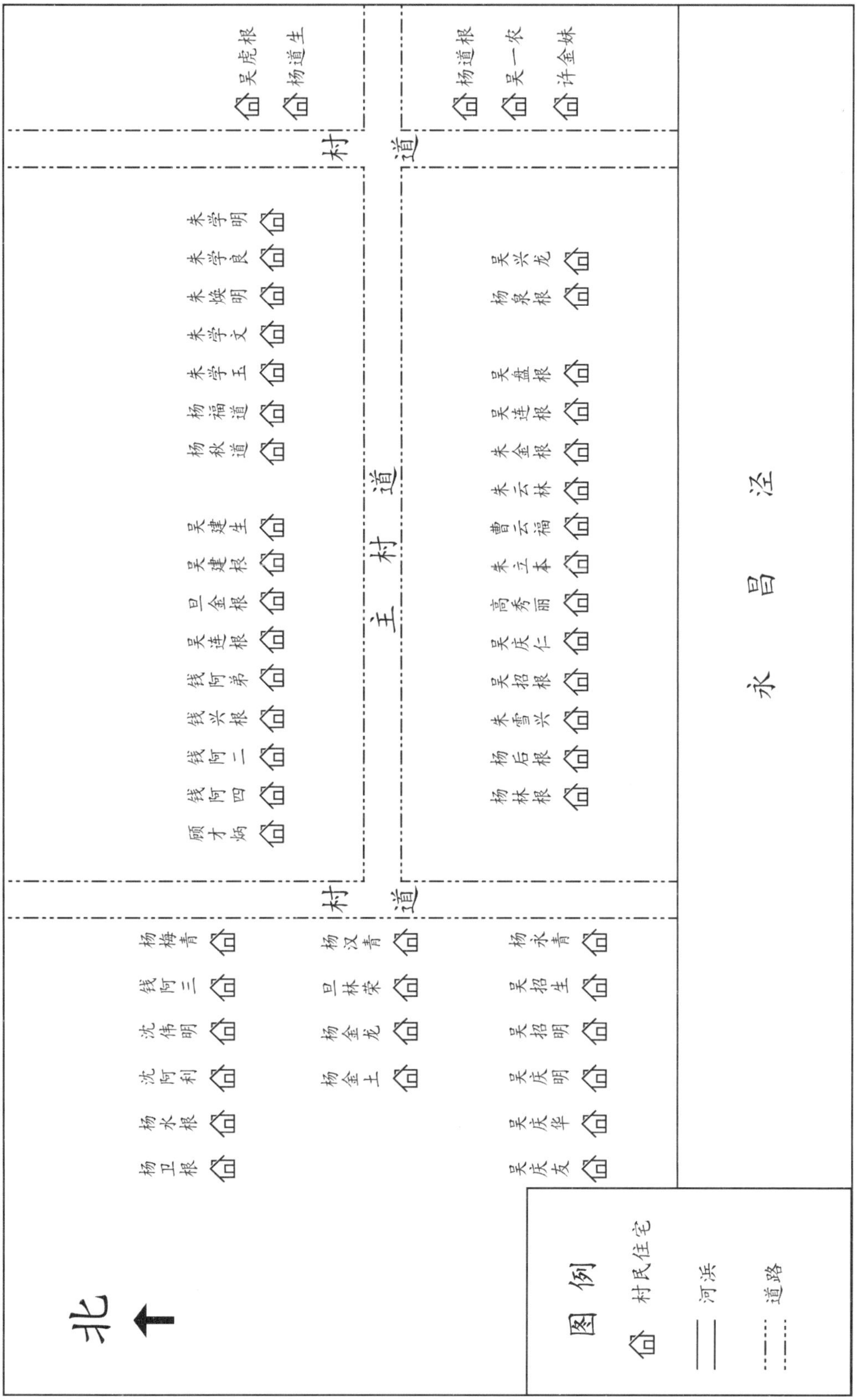

2015年杨瑞头自然村住宅分布示意图

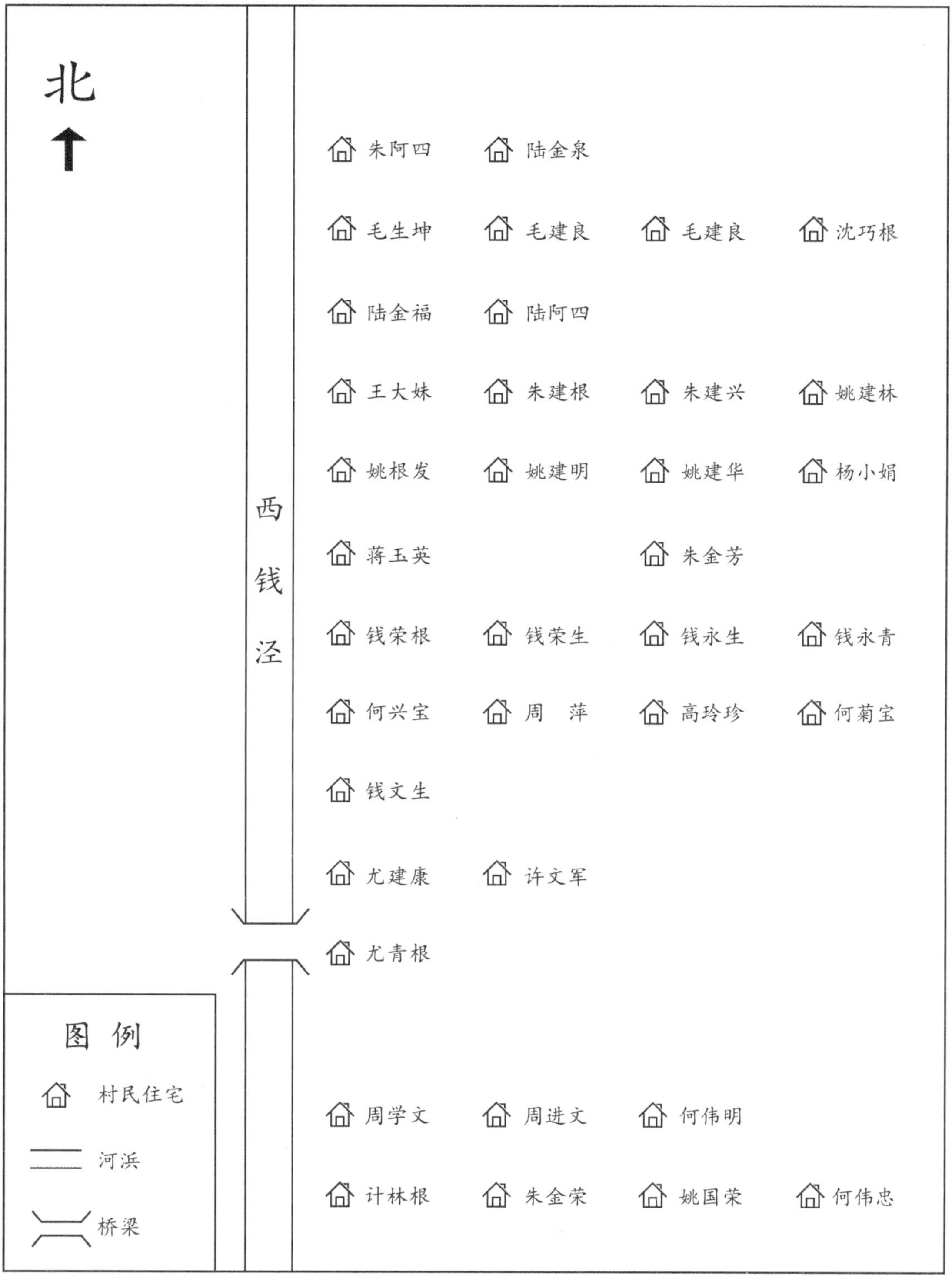

2015年北横头自然村住宅分布示意图

村渐渐相融，已很难分清北横头确切的地理位置。2015年，有户籍人口37户140人，其中男性68人、女性72人。

清宣统三年（1911），属黄埭乡十二都上下十二图。中华人民共和国成立初期，属黄埭区倪汇乡。1983年7月，为黄埭乡倪汇村第十三、二十村民小组。2006年7月，属相城经济技术开发区漕湖产业园倪汇村。2014年8月，属漕湖街道倪汇村。

1986年，倪汇村在倪家湾东创办吴县轻工金属材料厂，北横头很多村民在该厂上班。1997年1月，改制为民营企业。公司占地9亩，员工100多人，该公司年产化碳钢带1.2万吨、普碳钢带800吨，产品畅销全国各地。2000年，上缴利税80多万元。

2006年开始，因城乡一体化建设需要，北横头整体拆迁，村民被安置于永昌泾花苑。村落消失，北横头成为历史地名。

位于东钱泾至阮江港之间中心地带的北横头拆迁后，与周边3个村的土地连片平整后复耕。

十、倪家湾

位于倪汇村的中心区域。东临埭卫路，西至东钱泾，南与汤浜接壤，北面紧挨周家浜。该村姓氏比较多，有王、吴、周、曹、沈、宦、龚、狄等姓。2014年，有户籍人口89户334人，其中男性166人、女性168人。

倪家湾地理位置优越，位于永昌泾河的中段，水路贯通。以永昌泾河为界分为两岸，永昌泾河南岸是农舍，河北岸是一小集镇，即倪家湾镇，在原黄埭北部地区具独特地位。中华人民共和国成立前期，它是卫星、汤浜、任浜、陆严、新兴、渭塘永沿等村的政治、经济中心，也是当时乡政府所在地。首任乡长为徐兔子（汤浜石基上人，后自行离任），后由冯树德继任。

倪家湾也是当时黄埭镇北片的商业中心。中华人民共和国成立前后，倪家湾街市兴旺。河南、河北两岸以绌渡船（用绳索牵引摆渡的船）为交通工具。1974年，造了一座桥，小镇规模不断扩大。20世纪80年代，成为繁荣兴旺的现代小集镇。

清宣统三年（1911），属黄埭乡十二都上下九图。中华人民共和国成立初期，属黄埭区倪汇乡。1983年7月，为黄埭乡倪汇村第四、五、十八村民小组。2006年7月，属相城经济技术开发区漕湖产业园倪汇村。2014年8月，属漕湖街道倪汇村管辖。

1976年，倪汇村在倪家湾河南岸开办一家特种水产养殖场，培养珍贵鱼、虾

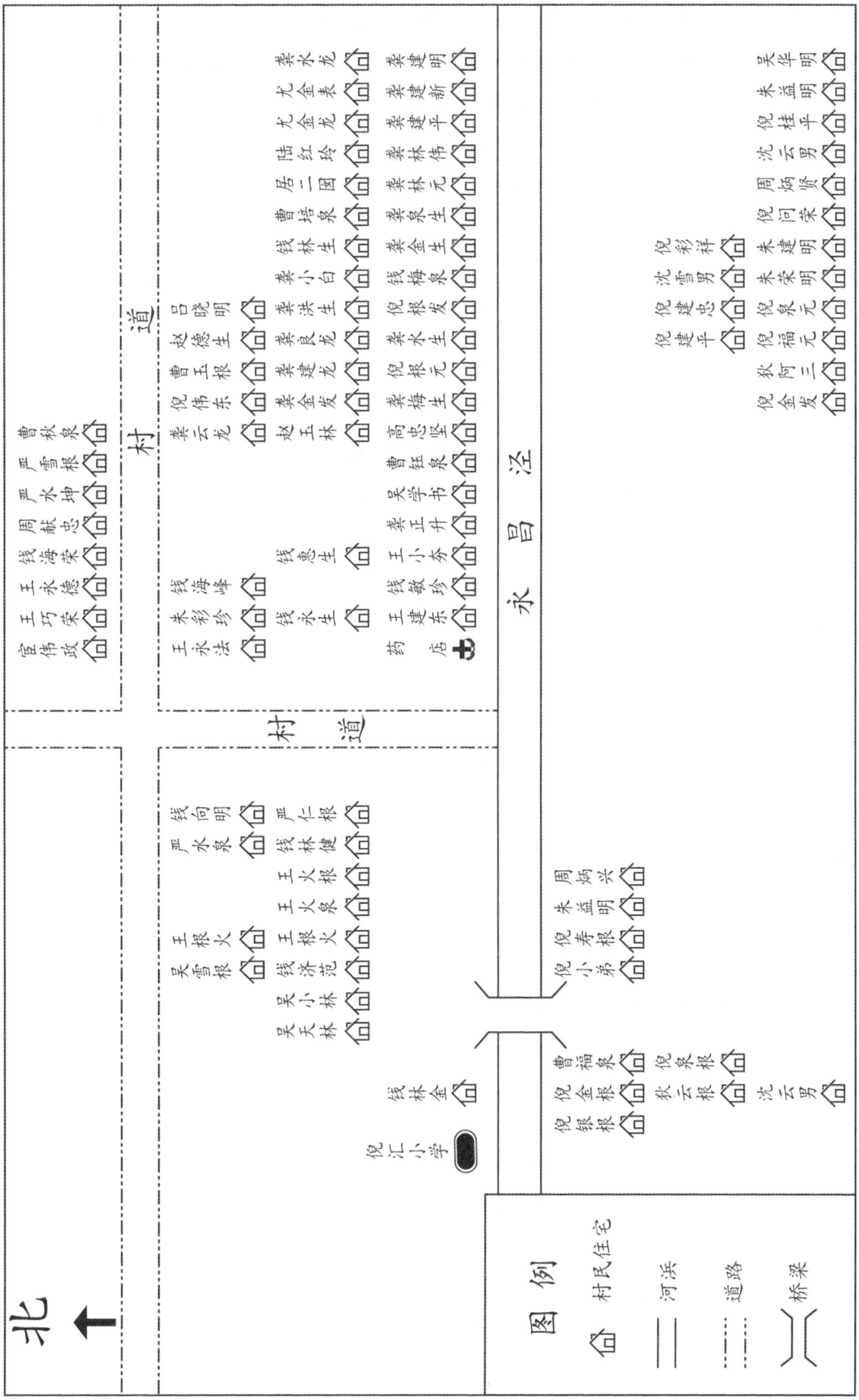

2005年倪家湾自然村住宅分布示意图

苗，如加州罗鱼、罗氏沼虾等，提供给本乡和各地养殖户。

2006年开始，因城乡一体化建设需要，倪家湾整体拆迁，村民被安置于漕湖花园和永昌泾花苑，村落随之消失，倪家湾成为历史地名。

倪家湾村东的部分土地用于修筑广济北路和倪汇大桥，村北的土地用于修筑永昌泾人道路段，宅基地连同剩余土地整平后开辟成广济北路景观草坪和果木林带。

第三节　任浜村

任浜村位于漕湖大厦正南方。东与渭塘镇、蠡口镇接壤，西连倪汇村，南傍陆严村，北靠永昌泾。2003年，辖里浜、外浜、田都里、杨家里、尤家里、朱家里、许泾浜、任家浜8个自然村，11个村民小组。有户籍人口283户1069人，其中男性520人、女性549人。全村共有58个姓氏，200人以上的姓氏为王姓，100人以上的姓氏有杨、朱、尤3个。其中王姓205人，占全村人数之冠。还有张、徐、陆、邹、李、冯等姓氏。

清宣统三年（1911），属吴县黄埭乡。1912年，属吴县南北桥市十二都上下九图。1929年8月，属吴县十二区。1934年6月，属吴县第六区。1941年7月，属吴县第四区。1947年，属吴县黄埭区。

中华人民共和国成立初期，任浜村为黄埭区倪汇乡所辖，初名任政村，辖许金浜、任家浜、三协村3个自然村。1954年，建初级农业生产合作社。1956年，合并建高级农业生产合作社，三协村并入陆严村管辖。1957年9月，吴县撤区并乡和整乡整社后，为黄埭乡向前第二十一社。1958年9月，为黄埭人民公社第八大队所管辖。1960年初，黄埭人民公社分拆第八大队名任浜大队。1983年7月，恢复乡管村体制，建黄埭乡任浜村村民委员会。1992年7月，实行镇管村体制，村委会驻任家浜。

2003年7月，任浜村并入倪汇村，“任浜”这个名称逐渐消失。随着城乡一体化建设的需要，任浜原来的8个自然村也已全部拆迁，村民被安置于漕湖花园和永昌泾花苑。

任浜村地势低洼，村民大部分以耕田为业。遇洪涝灾害时，田地往往受涝，农作物颗粒无收，农民生活困苦。中华人民共和国成立后，随着水利建设的发展和完善，村民耕种有了保障，生活逐渐改善。

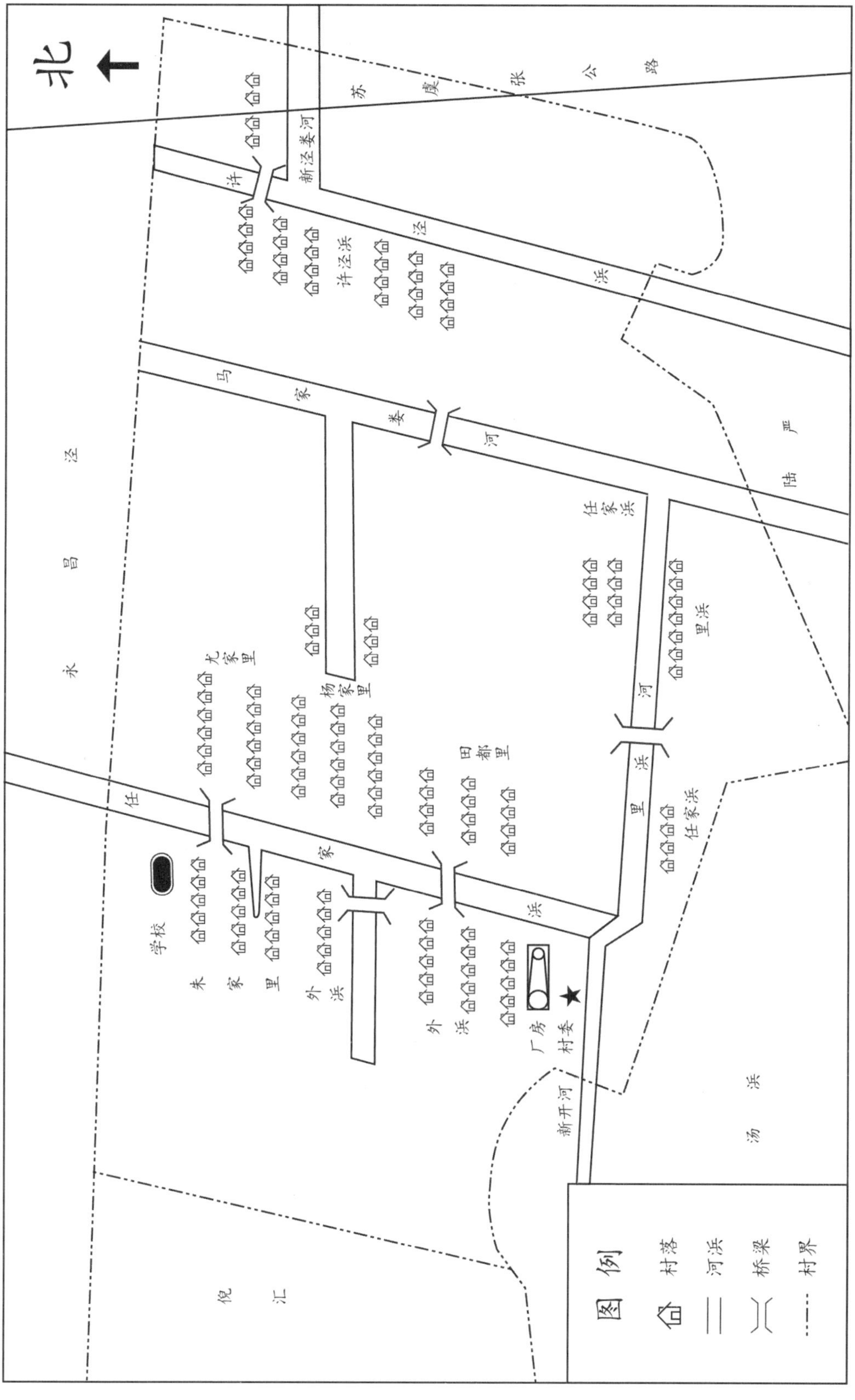

2002年任浜村河流与村落图8村11组

20世纪70年代中期，任浜村发展村办工业。吴中电线厂是任浜村较早创办的村办工业企业，1997年转为民营企业。2000年，全村民营企业有吴中电线厂、吴中电工器材厂、东吴防腐剂厂3家，年度村级总收入34万元，村级集体资产总额259万元，工业总产值1115万元，人均年收入达10600元。2013年，随着城乡一体化建设、苏相合作区发展需要，企业全部拆迁。

中华人民共和国成立至2003年，任浜村历任村（大队）党组织书记为周阿夯、尤阿毛、王鉴管、任阿龙、徐建新，历任村（大队）负责人为尤桂生、任阿夯、张才元、杨坤林、邹海明。

一、里浜

位于任家浜横头河的南岸。东靠马家娄河，西连任家浜，南与陆严相交，北为里浜河。里浜以王姓为主，另有邹、黄等姓。2013年，有户籍人口35户135人，其中男性66人、女性69人。

里浜在任浜河东面，村民称任浜河东面为里，里浜因方位而得名。原里浜的户籍人口比较少，历经数年繁衍生息，里浜和任浜土地交织在一起，分不清彼此。

清宣统三年（1911），属黄埭乡十二都上下九图。中华人民共和国成立初期，属黄埭区倪汇乡。1983年7月，为黄埭乡任浜村第一村民小组。2003年6月，并入倪汇村。2006年7月，属相城经济技术开发区漕湖产业园倪汇村。2014年8月，属漕湖街道倪汇村管辖。

1979年，珍珠贸易盛行，收购价格提高，里浜村民利用水域优势，争相养蚌育珍珠，收入大幅提高。

2006年开始，因城乡一体化建设需要，里浜整体拆迁，村民被安置于永昌泾花苑。村落消失，里浜成为历史地名。

里浜四面环水，地势较低洼，拆迁后村南部分土地改造成湿地，其余大部分土地用于建设漕湖大道路段。

二、外浜

位于任浜村西南。东与田都里隔河相望，西与倪汇接壤，南交汤浜，北连朱家里。该村杨姓居多，另有朱、张等姓。2012年，有户籍人口42户160人，其中男性78人、女性82人。

外浜杨氏以耕读传家，出了许多有名望的人士：当代著名中医师杨同乐，是治疗伤寒的高手，民间称其为“杨仙人”；其族弟杨其康、杨忆椿都是有名的医生、药

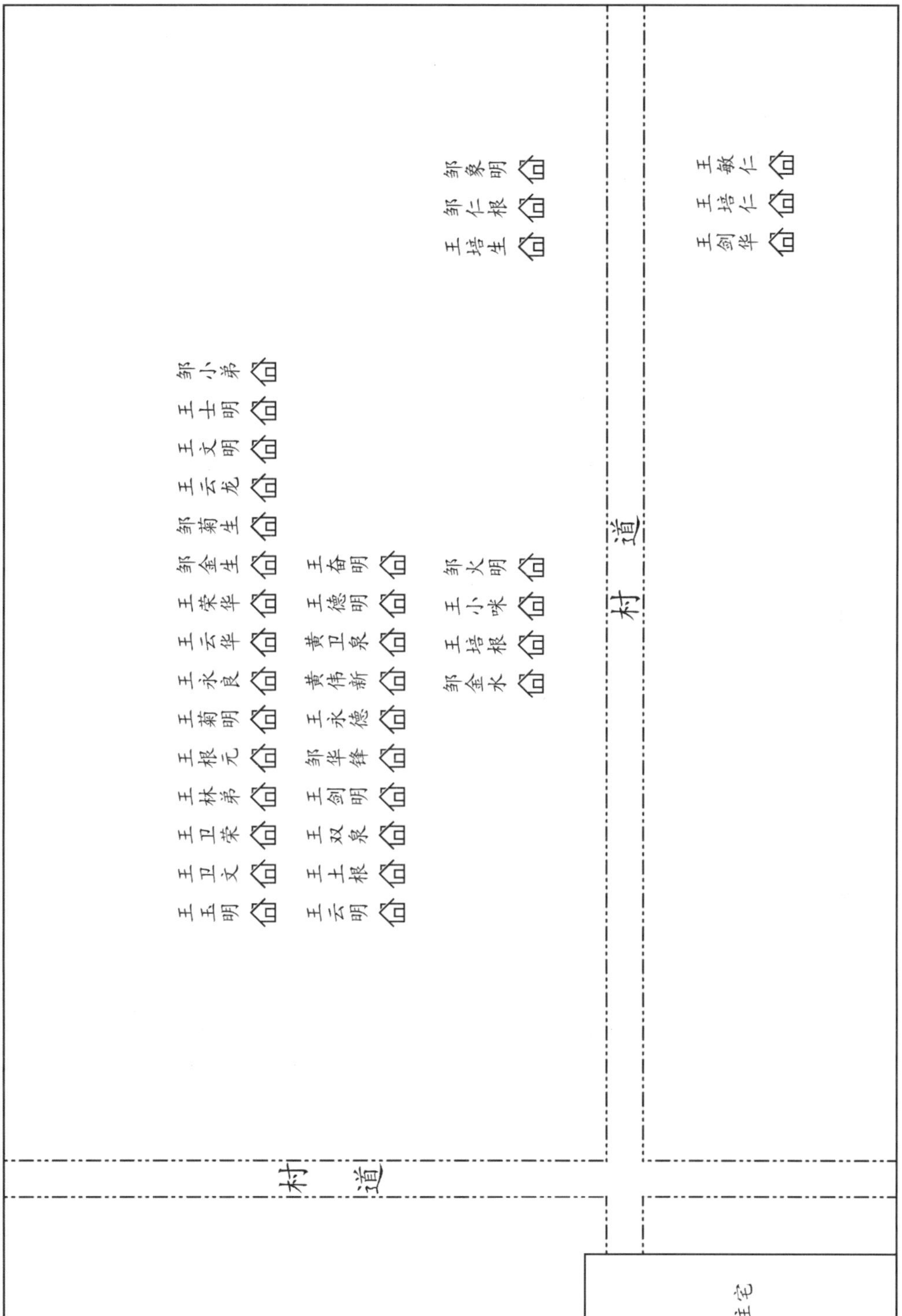

2013年里浜自然村住宅分布示意图

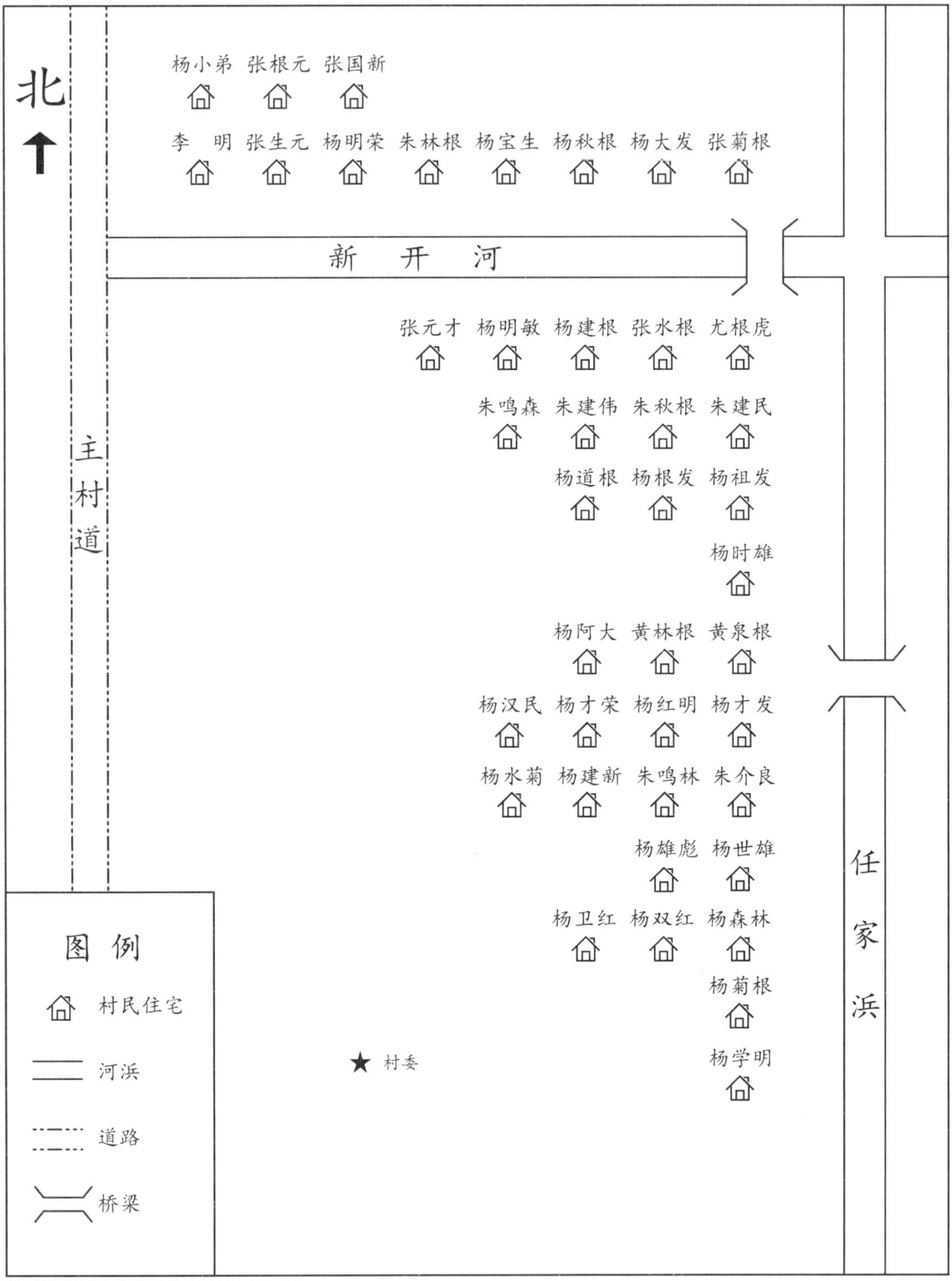

2012 年外浜自然村住宅分布示意图

剂师；杨其康之子杨元桂更是出类拔萃，1963年清华大学毕业后从事核工事业，是名核能科学家。

清宣统三年（1911），属黄埭乡十二都上下九图。中华人民共和国成立初期，属黄埭区倪汇乡。1983年7月，为黄埭乡任浜村第七村民小组。2003年6月，并入倪汇村。2006年7月，属相城经济技术开发区漕湖产业园倪汇村。2014年8月，属漕湖街道倪汇村。

20世纪70年代中期，任浜村在外浜开办吴中电线厂，生产各类电线，远销各大城市。1997年，转为民营企业。

2006年开始，因城乡一体化建设需要，外浜整体拆迁，村民被安置于永昌泾花苑。

外浜拆迁后，西部土地用于建设广济北路工程及其景观草坪，部分土地被恒大珺睿庭用作商品房用地，南部土地用于修建漕湖大道草坪景观带。

三、田都里

位于任家浜村西南。东近马家娄河，西为任家浜，南临里浜河，北靠杨家里。该村以王姓居多，另有杨、朱等姓。2013年，有户籍人口19户73人，其中男性35人、女性38人。

清宣统三年（1911），属黄埭乡十二都二十图。中华人民共和国成立初期，属黄埭区倪汇乡。1983年7月，为黄埭乡任浜村第四村民小组。2003年6月，并入倪汇村。2006年7月，属相城经济技术开发区漕湖产业园倪汇村。2014年8月，属漕湖街道倪汇村。

田都里耕地较多，村民以农耕为业，以养殖珍珠为副业。20世纪80年代，部分村民做珍珠营销，到何家湾珍珠市场交易。

2006年开始，因城乡一体化建设需要，田都里整体拆迁，村民被安置于永昌泾花苑。村落消失，田都里成为历史地名。

田都里北面用于修筑昌南路。拆迁后的宅基地及周围土地和任浜村河北岸的土地连成片，建恒大珺睿庭商品房小区。

四、杨家里

位于任浜村北端。东傍马家娄河，西临任家浜河与朱家里隔河相望，南与田都里相邻，北靠尤家里。杨家里以杨姓为主。2012年，有户籍人口25户95人，其中男性45人、女性50人。

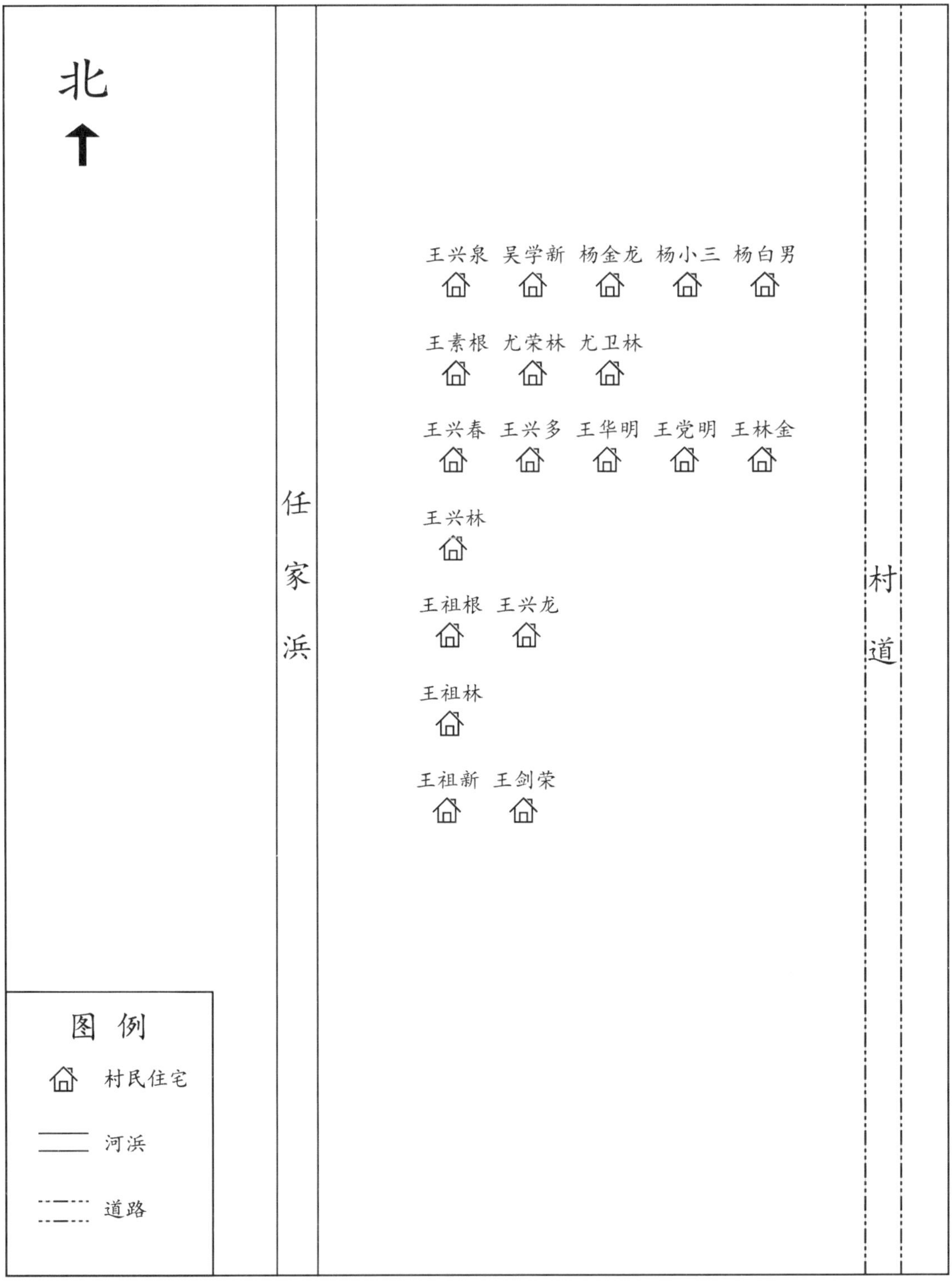

2013年田都里自然村住宅分布示意图

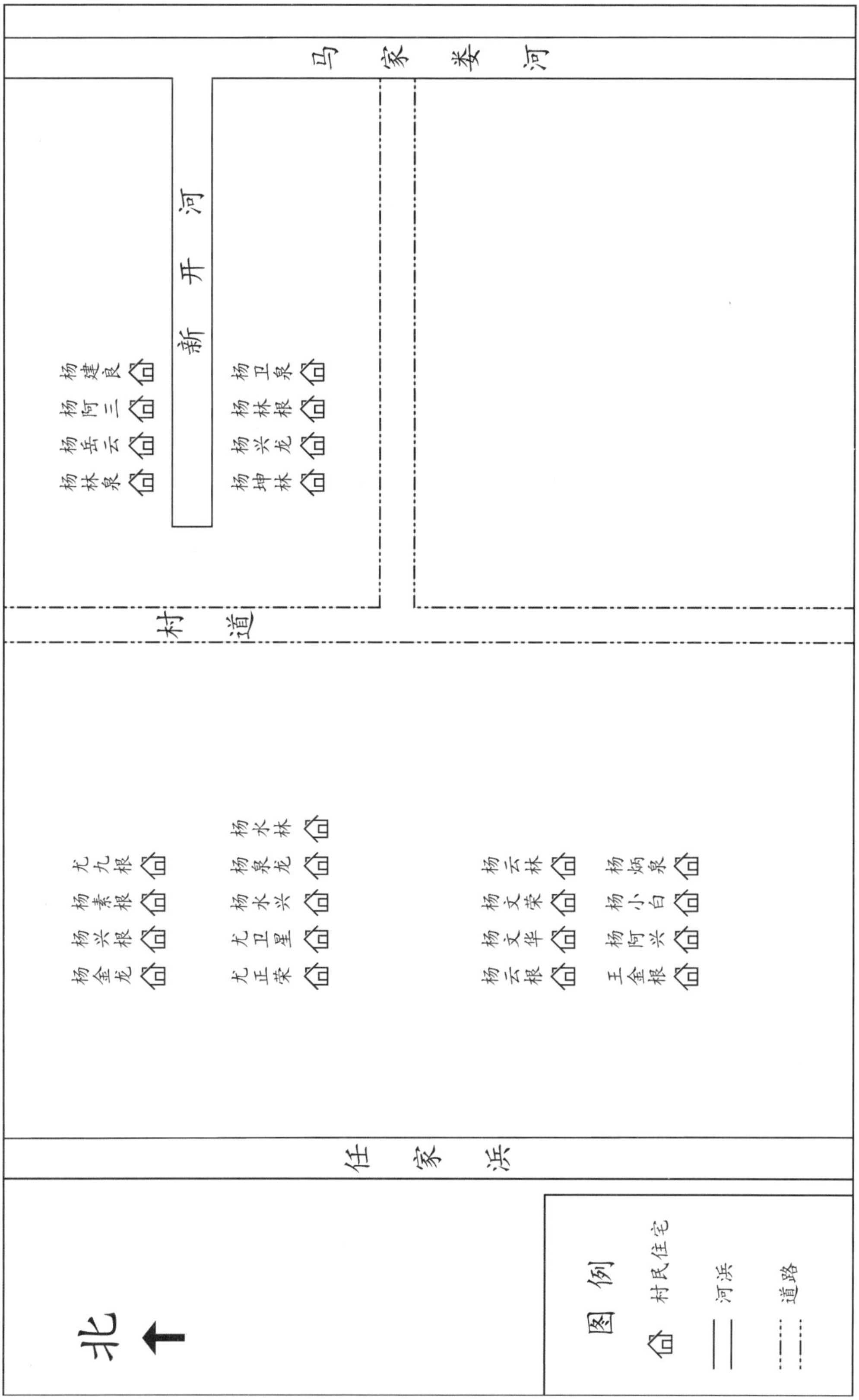

2012年杨家里自然村住宅分布示意图

杨家里杨姓人数不及外浜杨姓人数多。据说外浜的杨氏是从杨家里迁徙过去的，时日久远已无从查考。

清宣统三年（1911），属黄埭乡十二都二十图。中华人民共和国成立初期，属黄埭区倪汇乡。1983年7月，为黄埭乡任浜村第五村民小组。2003年6月，并入倪汇村。2006年7月，属相城经济技术开发区漕湖产业园倪汇村。2014年8月，属漕湖街道倪汇村。

杨家里多低田，池塘养鱼是其传统副业。池鱼养殖采用科学方法，如推广“水、种、饵、密、混、轮、防、管”八字养鱼经和养鱼四改技术（鱼种小改大、水质清改肥、投饵晚改早、鱼病治改防），村民收益较高。

2006年开始，因城乡一体化建设需要，杨家里整体拆迁，村民被安置于永昌泾花苑。村落消失，杨家里成为历史地名。

拆迁后的杨家里和尤家里的土地连成一片，是恒大珺睿庭的商品房用地。

五、尤家里

位于任浜村正北面，四面环水。东临马家娄河，西近任家浜，南面紧挨杨家里，北濒永昌泾。尤家里以尤姓为主。2013年，有户籍人口21户80人，其中男性38人、女性42人。

尤家里村民以农耕为主。最初沤肥用青草和稻柴，后在浙江引进水生植物“三水一绿”，即水葫芦、水花生、水浮莲和绿萍，以造肥和喂牛、羊、猪。

清宣统三年（1911），属黄埭乡十二都二十图。中华人民共和国成立初期，属黄埭区倪汇乡。1983年7月，为黄埭乡任浜村第六村民小组。2003年6月，并入倪汇村。2006年7月，属相城经济技术开发区漕湖产业园倪汇村。2014年8月，属漕湖街道倪汇村。

尤家里是个小村子。改革开放40多年来，村里的农居从低矮破旧的土屋逐渐改造成清一式宽敞明亮的三底二层的楼房。从2006年起，以尤家里为中心，东面是永昌泾花苑，西边是设施一流的漕湖学校，南面珺睿庭商品房已成形，北面休闲景观公园可供人游览。

2006年开始，因城乡一体化建设需要，尤家里整体拆迁，村民被安置于永昌泾花苑。村落消失，尤家里成为历史地名。

尤家里北面的土地建了繁花路和永昌泾南岸荷花荡景观带。宅基地及周边土地连同杨家里的土地，为园区建屋商品房备用地。

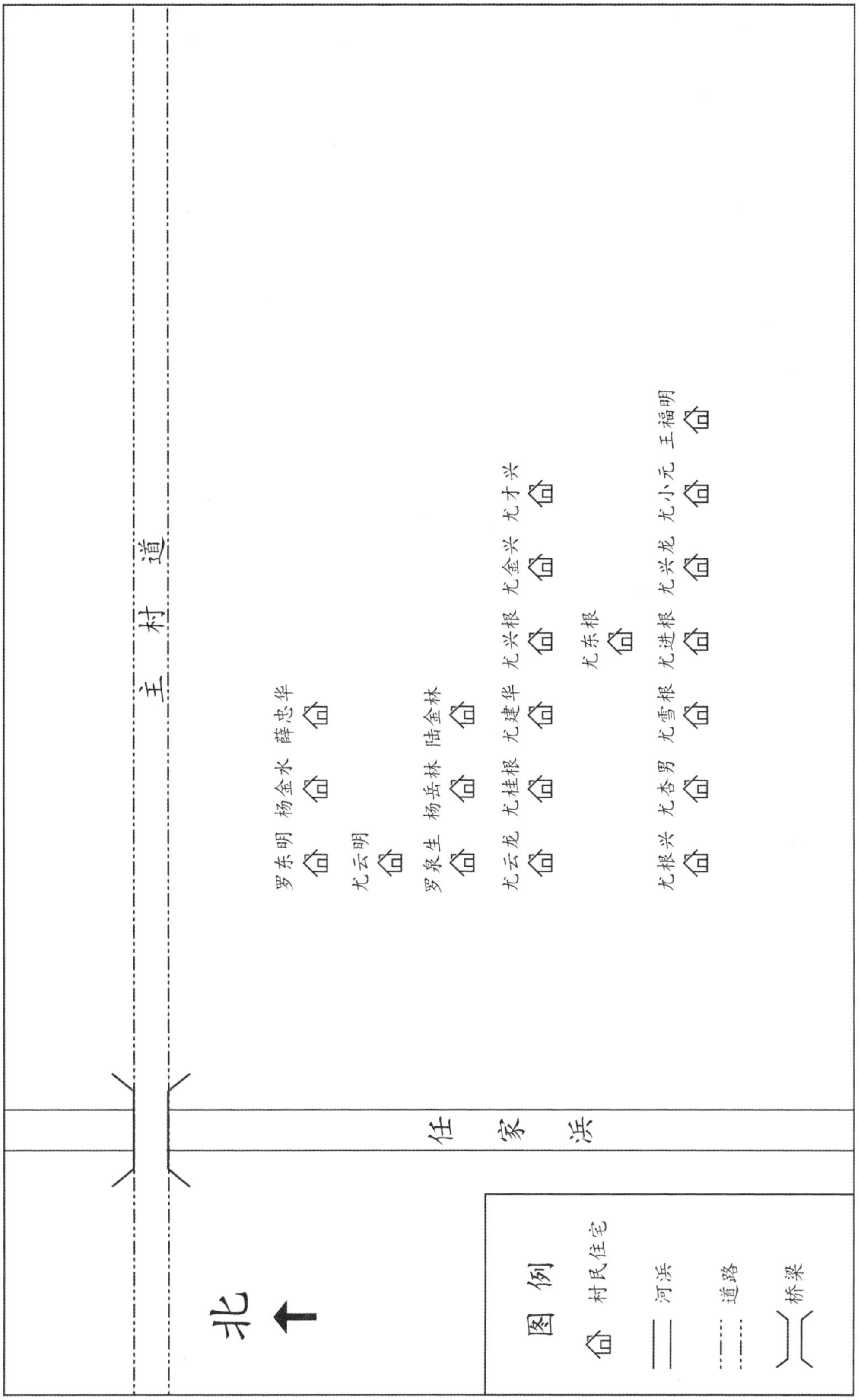

2013年尤家里自然村住宅分布示意图

六、朱家里

位于任浜村的北面略偏西、任家浜西岸，是个较大的自然村，村民散居于任家浜河畔。东与杨家里、尤家里隔河相望，西近倪汇，南与外浜相邻，北沿永昌泾。朱家里以朱姓为主，另有张、杨等姓。2012年，有户籍人口47户178人，其中男性88人、女性90人。

清宣统三年（1911），属黄埭乡十二都二十图。中华人民共和国成立初期，属黄埭区倪汇乡。1983年7月，为黄埭乡任浜村第八、九村民小组。2003年6月，并入倪汇村。2006年7月，属相城经济技术开发区漕湖产业园倪汇村。2014年8月，属漕湖街道倪汇村。

朱家里离何家湾珍珠市场最近，很多村民做珍珠生意。有的村民在本地或到外地收购珍珠及珍珠饰品，回来后进行交易；有的村民直接在市场做交易，从中挣差价，当地人称之为“掮皮箱”。

2006年开始，因城乡一体化建设需要，朱家里整体拆迁，村民被安置于永昌泾花苑。

朱家里拆迁后，大部分土地用于建设漕湖学校和学校西边的景观带，部分土地建成永昌泾河的景观带和草坪。

七、许泾浜

位于任浜村的东北方，是任浜村最东面的自然村。村落分两部分，许泾浜河西有近30户村民，沿新泾溇横河居住的有21户村民。许泾浜有冯、任、杨、徐、曹、陆姓等。2010年，有户籍人口50户181人，其中男性88人、女性93人。

许泾浜紧靠永昌泾，被永昌泾的两条支流许泾浜河与新泾溇河及其横河包围，其在许泾浜河的北段，因此漕湖街道境内称任浜村的许泾浜为北横头，以区别位于许泾浜河南段的陆严村许泾浜。旧时强盗湖匪作恶，许泾浜是带头剿匪的村子。一位叫朱勇的村民，为抗击强盗做出了贡献。

清宣统三年（1911），属黄埭乡十二都二十图。中华人民共和国成立初期，属黄埭区倪汇乡。1983年7月，为黄埭乡任浜村第十、十一村民小组。2003年6月，并入倪汇村。2006年7月，属相城经济技术开发区漕湖产业园倪汇村。2014年8月，属漕湖街道倪汇村。

20世纪60~70年代，国家对农村出售红花草籽有奖励措施。许泾浜村民积极扩大红花草种植面积，出售草籽以增加收入。

2006年开始，因城乡一体化建设需要，许泾浜整体拆迁，村民被安置于永昌

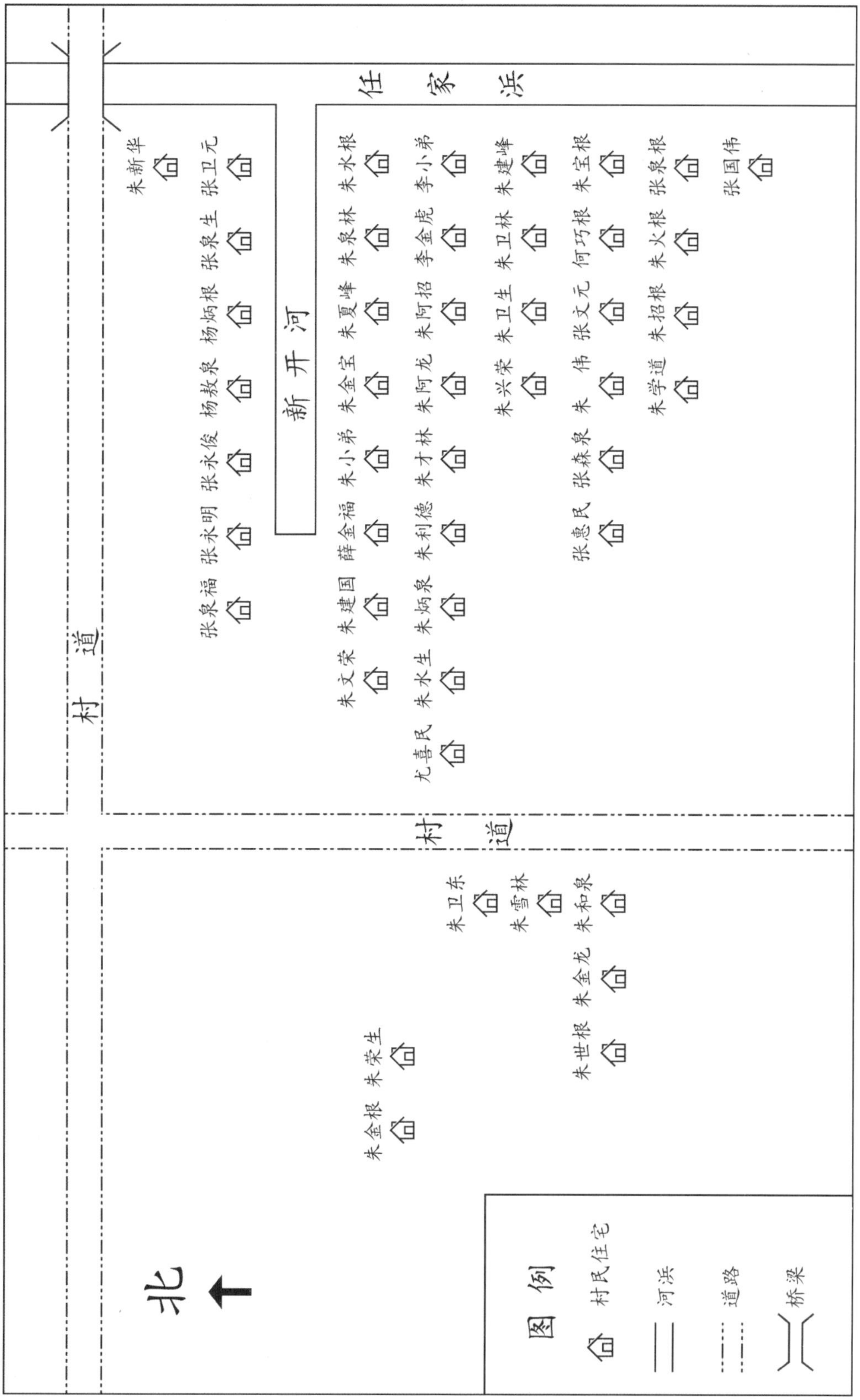

2012年朱家里自然村住宅分布示意图

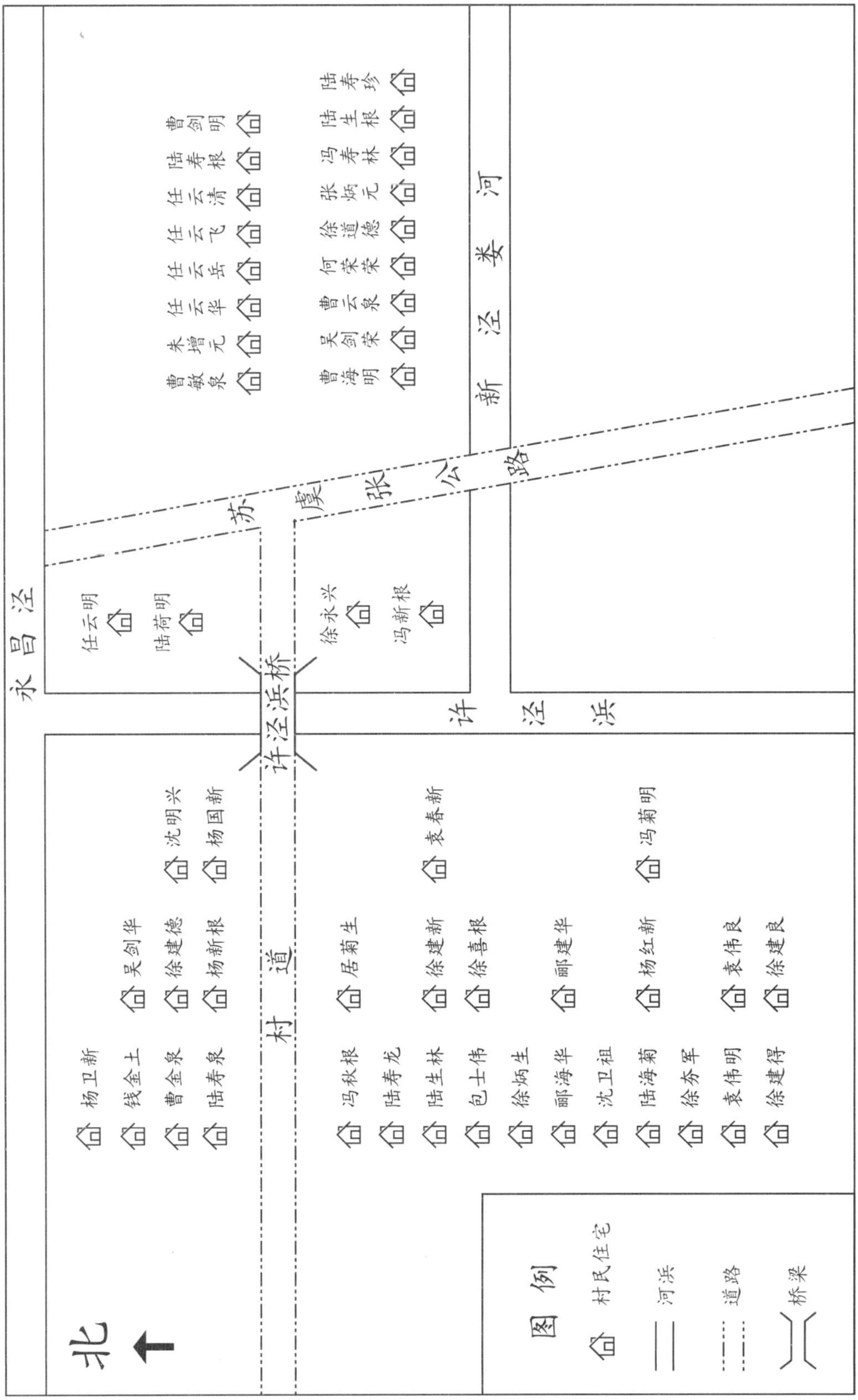

2010年许泾浜自然村住宅分布示意图

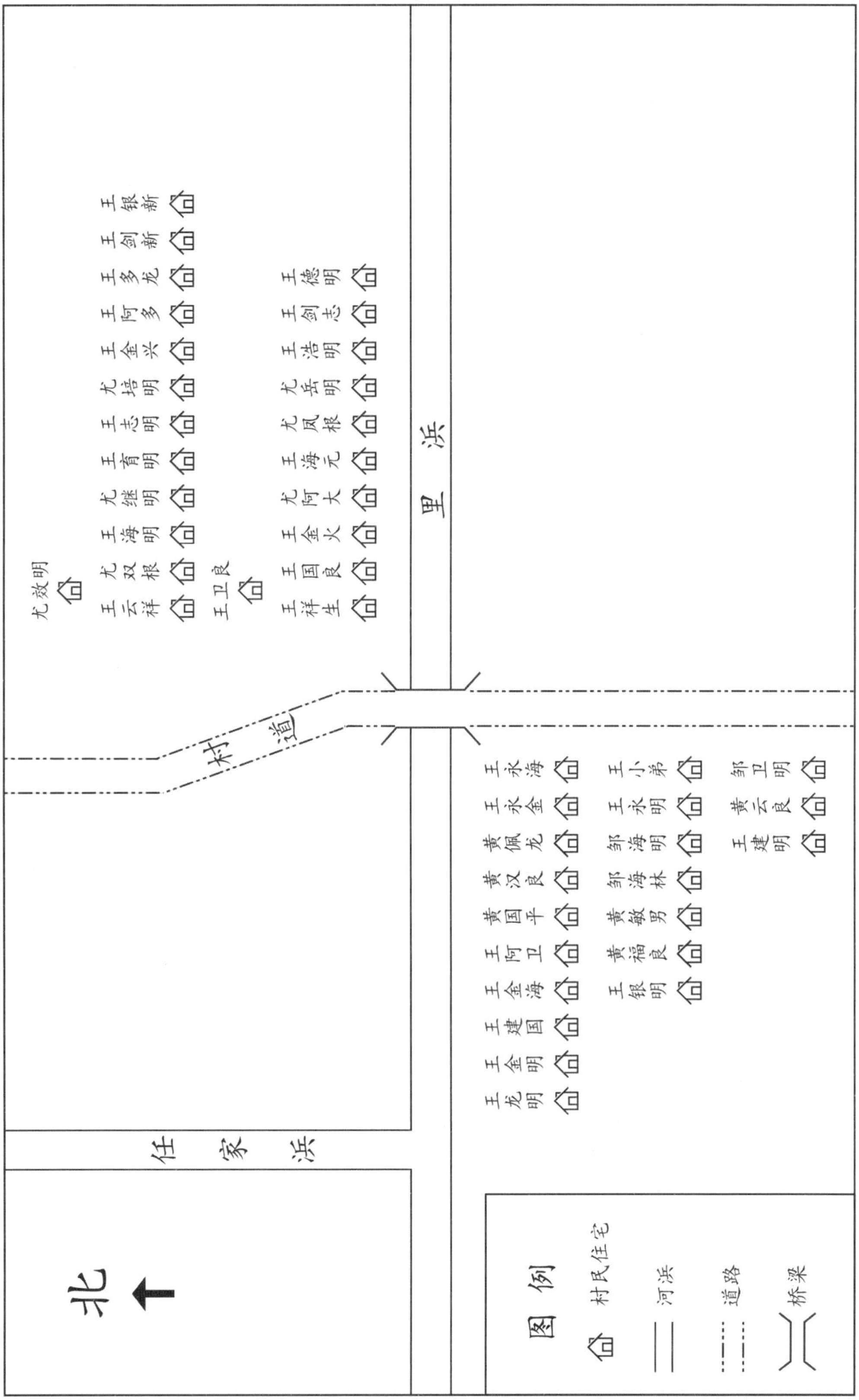

2013年任家浜自然村住宅分布示意图

泾花苑。村落消失，许泾浜成为历史地名。

任浜村的许泾浜拆迁后连同陆严村的许泾浜和许泾浜河一起被填平，建永昌泾花苑一期及二期。

八、任家浜

任家浜是任浜村村委会的所在地，位于任家浜河的支流横河两岸，由河南、河北两部分组成。东与陆严许泾浜相邻，西靠倪汇、汤浜，南临里浜，北邻田都里。任家浜王姓居多，另有邹姓、尤姓等。2013年，有户籍人口44户167人，其中男性82人、女性85人。

相传以前任家浜和许金浜两村定不下村名。有一位老先生建议两个村各选出一位年长且有名望者，以斗鸡一局定输赢，赢家取“任”，输家取“许”（苏州方言谐音）。村民都赞同此举。斗鸡那天，场地被围观者堵得水泄不通，一局下来，南村的赢了，故取名任家浜，北村的输了名许泾浜，任家浜村名流传至今。

清宣统三年（1911），属黄埭乡十二都二十图。中华人民共和国成立初期，属黄埭区倪汇乡。1983年7月，为黄埭乡任浜村第二、三村民小组。2003年6月，并入倪汇村。2006年7月，属相城经济技术开发区漕湖产业园倪汇村。2014年8月，属漕湖街道倪汇村。

20世纪90年代，任家浜有张生泉和张惠民兄弟俩做珍珠生意。哥哥张生泉注册成立苏州渭塘太湖美珍珠有限公司，在苏州地区开设3家品牌连锁店，产品远销欧、美、日、韩等地。1994年，弟弟张惠民创办苏州渭塘华东珠宝工艺品厂，年销售额5000多万元。2013年9月，张惠民被推举为江苏省珍珠协会会长。

2006年开始，因城乡一体化建设需要，任家浜整体拆迁，村民被安置于永昌泾花苑。

任家浜拆迁后，河南、河北两岸的土地连同宅基地和田都里原址一起用于建造珺睿庭商品房。

第四节　上浜村

上浜村（即琳桥村）位于漕湖街道西部，东接下堡村，西连东桥董巷上，南傍斜桥村，北濒望虞河与无锡市锡山区后宅镇隔河相望。2003年7月，琳桥村与上浜村合并称为上浜村。2006年7月，琳桥村又以上浜村名析出划入相城经济技术开发区。辖琳桥、浦巷郎、洋桥头、姚湾里、朱其浜、杨家里、横泾上、苏家浜8个自然村，20个村民小组，有户籍人口431户1423人，其中男性689人、女性734人。全村共有73个姓氏，朱姓有221人，占全村之冠，100人以上的姓氏有杨、王、顾姓3个，还有陈、吴、周、钱、林、金等姓氏。

清宣统三年（1911），归属吴县黄埭乡。1912年，归属吴县南北桥市七都二图十一都上下九图。1929年8月，归属吴县十二区。1934年6月，归属吴县第六区。1941年7月，归属吴县第四区。1947年，归属吴县黄埭区。中华人民共和国成立初期，为黄埭区琳桥乡所辖。1954年，建初级农业生产合作社，1956年，建高级农业生产合作社。1957年9月，吴县撤区并乡和整乡整社后，为黄埭乡向前第九社。1958年9月，为黄埭人民公社第四大队所辖。是年10月，第一、二两个小队划给无锡县荡东乡（今锡山区后宅镇）。1960年初，黄埭人民公社分拆第四大队后名琳桥大队。1983年7月，恢复乡管村体制，建黄埭乡琳桥村村民委员会。1992年7月，实行镇管村体制，村委会驻姚湾里。2003年7月，并入上浜村。2006年7月，属相城经济技术开发区漕湖产业园。2014年8月，漕湖街道成立，由漕湖街道漕湖花园二社区管辖。

琳桥村位于望虞河南岸，是望虞河入漕湖泄洪主要区域，为望虞河水利工程建设重点地段。1992年3月，望虞河水利工程建设过程中，琳桥村北共筑防洪石坝870米。

琳桥村水路交通方便，陆路交通极差。1993年，望虞河大桥角公路大桥竣工，改变了域内陆路交通面貌。1995年，琳桥村投资56万元建的琳桥加油站（占地1033平方米），为黄埭镇第一个村级加油站。

琳桥村工业起步较早。1967年，创办琳桥村印刷厂，至2000年，全村有黄埭教育包装材料厂、琳桥预制场、新华塑胶厂、苏州市苏德化工有限公司、保防印刷厂等民营企业6家，年度村级总收入39万元，村级集体资产总额28万元，工业总产值1366万元，人均年收入达9743元。

2007年4月，上浜村整理零碎地块办苗圃，成立琳桥绿化公司。公司吸收有劳动能力的“40~50”（中年失地）村民300多名，承接绿化工程。既为村里开拓创收渠道，又为村民提供就业机会。改善村民居住环境的同时，带领村民致富增收。是年，村里修建青砖路、荷花塘、篮球场和村民广场，新增绿地6.48万平方米。

2015年，上浜村集体经济总收入171万元，人均纯收入29200元。2016年，集体经济总收入285万元，人均纯收入34100元。

2006年11月，因建造苏州监狱用地需要，上浜村第一批动迁73户，村民被安

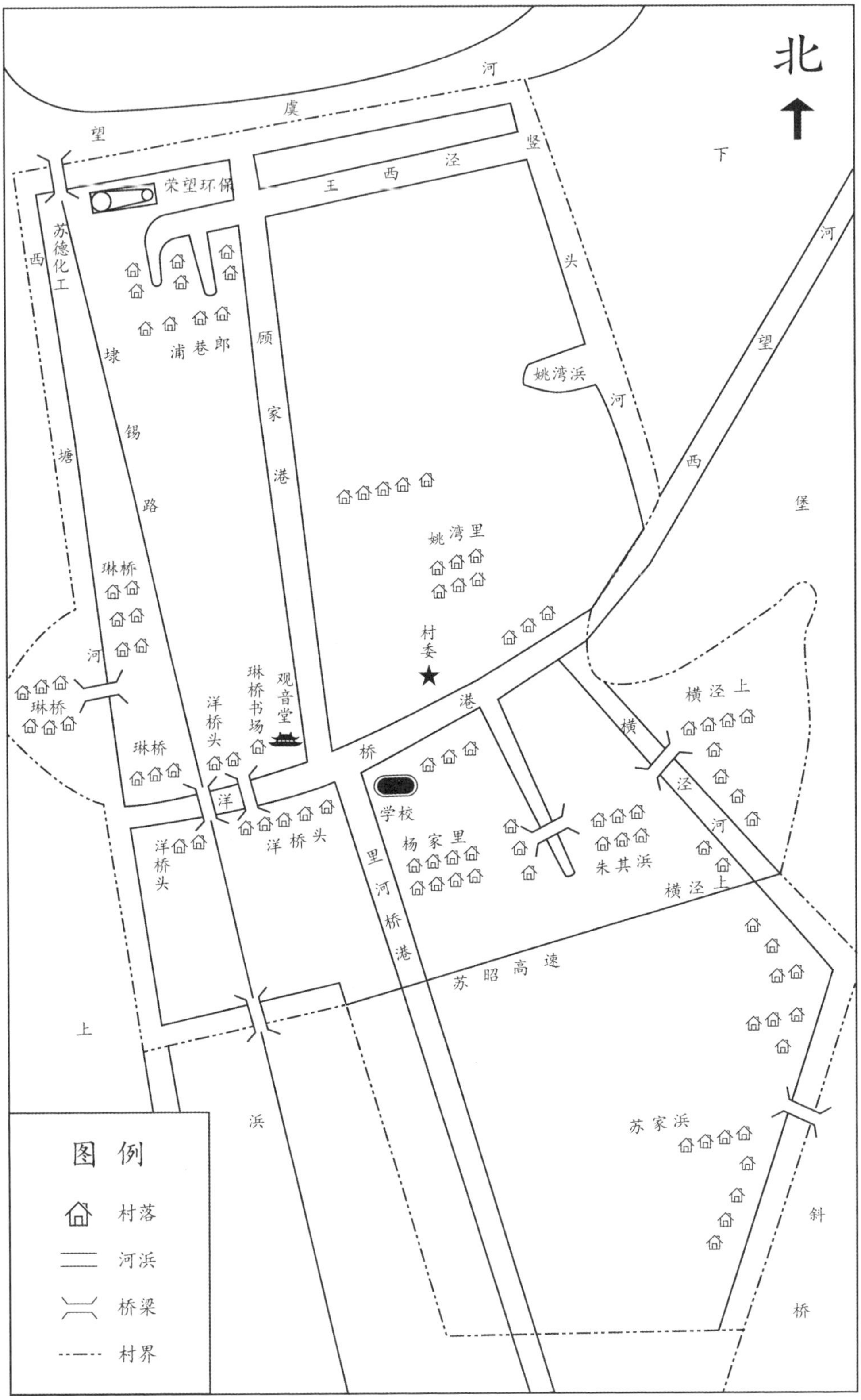

2003 年上浜村河流与村落图 8 村 20 组

置在莲花新村。自2007年3月开始，因建京沪高铁，上浜村分三批拆迁，村民被安置在漕湖花园和永昌泾花苑。

上浜村村委会（2003 年摄）

中华人民共和国成立至2018年，上浜村历任村（大队）党组织书记为冯树德、朱泉根、朱秋生、陶惠明、顾小男、朱斌、冯阿兴、朱金德，历任村（大队）负责人为金河春、陶惠明、周根福、朱宝男、金根林、王国忠、邓云、朱金德、杨忠伟。

一、琳桥

位于上浜村最西端，以域内的老石桥而得名。东邻埭锡路，西靠黄埭新巷村，南起洋桥港，北至浦巷郎。村民钱、谈、朱姓居多。2006年，有户籍人口43户140人，其中男性67人、女性73人。

琳桥书场（2010 年摄）

琳桥在漕湖街道的最西面，西塘河（原琳桥塘）是与无锡的界河。1957年，琳桥第一、二两个小队划给无锡县荡东乡（今锡山区后宅镇）。至2006年，琳桥还有10多户人家在西塘河西边无锡域内。

清宣统三年（1911），属黄埭乡七都二图。中华人民共和国成立初期，属黄埭区琳桥乡。1960年初，为琳桥大队第二、十七生产小队。1983年7月，属黄埭乡琳桥村第二、十七村民小组。2003年7月，隶属上浜村。2006年7月，属相城经济技术开发区漕湖产业园上浜村。2014年8月，属漕湖街道漕湖花园二社区管辖。

2008年10月开始，因城乡一体化建设需要，琳桥陆续拆迁，村民被安置于永

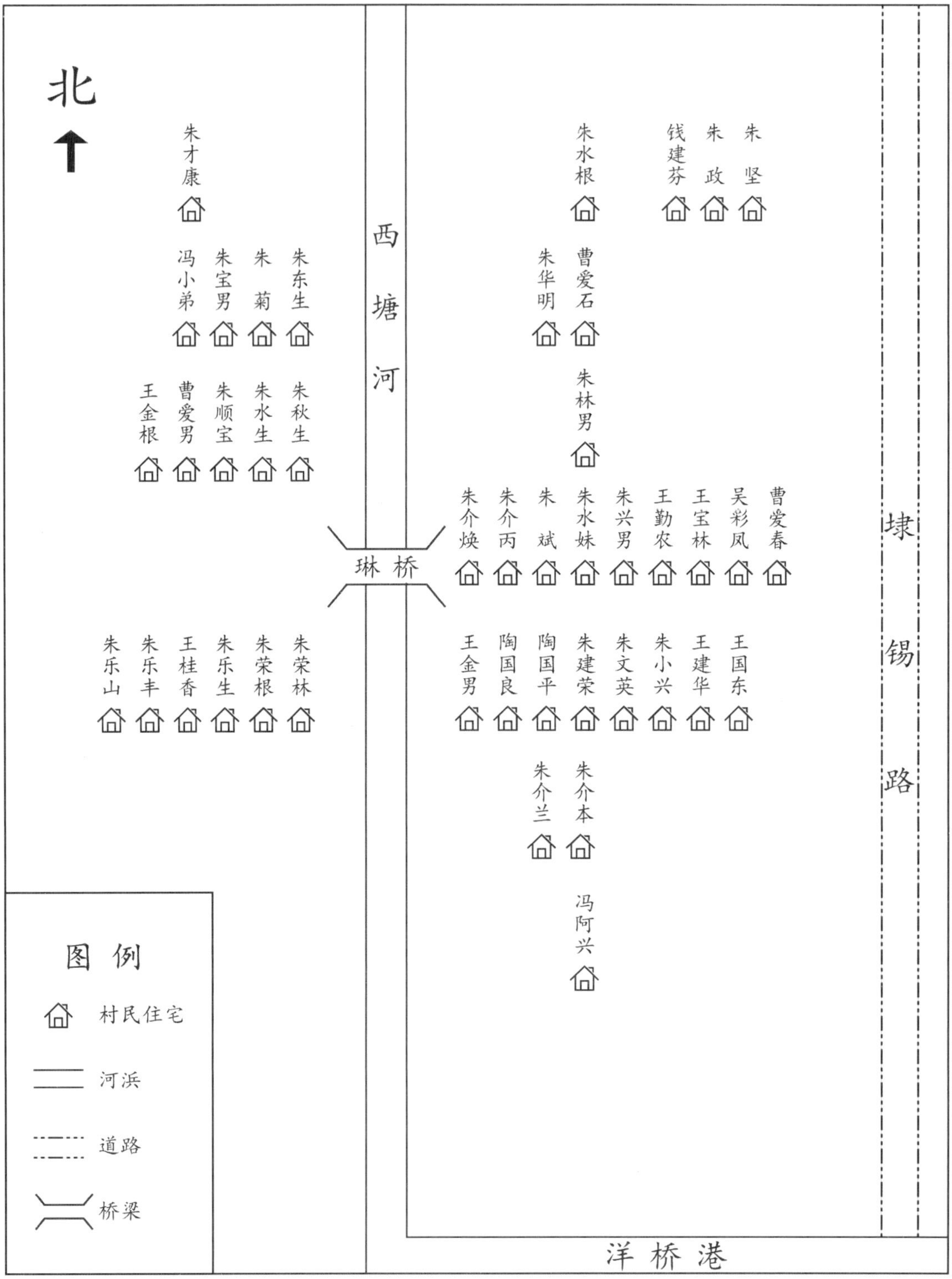

2006年琳桥自然村住宅分布示意图

昌泾花苑和漕湖花园。

琳桥横跨西塘河两岸，拆迁后西岸是水田，与无锡的董巷上田块连成片，东岸靠春光路西是外包的瓜果地，路东是大片水稻田。

二、浦巷郎

位于上浜村西北面。东邻顾家港，西靠埭锡路，南临洋桥头，北濒望虞河。村民姓氏以朱、杨、吴居多。2006年，有户籍人口45户157人，其中男性76人、女性81人。

浦巷郎一角（2015 年摄）

该村以朱、杨、俞姓为主，相传，三姓大族都争着想用本姓作村为名，一位老者以村民生活在3条河道旁，“浦”是水边，提议用“浦巷郎”作了村名。

1992年8月，建埭锡公路桥挖桥基时，在浦巷郎滩河中挖出土洋炮炮筒一门（车轮炮座未挖到），经吴县文物管理委员会鉴定，该洋炮系英国制造，炮筒后座铸有英国皇冠图案及英文字母。后炮筒由吴县文管会收藏。

清宣统三年（1911），属黄埭乡七都二图。中华人民共和国成立初期，属黄埭区琳桥乡。1960年初，为琳桥大队第一、十五生产小队。1983年7月，属黄埭乡琳桥村第一、十五村民小组。2003年7月，隶属上浜村。2006年7月，属相城经济技术开发区漕湖产业园上浜村管辖。2014年8月，属漕湖街道漕湖花园二社区。

1989年，村内因地制宜地推行农业适度规模经营。1994年，村民朱虎生承包土地50亩，当年亩产达到千斤以上，收获5万多元，获利2万余元。

2008年10月始，因城乡一体化建设需要，浦巷郎陆续拆迁，村民被安置于永昌泾花苑和漕湖花园。

浦巷郎拆迁后，望虞河南岸和春光路东侧一带的土地用于建设苏州市荣望环保科技有限公司。村宅基地连同周边土地复耕种植水稻。

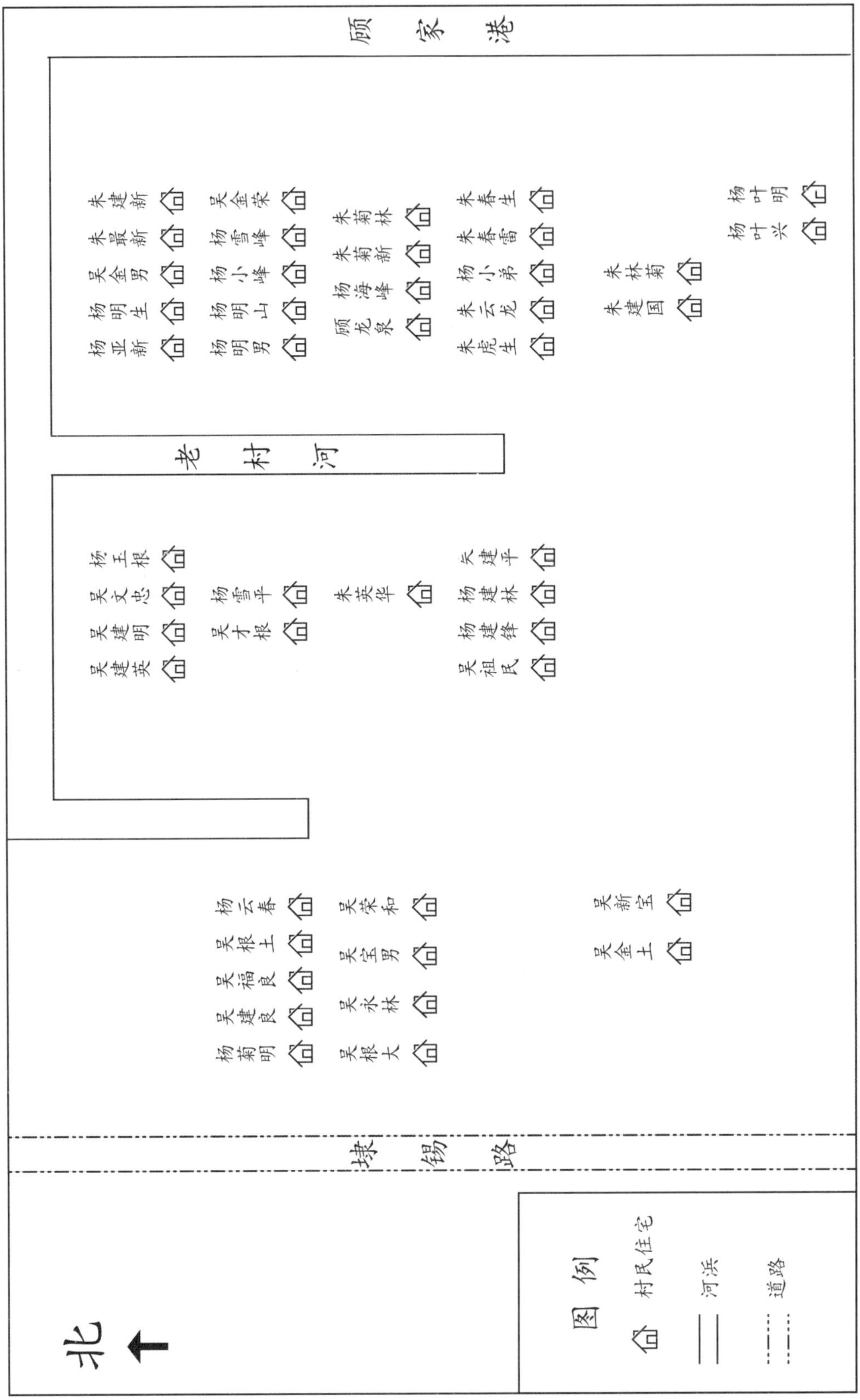

2006年浦巷郎自然村住宅分布示意图

三、洋桥头

位于上浜村南面，因村内桥名而得名。东邻里河桥港，西靠西塘河，南临上浜，北近浦巷郎。村民姓氏以钱姓居多。2006年，有户籍人口51户165人，其中男性81人、女性84人。

清宣统三年（1911），属黄埭乡七都二图。中华人民共和国成立初期，属黄埭区琳桥乡。1960年初，为琳桥大队第三、十一生产小队。1983年7月，属黄埭乡琳桥村第三、十一村民小组。2003年7月，并入上浜村。2006年7月，属相城经济技术开发区漕湖产业园上浜村。2014年8月，属漕湖街道漕湖花园二社区。

20世纪80年代后期，洋桥头有大农户承包土地，规模经营；还有混凝土预制场，生产楼板、桁条、水泥管、水泥桩等。

2008年10月开始，因城乡一体化建设需要，洋桥头陆续拆迁，村民被安置于永昌泾花苑和漕湖花园。

洋桥头拆迁后，宅基地整平后和杨家里北端的土地连成片种植庄稼。河北岸成为苏州市鸿海股份公司的食品基地。

洋桥头一角（2007年摄）

洋桥头村民住宅（2007年摄）

四、姚湾里

位于上浜村中部，因所处的河流和道路而得名。东邻下堡村，西至顾家港，南起洋桥港，北望王西泾。村民姓氏以杨、朱、吴姓居多。2006年，有户籍人口94户306人，其中男性148人、女性158人。

姚湾里位于整个上浜村的中心地带，是上浜村最大的自然村，也是村委会的

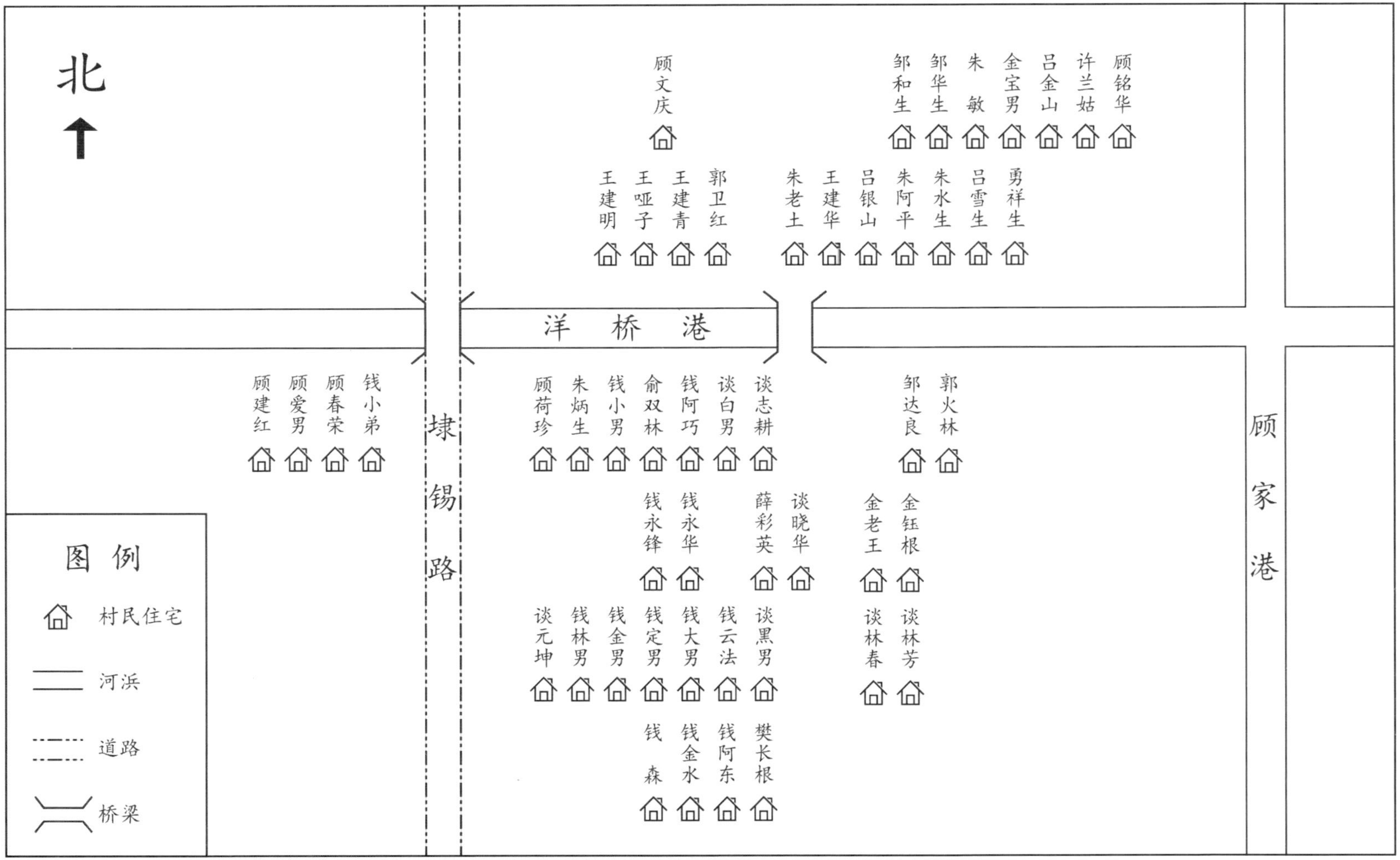

2006年洋桥头自然村住宅分布示意图

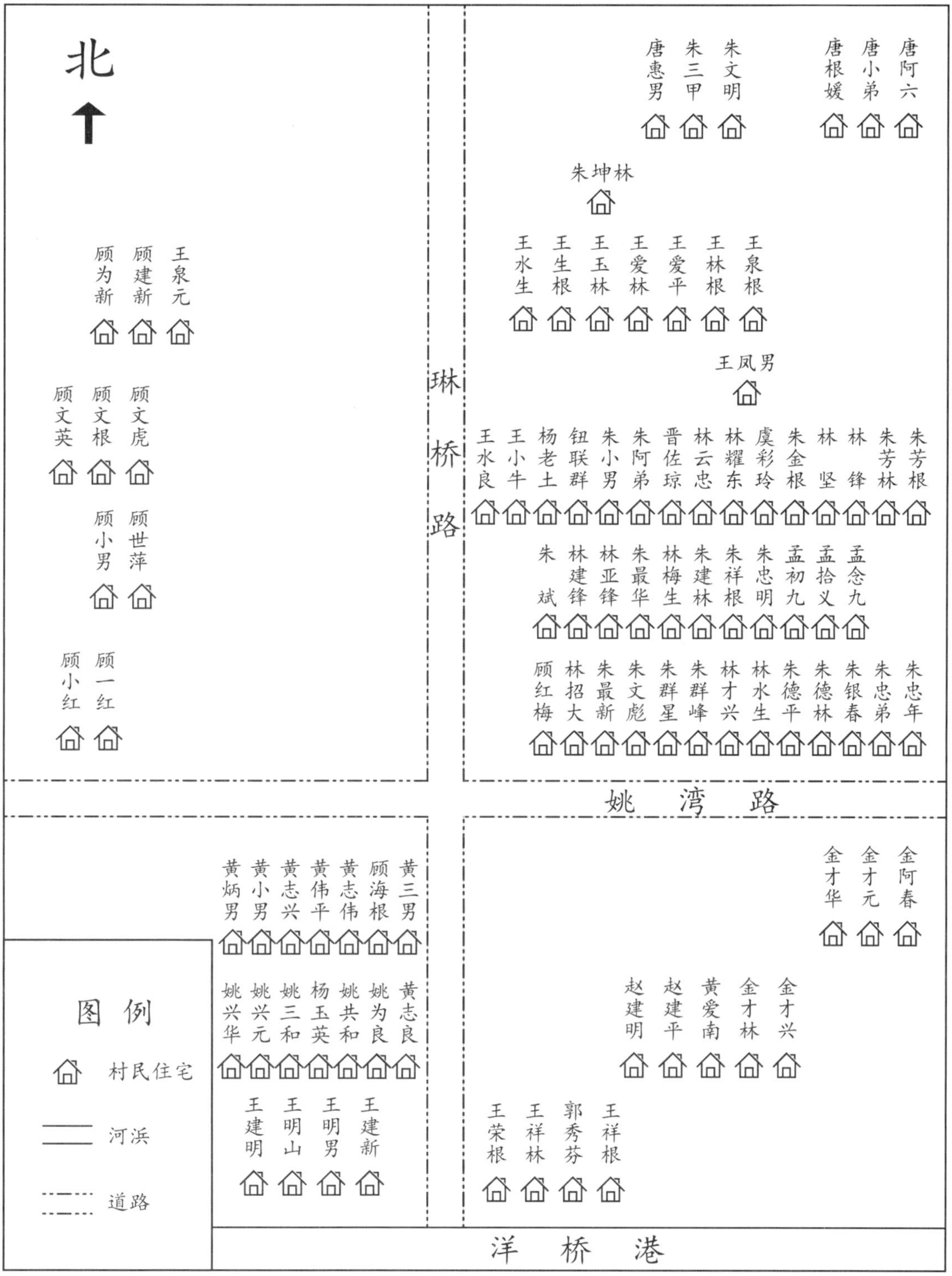

2006年姚湾里自然村住宅分布示意图

所在地。其在竖头河、横泾上、西望河、琳桥塘4条界河及其延伸河的交汇处，水资源非常丰富，水路交通十分便利。

清宣统三年（1911），属黄埭乡七都二图。中华人民共和国成立初期，属黄埭区琳桥乡。1958年9月，属黄埭人民公社第四大队。1983年7月，属黄埭乡琳桥村第九、十、十三、十四、二十村民小组。2006年7月，属相城经济技术开发区漕湖产业园上浜村。2014年8月，属漕湖街道漕湖花园二社区。

1998年10月，村民朱金德创办苏州市苏德化工有限公司，固定资产662万元，注册资金60万元，职工65名。公司建有全套药物污水处理设备，日处理污水100吨，是集科研、开发、生产经营于一体的自动化操作的民营企业。产品远销上海、广东，并出口欧美、东南亚等国家。

2008年10月开始，因城乡一体化建设需要，姚湾里拆迁，村民被安置于永昌泾花苑和漕湖花园。

姚湾里宅基地和耕地的总面积为1081亩，拆迁后由相城区人民政府确立为中华人民共和国国土资源部监制的基本农田保护区，种植以水稻为主的农作物。

姚湾里（2007年摄）

姚湾里（2007年摄）

五、朱其浜

位于上浜村西南，因河流而得名。东起横泾上，西至杨家里，南邻原上浜村，北靠横泾上。村民姓氏以朱、杨、顾姓居多。2006年，有户籍人口69户230人，其中男性111人、女性119人。

清宣统三年（1911），属黄埭乡十一都上下九图。中华人民共和国成立初期，

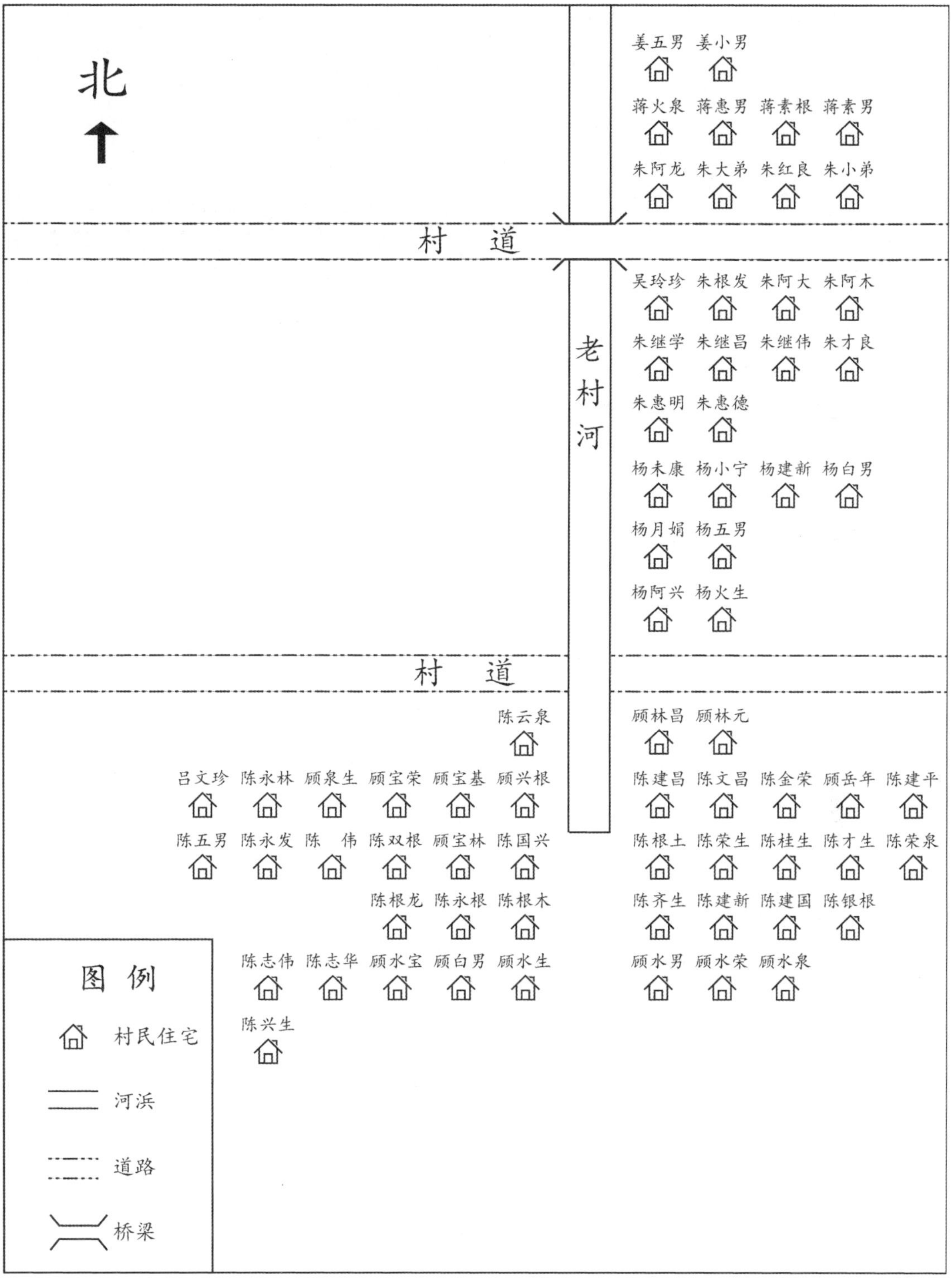

2006 年朱其浜自然村住宅分布示意图

朱其浜（2016 年摄）

属黄埭区琳桥乡。1958年9月，属黄埭公社第四大队。1960年初，为琳桥大队第五、六、十六、十八生产小队。1983年7月，属黄埭乡琳桥村第五、六、十六、十八村民小组。2003年7月，并入上浜村。2006年7月，属相城经济技术开发区漕湖产业园上浜村。2014年8月，属漕湖街道漕湖花园二社区。

20世纪50~60年代，朱其浜百分之八十的村民感染血吸虫病，朱其浜是黄埭地区血吸虫病危害最严重的自然村。在党中央“一定要消灭血吸虫病”的号召下，村民全力配合，积极参加“查螺灭螺”“查病治病”工作，经过近20年的努力，彻底消灭血吸虫病，村民全部恢复健康。

1978年，规划发展农渔业，村民开圩田养池鱼，获利可观。村民钱阿东除养鱼外，还建蔬菜大棚经营瓜果蔬菜生意，1990年获评吴县劳动模范。

2008年10月开始，因城乡一体化建设需要，朱其浜拆迁，村民被安置于永昌泾花苑和漕湖花园。

朱其浜南边的土地用于建设苏绍高速公路，河东岸的土地栽种水产作物莲藕，河南岸的土地是水稻区。

六、杨家里

位于上浜村南面，四面环水。东邻朱其浜，西靠洋桥头，南邻黄埭，北靠姚湾里。村民姓氏以杨姓居多。2003年，有户籍人口53户173人，其中男性84人、女性89人。

清宣统三年（1911），属黄埭乡十一都上下九图。中华人民共和国成立初期，属黄埭区琳桥乡。1958年9月，属黄埭公社第四大队。1983年7月，为黄埭乡琳桥村第四、十二村民小组。2003年7月，随琳桥村并入上浜村。2006年7月，属相城经济技术开发区漕湖产业园上浜村。2014年8月，属漕湖街道漕湖花园二社区。

2000年，村民朱一政投资30万元饲养奶牛30头，他以当地取之不尽的水花生为粗料，加上精细配料、科学饲养，每头奶牛获利5000元左右。

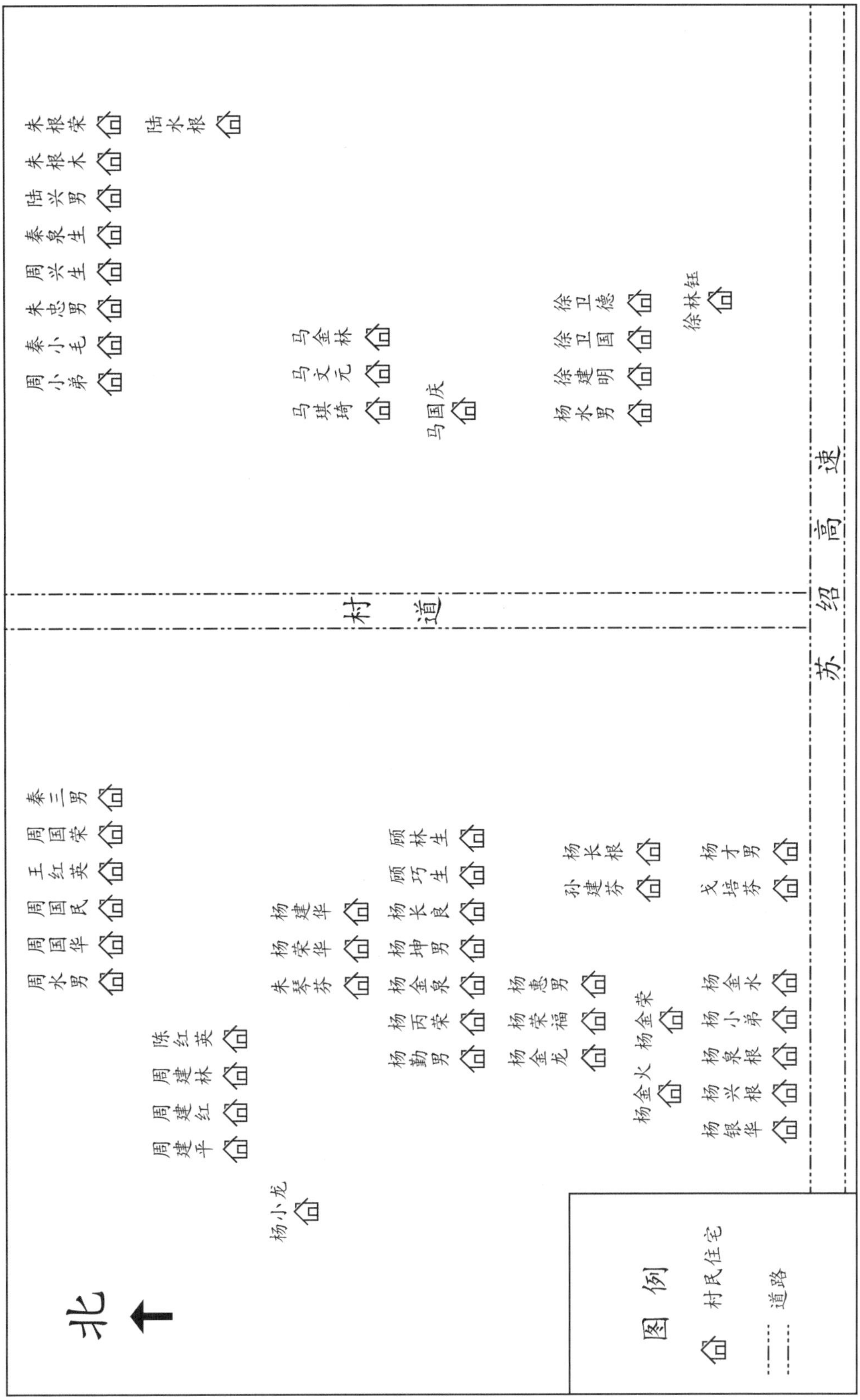

2003年杨家里自然村住宅分布示意图

2008年10月开始，因城乡一体化建设需要，杨家里拆迁，村民被安置于永昌泾花苑和漕湖花园。

杨家里南面部分土地用于苏绍高速公路及苏州市看守所建设。拆迁后的宅基地整平和四周土地连成片，对外承包种植以芡实为主的作物。

七、横泾上

位于上浜村东面，因河流而得名。它的地理位置独特，地域在下堡村，行政所辖在上浜村。东邻下堡，西至朱其浜，南起苏家浜，北靠下堡。村民姓氏以周、卞、王姓居多。2006年，有户籍人口46户152人，其中男性74人、女性78人。

横泾上（2016年摄）

清宣统三年（1911），属黄埭乡十一都上下九图。中华人民共和国成立初期，属黄埭区琳桥乡。1958年9月，为黄埭人民公社第四大队。1960年初，为琳桥大队第八生产小队。1983年7月，为黄埭乡琳桥村第八村民小组。2003年7月，并入上浜村。2006年7月，属相城经济技术开发区漕湖产业园上浜村。2014年8月，属漕湖街道漕湖花园二社区。

横泾上的村民种田很有经验，科学种田，村内种田大户较多。如村民卞水根、秦小毛，都是种田能手。20世纪90年代，各承包数十亩水田，收益颇丰。

2008年10月开始，因城乡一体化建设需要，横泾上拆迁，村民被安置于永昌泾花苑和漕湖花园。

横泾上南部的土地用于建造苏绍高速公路及苏州市看守所，宅基地拆迁后已平整复耕。

八、苏家浜

位于上浜村的最南面。东面与南面在下堡村与斜桥村的界河边，西同上浜的石臼浜相邻，北与朱其浜相望。整个自然村与3个行政村相交，地理位置十分特殊。村民姓氏以俞、郁、杨居多。2006年，有户籍人口30户100人，其中男性48

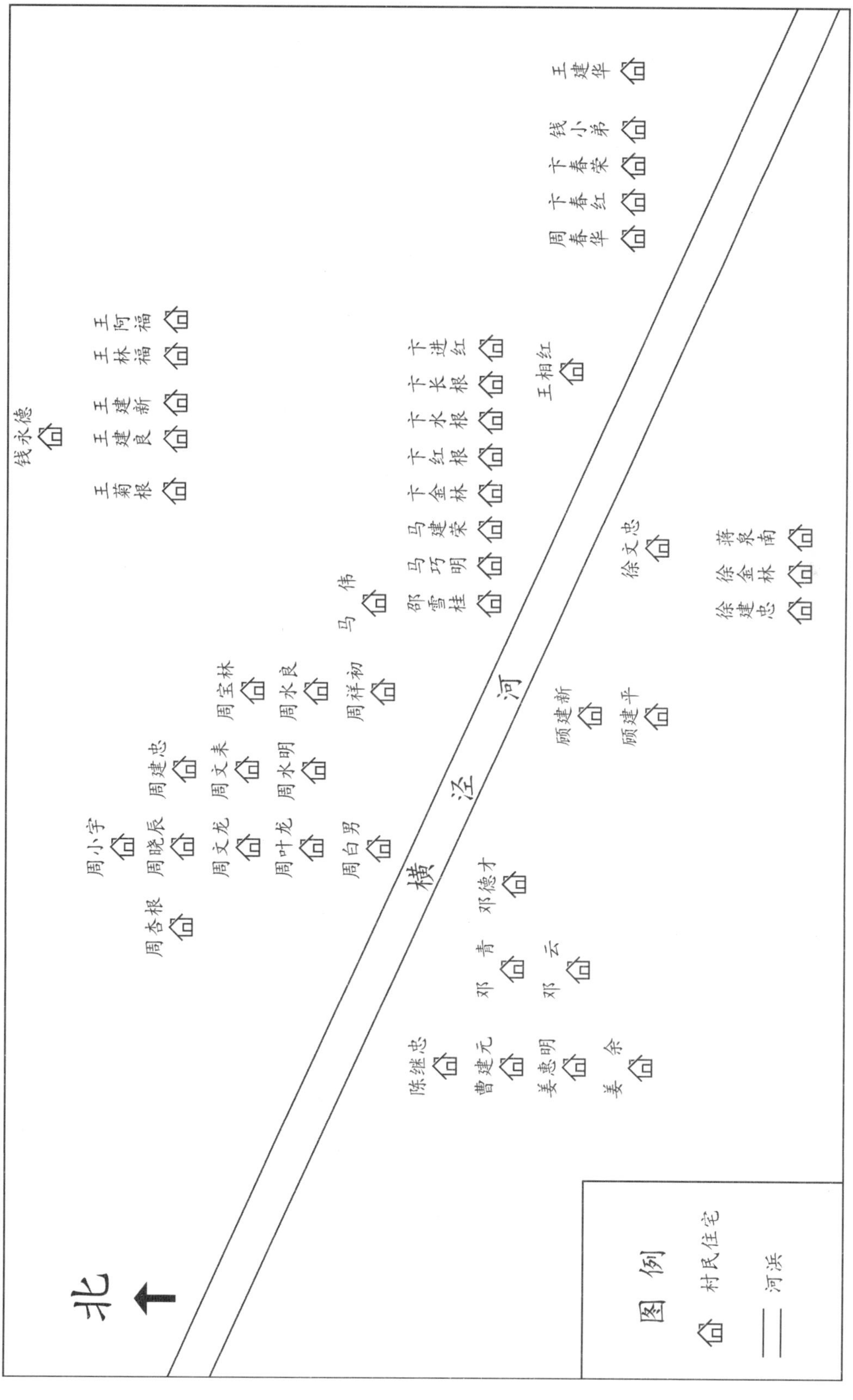

2006年横泾上自然村住宅分布示意图

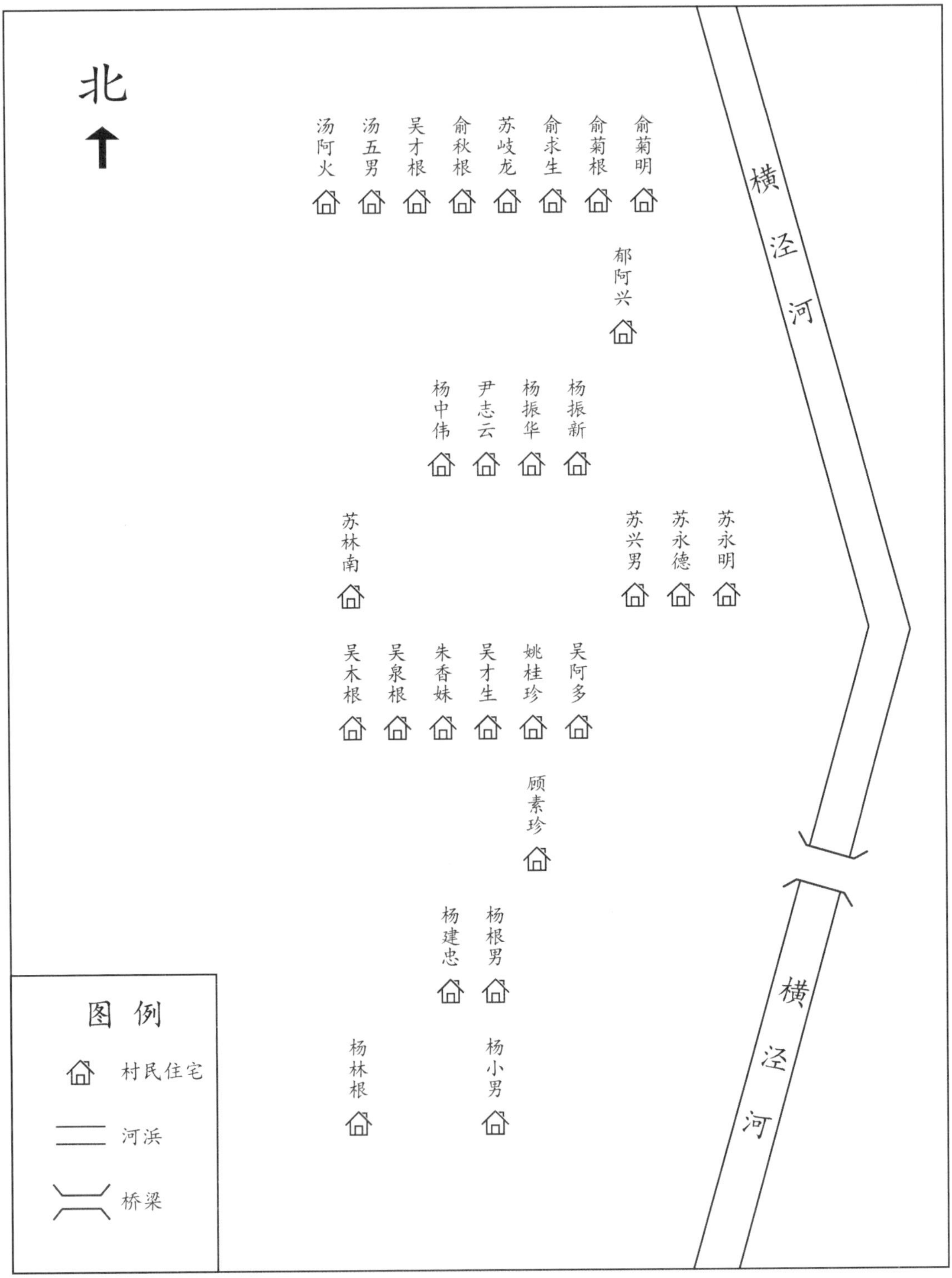

2008年苏家浜自然村住宅分布示意图

人、女性52人。

清宣统三年(1911),属黄埭乡十一都上下九图。中华人民共和国成立初期,属黄埭区琳桥乡。1958年9月,为黄埭人民公社第四大队。1960年初,为琳桥大队第七、十九生产小队。1983年7月,属黄埭乡琳桥村第七、十九村民小组。2003年7月,并入上浜村。2006年7月,属相城经济技术开发区漕湖产业园上浜村。2014年8月,属漕湖街道漕湖花园二社区。

苏家浜地势较高,不利于水产养殖,曾有村民试养珍珠,但收效甚微。

2006年12月,因建苏州监狱,苏家浜全村搬迁至莲花新村及裴圩家园。

2008年10月开始,因城乡一体化建设需要,苏家浜拆迁,村民被安置于永昌泾花苑和漕湖花园。

苏家浜拆迁后,全部土地用于建造苏绍高速公路和苏州市看守所。

第八章　文化漕湖

漕湖承载着自春秋吴越以来千年岁月的沧桑，蕴藏着厚重的历史文化底蕴。清代黄畦泾举人吴伯元创办漕湖周边地区10多所乡村小学，推进了境域内学校教育的进程。民间艺术形式多样，清末民初，诞生了堂名（民间乐班）——万和堂，影响苏、锡一带数百年，形成具有鲜明地域文化特色的民风习俗。

第一节　学校教育

一、卫星小学

卫星小学是漕湖区域百年有余的完小。1912年，当地举人吴伯元在黄畦泾创立黄畦私立小学。1933年，吴伯元之子吴宗英继承接管，校名改为黄畦初级小学。

1950年，人民政府接管，派严坤祥任校长。1961年升为完全小学，校长为吴锦冠，校名改为黄畦小学。

1969年，黄畦、合兴、五星3个大队合并为卫星大队，境内的黄畦完小、合兴初小、五星初小、皇埂低级班4所小学合并组成卫星小学。

1969~1983年，卫星小学属贫下中农管理学校，负责人为俞培基和王文荣。1970年，实行小学五年一贯制，并增设两年制初中班，改建为七年制学校。1978年，卫星村投资15万元，在黄畦小学原址新建校舍，占地3000多平方米，建筑面积900多平方米。1979年9月，初中班并入倪汇片中学，学校恢复为完小。

卫星小学（1997年摄）

1983年8月，朱伟励任卫星小学校长。1984年，恢复小学六年制。1989年起，卫星小学多次被评为吴县市先进工会集体。1994年12月，卫星小学获评吴县市农村第一所“合格完小”，为吴县市10所“窗口小学”之一。是年，卫星小学代表吴县市中小学接受“全国体育先进县”复检领导小组的检查。1997年，卫星小学新辟有200米环形跑道的运动场地。1998年12月13日，江苏省教委督导室主任王世华率省教育现代化先进乡镇验收组到校检查。

2000年，卫星村投资100多万元，新建建筑面积为937平方米的一幢三层教学楼，增设电脑室，开设计算机基础教学课程。

2002年5月，卫星小学获评苏州市合格小学。2008年8月，钱伟红任卫星小学校长。

2016年8月，卫星小学并入漕湖学校。

二、汤浜小学

1950年秋，教师周鞠在三河村太平庵创办石基初级小学。1951年2月，教师祁开朗在汤家浜创办汤浜初级小学。1963年，石基初级小学移至三河村村北，新建建筑面积152平方米的校舍，增设高级班，成为完全小学。

1970年春，石基小学增设初中班，改建为七年制学校。1972年，汤浜大队在腰里笆造校舍，占地面积2532平方米，建筑面积1428平方米，操场面积1000多平方米。新校舍竣工后，石基、汤浜两所小学合并迁入，名为汤浜小学。

1973~1975年，汤浜小学停办初中班，1976年又恢复初中班。1979年9月，初中班并入倪汇片中学，学校恢复为完小。1984年，恢复六年一贯制学校。1995年9月，陆严小学并入汤浜小学。1996年9月，建造教学楼一幢，建筑面积300平方米。20世纪90年代，汤浜小学实施音、体、美、劳课程教学和学生体育达标活

汤浜小学操场留影（1990年摄）

汤浜小学文艺小分队秋季田径赛开幕式表演（1993年摄）

动，成立以“汤浜三花”（学生袁金花、袁银花、袁雪花三姐妹，擅长二胡、琵琶、笛子等乐器，人称“汤浜三花”）为首的学校文艺小分队，注重学生的全面发展教育，成为黄埭辅导区完小的范本。

1993年11月，汤浜小学协助中心小学承办黄埭辅导区小学田径运动选拔赛，开幕式上，以“汤浜三花”为首的文艺小分队的精彩表演，受到领导和师生们的一致好评和赞赏。

2004年2月，因公路扩建需要，汤浜小学撤并到黄埭中心小学。

三、下堡小学

前身是所私立小学。1948年2月，无锡人毕志康带教员林文忠在下堡街顾家祠堂创办。中华人民共和国成立后，转为公办小学，刘昱为校长。后由诸文元、史兴保、钱鲁骥、郑阿炳、韩锦初、钱思九、陶荣昌、陆才林等任负责人。

1950年春，黄埭简易乡村师范学生陆文龙、徐新象在凤凰村利用观音堂创办凤凰义务小学，后并入下堡小学。1951年，顾振新借用民房创办金家里小学，后并入下堡小学。

1970年，下堡小学增设初中班，改建为七年制学校。1975年，园墩初小（1956年徐琴英创办）并入下堡小学。1979年9月，小学部和初中部分离，小学部成立下堡完小，初中部独立建黄埭第三片中。黄埭第三片中负责人为唐雪根、钱文一、邱瑞林、吴义忠。

1984年，下堡小学恢复六年制。1989年9月，第三片中并入黄埭中学。20世纪80年代初期，下堡小学大部分教师为民办教师。至80年代后期，民办教师逐步转为正式编制教师。

1999年5月至2000年5月，镇村两级投入150万元，在刘家里重建下堡完小。占地面积6600平方米，建筑面积1627平方米，操场面积3000平方米。

2006年9月，下堡小学并入黄埭中心小学。

四、永昌小学

1912年，无锡人顾鸿租用永昌小镇民房创办吴县永昌初级小学，采用单班复式模式教学，学制为4年。1919年，吴县教育局拨款在永昌镇西部建校舍。

1937年冬，日军入侵，学校被迫停办。停办期间，教员顾雪荣、朱昌绥在前桥东、西各办一所私塾。1939年，两所私塾合并，在薛公祠授课。1942年，吴县教育局派卢王裕到永昌初级小学任教，校址选在后桥王公祠，私塾并入永昌初级小学。

抗日战争胜利后，设立永昌中心辅导区，学校改名为永昌中心小学。1948年7月，吴县调整区乡编制，学校改名为永泾中心小学。

中华人民共和国成立后，恢复校名为永昌中心小学。1956年，撤销永昌中心辅导区，永昌中心小学改名为永昌小学。1970年，实行五年一贯制。是年，增设初中班，改建为七年制学校。1979年9月，初中部独立建永昌片中学，小学恢复为完小。1984年，恢复六年制学制。1999年9月，新兴小学并入永昌小学。

2001年5月，在永昌镇南陆图角新建校区，占地面积10666.67平方米，建筑面积2015.32平方米。2006年，并入黄埭中心小学。

五、倪汇小学

1912年4月，创办吴县倪汇初级小学。1949年，改为公办小学，首任学校负责人为冯家春，校址在倪汇镇西市梢。1957年，学校迁往安基坟，发展成完小。

1970年，倪汇小学增设初中班，改为七年制学校。是年10月，学校迁到牙浜，新建三排校舍，中间是运动场地，占地面积2768平方米，建筑面积785平方米。分设丁埂上和西钱泾两个低年级班教学点。1979年9月，卫星村初中班并入倪汇学校初中部，倪汇学校初中部独立建倪汇片中学，朱瑞林担任校长。

1984年，倪汇小学恢复六年制，撤去丁埂上和西钱泾两个教学点。1985年，全校6个年级6个班有学生260多名、教师10名。1995年9月，任浜初小并入倪汇小学。是年，全校6个班有学生300多名、教师10名。

2001年8月，倪汇片中学并入黄埭中学。2004年9月，倪汇小学共有学生127名、教师12名。2006年8月，由于城乡一体化建设用地需要，学校拆迁，倪汇小学撤并到黄埭中心小学。

1956~2006年，历任倪汇小学校长为王伟锋、严云生、朱学道、尤雪明。

六、华东师范大学漕湖学校

2013年，相城经济技术开发区管委会开始筹建全区第一所九年一贯制公立学校——漕湖学校。2015年5月，学校全面开工建设。2016年6月3日，相城经济技术开发区与华东师范大学教育集团签署合作办学协议，共建漕湖学校。2016年6月底竣工，是年9月正式投入使用。

学校位于御窑路东、繁华路（今许金浜路）南、昌南路（今任浜路）北、广济北路旁，占地9.6万平方米，建筑总面积6.96万多平方米，建设总投资约3.8亿元，符合二星级绿色建筑标准。学校设计规模为小学部8轨48班、初中部14轨42班，共

90个班级，可容纳4000多名学生。

漕湖学校（2018年摄）

学校拥有8幢教学楼，配有400米标准操场和功能齐全的大型艺体馆，集理化生创新实验室和科学探究室为一体的综合大楼，近4000平方米的图书楼，可容纳近700人兼有电影院功能的大型报告厅和200多座的阶梯教室，适应未来教学需要、设备一流、集录播功能为一体的未来教室和自动录播室以及现代化的高标准、数字化校园网络系统。

2016年，学校开设一至七年级，其中一年级6个班，二至七年级每个年级4个班，共30班1252名学生。学校共有专任教师90名，其中，特级教师2名，苏州大市级名教师、学科带头人各2名，县区级骨干教师（教坛新秀、教学能手、学科带头人等）20名，同济大学、华中师范大学、华东理工大学等重点大学的应届毕业生共30多名；教师研究生学历超过20%。2020年，华东师范大学漕湖学校共有66个班级，在职教师220名，在校学生3000名，1个项目入选2020年江苏省基础教育内涵建设项目。2021年，学校小学部共有59个教学班、2581名学生，初中部共有21个教学班、966名学生，全校共有3547名学生、223名专任教师。其中有省特级教师1名、市名教师2名、市学科带头人4名、区学科带头人23名、区教学能手7名、区教坛新秀25名、校教坛新苗29名。董堂星、周露露两位老师获评相城区文化人才。是年12月，学校获评苏州市教师发展示范基地校。

第二节　民间文艺

清末民初，漕湖境域诞生了影响苏、锡一带的堂名典型代表——万和堂，派生出当代卫星民间喜庆乐队、卫星农民业余艺乐团。琳桥书场是社区文化的重要场所。

一、堂名

著称于苏、锡一带的堂名（民间乐班）班子万和堂，于清末民初诞生在卫星村

万和堂班子演奏乐曲

蔡家里。20世纪20年代，万和堂云集了苏南一带的昆曲名流和琴师鼓手。在万和堂的影响下，吴县各地相继出现宣和堂、春和堂、合和堂等专业、半专业班社，其人员一部分是万和堂的高徒及其后代，一部分是兼作道教音乐的乐师。漕湖周围乡村中亦有不少演奏道教音乐的堂名班子。

20世纪60年代初，万和堂解散。60年代末，各村均建立文艺宣传队进行演出活动。如卫星大队黄畦大队排演锡剧《芦荡火种》《红灯记》，合兴大队排演京剧《红灯记》，汤浜大队吕金山演唱《金陵塔》。倪汇大队宣传队将倪汇小学教师宦伟政创作的短剧《拔夜秧》改编为锡剧，获吴县群众文艺调演创作奖和优秀演出奖，被编入苏州地区群众文艺调演节目汇编。当时有句顺口溜称赞道："东桥有只《杀出场》，北桥有只《紧握手中枪》，勿及黄埭一只《拔夜秧》。" 1973年，由宦伟政创作的锡剧《一条橹绷》和对口词《学文化路上》均获吴县群众文艺调演一等奖。1979年，倪汇大队宣传队获评苏州地区文艺宣传队先进单位，并参加江苏省学习毛泽东思想积极分子代表会，成为吴县17个先进宣传队之一。

2000年，原万和堂的关门弟子、卫星村的王祖根邀同村王文华和倪汇村的朱焕民及漕湖地区爱好吹、拉、弹、唱的伙伴，组建新万和堂，邀请原万和堂蔡诚泉讲课传授。新万和堂在漕湖地区村民的婚庆和寿宴上演奏万和堂传统乐曲，演唱昆曲唱词，还自编自演歌颂新人新事的说唱节目。

蔡锦湘表演打击乐及其演出道具和箱担

2000年后，堂里台柱廉雪林、曹正华、李德宝三位师傅先后因病离开人世。2014年，新万和堂演出活动停止。

2015年初，王祖根、王文华和朱焕民成立漕湖老年文艺队，共25人，加入卫星村农民业余艺乐团，每周一次集中在卫星社区活动中心排练节目。至2017年，文艺队一直活跃在相城区和漕湖街道的文艺舞台上，同时选派优秀人员参加区级比赛。2017年，漕湖老年文艺队获相城区“百姓名嘴”称号。

二、卫星村农民业余艺乐团

1995年冬，卫星村农民业余艺乐团成立，负责人是钱木本、宣秀珍，成员有20多人，表演舞蹈、敲腰鼓、打连厢、摇荡湖等节目。2000年，卫星村农民业余艺乐团发展到有固定人员50多人，有舞龙队、喜庆乐队（老年文艺队）等。

2004年，卫星村农民业余艺乐团参加卫星小学欢庆“六一”儿童节文艺活动

1999年12月，成立舞龙队。钱木本去无锡购买服装道具等，并组织人员去跟锡山市荡口镇薛习娘桥女子舞龙队学习，又聘请师傅到村指导，借用卫星小学操场和教室作为练习活动场所。2000年2月3日，舞龙队参加西山梅花节开幕式演出并取得圆满成功。是年下半年，为迎接吴县市政府举办“世纪之交”庆祝活动，成立男女两支舞龙队伍。

2000年下半年，成立卫星村民间喜庆乐队，聘请原万和堂蔡家班的蔡诚泉定期讲课辅导，传承万和堂的音乐文化。乐队常在漕湖地区的婚庆和寿宴上表演。2006年，这支卫星民间喜庆乐队发展成为卫星老年文艺队，一直活跃在漕湖街道的文艺舞台上。

卫星村农民业余艺乐团，尤其是舞龙队经常参加公益性活动、市区级和区外的演出活动，声誉响彻苏州、无锡一带。

舞龙队参加的公益性活动：2000年4月，女子舞龙队锡山市坊前镇文化艺术节表演；2000~2002年的农历四月十五日，锡山市甘露文化艺术节双龙表演；2001~2002年的农历三月十七日，相城区北桥镇文化艺术节双龙表演；2001年6月1日，黄埭镇文化教育系统在卫星小学庆祝“六一”儿童节双龙表演；2001年10月1日，在卫星村、倪汇村进行的“欢度国庆”巡回义演。每逢春节，还到村、厂、街道进行拜年演出。

舞龙队参加的市区级演出活动：2000年2月3日，女子舞龙队参加吴县市举办的西山梅花节开幕式庆典活动表演；2000年12月30日晚上，吴县市“世纪之交”庆祝活动双龙表演；2001年6月30日，相城区庆祝建党八十周年活动双龙表演；2003年8月22日，相城区“迎国庆展成果”群众文艺调演活动；2003年9月23日，相城区庆国庆广场文艺演出。

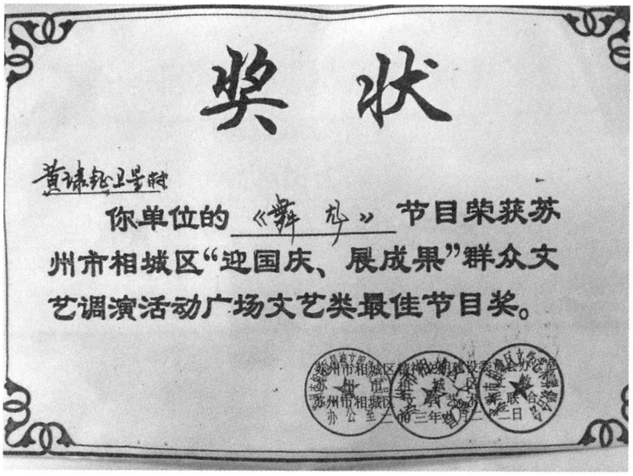
奖状

黄埭镇卫星村

你单位的《舞龙》节目荣获苏州市相城区“迎国庆、展成果”群众文艺调演活动广场文艺类最佳节目奖。

2003年8月22日，卫星村舞龙队参加相城区“迎国庆、展成果”群众文艺调演活动获奖

舞龙队参加的区外演出活动：2000~2003年，常熟市农民运动会开幕式、波司登羽绒服装的“全国销量第一”庆祝活动；无锡市下庄、甘露、坊前等镇文化艺术节活动；江苏五星电器有限公司苏州大卖场、吴中区苏美中心华润广场、苏州圣泰珍珠制品有限公司等开业庆典活动。各县、市地方媒体均给予报道。

2002年3月，卫星村农民业余艺乐团负责人钱木本和下属卫星民间喜庆乐队负责人朱焕明成为苏州市相城区民间文艺工作者协会会员。2017年，卫星村农民业余艺乐团成为相城区“十九大精神宣讲团”的成员。

三、琳桥书场

2007年8月，原上浜村将旧厂房改建为琳桥书场。邀请苏州评弹艺人和文艺团体定期到书场演出，受到当地村民的欢迎。

2016年8月，因村落拆迁，琳桥书场停办。同年，永昌泾花苑安置小区建成，上浜村部分居民迁入小区。

琳桥书场“品味端午，传承文明”汇演（2018年摄）

2018年5月，永昌泾社区文体中心建成，辟出380平方米重建琳桥书场，设观众席位168个，软硬件设施配套齐全。是年10月6日，琳桥书场重新开放。

相关链接：蔡家班和万和堂

清末民初，昆曲和江南丝竹以具有姑苏独特风韵而流行于苏、锡一带。漕湖地区的蔡家班（卫星村蔡家里的堂名班）因擅此技而在周边地区颇有名气。

那年，荡口镇高老爷的老父要过八十大寿。高老爷便提前三个月亲赴漕湖蔡家里聘请蔡家第三代掌门班主蔡锦绣到荡口镇唱三天堂会，为老父做寿。包银不论，只要场面热闹，寿星高兴。

转眼三个月已过，荡口镇高家驶一条快船到漕湖接蔡家全堂班底去府上演出。各类乐器、行头及道具装了满满一船。

到了高府，高老爷便与蔡家班主商议三天六场曲目的安排。演出以昆曲折子戏为主，三套乐曲即“打击乐”“丝竹乐”“吹奏乐”，以独奏、合奏、齐奏的形式演出。高家是荡口首富，大厅上设有戏台，此厅可容纳两三百人。腊月二十七日开演，打炮戏以《牡丹亭》为主。

开演那天，厅堂上足足挤了四百多人。蔡家班以喜庆的十番锣鼓开场，铿锵激昂的锣鼓声激动人心，远震四方。紧接着蔡锦绣的三个儿子梅卿、竹卿、成卿演唱了专为寿星创作的昆曲《八秩寿诞颂》。悠扬的笛声，婉约的曲调，高低起伏的声腔，引得高老太爷乐开了花，观众的喝彩声、掌声接连不断。一曲唱罢，高老爷三封赏银早已备好，现场赏给蔡家三位青年才俊。

三套节目轮番登场，节奏明快的打击乐、悦耳动听的丝竹乐、欢乐喜庆的吹奏乐让人听得津津有味，流连忘返。压轴戏是昆曲《牡丹亭》中的一折《游园惊梦》。开始后，全场鸦雀无声。随着剧情的变化，观众看得如痴似醉。一场戏完毕，看客掌声雷动，久久不愿散去。

三天六场的堂会让荡口镇人领略了江南丝竹和堂名的魅力，蔡家班在当地一炮打响，名声远扬。

在荡口镇的这一盛况空前的演出，激起了蔡锦绣让江南丝竹和苏南吹打乐发扬光大的想法。蔡锦绣之父蔡桂芳、祖父蔡九高均是当地有名望的昆曲票友，人脉广博。蔡锦绣借此优势在20世纪20年代牵头并邀请当地昆曲高手和著名乐师参与创建了万和堂，使这个既唱昆曲又演奏吹打的堂名班子成为民间著名团体。万和堂堂址选在黄埭镇。

万和堂高手云集，乐师造诣深厚，几乎人人一专多能，许多外地艺人竞相慕名赶赴黄埭镇拜师学艺。凡入万和堂者均需经过吹、拉、弹、唱、书、念、做、打等多方面严格考核，考核通过方得课徒传授。

随着声誉日隆，万和堂外出表演足迹遍及苏州、无锡乃至上海。民间各种风俗喜庆活动或文人雅士、达官贵人的婚礼、祝寿等都以能请到万和堂演出为荣。

由于万和堂在对外交流中不断丰富、改编和更新曲目，很快成为闻名遐迩的职业性乐班。为扩充演职人员、扩展演出地域、扩大乐班范围，在原班社老万和堂的基础上派生出南万和堂和北万和堂两大班社。

北万和堂以原蔡家班底为主，蔡家班人才辈出，第四代蔡梅卿、蔡竹卿、蔡成卿已成名，并青出于蓝而胜于蓝。蔡梅卿接替父亲蔡锦绣成为北万和堂班主。

在万和堂的影响下，又相继产生了宣和堂、春和堂、合和堂等专业或半专业的班社，分布苏州周边各地。而万和堂常年在外演出，不断创新，声名越传越远。

20世纪30年代，蔡梅卿定居上海教授昆曲，万和堂由其弟竹卿、成卿继承。中华人民共和国成立前，梅卿长子蔡荣炳被京剧表演艺术家周信芳邀请去为其伴奏。中华人民共和国成立后，蔡荣炳进入上海京剧院三团工作，深得周信芳器重。梅卿次子蔡荣林被扬州专区京剧团请去组建京剧乐队。竹卿之子蔡惠泉于1954年被中国著名音乐家彭修文鼎力推介到中央广播民族乐团工作，曾被称为当代中国“鼓王”，后任该团副团长直至退休。

为振兴道教音乐，蔡家班指名成卿之子蔡燮荣专攻道教学术。蔡燮荣不负蔡氏前辈的期望，经过多年的潜心研究，创作出多种区别表达喜庆与哀丧等的乐曲，广泛流传于道教领域。中华人民共和国成立后，蔡燮荣被选为江苏省道教协会副会长、苏州道教协会会长、苏州市人大代表。20世纪80年代，他曾带队赴台湾进行学术交流，一场飞钹表演引起台湾地区的轰动。

飞钹表演需要表演者把钹掷于空中，待钹旋转一圈后会自动回到表演者手里，是高难度的绝活。特别是八人表演时更是响钹满场飞，高低、前后、左右飞转，角度不同，绝不会相撞。飞钹飞行时发出的嗡嗡声，伴随着丝竹悠扬的乐曲声，交汇成一曲动听的交响乐。表演完毕，全场掌声雷动，经久不息。

如今，堂名在广大乡村已鲜有表演，唯有万和堂诞生地澧湖街道所属各地还在坚持演出。万和堂精神在专业剧团也得到了传承和发扬。

第三节　风土习俗

十里澧湖有快船娶亲、抢抬猛将等具有地域文化特色的习俗。

一、快船娶亲

境域内快船娶亲的习俗由来已久，20世纪50年代，汤浜村河西岸“大广勺”的快船是十里八乡最有名的。

接亲的快船长三丈、宽一丈五左右，比螳螂船、艄塌子大得多。船舱中间放一张大圆台供女宾在船上吃饭，称吃堂船。中舱顶是结实的硬棚，用来遮风挡雨、放婚用喜物，船身披红挂绿。

快船用3条橹摇船，后艄右边大橹需有4个人把橹、搭梭、里绷、外绷，左边两橹由2个人掌控，船头上也有一条小橹，还需1个人负责撑篙，组成一个船班子。船老大安排妥当，各就各位、互相配合。

男方快船去接新娘，叫娶亲。新娘穿戴凤冠霞帔、开脸化妆准备定当，由喜娘搀扶上轿，再坐轿到船上。

女方快船准备定当后便开船，女方先开船。爆竹声响，双方快船起程，两条快船开始较劲，一篙三橹齐发，船速的快慢主要看掌大橹的4位舵工的表现。掌大橹最是技术活，扭外绷的荡空在水面，脚踩在船沿用力拉出来时，全身贴近水面，此时扭里绷的使劲拉进去，这么一拉一扭实是好看。快船像离弦的箭向前直蹿，舵工在途中简直没有喘息的机会。

新郎身着长衫马褂，在河滩旁等待女方快船的到来。两条快船一到村河，就开始吹打堂名，鼓角齐鸣，声震河港。男方的船必须等女方的船先靠岸，等待时男方的快船就需打招（来回表演驶船的技巧），岸上的看客纷纷鼓掌、喝彩、鼓劲，场面十分喜庆。

待女方船到，新郎需看准新娘快船到岸的一刹那，波浪涌动间用手中的酒壶快速抢水，水即势也。女方的人上岸，男方的人才可歇船上岸。

二、观音堂抢抬猛将

石基上的观音堂原为太平庵，供奉观世音菩萨。太平庵规模已无人知晓。据说是观音堂最后一任住持的师祖接手太平庵，化缘重建并改称“观音堂”的。

观音堂两面环河，河道呈曲尺形。门前小广场上有一小型铁宝塔。大殿三进，供奉观世音菩萨和猛将。庙内有一铁钟，钟面四周镌刻着资助过的善男信女名讳和捐资数目。

石基上观音堂因观音出会（也叫庙会）和抬猛将而声名远扬。观音出会的时间是每年农历二月十九，地点在三村交界的庙塘泾河上。每年农历八月初七是抬猛将的日子。猛将堂内有3尊猛将。每个村都希望请一尊大猛将。活动当天，几个村都会抬着轿子去猛将堂抢大猛将。抢抬了大猛将的村子会用轿子抬了猛将到各村巡游。3支队伍分头行进，人们敲锣打鼓，孩子追逐在后，村里放鞭炮迎猛将。

三、土灶铁锅洗浴

琳桥村人少田多，仅靠本地农民实在忙不过来。农忙季节，就到无锡一带请人来做帮工。帮工人称为“种客田”，做的都是较粗重的或技术含量较高的农活，如罱泥、开灰潭、筛米、叠稻摞等。后“种客田”的人逐步迁徙到琳桥定居，带来了土灶铁锅洗浴的习惯，后来成为琳桥附近的习俗。

土灶铁锅洗浴的土灶一般选在下场屋、小屋或茅屋里。土灶高二尺左右，中间装一口大铁锅，下面开一个灶膛。灶膛上方砌隔离墙，以避男女之嫌。地面铺砖，略向门外倾斜以便换水、排水。灶下烧木柴加热，水温因人而异可调节，人可直接站在铁锅中洗浴。一家一灶供全家洗浴。农业生产合作化后，土灶铁锅洗浴习俗最盛，分男浴、女浴。村民忙完农活后，第一件事便是去洗浴，洗浴的同时还能与乡邻交流。随着生活条件的改变，土灶铁锅洗浴已消失。

四、神望外婆家

黄埭城隍庙会在民国《黄埭志》中有所记载。黄埭有在农历四月赛城隍会三日的风俗。“谓解天饷，循年例也”，就是说押运货品食物上天庭去款待神灵。黄埭城隍出会必到琳桥，人称“神望外婆家”，是城隍庙会一大特色。这是因为黄埭城隍老爷的木雕圣身是用琳桥村一棵合抱较粗的千年香樟树雕刻而成，琳桥是黄埭城隍的“外婆家”，所以出会必到。

出会第一日巡行本街是演会。第二日是正会，要“诣管山解东岳饷”，指到管理泰山的神道处，献上奉祀的祭品求东岳大帝保佑。正会的前导是起马牌，后面一对对“十禁牌”“回避”“肃静”“执事”“旗伞”“灯幡”，一应俱全。跟随着的那面貌姣好的儿童，装束鲜艳地骑在马上，称“马太保”。音乐班笙笛齐鸣，吹奏各式乐曲。还有“小拜香”“抱娘恩”“扛茶厢”等节目。河里的拳船上有武师进行武术表演，也是会中节目。当城隍老爷坐轿到来时，家家焚香膜拜。城隍老爷轿前还有一匹挂着红绿绸的白马，称“看马”，备城隍老爷换骑用，另有十多人抬着“神船”备城隍老爷改乘舟船。正会观城隍出会者，可谓万人空巷。第三日城隍老爷到琳桥为末会，称“神望外婆家”。琳桥全村乡民在村口等候，鸣放鞭炮，迎接老爷回外婆家。

城隍庙会的3天里，还有外地来“赶会场”的。晚上“出夜会”更是彩灯分明，热闹异常。

五、舞龙灯

舞龙灯是一种古老的求雨仪式。古代久旱无雨、田地荒芜，百姓便舞龙灯来祈求龙王开恩，下场及时雨以救禾苗。后出现以在庆典表演为主的舞龙灯。舞龙灯是漕湖境域数百年的习俗。

旧时境内的龙灯形式不一。有以稻草捆扎的柴龙，形式最简单，用柴草扎成龙头龙身，装柄，长二丈有余，只能左右摆动，只用于求雨。有板凳龙，十来个大汉每人一条长板凳，用板凳作龙身，笆斗为龙头，众人配合，进退一致，很别致。还有考究的以布绸为装饰的彩龙，用于庆典活动。

以在庆典表演为主的龙灯，龙头最为气派，龙骨以竹枝、铁丝为架，每个接触处是能活动的，龙身以绸布为被，贴上或绘上龙鳞。

舞龙是个技术活。舞者必须训练有素，步调一致、进退有序才好看。龙头前要有一人指挥，手擎绣球（夜明珠）引导起舞。他（她）面对舞龙者倒退行进，需步履稳健、调配得当。龙身舞者以龙身长短来决定参加人数，有8~12人。他们紧随龙珠舞动，上下翻飞、左右腾挪。因龙头重30多斤，擎龙头者要体魄健壮、臂力强劲才能胜任。所谓“头移一尺，尾甩一丈”，舞龙尾者需体态轻盈、步伐灵动。整个舞龙队队员要搭配得当，才能使整体成为一条活蹦乱跳、张牙舞爪、气势非凡的巨龙。舞龙还需以锣鼓配合，鼓点有急有缓，锣声有强有弱。音乐能鼓起舞者的激情，使观赏者更加兴致昂扬。

境内舞龙灯有两种形式。一种是场地式，用于企业庆典或单位开张等，在固定的场地举行。另一种是行进式，用于盛大节日，如出会、佛诞等。舞者穿街越巷，迎者齐放鞭炮、爆竹，称“接龙”，如有夜间灯会配合，更是热闹非凡。

六、贤圣堂出会

位于邹家里的贤圣堂供奉的贤圣老爷是清官化身，受到乡民尊重。遇到贤圣老爷的诞辰，凡“逢十”大典，必举行出会仪式。

出会那天，境内村民聚会欢庆，周边村的村民也会来凑热闹，场面十分火爆。

只见锣鼓开道，四人大轿抬着穿戴焕然一新的贤圣老爷走街串巷巡游。差役撑罗伞高举在贤圣老爷的头顶。所到村庄都会提前安排好供奉的神桌。牌位醒目，香烛高烧，鸡、鸭、鱼、肉、蔬菜、果品摆满桌子。一见贤圣老爷的队伍远远到来，便会燃爆竹迎接。

伴随出会的舞龙队，凡到供奉处，在锣鼓的伴奏中，巨龙上下起舞，左右回旋，呈现出喜庆热闹景象。自发组织的“打连厢”“打腰鼓”“挑花担”等表演团队也会赶来助兴。

时辰一到，出会的老爷巡视回府，众善男信女礼拜祷告，场面盛况空前。

七、拜观音

境内信奉观音菩萨居多。永昌有3座观音堂，分别是滕道观音堂（又称六图观音堂）、西庵观音堂（又称五图观音堂）和杨四观音堂。

滕道观音堂供奉南海观世音菩萨，另有一尊雕工精致、四首各异的石雕四面观音像。

西庵观音堂是尼姑庵，坐落在中桥浜底，规模较小，名气不大，供奉着一幅观音大士的画像。观音大士淡妆素服，慈祥端庄，左手抱一婴儿，右手花指上扬。画像出自清人王之屏之手。

杨四观音堂供奉一尊泥塑鳌头观音像。观音眼望远方，神情专注，手托净瓶，脚踩鳌鱼头。科举时代形容得状元者为独占鳌头。拜鳌头观音者以学子为主。

八、宝宝满月风俗

漕湖地区把宝宝满月看得很重要，要给孩子理胎发、办满月酒。理胎发是初生婴儿第一件大事，很是讲究。因吴语“正”和“蒸”同音，正月剃头要变“蒸龙头”，一动要出汗，因此不能给孩子剃头。二月初二，因俗谚“二月二龙抬头”，此日剃头最好。五月是毒月不能剃头，怕将来要变“癞痢头”。剃头日，外婆家要备好礼品，带上技术好的理发师傅为宝宝理胎发。理发时，孩子要让舅舅抱着，理好发后要给剃头师傅红包。胎发要用红纸包起来保存；或用红丝线把它串扎起来挂在小孩床上，以讨吉利；或做成胎毛笔，又称“状元笔”，表达了对孩子的美好愿望。孩子姑姑抱着孩子撑着一顶老黄伞走过3座桥，走桥需要提前计算好路线，不重复，不走回头路。有传闻说走桥后宝宝的胆子会变大。有的人家还要把宝宝放在垫有红布的竹匾中，再在旁边放上一把火钳，然后由姑姑抱着在门外走一圈，用火钳煞邪气。在抱孩子出门时，看到大树要靠一下，寓意着孩子今后的人生可以“背靠大树好乘凉”。

男宝满两个月或女宝满一个月时，父母应择期举办满月酒。提前请人搭建木园堂或者选择饭店，届时亲朋好友聚在一起，宾朋送上红包或者金饰以表祝福。金饰通常选择花生、如意锁、“路路通”等，现在也有卡通造型的属相金饰。喝过满月酒，宾朋每家会收到一份礼盒，内含用红色食用染料染红的熟鸡蛋（称为“喜蛋”）和面店双浇面的面票，现渐被喜饼和各种小吃替代。

九、茶馆“吃讲茶”

境内村民习惯在清晨上茶馆喝茶。1956年，倪家湾街上还留有三四家茶馆。

每至曙色朦胧、鸡叫头遍的时候，茶瘾很大的老茶客就进茶馆喝第一壶茶清胃，然后吃早点。如果不愿意在茶馆里吃早点，只需把茶壶的盖子翻过来，说明还要回来继续喝。吃完早点后，大多数的人都不走，继续喝下去，直喝到尽兴才恋恋不舍地离去。当地民众把上茶馆称作“孵茶馆”，意思是像老母鸡孵蛋似的孵在茶馆里不动。一般来讲，孵茶馆的人都处于社会的中下层，如店员、五匠、跑生意的等，更多的是农民。

茶馆既是个信息中心，从天下大事到个人隐私，老茶客们没有不知道的；也是个交易市场，许多买卖人就在茶馆里谈生意；更是个交际场所，许多人都相约在茶馆里聚会叙叙。有些民事纠纷的解决也在茶馆中进行，即所谓的“吃讲茶”。“吃讲茶”的情景俨然像在法庭，矛盾双方摆开阵势，各自请了能说会道的人申述理由。做仲裁的人坐在正中的一张茶桌上，看上去像个法官；孵茶馆的老茶客就是陪审员，让茶客们评论，其间也有大骂出口、大打出手的。仲裁后，败诉的一方承担一切费用，包括那些老茶客们一天的茶钱。此种裁判具有很大的社会约束力，失败者即使再上诉法庭转败为胜，社会舆论也不承认。

茶馆是个小世界，各种小贩都会来兜生意，如卖香烟、瓜子、花生、大饼、油条、麻团、豆腐花、糍饭团的。

第四节　诗文选辑

漕湖地区地处江南水乡，山水清嘉、人文荟萃，自古便有不少文人骚客到此或游玩或隐居，留下许多脍炙人口的诗文美篇。

过蠡湖

唐　牟融

东湖烟水浩漫漫，湘浦秋声入夜寒。
风外暗香飘落粉，月中清影舞离鸾。
多情袁尹频移席，有道乔仙独倚阑。
几度篝帘相对处，无边诗思到吟坛。

晚过漕湖寄杨孟二处士三首

元　华幼武

秋天澹澹水泠泠，十里湖光镜面平。
红日近山霞缥缈，扁舟如在画中行。

早发漕湖

元　华幼武

漕湖东南大星起，滟滟虚明浸湖水。
长髯摇橹溯风行，浪花激船洒飞雨。
我时起坐推篷窗，天地黯惨开鸿庞。
扶桑日出东海沸，船头绚耀珊瑚光。
回风转帆舟子喜，一程唱歌三十里，楼阁参差见城市。

蠡湖

明　孙一元

初日浮高树，晴鸥散浅沙。
挂帆湖水上，闻笛野渔家。
岸坼菰蒲合，云迷山郭斜。
芳洲动幽兴，自起采蘋花。

漕湖一名蠡湖，相传范蠡所开，或谓通漕运而设。癸酉秋八月十又七日，同钱元抑、陈道复、顾朝镇、朝楚夜泛有作

明　文徵明

渺渺中流溯小舠，露华初冷碧天高。
一痕落镜秋宜月，万籁无风夜自涛。
消尽霸图犹说蠡，传流饷道不通漕。
浮樽自适东南兴，何必淋漓污锦袍？

寓漕湖钱氏，钱本吴越王裔，聚族于此，地名钱港

明　归有光

钱港湖乡杳，名家古木栽。

微茫诸水汇，飘泊一船来。
问遗交情厚，流连笑口开。
因看吴越谱，世事使人哀。

漕湖即事

明　吴一鹏

晴光如练绕村居，渺渺相望十里余。
义港雾迷知有蜃，回波霜落爱多鱼。
送青两地山长峙，转漕千艘粟可储。
水际会埙亭早建，最宜观月夜清虚。

漕河（蠡湖）

清　叶士宽

秋光一片接澄河，少伯曾经此伐吴。
组练眩睛明浦口，艅艎衔尾下姑苏。
乌啼茂苑多榛莽，水满长洲遍荻芦。
今日通津成大路，千帆转漕入皇都。

园居

清　王武

孤城雨色晓苍苍，满耳秋色径已荒。
岸草倒垂鱼食影，林花乱落鸟寻香。
太平景物遗台榭，中古衣冠想庙廊。
惭愧无能延祖泽，萧然双板闭鱼梁。

蠡墓风帆

清　朱国骥

少伯名高今古同，只留荒冢水西东。
潆洄细浪依芳渚，来往征帆信好风。
影远如飞愁易尽，路回疑隔看仍通。
五湖烟景扁舟入，谁识当年在此中。

漕湖

现代 佚名

陶朱凿漕通震泽，康熙建桥连渎丘。
水映青天橹剪云，木击小船鱼戏鸥。
树茂根粗墩石裂，蒿深苔滑鸟雀啾。
今喜湖桥重修建，静看南来北往舟。

王倖：岁月匆匆不掩瑜

柯继承 余嘉

脉承太原

王倖（1481—1545），字公爵，号永溪，明长洲县儒教乡永昌（今属相城区黄埭镇）人。王倖是永昌王氏的第六代，从永昌王氏再往前追溯，王家的声名越发如雷贯耳。

按照《王氏迁昌祖祠碑》的叙述，王姓出于姬姓。后代中有两支特别著名，一支居琅琊，世称琅琊王；一支居太原，世称太原王。南渡之后，王氏江左支脉繁衍，不断壮大，总计不下数百宗，每一宗都才气不断、代有文人，而“永昌一派号最”。江左王氏数百宗，譬如震泽王氏、荻溪王氏，都有芝兰子弟闻名于世，那么“号最”的永昌王氏，又有些怎样的功绩？是否足以光耀王氏的门庭？

在国家图书馆中，珍藏有一本明清黄埭永昌王氏的家谱，其中记载，永昌王氏源于东晋江左王氏，也就是刘禹锡诗中“旧时王谢堂前燕，飞入寻常百姓家”的那个王家。

王家在东晋时，为中国的灿烂历史贡献了王导、王羲之等耀眼的人物。后来，王导的这一支又涌现出了王祜、王旦。王旦拜相当国，柄用十八载、为相十二年，位极人臣，开创了闻名于世的三槐堂王氏。宋末南迁，三槐堂王氏始居金陵，后迁华亭。

朱元璋称帝后的第二年，广揽天下士人，三槐堂王氏的王彦能亦在被征召之列。王彦能的祖父、父亲，包括他自己，都做过元朝的官，不管他内心接不接受朱明王朝，有气节者，是不做“贰臣”的。为了全节，王彦能便避召举家隐居到姑苏城北，在漕湖南岸的永昌古村扎根下来，他这一支就此迁徙到了苏州，即为永昌王氏。王彦能则为永昌始祖。

王彦能在永昌著书设教，传播儒学文化。之后他的数代子孙，也以耕读持家，或经商为业，没有去科考出仕。

永昌地处苏州城北，非常偏僻，王彦能虽然避居僻处，与文人雅士的诗文往还却并不少，所谓“区区涯渚间，鸿儒、循宦、奇士、逸民，踵趾相接，源远者流长，殆犹嶓之为汉，岷之为江，亘万古而滔滔勿绝”。把王彦能比作嶓山、岷山，引来滔滔如江汉的鸿儒、奇士，这个评价非常高。在王彦能过世后，朱元璋给他赐谥号“孝节先生”。

这可不得了啊！要知道，朱元璋是个疑心病超重的人，在他“寰中士夫有不为君用者，即有背叛，杀而籍没之不为不公”的思想指导下，太多元朝旧臣、隐居士子没有好下场，吴中四杰就是例子。而王彦能不仅全身、全节，还能得到朱元璋赐予的谥号，相当于官方承认他的“节”，可见他为永昌一地做了多大的贡献。

从王彦能开始，永昌王氏算是在永昌、在吴地、在整个大明朝站住了脚。从明朝起，又陆续有族人向外迁徙，近的有光福、横塘、无锡、太仓等地，远的则出省过江了。单单从现有家谱及史料上可以查证到的，与黄埭永昌王氏有关联的王氏宗族，就有上海鹤沙王氏、上海沪南王氏、北京宛平王氏、温州永昌堡王氏、江西丰城豫章王氏等多个支脉。

在这样的大家族出生，从小耳濡目染，受到长辈耳提面命，子弟们的家族荣誉感和担当意识简直成了本能。

救火队员

王俸为王彦能的六世孙，他的父亲、曾祖几代人，都没有出仕。王俸少年聪慧，五岁，在别的小孩刚刚启蒙去指读“人之初”的时候，他已经能读经史了。七八岁时，所写的科考时文已经让师友赞叹不已。十七岁，成为庠生，也就是中了秀才，进了县学，有了功名，成了当地官学的重点培养对象。而到第二年，也就是十八岁，就以第四名的成绩，中弘治戊午科举人。少年意气可拿云。

接下来却止步了。时任两广总督应槚所写的《修正庶尹永溪王公墓志铭》当中说王俸“数奇”：运数不好，屡试不中。他大约还想继续考，母亲跟他说：“你这样努力学习，却总是考不中，这是命啊。我已经很老了，最大的愿望就是看你做官，能享受你的供养啊！”这句话其实应该这样理解，母亲并非真想要儿子的钱财，其实她是担心儿子一条路走到黑，没办法养活自己，所以催着逼着，让他找到生活的着落啊。

母亲的话声泪俱下，王俸岂能违背，于是他放弃了继续参加会试的念头，在正德丁丑年（1517）参与铨选，被皇帝亲自指派，选为浙江处州同知。同知任上的九年，应该足以慰藉老母亲忧虑儿子的一颗慈心吧。

明朝的浙江处州（又名栝苍）现属丽水，位于浙闽赣交接处，多是山地，民风强悍。同时，处州还是当时朝廷重要的产银区，三教九流、豪强人员聚集，欺行霸市，极难管理，还经常发生矿工暴乱。皇帝亲自指派当时儒学世家三槐堂后人王俸出任处州同知，用意很明显，就是劝儒，发展当地的府学，希望改变当地的民风，同时督办当地无序的银矿开采。

王倖到任后勤勤恳恳、雷厉风行，一上来就镇住了那些经年的老刺头。首先，他把那些烦冗的简化，把错误的纠正，把不必要的删除，把政务的头绪整理得井井有条。然后整顿人事，尤其是人浮于事的现象。他先要求把军籍核查清楚，让每个“里”（古代一种行政单位）推选一个人留下，以备随时讯问，其他人都统统回家去。同时，但凡有羁押逮捕的事情，一定按照法律条文，绝不徇私枉法，人人都为他的公平允直而叹服。同时，他还督导地方官员对银矿有序管理，废除部分课税，禁止私自乱采滥伐，处州的面貌为之一清。

正统之变以后，原本就民多地少的处州，百姓生计更加艰难，有三四成百姓流离失所，可当权者装聋作哑，并不关心百姓的死活。王倖到任后，忧心忡忡，不管个人的前途，冒着触怒当朝的危险上书，力陈不恤百姓、任其流离的弊端，硬是打动了朝廷，免除了数千家的不幸。

戊寅年，闹了饥荒，又是王倖力主打开公家的粮仓赈灾济民，救活了无数百姓……

以上都记录在《修正庶尹永溪王公墓志铭》中，接下来，还有一连串的“某年某月，某某檄公某事……”，一会儿去松江整顿滑吏，一会儿代理郡务整顿宿弊，一会儿去衢、严二府稽核资产财务，一会儿带兵坚守对抗叛军，这样的记录，仅仅在铭文的这一部分中，就不下十件。看起来王倖就好像是一名“救火队员”，在大明王朝基层管理的积弊中殚精竭虑，左奔右突。

虽然已经这样忙碌，王倖并没有忘记自己的教化之职。他走遍处州各地，建立了府学、县学，并制定学制，让处州的教育体系得以进一步完备。

尤其是处州郡学的重修，过程曲折而意义重大。同知并不是当地最大的官，属于二把手，说话不一定有用。恰逢当时姓黄的那位一把手郡守身体不好，回家养病去了，朝廷下了公文，让王倖代理郡务。王倖原本在处州就特别注重处事以礼、待人以德，很受处州人的信赖，他向黄郡守请示后，又领头倡议复建郡学。复建需要财力的支撑，王倖力排众议，拿出“羡余”，也就是把原本用来讨好上级以给地方官员增添政绩的一笔款项，去买地、造屋、请教授、建学校，这个做法客观上损害了一部分官员的利益。

造屋的过程麻烦不断，又被一一克服，而且几乎做到了不折腾、不扰民。

郡学建成之后，成效很快显现。这一年秋天，由各个乡里推荐入学的士子共六人，到第二年，就有两个考中了进士。比例这么高，在这之前，处州从未在科考中取得过这样辉煌的成绩。成绩揭晓，处州人无论读书的，还是不读书的，都盛颂王俸的功绩。

在上海图书馆藏《三槐堂永昌王氏家谱》的明代部分中，记载有大量王俸任处州同知时的碑文：《重修处州郡学碑》《建处州阅武场碑》《重修青田县学碑》《修建处州按察分司碑》《修建龙泉按察分司碑》《仰惠生祠碑》《栝苍去思碑》《白云山碑》《筑莆阳捍海堤碑》等。仰惠生祠碑的意思是承仰某人的恩惠而为他建了生祠，栝苍去思碑的意思是某人离开栝苍后百姓对他无比思念。

从这些碑刻的名称就可以看出，王俸在任处州同知的九年里，为处州百姓做了多少实事，而处州百姓对这样一位来自姑苏的官员有怎样的感念、爱戴和不舍。

生祠碑当时是立在丽阳行宫门口左方的空地。现在，碑已不在，幸而还有碑文。去思碑的碑文更加情真意切，记载着王俸离任之际，处州人无比地悲伤："公去之日，处人相谓曰：'公佐郡最人，惠吾人者最深。今去矣，宁巳于思，思之欲永，永无忘也！'"

除了这些碑文，今浙江省原处州地区，还留有不少和王俸有关的遗迹，譬如现浙江省丽水市博物馆二楼正厅中央耸立的镇馆之宝——明代嘉靖孔子庙碑石，正是当时王俸兴办府学时所刻，落款"处州同知长洲王俸校补"的字样清晰可见。再如，今丽水市青田县石门洞景区中，嘉靖年间王俸兴建刘伯温祠时的摩崖石刻也清晰可见。

王俸廉政为民、不辱使命的事迹，既无愧于三槐堂王氏的令名，又让他赢得了广泛的声誉。他在任期内，由于治理有方、政通民和，多次受朝廷嘉奖。他在处州为官的第六年满，按照制度，要接受一次大考核，他六年的政绩一定是最沉甸甸的一个吧？果然，这一年的吏部考核中，他被皇帝亲自评为"治行天下第一"。

正是由于王俸政绩突出，他在处州九年任满后，于嘉靖七年（1528）升任南京工部屯田司员外郎，并授奉政大夫修正庶尹，为朝廷正五品官员。又被皇帝敕命为钦差，督办南京地方沿江一带事务。

当时的南都多权贵，沿江一带的洲场管理混乱，侵占渔场、私征课税的乱象非常严重。王俸到任后，严于律己、清正廉明、不畏权贵、秉公执法，在两年多时间里全身心地投入沿江治理中。

终究是利益之下，当权者也不愿放弃肥厚的外快，王俸独自持之以正，决不妥协，反而招致诽谤之言。最难过的是，明明已经独木难支，本应支持他的当权者也被小人迷惑，想要将他调往他处。王俸大笑，说："这是我自己的选择，我有什么怨尤的呢。"请辞，然后拂袖南归。

故里岁月

回到故里后，王俸在漕湖边的永昌里过着无官一身轻的悠闲生活，诗酒书画、江南风雅，吴地的文人从来都善于生活。此时的江南，特别是长洲县，正是群星闪烁的文风鼎盛时期，聚集了一大批才子士人，文徵明、唐寅、祝允明、陆楫、秦金、邵宝、朱希周等人，都和王倖以及王氏家族结下了深厚友谊。

提到人物，第一个要提的当然是文坛盟主文徵明。同居城北，文徵明与永昌王氏的关系非常密切，他与王倖的叔叔王梦梅、堂弟湖村先生、侄儿北湖先生（湖村先生子）相互之间都有很多赠诗。

王倖朋友当中，路人缘最好的当属唐寅，两人同榜中举，互称“年兄”，平日里嘻嘻哈哈，关系很是亲密，每当王倖回乡探亲，都会一起饮酒相聚。而且，由于永昌王氏是儒学大家，除王倖外，还有许多兄弟都精于文人之艺，与唐寅交好者很多，所以唐寅是王家常客。去翻看旧书，唐寅写给王倖的诗文就已经不少了，随便翻翻，便有《送公爵王年兄会试》《三月五日同文徵明王公爵祝希哲同游桃花庵各次一韵》等多首，还有更多写给其他王氏家族成员的。

最有意趣的是与“竹林七老”的友谊。谈到竹林七老，可能很多人第一时间想起的是竹林七贤。无巧不成书的是，三国时期的竹林七贤，与永昌古村也是有关系的，明清时期，永昌曾有过一座“晋步兵校尉公神祠庙”，它正是为纪念竹林七贤之一的阮籍所设。三国时期，阮籍曾避兵乱而隐居于此，后来王氏亦多次出家资修缮此庙。

王倖正是在竹林七贤精神的感召下，与当时吴地的一些名流成立了“竹林会”，不时雅集，唱和往还，并有《竹林诗集》。竹林会的成员主要有朱希周、毛珵、吴一鹏、陈沂、邵宝、秦金、王倖，共七人，称“竹林七老”。这七个人，除了王倖，其他人都是进士，朱希周、陈沂还是状元，王倖以一个举人的功名，和这六位怡然相得、意气相投，可见王倖的社会认可度了。他们晚年都不恋一官一职，相继辞官，相聚于永昌漕湖边竹林里，喝酒，吟诗，畅谈世事人生，其乐融融。

还有“明前七子”的领袖人物李梦阳，与王倖的父叔辈有交往。当他看到王倖少年得志，而此后却屡试春官不遇时，长辈的爱心大为触动，便写诗《王公爵孝廉下第赋此志慰二首》，以表达对所看重子弟的安慰。

有趣的是，李梦阳祖籍河南，生于甘肃庆阳，从未在吴地当官，可他与永昌王氏交往颇为密切。想必当时的长洲地区文化繁荣，为文人墨客经常相聚交流的地方，可惜岁月匆匆，许多往事都淡去了痕迹。

但是，真正闪亮、有价值的东西，只会被封存，却不会消失，他们就如沉睡在历史长河中的美玉，等待着我们，等待着热心文史的有志者，去探究追寻。

摘自2021年7月12日《姑苏晚报》

第九章　人物　荣誉

漕湖历史悠久、人杰地灵。漕湖好儿女积极投身革命、奋勇杀敌，为中华人民共和国的成立献出鲜血与生命。中华人民共和国成立后，漕湖人更是开拓创新、传承技艺、热心公益，为构建社会主义和谐社会而努力奋斗。本章选取3位历史名人、4位革命烈士、19位当代人物，以及漕湖街道历年所取得的集体荣誉和个人荣誉入志。

第一节　人　物

一、人物传略

范蠡（前536—前448）　字少伯，春秋时期楚国宛（今河南南阳）人。公元前494年，越败于吴。范蠡献卑身厚赂，乞成于吴之计，自己也随越王到吴国做了3年人质。范蠡为实施“伐吴九术”，将美女西施献于吴王夫差。后越王勾践灭吴称霸，范蠡功成名就后急流勇退，辞去越国上大夫之职，携西施泛舟于五湖，遨游于七十二峰。据传范蠡3次经商成巨富，又三散家财，被各地百姓尊为“文财神”。后因西施不惯四处奔波，又回到吴地，在蠡湖西侧隐居。范蠡活到88岁，无疾而终。据民国《黄埭志》记载：黄埭镇西河西口（今上浜村西庄）有个地方叫蠡墓汇，传说范蠡葬于此地。蠡墓汇有座庙，供范蠡像，岁奉祀焉。相传墓地特高，后人登此观漕湖风帆。

顾九思（1532—1610）　字与睿，号韦所，长洲（今苏州）黄埭下堡人。明隆庆五年（1571）中进士，授丰城知县。任期内惩治贪官污吏，没收其财产造舍以栖吏，建廊舍以放置文牍，广设监狱，惩治罪犯，使乡民安居乐业，奸弊无所容。治盗有方，治民第一。丰城山高林深，有多股盗匪，最大一股强抢豪夺、无恶不作，久为民害。顾九思上任后借兵围捕，抓获匪首。后又将匪众释放回乡，教导他们自食其力做良善之民。因贤能廉洁，以治行第一，于万历三年（1575）进京。擢户科给事中，升太仆少卿，为礼科给事中，改南京太常，官至通政司右通政。多次上疏、奏东南灾盗及救荒诸策几千余言，后因为官志向不同于众，与宰相张居正时有矛盾，郁郁不得志。因父疾乞假，归养三载。服除又以继母年高再疏请归。他回乡后，建埭川宗祠，置下堡祭田，唯以敦本睦族为事。家居20年，79岁逝世。墓在黄埭十一都帝字圩，申时行撰墓志铭。著有《掖垣题稿》等。入吴郡（今苏州）五百名贤祠。

乾隆《吴县志》按："吴郡五百名贤祠，顾沅题顾九思像赞曰：丰城贤令，民安盗戢，内擢台垣，治行第一。"

在埭川宗祠，专门建"天语阁"录皇帝的一段口谕，《掖垣题稿》按："明万历二年正月天语：'你是好官，回去用心供职，替朕爱养百姓，在外传与他知道。'江西丰城县知县顾九思恭录。"

徐步鳌（生卒年不详） 清代中叶永昌人。徐步鳌薄有家财，素行慈善，倾心于利民之举，义举恩泽苏城城乡。道光三年（1823），吴中发大水，徐步鳌大开粮仓，以官价发售给贫苦百姓，救乡民之急难。道光十八年（1838），为修筑城墙，解囊助工。道光二十年（1840）夏，米价腾贵，其力助普济堂赡养之资。道光二十九年（1849），吴中又遭洪涝之灾，他继续开仓赈灾。是年清政府筹备军饷，他又捐巨资助军抗敌。咸丰六年（1856）夏，金陵（今南京）灾民避难到苏地，时步鳌年事已高，就令其子安置难民于齐门外阳泾塘并承诺出资3年多。殁年84岁。

王杏泉（1920—1939） 永昌乡东浜人，种田为生。1938年10月，加入江南抗日义勇军阳澄湖地方部队，后编入由宫岳、周达明领导的东进抗日挺进纵队，转战阳澄湖、漕湖。1939年初，王杏泉被编入"江抗"部队第3团青年突击队。在吴家桥战斗中牺牲，时年19岁。

杨荣贵（1921—1946） 永昌乡杨四观音堂人。8岁时父亲过世，母亲改嫁上海，由祖母抚养长大。1940年3月，经新四军漕湖地区地方工作战士邹叙兴介绍，杨荣贵参加"江抗"夏光部队。他多次出色完成任务，受到连队以上领导的嘉奖。1946年下半年，他所在的华东野战军第10纵队89团在海安运动防御战中担任主攻任务。在发起总攻冲锋时，杨荣贵不幸中弹牺牲，时年25岁。

朱阿六（1943—1967） 曾用名朱阿乐，浜村人。1962年8月，参军入伍。1967年9月，参加援越抗美战争，主要任务是修路和运送粮食、武器弹药等。是年9月22日傍晚，朱阿六带领全班战士在运送弹药的路上遭到敌机的轰炸而牺牲，年仅24岁。

金元兴（1949—1970） 永昌乡金家里人。1969年3月，参军入伍，后到雷达兵分队，为通信连无线电报务员。1970年1月入党。是年10月8日，他与战友屈土根在割马草回营地的路上，从汽车上堆得高高的马草上摔下。屈土根摔断一条腿；金元兴摔进山谷牺牲，年仅21岁。

张寒月（1906—2005） 本名政，字莲光，又字兆麟，别署寒月斋主。黄埭琳桥刘埂上人。生前为中国书法家协会会员、中国书法家协会江苏分会理事、西泠印社社员、苏州市文联艺术指导委员会委员、苏州市书法家协会顾问、东吴印社顾问，曾任全国篆刻征稿评比评审委员。

15岁时开始自习绘画。1923年，张寒月在老师徐儆予的带领下，在报国寺皈依印光法师，法名德经。23岁得吴昌硕指授，经介绍转师赵古泥。从此捉刀不辍，刻章超过万方。

1931年，《寒月有金石文字癖》等21方印作入选苏州书店出版的《古今名人书画金石真迹初集》。1939年，出版《寒月斋主印存》两册，印数1000册，内集印作200多方。1959年秋，作《丁刃逃难记》6枚图像组印，并参加苏州工艺美术局的金石小组工作。1961年9月，开始创作《鲁迅笔名印谱》。1962年，加入江苏省书法印章研究组。1966年，《鲁迅笔名印谱》《虎印》以及《苏州风光》3件印谱在日本东京美术馆展出。同年，刻苏州书法家集体书写的《毛主席诗词三十七首》。1967年，刻吴进贤书《毛主席诗词三十七首》字帖。1973年11月，其作《十二生肖印》参加全国工艺美展。《鲁迅笔名印谱》分别被绍兴鲁迅纪念馆、日本仙台宫城县中日友好协会鲁迅先生显彰会陈列收藏。1979年12月，加入西泠印社。20世纪60年代中期到80年代中期，篆刻《苏州风光》《西湖十景》《常熟十八景》等。1984年，历时两年刻成巨著《西园寺五百罗汉像》。

张寒月篆刻代表作品有《苏州风光》《十二生肖印》《苏州东山紫金庵十六尊者像》《寒山寺》《毛泽东诗词三十七首》等，出版有《寒月斋主印存》《张寒月金石篆刻选集》，有大型作品《鲁迅笔名印谱》《西园寺五百罗汉像》《苏州园林印谱》等。

张寒月曾篆刻《黄埭十景》《印传》。《印传》有图像印6方、边款4方。一组内有一方“避兵永昌”，记录了日军侵占苏州城时，他与家人到永昌镇生活的事。

薛振康（1937—2013） 卫星村白马之沿人。卫星大队首任党支部书记。1980年获评江苏省劳动模范，1997年获评苏州市农村现代化建设带头人。

在任期间，薛振康参照华西经验，摸索农、副、工三业并进发展新路子，制定卫星大队综合治理远景规划。1977年，将卫星大队2400多亩耕地全部改造成旱涝保收高产田。改造旧村落，建成28幢192间统一规格的新楼房。开挖150多亩池塘养鱼、养蚌育珠。1992年，卫星村工农业总产值达10588万元，成为全国有名的亿元村。1994年，卫星村工农业总产值达2.6亿元，拥有8家村办和合资企业，成为苏州市农村综合实力百强村，名列前十。薛振康带领卫星村走上了规模型、科技型和外向型的发展之路。

徐瑞麟（生卒年不详） 汤家浜人，名医。徐瑞麟从小到上海求学，大学毕业后拜上海儿科名医王梅生为师，研习儿科。6年后坐科出师，在上海八仙桥龙门路挂牌行医，每号诊费3块银圆，上门求医者络绎不绝。

徐瑞麟后回苏州拜郑燕山为师，专攻妇科。郑燕山十分赏识徐瑞麟，以徐世兄称之。6年后出师，应邀留下合诊。徐瑞麟后重回上海行医，改挂妇科。

中华人民共和国成立后，徐瑞麟回到汤浜村成为乡村医生，改名徐才令，改中医妇科为西医全科，著有《疑难杂症综论》等学术论文。他也是位书法大家，字写得入木三分，所写药方被人争相收藏。

二、人物简介

蔡惠泉 1929年出生，蔡家里人。中国音乐家协会会员、中国民族管弦乐学会会员、中国广播艺术委员会会员、中国打击乐器学会理事，一级演奏员。

7岁从父学习昆曲及各种乐器，数年后即随父参加堂唱，主攻小生，尤其擅长演奏乐器，不论笛、箫、唢呐、长尖，还是二胡、板胡、鼓、锣等，均拿手，为后辈昆堂艺人中的杰出人才。1941年始，正式加入万和堂，成为台柱。

1954年，调入中央广播民族乐团，主攻鼓板等打击乐器。由于技艺精湛，被人尊称为“鼓王”。随后，蔡惠泉在苏州民族乐器厂的协助下，与杨竞明合作研制出一种新型打击乐器——排鼓，被列入国家级科技重大成果。同时，他积极从事打击乐乐曲创作及苏南吹打音乐的整理工作。与著名音乐家彭修文合作创作《心向天安门》《丰收锣鼓》《渔乡组曲》《喜遇元宵》等优秀乐曲。个人代表作有《人民公社万年春》《韩江春潮》和《阳澄之夜》。1987年7月20日，中央人民广播电台在《神州乐坛》栏目中播放《桴鼓掌群音——介绍“鼓王”蔡惠泉》的专题音乐节目，表彰这位成就卓著的打击乐器演奏家。

蔡惠泉曾任中央民族乐团副团长，1989年底退休后，应北京市海淀区教育局聘请担任民乐教师，为培育民乐演奏人才发挥余热。

杨元桂 1934年10月出生，任浜村人，高级工程师。1950年就读于黄埭中学，1953年9月就读于苏州市第一中学。1954年12月，杨元桂在校加入中国共产党。1955年，以苏州市优秀学生代表的身份出席全国第十六届学生会代表大会，受到周恩来、陈毅、胡耀邦等中央领导接见。1957年9月，进入清华大学水利工程系学习。大学毕业后先后在水利水电科学研究院、核工业第六研究院（位于四川，简称核六院)、核工业第五研究设计院(位于郑州,简称核五院)工作。1985年10月,受到中华人民共和国核工业部表彰。1989年8月,被核五院聘为高级工程师,任核五院上海设计所所长,兼任核五院青岛办事处主任。

王火根 1943年2月出生,倪汇村人,高级工程师,大校军衔。1955年就读于黄埭中学,1961年考入南京工学院(现东南大学)自动控制系。1968年2月毕业,被分配到中国船舶重工集团公司707研究所工作。1982年,从事海上航天测控工作。先后获得军队科技进步二等奖4项、科技进步三等奖6项。1991年6月,被中国人民解放军总政治部评为全军优秀共产党员。1995年获国务院颁发的政府特殊津贴。2003年退休。

范南星 1945年7月出生,卫星村人,高级工程师。1969年起,先后任卫星大队农技员、党支部副书记。1992年,调任吴县农业局经商办实业公司总经理。领导公司获评1999年苏州市“文明工地”、苏州市“优质工程”、苏州市“最佳企业”及苏州市“姑苏杯奖”,一年内包揽苏州市建筑行业全部奖项。个人获“苏州市先进工作者”称号。2000~2005年,吴县农业局经商办实业公司连续6年被评为苏州市建筑业最佳企业和先进集体。2008年,汶川地震发生后,他交纳特殊党费,获中共中央组织部颁发的特殊党费证书。

王培根 1947年8月出生,下堡村人,正师级,副主任医师。1965年8月,参军成为部队文艺兵。1966年12月,参加援越抗美战争。1968年12月,归属第二炮兵部队。1976年7月,被选送到第一军医大学学习。1981年毕业后回二炮部队任532医院门诊部主任。曾获二炮临床医学一等奖、二等奖。

陈福妹 1951年4月出生,下堡村陈家里人。1974年2月,嫁于永昌村大桥头陈虎林。1975年,陈福妹48岁的婆婆因病瘫痪在床,她悉心照料,每天喂水喂饭,端屎端尿,近三十年如一日,直到2003年婆婆病故。1991年2月,陈福妹家庭被评为吴县“五好”家庭标兵户。1992年4月,陈福妹获评吴县“敬老好儿女”金榜奖。1999年2月,获中华人民共和国民政部、全国总工会、共青团中央、全国妇女联合会、中国老龄协会颁发的全国敬老好儿女金榜奖、老有所为奉献奖、重视老龄工作功勋奖。2000年1月,获评吴县市精神文明建设十佳新人新事。

金鑫男 1954年12月出生,下堡村人,民营企业家,江苏省政协委员。1987年,在黄埭镇创办吴县铝合金建筑装潢厂。1993年,组建江苏苏鑫装饰集团公司(简称苏鑫集团)。苏鑫集团是涉及装饰装修、房地产、建筑、金融等领域的大型综合现代企业集团。2002~2008年,连续7年被评为江苏省建筑装饰十强企业。2002年起,金鑫男任苏州大学董事会常务董事。2008年,入选改革开放30年江苏受尊敬企业家30人。2010年起，任苏州科技学院（现为苏州科技大学）副董事长，与该校合作创办幕墙设计专业方向本科班。

曹培根　1957年12月出生，卫星村曹家里人，常熟理工学院教授。长期从事文献学教学与研究工作，研究专长为文献学、古籍整理、吴文化，出版专著20余部。先后主编《常熟文学史》《常熟藏书史》，著有《文献检索知识概要》《文献史料论丛》《文献检索方法与影响书导读》《阅读指导》《书乡漫录》《瞿氏铁琴铜剑楼研究》《常熟翁氏文化世家》《文学书香录》《常熟图书馆史》《苏州传统藏书文化研究》《书海人影》等，主持标校《常熟乡镇旧志集成》《重修常昭合志》，合作整理《黄人集》，编著《常熟藏书家藏书楼研究》等。曾主持国家社科基金项目《苏州传统藏书文化研究》、江苏省社科基金项目《常熟藏书文化研究》、国家清史工程项目《常熟乡镇旧志集成》等。

李建加　1957年9月出生，卫星村人。1993年9月，于江苏省木渎高级中学任教，现任副校长。曾获评全国先进工作者、全国模范教师、全国师德先进个人、江苏省劳动模范、江苏省“五一”劳动奖章获得者、江苏省先进教育工作者、江苏省中学语文特级教师、江苏省首批教授级中学高级教师等。发表教育教学论文近200篇，获省级以上奖项10余项。出版《语文教育散论》《教苑漫录》《学海津逮》《古典诗歌的鉴赏和教学》《语文教学论笺》等语文教学专著。参与《中学语文教案》《名卷导航》《双向通高考精练》等的编写工作。作为特约编委参与编辑《中国语文教师优秀论文集成》《名师导学ABC》《中国当代语文教学研究文库》，先后2次登上《语文教学》杂志的封面。

盛建明　1959年5月出生，字鉴明，别署印心斋，东吴印社社员、江苏省书法家协会会员、相城区书协理事。自幼受父亲训导，以古今经典名作为师，钻研篆刻、书法和绘画艺术。作品入选江苏省第五届书法篆刻新人新作展，荣获2009年江苏省第四届农民美术书法作品大赛银奖、2011年江苏省第五届农民美术书法作品大赛银奖、2013年江苏省第七届农民美术书法作品大赛优秀奖。

陶国平　1960年5月出生，琳桥村人，高级经济师，江苏省政协委员、全国劳动模范。1994年10月，荣获农业部授予的“全国乡镇企业供销系统优秀供销员”称号。1996年11月，任苏州市相城区江南化纤集团有限公司总经理、董事长。1996年，被评为江苏省优秀乡镇企业家和江苏省劳动模范。1998年11月，被农业部授予“全国乡镇企业优秀厂长”称号。2001年起，任苏州市相城区江南高纤股份有限公司董事长，苏州宝丝特涤纶有限公司董事长、总经理，苏州市天地国际贸易有限公司执行董事兼总经理，苏州市相城区永大农村小额贷款有限公司董事长，苏州市相城区永隆农村小额贷款有限公司董事长，苏州国嘉创业投资有限公司董事长。2003年，获全国“五一”劳动奖章。2010年，获“全国劳动模范”称号。

戚秋兰 1963年8月出生，下堡村戚家浜人。苏州瑞富祥丝绸有限公司董事长兼首席设计师、高级经济师、苏州市姑苏区政协常委、苏州市女企业家协会副会长、苏州市百货行业协会副会长。1993年，创立苏州瑞富祥丝绸有限公司，拥有“绣娘”和“兰姿绣”两大丝绸品牌。2014年，公司参与APEC领导人服装设计，戚秋兰获APEC领导人服饰设计突出贡献奖。2016年，戚秋兰获中国丝绸服饰工艺非遗创新传承人称号，获由中国丝绸协会联合商务部评选的全国茧丝行业终身成就奖，被评为江苏省优秀女企业家。

朱金德 1963年出生，琳桥村人。1992年，创办苏州市苏德化工有限公司，任董事长。2006年，任相城经济技术开发区上浜村党总支书记。2011年10月，任相城经济技术开发区漕湖花园二社区党总支书记。2016年8月，任漕湖街道永昌泾社区党总支书记。2005年，荣获“苏州市劳动模范”称号。2009年，荣获“苏州市新农村建设先进个人”和“带头创业致富、带领群众致富”标兵称号。2011年，荣获“绿色苏州先进个人”称号。朱金德办企业时不忘当地父老乡亲，出资为村中各自然村修通道路、装自来水、开通有线广播电视。担任党组织书记后，力主改建琳桥书场，率先成立社区日间照料中心，免费为辖区老人提供午餐，组建“三月阳光”志愿服务队。

戚春兰 1966年出生，下堡村戚家浜人，中国手工艺术大师、中华老字号“老萬年”第七代传承人、中国“苏造黄金”手工艺术大师、G20峰会国礼设计大师、中国十佳民间艺人、苏州市技能名师。现任苏州美术院副院长、苏州市沧浪书画联谊会副秘书长、苏州老万年艺术馆馆长、苏州老万年金银有限公司总经理、老万年文化发展有限公司总经理。

2014年，戚春兰与17位吴门画艺术家历时11个月完成长36米、高0.6米的《锦绣苏州》巨幅中国画长卷。《锦绣苏州》作为苏州城市新名片，现身于2015年苏州世界乒乓球锦标赛开幕式和2015年米兰世博会中国馆江苏活动。后又携手18位苏绣艺术大师绣制完成长36米、高0.6米的《锦绣苏州》苏绣巨幅长卷，并获得吉尼斯世界之最。

2016年9月，戚春兰与戚秋兰设计制作的《合礼》被作为“国礼”赠送给G20峰会元首夫人们。是年12月，戚春兰将吴侬软语特有的“栀子花白兰花”吆喝声申请声音商标《苏州吆喝·栀子花白兰花》，并为其联合创作主题歌曲，以“栀子花白兰花”为视觉元素设计一系列衍生产品，荣获2016年度中华老字号产品包装时尚创意金奖、2016年度中华老字号十大创意产品。戚春兰创意设计的作品多次获国家级金奖。2017年，在第七届中国民间艺人节上荣获“中国十佳民间艺人”称号，获评江苏省2016苏商“金茉莉”双创之星、江苏省乡土人才“三带”能手、苏州文化创意产业2016年度人物。2017年，“老萬年”设计出品的作品《一带一路丝韵绽放》荣膺一带一路国际高峰论坛丝路文化官方定制产品；设计的《锦绣苏州》丝巾，授权中国邮政发行《锦绣苏州》纪念邮册作为世界城市峰会伴手礼。2018年，成立姑苏区技能（专技）名师工作室。

张惠明　1967年5月出生，任浜村人，苏州江南名珠国际珠宝有限公司董事长、江苏省珍珠协会会长。1994年，创办苏州渭塘华东珠宝工艺品厂。2005年，创办苏州江南名珠国际珠宝有限公司，注册的珍珠品牌“江南名珠”，被评为2014~2017年江苏省著名商标。2013年，张惠明被推举为江苏省珍珠协会会长。2017年，公司有品牌连锁店6家，总资产1个多亿，主营高档珍珠的批发零售、加工设计，旅游接待等。张惠明热心慈善事业，先后为江苏省慈善总会、苏州市红十字会、苏州市儿童少年基金会、苏州市相城区慈善会捐款捐物。

周昌兰　1966年10月出生，南通人，1985年嫁到下堡村范家里。2012年，她得知本村有个孩子患白血病在医院抢救、急需血小板的消息后，毫不犹豫去医院献血。至2018年，她连续7年无偿献血。2016年6月，周昌兰获2014—2015年度苏州市无偿献血先进个人奉献铜奖，获国家卫生和计划生育委员会、中国红十字会、中央军委后勤保障部颁发的2014—2015年度全国无偿献血奉献奖铜牌。2018年11月13日，周昌兰与苏州红十字会签订协议，志愿在身后捐献遗体（器官、角膜）。

三、人物名录

优秀的漕湖儿女为人民幸福、中华和平不惜抛头颅、洒热血，为振兴中华挥汗水、献青春，在各行各业都取得突出成绩，为家乡增光添彩。本目收录境内革命烈士、劳动模范名录。

（一）漕湖街道革命烈士名录

收录11位烈士英名。

表 10-1　漕湖街道革命烈士名录

姓名	曾用名	性别	籍贯（今）	出生年月	参加革命时间	牺牲时间	牺牲前		牺牲地点
							单位	身份	
王杏泉	—	男	漕湖花园二社区	1920	1938	1939	新四军3团青年突击队	战士	吴家桥
许水根	—	男	漕湖花园二社区	1915	1939	1939	新四军1团1营2连2排	战士	黄桥焦家塘
王康永	王　钰	男	漕湖花园二社区	1919	1939	1941	新四军挺进支队1团政治处	青年干事	黄桥
杨永贵	—	男	漕湖花园二社区	1922	1942	1943	新四军某部	战士	白茆
许吾生	—	男	漕湖花园二社区	1917	1939	1945	新四军“江抗”部队	地下工作者	北桥冶长泾
徐阿二	—	男	下堡社区	1922	1944	1946	华东野战军10纵队89团2营6连	战士	邵伯
杨荣贵	—	男	漕湖花园二社区	1921	1940	1946	华东野战军10纵队89团	战士	海安
蔡白男	—	男	卫星社区	1932	1951	1951	志愿军68军202师604团3营8连	战士	朝鲜
王金火	—	男	下堡社区	1931	1951	1952	志愿军68军202师605团3营7连	战士	朝鲜（1962年10月追认）
朱阿六	朱阿乐	男	漕湖花园二社区	1943	1962	1967	解放军920部队	副班长	越南
金元兴	—	男	漕湖花园一社区	1949	1969	1970	解放军2427部队59分队	报务员	齐齐哈尔

注：烈士英名按牺牲年月先后顺序排列。

（二）漕湖街道劳动模范名录

收录全国、省、市（县）劳模先进11人。

表 10-2　漕湖街道劳动模范名录

姓名	性别	授奖时工作单位	荣誉称号	获奖时间	颁奖机构
陶国平	男	江苏江南高纤股份有限公司	全国五一劳动奖章	2003年	中华全国总工会
			全国劳动模范	2010年	中共中央国务院
傅大阿弟	男	汤浜大队第四生产队	江苏省劳动模范	1979年	江苏省人民政府
薛振康	男	卫星大队	江苏省劳动模范	1980年	江苏省人民政府
陶国平	男	江南化纤集团公司	江苏省劳动模范	1996年	江苏省人民政府
黄钰生	男	下堡村	苏州市劳动模范	1999年	苏州市人民政府
朱金德	男	永昌泾社区	苏州市劳动模范	2005年	苏州市人民政府
顾福林	男	下堡村	吴县劳动模范	1990年	吴县人民政府

续表

姓名	性别	授奖时工作单位	荣誉称号	获奖时间	颁奖机构
钱阿东	男	琳桥村	吴县劳动模范	1990年	吴县人民政府
金鑫南	男	江苏苏鑫装饰集团公司吴县铝合金建筑装璜厂	吴县劳动模范	1993年	吴县人民政府
薛生荣	男	万安村	吴县劳动模范	1993年	吴县人民政府
徐明芳	男	汤浜村	吴县劳动模范	1996年	吴县人民政府
黄钰生	男	下堡村	吴县劳动模范	1997年	吴县人民政府

注：按荣誉级别及授予时间先后顺序排列。

第二节 荣 誉

一、集体荣誉

本目收录了1979~2021年漕湖街道各村（社区）获得的各级集体荣誉。

表 10-3 漕湖街道各村（社区）获得的国家级、国家条线，省级、省条线集体荣誉

获奖单位	荣誉称号	颁奖机构	获奖时间
卫星村红姑娘突击队	新长征突击队	共青团中央	1979
卫星村村办工业企业	1995年中国最大规模乡村企业	中国农业部企业局	1995
	1995年中国最大利税总额乡镇企业	中国乡镇企业协会	
汤浜村	华东地区农业先进单位太湖地区样板	华东地区行署	1965
卫星村	江苏省农业先进单位	江苏省人民政府	1980
卫星村	江苏省“四好”妇代会	江苏省妇女联合会	1982
湖林村、新兴村	江苏省水利先进单位	江苏省水利厅	1985
卫星村	江苏省工地规模经营现代化建设先进单位	江苏省建设委员会	1993
卫星村	江苏省农村现代化试验区先进集体	江苏省农村现代化试验区领导小组办公室	1997
卫星村	江苏省卫生村	江苏省爱国运动委员会	1999
卫星村	1999—2000年度江苏省文明村	江苏省精神文明建设指导委员会	2001
漕湖花园一社区	江苏省和谐社区建设示范社区	江苏省精神文明建设指导委员会	2013
漕湖花园二社区	江苏省和谐社区建设示范社区	江苏省精神文明建设指导委员会	2013

续表

获奖单位	荣誉称号	颁奖机构	获奖时间
澧湖花园一社区	江苏省地震安全示范社区	江苏省地震局	2015
卫星村	江苏省民主法治示范村	江苏省依法治省领导小组	2016
卫星村	2016—2018年度江苏省文明村	江苏省精神文明建设指导委员会	2019
卫星村	江苏省巾帼文明岗	江苏省城镇妇女“巾帼建功”活动领导小组办公室、江苏省妇女“双学双比”竞赛活动领导小组办公室	2019
观塘社区	江苏省节水型小区	江苏省住房和城乡建设厅	2019
卫星村团总支	江苏省五四红旗团总支	共青团江苏省委	2021
永昌泾社区	儿童关爱之家	江苏省民政厅	2021
澧湖花园二社区	2019—2021年度江苏省文明村	江苏省精神文明建设指导委员会	2022

注：按荣誉级别及授予时间先后顺序排列。

表 10-4　澧湖街道各村（社区）获得的市级、市条线集体荣誉

获奖单位	荣誉称号	颁奖机构	获奖时间
卫星村	苏州市文明单位	苏州市精神文明建设指导委员会	1991
卫星村	苏州市现代化先进单位	苏州市精神文明建设指导委员会	1991
卫星村	苏州市“组织建设经济发展示范村”	中共苏州市委员会	1992
卫星村	苏州市创先争优先进基层党组织	中共苏州市委员会	1993
卫星村	苏州市综合经济实力百强村	苏州市人民政府	1994
卫星村	1992—1993年度苏州市文明单位	苏州市人民政府	1994
下堡村	加强村级组织建设加快集体经济发展示范村	中共苏州市委员会、苏州市人民政府	1994
卫星村	苏州市明星村	苏州市人民政府	1995
卫星村	苏州市先进基层党组织	中共苏州市委员会	1996
卫星村	苏州市明星村	苏州市人民政府	1996
倪汇村	1994—1996年度苏州市计划生育先进单位	苏州市计生委	1996
卫星村	苏州市文明村	苏州市精神文明建设指导委员会	1999
下堡村	2004—2005年度苏州市文明村	苏州市精神文明建设指导委员会	2006
卫星村	2004—2005年度苏州市文明村	苏州市精神文明建设指导委员会	2006
卫星村	苏州市民主法治村	苏州市精神文明建设指导委员会	2006
卫星村	苏州市农村股份合作示范村	苏州市人民政府	2009
澧湖花园一社区	苏州市绿色社区	苏州市人民政府	2012

续表

获奖单位	荣誉称号	颁奖机构	获奖时间
漕湖花园一社区	苏州市地震安全示范社区	苏州市人民政府	2012
漕湖花园一社区	苏州市放心消费创建活动先进单位	苏州市人民政府	2013
漕湖花园二社区	苏州市示范妇女儿童之家	苏州市妇女联合会	2013
漕湖花园一社区	2014年度苏州市健康村（社区）	苏州市人民政府	2014
卫星村	苏州市先锋村	中共苏州市委员会	2015
卫星村	苏州市规范化村	苏州市人民政府	2015
卫星村	苏州市巾帼文明岗	苏州市妇女联合会	2015
卫星村	2016年五四红旗团支部（总支）	共青团苏州市委员会	2017
观塘社区	苏州市社区商业示范社区	苏州市商务局	2017
永昌泾社区	苏州市志愿服务优秀岗	苏州市精神文明建设指导委员会	2018
永昌泾社区	苏州市先锋社区	苏州市人民政府	2018
永昌泾社区	苏州市“海棠花红”先锋阵地市级党员教育实境课堂	中共苏州市委组织部	2018
卫星村团总支	苏州市“三敢三勇”团组织	共青团苏州市委员会	2018
卫星村	2015—2017年度苏州市文明村	苏州市精神文明建设指导委员会	2018
漕湖花园二社区	2015—2017年度苏州市文明村	苏州市精神文明建设指导委员会	2018
卫星村	苏州市“乡风文明志愿岗”优秀岗位	苏州市精神文明建设指导委员会	2018
卫星村关工委	全市创建“未成年人零犯罪村（社区）”工作先进集体	苏州市关心下一代工作委员会	2019
卫星村	苏州市“乡风文明志愿岗”优秀岗位	苏州市精神文明建设指导委员会	2019
永昌泾社区	最美妇女儿童活动阵地	苏州市妇女联合会	2019
永昌泾社区	苏州市健康社区	苏州市爱国卫生运动与健康促进委员会	2019
漕湖花园二社区	乡村社会治理先进集体	中共苏州市委员会、苏州市人民政府	2020
漕湖花园二社区	2020年度苏州市最佳“金乡邻”志愿服务社区	苏州市文明办	2021
卫星村	2018—2020年度苏州市文明村	苏州市精神文明建设指导委员会	2021
观塘社区	苏州市关心下一代工作优秀集体	苏州市关心下一代工作委员会	2021
漕湖花园二社区	苏州市新时代家风家教实践基地	苏州市妇女联合会	2021
漕湖花园二社区	暖心家园示范点	苏州市计生协会、市卫健委	2021
漕湖花园二社区	2018—2020年度苏州市文明社区	苏州市精神文明建设指导委员会	2021
漕湖花园二社区	苏州市法治文化示范点（静心之家）	苏州市公安局执法管理委员会	2022

注：按获奖时间先后顺序排列。

表 10-5　漕湖街道各村（社区）获得的县（区）级、县（区）条线集体荣誉

获奖单位	荣誉称号	颁奖机构	获奖时间
下堡村	吴县农业综合实力百强村	吴县统计局	1993
卫星村	吴县市工业明星村	吴县市人民政府	1995
卫星村	吴县市十佳党组织	中共吴县市委员会	1995
下堡村	吴县市文明单位	吴县市人民政府	1995~1999年
漕湖花园二社区	村民自治模范村	相城区人民政府	2005
漕湖花园二社区	全区平安建设先进集体	相城区精神文明建设指导委员会	2005~2006
漕湖花园二社区	苏州相城经济技术开发区先进集体	苏州市相城经济技术开发区管理委员会	2007
漕湖花园二社区	苏州相城经济技术开发区先进集体	苏州市相城经济技术开发区管理委员会	2008
漕湖花园二社区	村民自治模范村	相城区人民政府	2009
漕湖花园一社区	相城区流动人口计划生育专项整治先进集体	相城区精神文明建设指导委员会	2009
漕湖花园一社区	2009—2010年度相城经济技术开发区先进基层党组织	中共苏州市相城区委员会	2010
漕湖花园二社区	先进基层党组织	中共苏州市相城区委员会	2010
漕湖花园一社区	2008—2010年度相城区创建未成年零犯罪辖区工作试验单位	相城区精神文明建设指导委员会	2010
漕湖花园一社区	相城区2010年度卫星达标单位	相城区人民政府	2011
漕湖花园二社区	“四好”妇代会	相城区妇女联合会	2011
漕湖花园二社区	相城区无传销社区示范点	相城区精神文明建设指导委员会	2012
漕湖花园一社区	相城区2011年度“奋进杯”竞赛活动集体先进奖	相城区人民政府	2012
漕湖花园一社区	相城区廉洁文化建设示范点	相城区精神文明建设指导委员会	2012
漕湖花园一社区	相城区五四红旗团支部	共青团相城区委员会	2012
漕湖花园二社区	相城区创建新型党建工作十佳	中共苏州市相城区委员会	2013
漕湖花园二社区	四好妇代会	相城区妇女联合会	2013
漕湖花园二社区	相城区廉洁文化建设示范点	相城区精神文明建设指导委员会	2013
漕湖花园一社区	相城区2012年度“奋进杯”竞赛活动先进集体	相城区人民政府	2013
漕湖花园一社区	2011—2013年度相城区文明社区	相城区人民政府	2013
漕湖花园一社区	相城区优秀农家书屋	相城区人民政府	2014
漕湖花园二社区	放心消费创建先进示范单位	相城区精神文明建设指导委员会	2014
漕湖花园一社区	2014年度相城区先进基层党组织	中共苏州市相城区委员会	2014

续表

获奖单位	荣誉称号	颁奖机构	获奖时间
澛湖花园一社区	2015年度相城经济技术开发区先进基层党组织	中共苏州市相城区委员会	2015
澛湖花园一社区	2016年度相城区先进基层党组织	中共苏州市相城区委员会	2016
永昌泾社区	相城区廉洁文化建设示范点	相城区人民政府	2017
永昌泾社区	最佳“金乡邻”志愿服务社区	相城区人民政府	2018
卫星村	苏州市相城区“先锋基层党组织”	中共苏州市相城区委员会	2018
观塘社区	相城区五四红旗团支部（总支）	共青团苏州市相城区委员会	2018
观塘社区	相城区全国文明城市建设长效管理工作先进集体	相城区人民政府	2018
永昌泾社区巾帼志愿服务队	最佳志愿服务团队	相城区精神文明建设委员会、相城区志愿者协会	2018

注：按获奖时间先后顺序排列。

二、个人荣誉

收录1987~2021年澛湖街道个人获得的国家、省、市级先进荣誉。

表10-6　澛湖街道先进个人荣誉

姓名	性别	授奖时工作单位	荣誉称号	获奖时间	颁奖机构
曹斌全	男	卫星村电灌机房	全国优秀农电工	1987	国家水利电力部电力工会
朱金木	男	新兴村经济合作社	全国农村青年星火科技带头人	1990	国家科委、共青团中央
陶国平	男	江苏江南高纤股份有限公司	全国乡村企业优秀厂长省明星企业家	1995	国家农业部乡镇企业局
陈福妹	女	永昌村	全国敬老好儿女金榜奖	1999	全国总工会、妇联、民政部、劳动部、团中央、国家老龄协会
钱舒婷	女	澛湖街道团工委	2019年度全国优秀共青团员	2020	共青团中央
顾福敏	男	汤浜大队	江苏省上山下乡知青积极分子先进代表	1964	江苏省人民政府
金鑫男	男	苏鑫装饰集团公司	1992—1993年度省乡村企业家	1994	江苏省乡镇企业局
钱凤娟	女	黄埭幼儿园园长	江苏省“十佳十优民师”	1994	江苏省教委
朱菊生	男	卫星村	江苏省农业普查先进工作者	1998	江苏省统计局农普领导小组
王志荣	男	永昌村中心小学	江苏省优秀工会积极分子	1998	江苏省总工会
钱舒婷	女	澛湖街道集管办	2017年度江苏省优秀共青团员	2018	共青团江苏省委员会

续表

姓名	性别	授奖时工作单位	荣誉称号	获奖时间	颁奖机构
陶丽霞	女	观塘社区	江苏省优秀调查员	2018	江苏省卫生和计划生育委员会
王辉	男	漕湖街道社会治理中心	江苏省优秀人民调解员	2020	江苏省司法厅、江苏省人民调解协会
聂佳佳	男	漕湖街道团工委	疫情防控表现突出	2020	共青团江苏省委
陆晨梅	女	漕湖街道社会事业办	全省计划生育协会工作成绩突出	2021	江苏省计划生育协会
薛振康	男	卫星村	苏州市优秀共产党员	1979	中共苏州市委组织部
朱伟励	男	卫星小学	苏州市优秀教育工作者	1990	苏州市教育局
朱学道	男	倪汇小学	苏州市优秀教育工作者	1992	苏州市教育局
钱风娟	女	黄埭镇中心幼儿园	苏州市优秀教育工作者	1993	苏州市教育局
龚梅荣	男	黄埭镇成人教育中心	1991—1992年度苏州市农村成人教育先进个人	1993	苏州市教委
金万友	男	汤浜小学	苏州市优秀教育工作者	1996	苏州市教育局
薛元荣	男	万安村小学	苏州市优秀少先队辅导员	1996	苏州市少工委
朱根发	男	黄埭镇经管办	苏州市乡镇企业先进工作者	1998	苏州市乡镇企业管理局
蒋琴媛	女	下堡村	苏州市农业普查系统先进工作者	1998	苏州市人事局 统计局
郑海英	女	黄埭镇中心小学	苏州市优秀教育工作者	1999	苏州市教育局
金耀明	男	春申中学	苏州市优秀教育工作者	2000	苏州市教育局
李丽丽	女	漕湖街道	苏州市全国文明城市长效管理工作先进个人	2018	苏州市人民政府
聂佳佳	男	卫星村	苏州市“一心五同”团干部	2018	共青团苏州市委员会
叶方杰	男	漕湖街道环卫站	2017年度苏州市区生活垃圾分类工作先进个人	2018	苏州市城市生活垃圾分类处置工作领导小组
高学新	男	漕湖街道环卫站	2017年度苏州市区生活垃圾分类工作先进个人	2018	苏州市城市生活垃圾分类处置工作领导小组
许志峰	男	漕湖花园一社区	能手网格员	2019	中共苏州市政法委
聂佳佳	男	漕湖花园一社区	苏州市“十百千网格员”	2019	中共苏州市政法委
倪斯伟	男	观塘社区	苏州市“十百千网格员”	2019	中共苏州市政法委
钱建明	男	漕湖街道关工委	全市创建“未成年人零犯罪社区（村）”先进个人	2019	苏州市关工委
贾文明	男	永昌泾社区	2018年度苏州优秀村级河长	2019	苏州市全面深化河长制改革工作领导小组
王文静	女	永昌泾社区	苏州能手网格员	2019	中共苏州市委政法委
戴凤婷	女	集成指挥中心	苏州能手网格员	2019	中共苏州市委政法委

续表

姓名	性别	授奖时工作单位	荣誉称号	获奖时间	颁奖机构
陈　龙	男	集成指挥中心	苏州优秀网格员	2019	中共苏州市委政法委
顾晨彬	男	漕湖街道团工委	2019年度苏州市优秀共青团干部	2020	共青团苏州市委员会
王　辉	男	漕湖街道社会治理中心	2020年苏州市人民调解工作先进个人	2021	苏州市司法局
许建益	男	漕湖街道建管办	2020年度苏州市万名“最美劳动者”	2021	“苏州最美劳动者”遴选宣传工作委员会
			苏州最美水务人		苏州水务局工会联合会
薛水明	男	漕湖街道建管办	苏州最美水务人	2021	苏州水务局工会联合会
杨　栋	男	漕湖街道退伍军人办	2020年度苏州市民兵工作先进个人	2021	苏州市人民政府苏州军分区
陆庆华	男	观塘社区	2020年度苏州市万名“最美劳动者”	2021	“苏州最美劳动者”遴选宣传工作委员会
吕月娟	女	永昌泾社区	2020年度苏州市万名“最美劳动者”	2021	“苏州最美劳动者”遴选宣传工作委员会

注：按国家、省、市条线荣誉及荣誉授予时间顺序先后排列。

第十章　口述漕湖

红色漕湖记录了漕湖人抗击日军侵略，为建立新中国不惜流血牺牲的英勇事迹。众多口述资料展示着漕湖深厚的历史文化底蕴，承载着漕湖人挥之不去的乡情。

第一节　红色漕湖

一、王志方领导抗日

王志方，1902年生于永昌镇，是永昌地区早期开展抗日斗争的有识之士，曾任苏州市民政局科长、苏州市文物管理委员会办公室主任等职。1978年病故。

1938年秋，王志方去上海见京沪线工委书记林枫，接受了在苏西北地区（漕湖南）联络抗日力量的任务。

1939年5月，“江抗”部队东进抵达锡东地区。中共江南特委以“抗日联合会”的名义召开各界人士会议，发动群众参军、做军鞋，支援“江抗”部队。王志方从中共无锡县委王承业处领受任务后，在永昌召开各村保长及开明士绅会议，动员群众起来反抗日本侵略军。他做通大女儿王洁的思想工作，由她担任妇抗会会长到各村宣传抗日，组织妇女为“江抗”部队做军鞋800双。王志方还经常邀请思想进步的青年到家交谈，动员有志青年参加革命。经王志方介绍，王康永、王寿林、许吾生、顾振民、王稼方、王志义6位青年加入了“江抗”部队。

“江抗”西撤后，王志方暂居苏州。1940年10月中旬，中共沪宁东路特委委员王承业指示钱冰请王志方回地方协助工作。1941年2月，漕南区公所正式成立，王志方任区长，区公所设在永昌。1945年7月，王志方任黄埭市长（区级）并送自己的5个孩子（二女三子）和一批青年到苏北参加新四军。1945年8月，根据县委指示，王志方组织干部、战士、群众用一个晚上把东桥至浒关、黄埭至无锡荡口的电线杆全部砍倒，使这一地区的日伪通讯陷于瘫痪，为逼迫日本侵略军投降做出了贡献。

《黄埭镇志》

二、“硬骨头”朱和尚

1941年上半年，中共无锡县委在吴县苏西北地区创建抗日游击根据地，相继成立漕东、漕西、东桥、黄埭等区级抗日民主政权。长工出身，为人正直忠厚的朱和尚被村民推选为湖村荡村村长。他积极带领湖村荡群众开展抗日工作，在周围一带颇有影响。是年9月，日本侵略军、伪军开始对苏西北地区实施残酷的“清乡”。敌人采用“梳篦式”方法四处搜捕抗日干部和积极分子，各基层抗日组织遭到破坏。1942年10月，因有人告发，黄埭敌特下乡逮捕了朱和尚。他们将他捆绑起来，施以毒刑，要他交代抗日活动情况及抗日积极分子名单。朱和尚坚强不屈，一句话也不肯说。敌特工队又架着朱和尚在村上抓抗日积极分子。途中，正巧有一位民兵迎面走来，朱和尚镇定自若，与那位民兵擦肩而过。为早点打发敌人，朱和尚灵机一动，想起了不久前暴病身亡的副村长薛金富，便装作力竭的样子说：“我实在走不动了，村上只有个副村长叫薛金富，再没有别的抗日分子了，我领你们去吧。”敌人大喜过望，带着朱和尚直奔薛金富家，到了薛家才知薛金富已亡，敌人抓不到别人，只好将朱和尚带到黄埭关押起来。后经中共地下党组织设法营救，被打得遍体鳞伤的朱和尚被释放出来。从此，朱和尚坚强不屈的“硬骨头精神”在村里流传。

史料提供：薛义康、金秀珠

核实整理：王文玉

三、视死如归的许吾生

许吾生，1917年8月生于永昌镇埝鱼浜，1942年5月随挺进支队从苏北回到永昌地区，加入中共锡东县领导的武工队。因他熟悉当地情况，武工队领导派他负责与当地地下党的情报联络工作。

1945年春节后，许吾生根据周思墩游击小组提供的情报，配合锡东县武工队处决了投敌汉奸戴某，拔掉了一颗“钉子”。是年4月，许吾生等在锡东县武工队陈组培、夏阳指挥下，在倪汇乡俘获了国民党反共“忠义救国军”派驻该乡的指导员赵某。经耐心教育，赵某幡然醒悟，表示愿跟共产党走，参加抗日，并将自己更名为赵甦。县委领导同意让赵甦配合许吾生监视冶长泾北和黄埭方向的日伪动态，传递情报给县委。

许吾生经常随武工队活动，他的行踪逐渐被敌人注意，在处决戴某及策反赵甦后，敌人想方设法搜捕许吾生。1945年5月的一天，专搞反共摩擦的“忠义救国军”孙纪福部为讨好日伪，专门派出两个大队，半夜从北桥的泗家桥乘船出发，于拂晓团团包围了永昌镇，许吾生在镇东薛根生家牛棚里不幸被捕。

当天，敌人将许吾生及同时被捕的5名抗日积极分子带到镇东一座荒坟旁，当着许吾生的面用刺刀捅死3人，对许吾生予以威吓，要他说出武工队的去向和地下党人员。此时的许吾生早已将生死置之度外，他毫无畏惧，只字不吐，敌人只好将许吾生等两人匆匆押至冶长泾。

第二天，敌人又以厚禄诱骗许吾生参加忠义救国军部队。许吾生坚定地回答："我投了红旗，不投白旗，死也是新四军的人。"恼羞成怒的敌人用枪刺在许吾生身上疯狂地乱捅。许吾生忍着伤痛不断高呼："抗日无罪！""中国人不打中国人！""抗战一定会胜利！"年仅28岁的抗日勇士许吾生倒在了"忠义救国军"的屠刀下。

史料提供：赵甦、顾根林、许招根、许阿妹

核实整理：陈金锁、王志荣

四、钱阿木夜送伤员

1940年11月，为争取渭（塘）黄（埭）地区的地方游击队沈阿三合作抗日，"江抗"东路指挥部第三纵队政委温玉成等决定由教导员许铁带领三支队二连去那里活动。可沈阿三态度暧昧，许铁采取半强制的办法缴了沈部的枪械，并准备带沈阿三前往无锡进行短期学习。与沈阿三关系较密切的"忠义救国军"胡肇汉闻讯后，于12月7日率部三四百人包围了二连驻地黄埭周家浜，双方激战4个多小时。

战斗结束后，"江抗"三支队二连向西撤出。倪汇村的钱阿木看见队伍中有的战士负伤不轻，就想到战场看看。他在田埂上发现一名受伤的新四军战士，将其背回家藏了起来。

他转身出门再去寻找时碰到了杨端头的钱阿第等4人。他们在田间、桥边搜寻到4具新四军战士的遗体，怀着沉重的心情将烈士的遗体掩埋在漕湖滩边。

回到家里天已断黑，那位受伤战士的呻吟声揪着钱阿木的心，但外面风声很紧，无法将伤员送到城里医治。思前想后，他决定冒着生命危险将这位伤员送到"江抗"部队去。他与同村家有小船的农民仲锦高商量后，决定用小船将伤员送走。

他们早就听说"江抗"常驻无锡坊桥一带。到坊桥有两条水路：一条走永昌、万安、下堡、琳桥的小河港，风浪小，但可能会遇上日伪军的搜查；另一条走漕湖，风急浪高，小船摇起来十分吃力，但能避开敌人的搜查。权衡之下，钱阿木毅然选择了后者。宁愿自己多费点力，也要保证伤员的安全。仲锦高将小船摇到靠近钱阿木家的地方，钱阿木在小船棚仓内铺上一团棉絮，两人小心地将伤员背到船上，趁着夜色，进入了漕湖。

漕湖湖面宽阔，顶头北风一个劲儿地吹着。钱阿木和仲锦高一个不断点篙，一个拼命摇橹，汗水浸透了他们的里衣。平时只需一个来小时就能到达的水路，他们与风浪搏斗了两个多小时才到达。按伤员指认的地点，他们将伤员和从另一位烈士身上取下的驳壳枪交给了“江抗”联络员。

史料提供：周明、钱阿弟、张金水

核实整理：陈金锁、王志荣

五、钱阿弟埋忠骨

1940年12月7日拂晓，反共顽固派武装胡肇汉三四百人倾巢出动，偷袭驻扎在周家浜的“江抗”三支队二连。二连战士在营教导员许铁和刘连长的指挥下，以猛烈火力回击，并边打边向西撤，部分战士向钱泾桥和尤港江桥迂回，准备毁掉这两座桥的桥面以阻敌追击。

此时，钱阿弟和几个乡邻正在村后的路边。一名身穿灰布制服、手部受伤的新四军战士上前急问：“老乡，尤港江桥在哪，有多远？”钱阿弟用手指指前面说：“就在那里，不远了。”这名战士边快走边回头喊：“快回去，这里危险。”只见这名年轻的战士忍住疼痛赶到尤港江桥，冒着弹雨掀翻桥面（几块石条拼成）。这时，他腹部中弹，倒了下去。

钱阿弟目睹这名战士不惜牺牲自己保护部队安全撤退的场面，泪水在眼眶里打转，喃喃自语：“杀千刀的胡肇汉，你绝没有好下场……小同志啊，我虽不能救你，但总要给你找个安息的地方。”

午后，枪声已停息多时，天越来越阴冷。钱阿弟出村时，正好碰上大桥头的杨亭富、杨金高等3人。他们聚在一起商量，要想办法将新四军的尸体掩埋起来。

他们在路上碰到了西钱泾的钱阿木，5个人一起向田中走去。来到杨阿水的田里，发现一名已牺牲的干部，手指还扣在驳壳枪的扳机上。钱阿弟走过去，一边吩咐大家“闪开点”，一边小心翼翼地掰开枪机上的手指把枪取下。

5个人继续寻找，在流潭北面的田埂上和钱泾桥西堍各寻到一具遗体。最后，钱阿弟领着大家来到尤港江桥堍，找到了那名他目睹牺牲的战士的遗体。

稍歇一口气后，大家找来门板，将4具遗体抬到漕湖滩边，郑重地埋在了一起。5个人向烈士深深地鞠躬后，在寒风中挥泪而去。

史料提供：市委党史办、钱阿弟

核实整理：陈金锁、王志荣

六、杨寿根舍家为革命

杨思巷是个十分偏僻的小村落，只有七八户人家。村西边邻近无锡坊桥，北边是漕湖，四周港汊纵横，交通十分不便。

1941年10月上旬，中共无锡县委委员钱冰奉命到苏西北地区开展民主建政工作，成立了无锡县渭（塘）黄（埭）区人民抗日自卫会，驻永昌镇。杨思巷这个不起眼的小村庄成了无锡县设在坊桥与永昌之间的秘密联系点。

当时，杨思巷家家都是红色堡垒户。村中接待、联络任务最重的是住在村西头的杨寿根（又名杨伟）一家。

杨家有旧房建在漕湖边，非常隐蔽。杨寿根也尽力安排好同志们的生活，并从未提出任何要求。只要一有人来，他便提个菜篮子上街买菜，妻子周香妹则在家烧水、做饭、搭铺、洗衣。曾在杨家住过的赵建平、陈祖培、吴道元、顾明、汤文伯、吴国俊、张永林、朱小舫等县区领导和武工队员都很感念杨家人的付出，把杨家看作自己的家。

有一次，一名姓金的中共地下党员（以下简称老金）与他的妻子（也是地下党员）途经杨思巷。杨寿根将老金安排在自己家，将老金的妻子安排到杨小夯家。第二天清晨，老金突发高烧，偏僻的小村一时无法找到药品。杨寿根取出家中仅有的一点红糖，吩咐妻子周香妹烧了一碗热腾腾的红糖姜汤让老金喝下。老金捂着被子出了一身汗，感觉轻松多了，便与妻子告别杨家夫妇，离开了杨思巷。

1945年春，杨寿根刚上学的女儿几次遭陌生人诱问："今天你家里有没有新四军？"机智懂事的小姑娘每次都让陌生人"碰个钉子"，灰溜溜地出村。在西永昌镇的"反共忠义救国军"坐探薛某醉酒后在茶馆里讲，杨思巷的杨寿根家经常窝藏新四军，上面马上要来抓他。正在茶馆喝茶的一位村民听见后，马上回村报信。大家一起想办法将杨寿根隐藏起来，并在外面放出杨寿根外出做生意的风声，避免了一场劫难。

1947年秋的一天，武工队队员吴国俊一到杨家就病倒了，发高烧，整天不吃不喝。杨寿根一边安慰吴国俊安心住下来，一边想办法为吴国俊找药。周香妹将前几天女儿去上海时亲戚送她的仅存的一块银圆拿了出来。杨寿根赶紧到永昌镇请医、抓药。几天后，吴国俊恢复健康。

中华人民共和国成立后，杨寿根曾任村长、民兵中队长、乡支部书记，1963年病故。

史料提供：顾明、钱林生、周香妹

核实整理：陈金锁、王志荣

七、王康永拒婚参加新四军

1939年5月，在“江抗”节节胜利的鼓舞下，黄埭永昌地区的人民群众抗日情绪十分高涨。此时，中共江南特委以“抗日联合会”的名义召开各界人士会议，发动群众支援“江抗”，动员青年参加“江抗”。在永昌地区从事抗日活动的王志方从锡东县委书记王承业处领受任务后，回到永昌镇，把动员青年参加“江抗”当作一项重要任务。永昌很快掀起了一股参军热潮。

从黄埭乡村师范学校毕业回家一年的王康永（又名王钰），与王志方取得联系，并经常协助王志方开展抗日活动。他想参加“江抗”，结果被其母察觉。

王康永是独子，为拴住儿子的心，父母要求他马上结婚。王康永参加“江抗”的决心已下，对父母讲：“不赶走日本强盗，我是决不会结婚的。”母亲哭着对他说：“你上要养父母，下要为王家传宗接代，不能走！”王康永劝慰母亲说：“等打完日本强盗，我再回来结婚，孝敬二老。”父母无奈，又去把亲朋好友请到家里来劝说儿子。为使父母亲不过于伤感，王康永悄悄地离开了家。

1939年10月的一个傍晚，王康永与王寿林、许吾生、顾振民、王稼方、王志义等青年在中共东路特委军事部长、“江抗”独立一支队参谋长周达明的带领下，出永昌镇，沿漕湖南岸赶到无锡鸿声里交通站住宿。第二天白天隐蔽起来，晚上再赶到江阴，摆渡过江到扬中县油坊桥三茅镇“江抗”驻地，正式加入了新四军。王康永被编入新四军挺进纵队一团政治处任文书。

1940年4月，中共中央东南局和新四军军部派谭震林到苏南东路发动游击战争，创建抗日游击根据地。是年6月，王康永随所在部队回到家乡。有人看见王康永正在指挥部队战士唱歌，即去告诉他父亲王寿康。这时的王寿康已理解保国心切的儿子，他托人带了封信给儿子，并附上一张登记解除婚约启事的报纸，告诉儿子已解除婚约，要儿子安心打日本侵略者。1941年7月，王康永在盐阜反扫荡斗争中壮烈牺牲。

史料提供：钱冰、王志义、周素英

核实整理：陈金锁、王志荣

八、金根福不惧敌人护兄长

1942年10月，日伪军驻黄埭镇特工队接到密报，从水路直扑三尖角，企图抓捕凤凰乡抗日民主乡长金云章。他们在金云章家屋前屋后、里里外外搜了个底朝天，却不见金云章踪影。原来金云章提前得到了消息，已安全转移。当敌人准备回黄埭时，正好在门口碰到收工回家的金云章的弟弟金根福，他们便不由分说地拿绳索捆绑住金根福，押着金根福扬长而去。

敌人想以金根福诱捕金云章。金根福内心十分敬佩日夜奔忙、带领乡民开展抗日活动的哥哥，在他看来哥哥的安全比自己更重要。他下定决心，不管敌人要什么花招，绝不出卖哥哥和其他抗日同志。

金根福等遭到了非人的摧残和折磨。

金根福被关押在黄埭，几乎天天被特工队严刑拷打，逼问其兄长金云章的去向和村上其他抗日积极分子的姓名。金根福强忍伤痛，咬紧牙关，没有说出一点对敌人有用的东西。一天，家里来人探视，见他身上青一块紫一块，十分痛心，并告诉他，金云章十分担心他的处境，准备采取行动。金根福一听也急了，对家人说："千万不能上敌人的当。我坐牢不单是为了哥哥，而是因为村上要有人领头抗日。只要哥哥不被敌人抓去，我受点苦算不得啥。"

敌人一计不成，又施一计。一天，几个特工换上青布短衫，乔装成本地人，强迫金根福在前面带路，到三尖角一带抓抗日积极分子。金根福恪守信念，领着敌特在村间、地头瞎转悠。金云章看见弟弟金根福，想上前招呼。金根福赶忙头一侧、嘴一努，暗示兄长。金云章强压住感情，从弟弟身边走过，但攥得紧紧的掌心已沁出汗来。

是年11月22日，经多方奔走，被关押了一个多月的金根福被保释出来。

史料提供：金坤林、金秀波

核实整理：王文玉

九、朱士根锄奸

1945年2月，共产党员马克强（化名安天柱）由中共锡东县委委员朱帆安排到黄埭永昌地区的周思墩开展秘密工作。马克强以行医为掩护，宣传发动群众，壮大抗日力量。他白天走街串巷行医熟悉情况，晚上以说书、讲故事、办夜校等形式宣传抗日救国道理，并从中物色进步青年，积极发展抗日力量。后经上级批准，周思墩村的朱士根（又名朱二度）、朱文元（又名朱金宝）、陈国良及邻村的许小弟等4人组成了游击小组，成为周思墩一支活跃的抗日力量。

周思墩位于漕湖南岸。当时，漕湖地区（属于苏西北地区）在中共锡东县委领导下，已恢复建立抗日游击根据地。日伪除在黄埭等镇尚存一定势力外，已不敢轻易下乡骚扰，但国民党"忠义救国军"的活动仍较猖獗。因此，由朱士根等组成的游击小组，除经常冒着风险去黄埭等镇张贴标语，动摇日军、伪军军心外，主要的任务是注意和掌握"忠义救国军"的动态，伺机打击其爪牙。

1945年春节过后，上级布置周思墩游击小组摸清汉奸戴某行踪的任务。戴某是当地一霸，不仅鱼肉乡民，而且充当敌人的鹰犬，常向敌人密告地下党和武工队的活动情况，是敌人安插在周思墩一带的一颗“钉子”。朱士根、朱文元等人领受任务后，通过各种关系，摸清了戴某的几个主要落脚点。一天，朱士根、朱文元了解到戴某要在某日去周思墩东面的汤浜村石基上赌场聚赌的确切情报，便及时报告了马克强。马克强即派朱士根将情报送给西永昌镇负责情报联络的许吾生。就在戴某在石基上赌场聚赌的当天，锡东武工队出其不意，将他从赌窝中揪了出来，处死在荒野中。

1945年4月，游击小组发现倪汇伪乡公所里（周思墩东面的邻村）有一“忠义救国军”派入的诨号叫“独眼龙”的坐探，专门刺探共产党及其武工队的活动情况。几天后，又从伪保长曹某那里了解到“忠义救国军”要乡公所向各保摊派一笔抚恤安葬费，说是要买棺材收敛“忠义救国军”及日军、伪军打仗时死亡的10多人。游击小组将上述两件事向马克强做了汇报。马克强认为，“独眼龙”长住倪汇，对地下党和游击小组威胁较大；“忠义救国军”摊派的安葬费是借故勒索乡民。他要求游击小组继续监视“独眼龙”和“忠义救国军”收缴摊派款的情况。后来，游击小组得知“独眼龙”要于某日去参加“忠义救国军”中一名小队长的婚宴。马克强认为这是除掉“独眼龙”的好机会，便写了一份情报材料，送到苏西北特区工委书记赵建平处。在“忠义救国军”小队长结婚的那天，苏西北武工队发动袭击，捕获了“独眼龙”，缴获短枪数支。

当天晚上，朱士根等在马克强的组织下，赶到倪汇伪乡公所。朱士根向里面扔了一枚手榴弹。听到爆炸声，前来取摊派款的几个“忠义救国军”士兵吓得从后门溜之大吉。朱士根等在硝烟中冲进门去，截住了摊派款。马克强又从口袋中拿出一份事先写好的警告信放在了伪乡公所内，警告伪乡保长不准勾结“忠义救国军”掠夺民财、欺压人民，并责令他们将已收钱款退回给群众，未收的不准再收，否则游击队将找他们算账。那些伪乡保长们见信后非常恐慌，纷纷将摊派款退给了群众。

史料提供：马克强、朱士根、朱寿昌

核实整理：王志荣、陈金锁

十、王家姐妹结伴参军

黄埭永昌镇有对表姐妹，姐姐叫王茵，妹妹叫王泠。1946年初，姐妹俩目睹中国共产党领导人民取得抗日战争的伟大胜利及国民党反动派在抗日战争胜利后的倒行逆施，向往着苏北解放区轰轰烈烈的革命事业，下定决心要到苏北参加新四军，并经常在一起商讨去苏北的途径。

姐妹俩想到有一批苏北农民在永昌帮当地农户罱河泥，便主动接近他们，跟他们学说苏北方言，了解苏北的民俗习惯，并在闲谈中打听去苏北的路线。是年3月的一天，姐妹俩得知有一条罱泥船要回苏北，高兴得跳了起来。挨到傍晚，两个人都换上苏北妇女的装束，告别父母，搭乘罱泥船出发了。

船到无锡，船主老浦高听说长江口已被国民党军队封锁，不肯走了。姐妹俩苦苦哀求道："大爷，您行行好吧，我家父母叫我们去如皋看亲戚，他已经病得不行了，您想法摆我们过江吧。"老浦高紧锁双眉，仍不肯摇船："你们俩妞的性命比看病人更重要，还是回家去吧。"但姐妹俩去苏北当兵的决心已定，确认船主不愿再走，便上岸从无锡乘车到江阴。姐妹俩在吃面时碰到了两个无锡人，交谈中得知他们是到如皋投亲的，于是四人结伴乘船过江。

姐妹俩与无锡人分手后，径直向靖江县城走去。国民党军对江南过来的行人盘查很紧。城门口悬挂着一颗新四军战士的头颅。姐姐王茵拉着妹妹的手，毫无惧色地来到检查哨口。

"哪里来？"

"从苏州来。"

"干什么去了？"

"走亲戚。"

"到哪里去？"

"回盐城老家。"

盘问的哨兵看看两个一身苏北妇女打扮、操着苏北口音的小姑娘，翻翻没有值钱东西的破包袱，不以为意地放她们进了城。

她们顾不得休息，雇了一辆独轮车，一边坐一个，"吱呀吱呀"地出了靖江城。

经5天跋涉，姐妹俩终于到达如皋，找到了新四军江南办事处，穿上军装，加入了革命队伍。

史料提供：王茵、王泠、王志方

核实整理：王志荣、陈金锁

十一、从事秘密联络工作的吹鼓手

1946年6月，国民党里的反动派在吴县疯狂地推行"全面清剿"。吴县各地坚持留守斗争的中共地下党员、武工队员在广大人民群众的支持下，灵活机动地展开反"清剿"斗争。至1947年3月，苏西北地区已发展了几十个积极分子和三四十户宿营联络点。

黄埭永昌镇的徐海根，公开身份是吹鼓手，秘密身份是中共地下党和武工队的情报员、联络点的联络员，负责安排武工队员住宿。

1947年夏天的一个深夜，徐海根领着顾明、吴国俊、汤文伯等3名武工队员，向张华（现新兴村）宿营点邹根泉家里走去。他们借着朦胧夜色的掩护，穿行在一道道田埂上。眼看张华村就要到了，大家都不由得加快了步子。谁知一不留神，脚底下踏空，徐海根摔到了路边的牛粪潭中，浑身上下沾满了牛粪。他顾不得湿透的衣衫和腥臭，坚持把顾明等送到邹根泉家，安顿他们休息后，自己才回去换洗衣裤。

这一年八九月间，由于有人告密，国民党青年军从黄埭出发，到永昌抓捕留守的共产党员。徐海根得到消息，赶紧穿小径抄近路给吴国俊等人送信，使他们及时安全转移，避免了损失。

随着革命形势的发展，越来越多的江南热血青年要求投身苏北解放区，参加革命队伍。1948年10月，徐海根等几位永昌青年，由吴国俊介绍，辗转到苏北正式参加了人民解放军，投身于中国人民伟大的解放事业中。

史料提供：薛泉福、徐海根

核实整理：郁振国、王文玉

第二节　轶闻杂记

一、黄畦泾的传说

漕湖东畔有一条河名叫黄泥泾，其南北向从冶长泾流向永昌泾河。明朝永乐年间，沿河有个有百多户人家的村庄，村上有南货店、药铺、茶馆、染坊等多家店铺和作坊，俨然一市井。

黄畦泾（2012年摄）

黄泥泾北段西部有一条小河浜，名叫荷花漤。河浜中间有一座大坟，把荷花漤隔成两半。东漤种满了荷花，荷花虽然茎粗叶茂，但从来没开过花。

8月的一个早上，万缕晨曦映照在荷花漤上。人们突然发现荷花漤开满了花，一支并蒂莲更是光彩夺目，乡民喜形于色，奔走相告。一位老学究看到这一奇景，说道："这是祥瑞呈现，村里必出贵人。"因村子还没村名，有好事者说："我们村的女人受漕湖水的滋润，天生丽质，要出贵人，干脆把黄泥泾叫皇后泾吧。"此事热闹了一阵后，慢慢平静了下来。

长洲（今苏州）人姚广孝，14岁出家当和尚，法名道衍。他从小好学，擅长吟诗作画，却疏于儒学，专事阴阳术数之学。因不得志，到处云游，结交名士、官宦，后自荐成为燕王朱棣的军师。建文帝朱允炆削藩，姚广孝助燕王以"清君侧"为由起兵造反，夺了建文帝的江山。

姚广孝功成名就后回乡探亲访友。亲友因他助朱棣篡夺皇位而疏远他，亲姐给他吃闭门羹。无奈之下，只得去觉林寺暂住静养。

遭朱棣追杀亡命天涯的建文帝万般无奈下投奔了冤家道衍和尚。那一日，朱允炆走到黄泥泾畔荷花漤，已累得头昏目眩，跌坐在地。有一孝女因母病来附近的田野采药草，见一年轻人晕倒在地，便顾不得男女之嫌，走过去扶起年轻人，问明情况，带他回家暂作休息。

朱允炆离开孝女家，径入觉林寺。道衍和尚看到朱允炆，自感惭愧，安排朱允炆在觉林寺住下。

孝女见母亲服药多日无效，就前往觉林寺求签问卦。朱允炆和孝女再次见面。一个温文尔雅，风流倜傥；一个聪慧文静，兰心蕙质。一来二去俩人互生情愫。孝女家里知道了此事，急忙找叔公老学究商量。老学究认为，该事若让朝廷知晓必有灭族之灾。只能让俩人离开觉林寺，出逃隐居避祸。

因皇后泾之名太过招摇，老学究想到了白居易的诗句"百千家似围棋局，十二街如种菜畦"，就聚民商议，定村名为黄畦泾。此名一直沿用至今。

口述：吴庭华

采编：吕金山、朱伟励

二、"三马"之称由来

相传春秋末期，漕湖东南角湖畔上是越军的养马场，故在漕湖边上流传着好多和马有关的地名典故。马河桥、白马之沿、马坊头被人称为"三马"。

一条清澈的小河里有数不清的马在洗澡，故河边的桥被称为马河桥。相传，有一位将军每天都要在马河桥靠东的河边遛他心爱的白马，为荒凉湖畔一道独特的风景线。

后来，年纪大的士兵和战乱中的游民定居在此，形成了村庄，取名白马之沿（白马珠沿）。距白马之沿西北一箭之地有个草料场，堆积着数十个硕大的干草囤，另有很多稻草囤。在场地中间有几间草屋，是专门为马群配置黄豆、麦麸等精料的马坊，人称马坊头，即后来马坊头的起源地。

随着时间的流逝，白马之沿有几户人家在村子的北边盖起了住房、挖了池塘，逐渐形成村庄。因马姓人家居多，故村庄起名叫马家里。

口述：薛振华

整理：朱伟励

三、贤圣堂趣闻

贤圣堂位于邹家里河北岸，一排九间殿堂，供奉贤圣老爷。贤圣老爷是清朝本乡西园村人，姓钱，曾官居文华殿大学士。他为官清廉，正直敢言，得罪了一些宵小佞臣，那帮奸党在昏聩的皇帝耳边不断挑唆，最终钱大学士被莫明其妙地问斩。为纪念正义之士，当地乡民发起募捐聚银建庙，塑金身、置黄幔、设公案供奉，取庙名贤圣堂。

贤圣堂庙会（2009 年摄）

贤圣堂除供奉贤圣老爷外，还有大佛16尊、小佛60尊。配殿供奉杭州玉皇山的玉帝、北雪泾的城隍、觉林寺的武烈和上方山的阴母。据说，这些菩萨有的还有姻亲关系。贤圣是城隍的外甥，同武烈是表兄弟。更有趣的是，北贤圣的妻子是许泾浜南贤圣帮忙介绍的。贤圣太太是阴母的干女儿，阴母又是玉帝的妹妹。除以上有姻亲的菩萨外，还有关老爷、文昌君、观世音菩萨、永昌土地、当方土地等。这正应了一句老话："庙小菩萨多。"香客也就各取所需，想拜哪尊就拜哪尊。

农历初一、十五是本地香客去贤圣堂进香的日子。八月初七为贤圣老爷的诞辰，众香客自行组织举办庙会活动。在庙宇的场上搭舞台请剧团来唱戏，还有舞龙灯、打连厢、打腰鼓、挑花担等表演。最引人注目的是出会仪式。出会就是把庙中的菩萨请出庙门，到各个村落、街道去巡行。此情此景，流传至今。

四、野话钱王坟

位于漕湖东南畔、马河桥东有座钱王坟，是五代时一个钱姓帝王后代的坟茔，他杀了钦差被满门抄斩，埋葬于此。

五代时，吴越国国君钱俶见五代各国被宋太祖赵匡胤一个个消灭，就向宋朝称臣，年年进贡，以保全吴越国政权。

太祖死后，他弟弟赵光义接位，为宋太宗。在太宗的步步威逼下，钱俶只能献国投降。其举使江浙十三州百姓免遭战祸。后来，钱俶的一支后裔迁徙到苏州漕湖流域定居。他们圈田地、建府第，过着富贵逍遥的生活。

经几代繁衍，钱家人丁兴旺，财富充盈，实力大增。钱氏族长仗着自己是吴越皇室的后代，自觉出身高贵，慢慢滋生了称王称霸的野心。为了实现复辟钱氏王朝的企图，他私铸兵甲、招兵买马，进而鱼肉乡里、私征税赋，并自称钱王。

世上没有不透风的墙，钱氏的举动终于传到朝廷，皇帝闻报即派钦差去苏州暗查。钦差乔装为算命先生，走街串巷，收集钱氏罪证，因不慎暴露身份，被钱氏的刺客刺死。事发后钱氏一门百余口成了刀下之鬼。

以前钱王坟上古木参天，石人、石马、石牌坊等遗迹比比皆是。因年代久远，钱王坟慢慢荒芜，人们便称它为“钱野坟”。

明代归有光在《漕湖钱氏》诗中云：“钱港湖乡杳，名家古木栽……因看吴越谱，世事使人哀。”便指此事。

口述：庄兴根

整理：沈茂生、吕金山

编辑：朱伟励

五、武举人的传说

清代中叶，漕湖东畔有一村庄，名张家里。因村子紧靠漕湖滩，位置偏僻，村民常受不良之徒的骚扰。

村里有一户张姓人家，丈夫早亡，仅留孤儿寡母两个人相依为命。孩子出生时，人虽瘦小，却哭声洪亮，张母知书识礼，给孩子取名宏郎。张宏郎因太过瘦弱，经常受同伴欺负。儿子受了委屈回家哭诉，母亲总是告诫儿子：“要忍让，不要惹事，要自强不息。”

时光流逝，不觉张宏郎已到上学年龄，张母再苦再累也要供儿子上学。她知道冶长泾北（现在的北桥镇，从唐代起就是儒教之乡）有私塾，在那里一定能学有所成，出人头地。张宏郎牢记母亲教诲，在学堂孜孜不倦地苦读书文，回家后还要秉烛夜读。

冶长泾北岸是武术之乡，历来就有习武的风气。张宏郎身体羸弱，为强身健体又开始习武。功夫不负有心人。张宏郎经年累月地勤学苦练，终于有了扎实的功底。

光阴荏苒，张宏郎已长成一英俊青年，不但琴棋书画件件皆能，而且十八般武艺无一不精。

那一年是科举之年，考的是武科。张母再三叮咛爱子："建功立业的时机到了，你是文武全才，该去应试。"

科举应试之日已近，张宏郎拜别母亲去省城。他有备而去，三场比试，一科中举。

张宏郎受恩师器重，不日就补缺去边关任副将。在不断调防升迁中，张宏郎广积人脉，名声大振。

张宏郎在任上，时时思念老母。可母亲故土难离，不愿随任。他只得派下属去探望，并在家乡建府第一座，以慰母心。

张母80岁仙逝，为丁忧，张宏郎离职回到家乡。守孝期满，他以历年征战遍体鳞伤为由告病辞官。张宏郎为官多年，名声显赫，各地举子出仕都会拜访武举人（乡民习惯称呼）请求引荐，一时访客络绎不绝。

张宏郎不忘张母的教诲，恩报乡里。他修桥铺路，扶贫赈灾，被传为美谈。据说马河桥旁的复兴桥就是他出资重建的。

在张母的影响下，张家里成为书香之村，人才辈出。

武举人府第的旗杆石、石础和庭院风火墙等遗迹至今还深深地印在老一辈人的脑海中。

口述：王阿白、李振芳
整理：吕金山、沈茂生
编辑：朱伟励

六、马河桥的故事

漕湖东南湖湾里有条河港，那里曾有两座古老的石桥，靠西的叫马河桥，靠东的叫复兴桥。

据说这两座桥是春秋时期越国范蠡所造。后来不知在什么年代这两座桥梁都倒塌了，马河桥连河堤都被水冲垮了。渐渐地，当地人对马河桥是只闻其名，不见其形，只知道出马河桥港口，就是漕湖了。

马河桥（2015年摄）

明清时期，张家里有个姓张的富户发起了捐款重建复兴桥的义举。建桥时请了一位香山作坊的和一位当地作坊的师傅，一人负责一个桥墩、一面桥栏，两个作坊师傅比拼手艺，故那座石桥上雕刻的“飞鸟走兽”特别漂亮和精细。

20世纪70年代，复兴桥因河道改建要拆除。在拆桥过程中，桥面突然断裂，在桥面上施工的老蔡和老吴随着断裂的桥面石一起跌入已抽干水的河里。大家想尽办法救出二人并送往陆墓医院抢救。检查后发现二人竟皮毛无损，被称作一桩奇事。

复兴桥被拆掉了，后来人们已分不清什么复兴桥和马河桥了，只记得漕湖边有座马河桥，两座桥合成了一座桥，一座桥有两座桥的故事。卫星村的人每次去漕湖罱河泥或到无锡、望亭等地运输从漕湖回归，进入马河桥港口时，都会情不自禁地说：“到家啦！”马河桥已成为当地人心中的桥。

在马河桥的湖湾处，有好多光滑的石头、木桩，据说那里不仅有桥，还曾是一个小集市，在马河桥旁还有钱王坟。后来小集市慢慢地消失，那里被人称为钱野坟。在钱野坟的东面有一条自北向南通向永昌泾的钱泾河，后称东钱泾河。

2009年，一座长500米、宽15米的大桥雄伟地跨越在漕湖东南角的湖湾上。这座在漕湖湿地公园环湖路上新建的大桥沿用了古老的桥名——马河桥，承载起漕湖人厚重的乡情。

编辑：朱伟励

七、七房坟的传说

且说下堡林家有女初长成，16岁时便出落得花容月貌、体态丰盈。有一算命先生见到她，便对四周乡民说，谁若娶到此女，读书者日后必当官，生意人必成商贾。

一时之间说媒者纷至沓来，可林家女总是无动于衷并婉言谢绝。媒人上门屡说不成，提亲者便渐渐冷淡下来了。一晃几年过去了，林家女依然没有心仪郎君。

一天，林家女与同村的一众小姐妹在村头大槐树下做女红。只见从东边走来一年轻男子，步履踉跄，显得疲惫不堪。走近后，他好似有难言之隐。林家女见此人，虽有些落拓，但气宇不凡，似一读书相公，就上前询问原委，才知他因病误了考期，盘缠用尽，举步维艰。于是就把他领回家中招待饮食。

林家父亲得知这位相公乃异乡之人，虽是书香门第出身，但父母早亡，家里仅几亩薄田维持生计。平时他勤读诗书，以求能博取功名。林家父女认为此人日后必成大器，可以托付终身。交谈中林父知他既未婚且无婚约，就把他招赘在家，择日让其与爱女拜堂成亲。

四村八乡的百姓都觉得此事不可思议，那么多富贵人家求娶林家女均遭拒，林家女却把一个似乞丐者招赘为夫。

3年后是开科之年，林婿进京赶考一举成名，中了进士，后外放为官，携妻赴任。一晃又是十多年，因边关战事频繁，林婿以文职为边关主将。他因平叛有功屡获擢升，受到同僚奸人的嫉妒，于是他们通敌并设下圈套。在一次战事中，林婿中奸人之计，不幸为国捐躯，并被割去头颅。林家女得知丈夫被害而死，悲痛欲绝。

皇帝得知详情后惩罚了奸党，封林女家为一品夫人，并赐金头一颗，让其回乡厚葬丈夫。为防后人盗墓，恐失将军金头，安葬时建了7座墓，以迷惑盗墓者。七房坟由此而来，旺家里也因林家女旺夫得名。

口述：陶华

整理：吕金山

八、汤家浜无汤姓

汤家浜是一个大村庄，却没有一个人姓汤。

据传清代后期，有一位汤姓人士，因不满清政府的腐败，便带领族内的几个青壮年参加了太平军。他英勇善战屡立军功，得到了主帅的赞赏，很快被提升为裨将。

太平军前期战无不胜，队伍不断壮大扩展，让清政府闻风丧胆。后各王因胜利冲昏了头脑，大建府第过起了奢侈的生活，给民间带来极大的痛苦和灾难，因而失去了民心。加上各王互相倾轧，内讧不断，矛盾重重。这给了清政府喘息的机会，湘、淮两军的建立和壮大给太平天国以沉重的打击。

汤裨将因官小职卑无力支撑大局，在一次与湘军的战斗中一路败退到长洲县境内，此时忠王李秀成已被俘，汤裨将孤立无援身亡。

汤姓幸存的子弟兵逃过劫难后，找回汤裨将的尸体，偷偷安葬在南横河畔。

此事渐渐平息下来后，汤氏子弟在现在的汤浜村东南重新建坟安葬汤裨将。那个坟地被称为大坟头。当时他们在坟上遍植柏松，还留下了供桌，并有专人守墓。一些年长的村民还见过坟上那棵遮天蔽日的大柏树。

汤氏子弟搭了几间简易小屋在河旁，定居下来。他们怕受牵连，改姓为傅（依附的意思），又将村子起名为汤家浜，以不忘祖先。汤家浜无汤姓源出于此。

九、蒋家坟与将军溇梢

明末清初，严家湾河南岸有一户蒋姓人家生一子名蒋魁，长得胖墩墩、黑乎乎，挺有福相，着实讨人喜欢。蒋魁长到15岁已经是个人高马大的俊小伙，力大无穷，干活是一把好手。空闲时他喜欢举石锁、使棍棒，与同好切磋技艺。

蒋魁性耿直，好打抱不平。风和日丽的一天，蒋魁奉父命挑了一担瓜果去上塘赶集，因瓜果鲜嫩硕大，不到半个时辰就销售一空。蒋魁好不得意，兴高采烈挑了空担回家。走到半路时，见一恶少与两凶奴，拉扯着一位年轻美貌的少妇进入菜花田，欲行非礼。蒋魁见此情状丢下空担，大喝一声，上前阻止。那两个凶奴仗着人多，上前来想揍管闲事者。蒋魁一向疾恶如仇，迎上前去三拳两脚便把两个凶奴打倒在地。眼见恶少已将少妇按倒在地，蒋魁一把拉起恶少，并让妇人快走。那恶少见好事被坏，仗着自己有几分拳脚，用力一掌向蒋魁的脸颊袭来。蒋魁侧身躲过便想离开，没成想恶少欲下死手。蒋魁为保命，一拳结结实实打在了恶少的太阳穴上，恶少当场毙命。他自知闯下大祸，只能亡命天涯。

蒋魁过苏州至湖州，再转道向西而行，这时卖瓜的钱早已用完，且走得精疲力尽，就想找个地方歇息一下。此地正好在招兵，他想找个有饭吃的去处，便成了一个兵丁。蒋魁身材魁梧，又有一些拳脚功夫，战斗中他总是奋勇当先，因此得到了上司的赏识，并不断升迁。从十户长、百户长直做到千户长，虽不是什么大官，可也算是个将佐。后崇祯皇帝自缢，清军入关，蒋魁无意为清廷效力。加之已改朝换代，年轻时误杀恶少已无人追究，便毅然离职归乡。

蒋魁从军30年，回到严家湾时，已物是人非，父母早已亡故，被好心乡邻埋在乱坟岗中。蒋魁心想，当务之急需筑坟建屋，重振门庭。他请阴阳先生看风水，阴阳先生说他命中缺水，他便专门挖了一条河，后人称此河为将军溇梢。用挖出的淤泥在严家湾河中筑一坟茔以迁葬父母遗骸，让二老有个安息之处，即为蒋家坟。又在新开河旁建了三进府邸一座。

据说蒋家延续了数百年，后因家族变故，渐渐败落。至今，年长的村民还依稀记得蒋家坟在严家湾河中的位置和那条湮没已久的将军溇梢。

十、另类五圣庙

尤埂上的西北方有座五圣庙，不同一般。一则那庙实在太小，连烧香叩拜也只能在屋外，往往被人忽略；再则五圣庙供奉的竟然是钟馗手下5个小鬼。

唐初终南山进士钟馗因长得丑，殿试不被录用，受辱自尽，魂魄到了阴司。阎王命他专管阴间不法之人，理清冤屈之事，手下就有传说嫁妹中那5个小鬼。五圣庙供的就是这五鬼。也有人称其为五升庙，原因是庙小，所谓五升的命，消受不了一斗。

俗语说“阎王好见，小鬼难缠”。阳世的人认为阎王是正神，不会拿你怎么样；小鬼是邪神，是刽子手，十八层地狱中鬼哭狼嚎惨不忍睹的施刑者都是小鬼。所以阳世的不法之徒不怕阎王反而怕小鬼，因为心虚拜五鬼，求五鬼手下留情。人生一世总有点过错，那些怕死后受罪、凡神必求的善男信女，当然也拜五鬼。

每逢农历初一、十五，周边各村的信众会来此庙上香跪拜，特别是新逝者的家属会专程来祈告。

口述：尤仁熙

整理：吕金山

十一、桥角里的故事

漕湖南岸除了古老的永昌小集镇外，南边还有一个相邻的小集镇——桥角里。

江南自古繁华，江南肘腋下的漕湖，人事温润，自古就是远避烽火之地。

明代初期，外乡人纷纷来到漕湖周围地区定居，好多家朱姓的店铺在桥角里集镇上开张营业。

那时，出自社会最底层的朱元璋为避饥荒流浪数年，后参加红巾军，在经历了17年残酷战争后，成为明朝的开国皇帝。

朱元璋建立明王朝后，为了巩固自己及后代的地位，曾大开杀戒，诛戮元勋宿将，屡兴大狱，大批功臣被杀，祸及无辜。清代史家赵翼说："独至明祖，藉诸功臣以取天下；及天下既定，即尽取天下之人而尽杀之，其残忍实千古未有。"

朱元璋对于"僧""贼""光""秃"等影射他过去的字眼相当敏感，明代初期的文字狱受害者有数十万，优秀知识分子几乎为之一空。

不知什么缘故，朱元璋连家族兄弟也不放过，他派人到桥角里追杀那几家朱姓商贾。朱元璋身边的人得到消息后，派人去漕湖通风报信。报信的人来到漕湖南岸，一时找不到桥角里，为了不被人发现，他把消息写在字条上用油纸包好，塞进一只狗的肚子里，把狗放在永昌集镇南边的滕道村村口。狗在滕道村里乱叫乱跑，被滕道村的村民围捕打死，人们在狗肚里发现了秘密，一下子就传开了。在桥角里的商家，不管是姓朱的还是姓马的都卷铺盖逃跑了，于是桥角里从一个繁华的小集镇慢慢地变成了废墟。

现原新兴村附近岸石港西，还能看到昔日废墟上留下来的残砖瓦砾。

口述：朱其初

整理：朱伟励

十二、辽青沿的传说

旧时辽青沿村民为了获取丰收，起早贪黑、精耕细作，但最后总是事与愿违。因为当地是低洼田地又是小粉土，村民只能靠天吃饭，日子十分难过。

一天，村里一位德高望重的老族长做了一个梦，他梦见一位鹤发童颜的仙长，指点他8个字“田地无望，水中觅食”，一觉醒来他百思不解。老族长把梦中情景告诉村民，大家都相信神仙的指点肯定有道理。全村上下都希望为老族长也为自己解梦、圆梦、寻梦、实现梦想。

一天，两个小伙子在河里洗澡，水草引起了两人的重视。那种水草扁扁的、长长的，而且河中只长这种草，密密匝匝见不到河底。俩小伙赶紧上岸奔到老族长家中，把河里长水草的情况告知了老族长。老族长听后，喜出望外，猛然醒悟。那神仙指点的“水中觅食”不就是让我们开鱼塘、养草鱼吗？

这长在河中的水草怎么捞起来呢，总不能一把一把地拔呀。村民们集思广益，决定用长柄刀来割草。大家把这种扁扁长长、青中带微黄色的水草起名为黄金扁。村民们打造了燕尾式的搡刀，又将长竹竿装在搡刀上做柄。操作时，船头的人用搡刀使劲推搡黄金扁的根部，待断了根的黄金扁浮起来后，船尾的人就用网兜把草捞上船。

黄金扁是草鱼最好的食物。村民们把低洼的水田改造成鱼塘。农渔结合，村民的生活便日益富足了。

村民将那条河命名为“捞青鱼”，村以河为名也叫“捞青鱼”。后讹传为“辽青沿”。

因为以渔致富，人们把附近村河也起成和鱼有关的名：黑鱼浜、鲇鱼浜、鳑鲏头、大泾鲚等。一方水土养一方人，大概就是这个道理。

口述：朱伟励

整理：吕金山

十三、周思墩的由来

周思墩是个有上百户人家的大村落，村庄单独坐落在一个大圩墩上，四周环水，河道交叉，地形复杂。那里也是乘船去黄埭集镇的必经之途，船家经过那里，如思量得不周全，往往会迷失方向、绕圩墩打转，故村名叫周思墩。

周思墩流传着这样一个故事：在村东北三里多远的地方，有户人家新打造了一条小木船。他家中有个儿子从小娇生惯养，长成了一个愣头青。那天他和一个弟兄搭伴摇船去黄埭赶集。愣头青一路上摇着自家小船哼着小曲，好不得意。进入周思墩，看到面前有两条交叉的河浜时，他呆住了。这时他看到左岸的柳树下有一个老翁在钓鱼。于是愣头青大声喊道：“喂，去黄埭街怎么走？”老翁听到喊声后，站了起来，用一只手向内比画了一下，又坐下继续钓鱼。愣头青对伙伴说：“他是个哑巴，他做的手势就是叫我们向内（左）走。”于是他们沿着左边的河道继续前进。谁知船行了好长时间又回到了钓鱼老翁那里。愣头青正想去责问这个老翁，被旁边的伙伴阻止了。他的伙伴抢着说："老伯伯，请告诉我们往黄埭街怎么走？谢谢你呀！"那钓鱼老翁放下钓鱼竿，一边双手打着手势，一边说："小伙子，黄埭街在西南面，你们的船要扳梢向外，就是向西南行。"老翁做的手势原来是摇船使橹桨的动作：两手向内是扳梢，让船向外（右边）行驶；两手向外是推梢，让船向内（左边）行驶。看到钓鱼老翁的举动，愣头青终于醒悟过来，脸红了，为自己先前不礼貌的行为感到惭愧。

搜集整理：朱伟励

十四、杨四郎村的由来

说起宋史中的杨家将，人们会肃然起敬。杨家将忠君爱国、人才济济，在国家危难之际，无论男女老幼，都挺身而出奔赴前线。杨家将英雄人物数不胜数。百岁挂帅的佘太君、代夫出征的穆桂英、白袍小将杨宗保，甚至烧火丫鬟杨排风都有一段可歌可泣的征战史。

最惨烈的一仗，当属二狼山战役。

杨老令公出征前去大相国寺求了一签。住持长老解签曰："七子征战，六子归。"杨老令公问何解。长老语："天机不可泄露。"杨老令公想，七个儿子出征能回来六个儿子不错了。

出征那天，阴风惨惨，为保皇帝安全，杨家将全体官兵出生入死。在辽兵的层层包围中，杨家父子、弟兄左冲右突、奋力突围。最终，大郎、二郎、三郎战死疆场，七郎被奸人乱箭射杀，四郎突围后迷路流落异乡，五郎于五台山削发为僧，仅六郎保皇上成功突围。突围后杨老令公在李陵碑前仰天长叹，此时他才明白所谓"六子归"，原来是只有第六子能回归的意思。杨老令公悲痛欲绝，一头碰死在李陵碑前。杨四郎的部分部下突围后流落到此，他们在这里建村立寨。为缅怀他们的将军，干脆把村子唤名为杨四郎。

杨四郎村沿用至今。

搜集：吕金山

整理：沈茂生

十五、万安桥的传说

"先有万安桥，后有万安村"这句俗话流传很久。有关万安桥的传说更为有趣。

八仙中的何仙姑正在泰山云游。农历四月十四，她突然想到苏州的道友吕洞宾每年在这期间要举办轧神仙的庙会，听说热闹非凡。她要去苏州会会这个游戏人间的道兄，凑个热闹。

何仙姑驾起祥云往南直赴苏州。听闻苏州民风淳朴，人们和睦相处，为一探究竟，她过漕湖后降落云头，化成一位老妪来到民间。只见一条河流横在面前，河上既无桥梁也无渡船，对岸有间茅屋，烟囱里正冒着炊烟。仙姑想屋里一定有人，就试着叫渡。话音刚落，草屋中走出一位姑娘，那女孩长得眉清目秀，清纯可爱。仙姑正待发问，姑娘却已是先开了口："婆婆你可要过河去往哪里？"仙姑说："儿子不孝，让人生气，我欲往苏州妹妹家散散心。"

姑娘说："婆婆稍等。"只见她进屋背了一只菱桶，吃力地走到河边放下，再拿了只小凳子放在菱桶中，然后用两爿蚌壳做划动的工具划到对岸，小心翼翼地搀扶"婆婆"进入菱桶让她坐稳，又划菱桶返回。姑娘说："去苏州有四十里路，没有五个时辰到不了，我早餐已煮好，婆婆你先吃了早餐，我再做几块面饼给你，你在路上可充饥。"

仙姑为姑娘的行为所感动，她从发髻上拔下一支金钗化作一座三孔拱桥，自己又恢复了仙姑形象，口中低吟"万福金安"便冉冉升腾，驾云飘然而去。姑娘见状双手合十，跪拜恭送。

感念仙姑恩德，人们用"万福金安"首末两字取桥名为万安桥。故事与桥名一直流传至今。

搜集：吕金山

整理：沈茂生

十六、大桥角的传说

在琳桥、下堡、万安村一带流传着这样一个故事：清代后期，琳桥浦巷郎有个叫吕宗美的富贾。他喜欢骑一匹白马，那马身高八尺、长一丈二尺，全身雪白，无一根杂毛，是一匹龙驹宝马。据说，吕宗美每天清晨就骑着白马赶去苏州吃头汤面，四十余里路一个来回用不到一个时辰，可见那匹马的速度有多快。

有句俗话叫"立马造桥"，说的就是吕宗美为去苏州吃头汤面，一路上凡过无桥之河，他必就地造桥，为此造了好几座桥。大桥角桥是琳桥和无锡交界处的一座著名的大桥，在无锡、常州一带只要你提到大桥角，那里的人都知道有个名人叫吕宗美，因那座桥也是吕宗美所造。

吕宗美究竟是不是大商贾，后人不太清楚，他既不像武将又不像文臣。百姓形容他的家财只有四个字"吃煞不完"。这充分说明吕宗美是个大财主，祖上留下了丰厚的财产供他挥霍。

吕宗美有个丫鬟长得唇红齿白，婀娜多姿，特别是一双凤目顾盼生辉，摄人魂魄。吕宗美只是跟她玩玩而已，并没把她收为偏房。而丫鬟早和衙门里做刀笔吏的表兄有了来往。丫鬟能说会道，在外人面前说自家老爷脚心上有三根毛，以此来显摆自己。吕宗美不喜欢丫鬟的多嘴多舌，慢慢地疏远了她。丫鬟失宠后，跟表兄来往得愈发频繁。后来，丫鬟跟表兄通奸的事传到了吕宗美的耳中，他一怒之下杀了丫鬟。

那位刀笔吏得知表妹被杀，一张状子把吕宗美告到县衙。知县老爷急派差役去抓吕宗美。这时，吕宗美还没去打点，也来不及远走高飞，一时心急，躲到了柴房。差役来到吕家，没找到吕宗美，正打算返回县衙时，吕宗美养的一只八哥突然高叫“吕宗美躲在灰里”。差役听后轻而易举地在柴房的灰堆里拘捕了吕宗美。

吕宗美在被押解回县衙的途中，凡遇到自己所造的桥时，便高念“我若能回则桥安，不回则桥坍”。连过三座桥，三座桥皆坍，甚至连建造得最坚固、美观的大桥角桥也照样坍掉。吕宗美长叹一声，知道自己在劫难逃。

大桥角还是清兵与太平军展开激烈战斗的战场。清咸丰十年（1860）八月二十九日，李秀成指挥苏州水陆十万将士从黄埭出发进军大桥角，与清淮军守兵展开殊死争夺战。双方各动用战舰火炮。太平军陆军搭浮桥，冒死冲锋，填草于沟，填尸于壕，壮烈异常。在太平军即将收复大桥角时，李鹤章率12个营的援兵赶到，清一色洋枪洋炮，火力猛烈。太平军的炮船和陆军只得连夜退回黄埭。1992年8月建埭锡公路桥基时挖掘出的洋炮炮筒可为这场争夺战佐证。

20世纪60年代，大桥角北岸的桥堍遗址常常使货船搁浅，后被轮船公司派人挖掉。

采编：朱火生

整理：吕金山

十七、任家浜和许金浜

据说在很久前，吴地盛行斗鸡。在漕湖地区，有两个村庄为斗鸡伤了和气。一场火拼结束，你们知道那两家输了什么、赢了什么？不是金钱，而是村名。赢的村庄取名“赢家浜”，输的村庄取名“输金浜”。从此两个村庄的村民相遇如见仇家。后来，赢家浜村来了一个教书先生。他看到这情况，就反复做两个村族长的工作，决定取苏州方言的谐音为村名，赢家浜称“任家浜”，输金浜改称“许金浜”。从此两村村民皆大欢喜，和睦相处。

后来，那先生要回老家，两个村庄的人赶来相送。在村口老石桥下，大家依依不舍。老先生指着石桥说：如桥在，我人在，我会回来的；如桥塌，说明我人不在了，你们不要再来望我了。就这样村民们等了好多年，也没见到那教书先生回来。一天清早，桥突然塌了，大家都知道教书先生再不会来这里了。

从此，只要人们在河中洗澡，踩着河底光滑的条石，便会回忆起这个关于村名的故事。

口述：朱学道

整理：朱伟励

十八、有运秀才与官运堂

外浜有一户宋姓人家，以商贾为业，积累了一些财富。可惜人丁不旺，年近50才生一子，取名运来。

宋老爷一心要儿子读书，以求取功名，光宗耀祖。运来5岁时，宋老爷就聘请饱学之儒为西席，教授儿子。运来16岁那年，恰逢开科之年，东翁与西席商议让运来首开应试之路。谁知三试下来名落孙山。好在运来年岁尚小，还能继续发愤。一来二去考到32岁，还是未能考中，而宋老爷也因年迈不幸故去。运来因无人管束，就懈怠下来。幸得宋老爷留下了富足的财产，可供他优渥的日常用度。运来交友四海，挺有人缘。

那一年又是开科之年，合当运来的运气来了，有位举子与运来同名同姓，他年轻有才学，写得一手锦绣文章。运来应试只不过是应付而已，自知无缘功名，偏偏那位主考官高度近视，还是一个糊涂蛋，把两位宋运来的卷子搞混了，该中的没中，不该中的反而中了。

宋运来中了秀才好不得意，会同年、拜恩师忙得不亦乐乎。后来宋秀才乡试也考了几场，毕竟文才有限，哪有中举的资质。不过他的好友周善瑜中了举人，补缺没半年就被授外省知县。周善瑜上任之日，运来送了一程又一程，直送到省界二人才挥泪而别。

周善瑜有真才实学，理事决断如流，受上司嘉奖，百姓爱戴，上任累年口碑载道。其年因县丞出缺，周善瑜力荐宋运来莅任。宋运来离乡赴任，深感老友提携之恩。在周善瑜的帮助下，宋运来尚能胜任。可周善瑜因积劳成疾，不幸在任上病逝。宋运来帮周家料理后事，回乡安葬。后上司调宋运来暂代衙事。宋运来出自商贾之家，深谙聚财之道。代理县令期间不露声色地积累了一笔不菲的财富。宋运来毕竟不是正途出身，代理县令3年后，朝廷派了新任知县接任。宋运来乘机托病辞官回乡。

宋运来自知非做官之才，能当3年县令是运气使然，所以回乡后做了一些修桥铺路的善事。

那一日，宋运来突发奇想，大兴土木，在安基坟荒墩上建一座庙宇以传后世。那庙二进二廊十二间，庙名官运堂，取自己官运亨通之意。前殿正弥陀，后韦驮，两旁四大金刚，是很普通的庙宇格局。奇的是大殿供的既非如来，也非观音，而是一座布袋和尚的立像。那尊菩萨肩上背了一只布袋，谓乾坤袋，能装天下一切。

配享的是四位财神：龙虎玄坛，玄化财神天尊赵公明；敕封三界，保财开运天尊关云长；阐商掌营，崇德普施天尊范蠡；守财藏真，宏德广化天尊比干。

观音（官运）暂居偏殿，其他五殿为福禄寿三星、城隍、土地、猛将、药王。

宋运来请了8位高僧，配了24亩庙产以供寺庙开支。开光那天，参拜祈福者人山人海，万人空巷。

宋运来得了善终，但因仅遗一女，临终时后悔不迭，那时没有多造一进正殿，供个送子观音，求得宋家人丁兴旺。

据说那庙宇有两百多年历史。在20世纪50年代还有断垣残墙等遗迹留存。

口述：杨时雄、张洪明

十九、水仙庙的传奇

杨家里东北角有一座水仙庙，庙虽不大，但年代久远，是供奉花神的庙宇。

据说，那时有一户人家婆孙两人相依为命。那孩子四五岁时父母双亡，由年迈的祖母抚养。孩子家无田地，住屋也仅一间四架椽，平时靠祖母给人家缝补浆洗度日，生活十分艰辛。屋漏偏逢连夜雨，孩子长到九岁时祖母不幸去世，在左邻右舍的帮衬下，才料理了老人的后事，孩子从此成了孤儿。

那孩子人虽小，但立志要自食其力，便去了一富户家放牛。待牛吃饱卧地歇息时，他便在一私塾门外听课识字。稍长一些就给富户当长工，平时也会尽自己所能帮邻居做一些事情。孩子喜欢养水仙，每逢农历二月十二百花生日时，他也会像姑娘一样，找张红纸绕在花枝上以示喜庆。

百花仙子生日那天，护理花卉的侍者神瑛因动了凡心被王母娘娘贬去下界受罚，百花仙子命众仙子下凡去找个清朗、勤奋的有德青年来接替神瑛侍者。

水仙仙子寻找途中心血来潮，拨开云头，但闻一股幽香飘然而至。她降到人间，闻得那幽香原来是从一间小屋中飘出，便化身老妪跌倒在地。

那孩子回家见一位“老婆婆”跌在门口已昏迷不醒，急忙开门把“老婆婆”扶上床，烧了一碗姜汤让她喝下。“老婆婆”慢慢醒来，只见一盆水仙虽是花谢的时节，却依然叶茂花艳。左邻右舍知道孩子救了一位“老婆婆”都来探望，纷纷在“老妪”面前称赞孩子。探望人群散去后，孩子煮了稀饭让“老婆婆”吃，让床给她睡，自己则打了个地铺睡觉。

水仙仙子为让孩子熟悉管理花卉，便在孩子家住了下来。待孩子做长工回来后，就教他在田边场角遍植各类花木，掌握侍弄花草的技艺。村民们觉得很奇怪，老太太原来病恹恹的，而今却精神焕发，俨然换了个人。

天上一日，人间一年，又是一个百花生日。

清晨，村民们嗅到一阵阵幽香飘来，听到远远传来的音乐声，便出门观望，只见一位仙女搀扶着孩子冉冉升天，飘然而去。村民们跪拜送别，知是水仙仙子引渡孩子成仙了。

村民们把仙子与孩子住过的小屋改造成水仙庙。水仙仙子为正神，孩子配享，水仙庙香火鼎盛。至今虽仅剩遗址，可依然有香客前来祭拜。

二十、“龙珠”转风水

清代末年石基河两岸有沈、李两家大姓，沈氏人丁兴旺，李氏财富丰盈。

李家是书香门第。李功仁中举后，只等补缺做官。不免要建宅筑府、大兴土木，相看风水也是不能缺的。于是李家请了一位资深灵验的风水先生。那先生来到李家手拿罗盘，口中念念有词，四方探测掐指计算，捣鼓了好一阵子，便告知李功仁这里是风水宝地，但门前河太窄，需在青龙头上开深挖宽造一砧鱼墩，以充龙珠转风水。这样非但东翁能高官厚禄，还能沿袭儿孙。李功仁听闻好不高兴，厚赏了风水先生。

新宅竣工，两扇钉牙子墙门都是用比银圆还大的铜钉子镶成，结实美观、金碧辉煌。门前两只石狮子左右分列，左边旗杆石高高矗立，独门河埠金山石叠成。河中新筑砧鱼墩宽阔敦实。府第一共三进，每进门楼都是精雕细琢的陆墓金砖镶成，“三英战吕布”“千里送京娘”“福禄寿三星”的戏文雕得栩栩如生。两边厢房高大敞亮，厅堂更是全套的红木家什。不久，李功仁老来得子，喜不自胜。

一晃独生子仁官已16岁，李家人丁单薄。李举人急于为子择媳，访得蠡口胡氏之女18岁，富态稳重。托媒人上门求得八字，请先生一排八字，十分相合。李、胡两家门当户对，两家长辈择日订婚，定于十二月初三两家结秦晋之好。

结婚那天，排场盛大，3天喜宴不述。胡氏送嫁，光嫁妆就满满三船，各种物件应有尽有，观热闹者挤满河的两岸。一位老者挑刺说道：“什么都齐了，可惜少了一缸饮用水。”船上老大伙（长工头）闻听急中生智，在空船舱中用力一篙子戳下去，出现一个大洞，汩汩河水不一会儿便灌满一舱。他大声吼道：“一缸水怎么够，我胡家装来了一船水。”这一举动引得两岸看客大声喝彩。

李胡氏婚后给几世单丁的李家接连生了7个儿子。儿辈们个个聪明好学，大儿子出国留学，二儿子、三儿子在上海、南京上学，一家人都沉浸在幸福喜悦之中。可是好景不长，李功仁亡在任上。好端端的大儿子在外国突然患病，退学回家不久便亡故。从此恶运接二连三，李家三代男丁9人，在不到十年时间内先后亡故，李家渐渐萧条败落。只剩下李胡氏一个人凄凉度日。

人们习惯称李胡氏为“花厅上”。20世纪60年代，李胡氏以80多岁高龄病故，村委会料理了她的身后事。

那个转风水的砧鱼墩，直到20世纪70年代还有遗迹可寻。

口述：李益生

采编：吕金山

整理：沈茂生

二十一、永昌元宝菱传闻

清末诗人凌寿祺诗云：“阳山山水活，泻入佘桥里。养得菱科肥，水清实累累。佘桥河十里，不种菰和荷。秋风河上起，一片采菱歌。”说的就是永昌村的佘桥（原永昌竖头河）盛产菱。

那时，漕湖南畔的河浜、港湾上都种满了菱角，只留航道，临岸河面是翠绿色的菱塘。菱角分早熟的沙角菱、双角的拗菱、四只角的馄饨菱、无角的和尚菱，还有色艳欲滴的水红菱。

传说在西永昌的佘桥住着婆媳两人，婆婆善良慈祥，儿媳贤淑孝顺，婆媳相依为命。婆婆因儿子早亡，思子心切，加上年老体弱，长年卧病在床，靠儿媳种的一块薄田和为人缝补浆洗度日。

初秋的一天，婆婆口干舌燥，让刚从田里劳作回家煮饭的儿媳去菱塘采些红菱解渴尝鲜。儿媳一口应承，放下农具直奔菱塘下河采摘，由于过度疲劳而失足落水。婆婆久等不见儿媳回家，挣扎着起床下地去寻找。因老眼昏花，不慎跌倒在床前，因无人发现救援而去世。儿媳的尸体也被人发现漂浮在佘桥桥堍。

恰逢菱波仙子下界巡查菱花因缘，见一对婆媳的冤魂相互搀扶，恋恋不舍飘然而至。菱波仙子迎上前去，问明情缘，恻隐之心涌上心头。仙子安顿好婆媳俩魂魄，然后口中念念有词，鲜嫩娇艳的红菱变幻成了紫背薄壳的绿菱。色变形不变，一个品种幻化成两个类别，以彰显婆媳俩形影不离、生死相依。紫背薄壳的绿菱煮熟后呈现出嫩黄色泽，形状宛如一锭元宝，人们称之为元宝菱。

红菱生吃鲜嫩甜脆，绿菱熟食甜糯芬芳，嫩红菱、元宝菱相得益彰。从此，紫背薄壳的元宝菱成了永昌特产，是城镇菱市的优质品，受到广大消费者的喜爱。

采编：朱伟励、吕金山

编辑：朱伟励

二十二、曹家里史话

卫星村曹家里因曹家成村，其先祖自苏北迁徙而来。曹家曾有家谱传世，可惜后来因故遗失（此文是见过家谱的曹氏子孙曹龙泉的口述）。

早在明代末年，卫星村曹氏始祖曹慈祥在昆山城里经营一家文房四宝店铺。姑苏多文人，故而生意兴隆，衣食无忧。谁知好景不长，各地起义军造反，烽火连天，昆山城区一片混乱，曹家店铺损失惨重。此时曹妻已有身孕，曹慈祥只能到近郊渔村雇了一条渔船逃离昆山，往他乡谋生。

一路颠簸，渔船往南行驶。行行停停，进入了一条叫冶长泾的河道。渔船又行了半个时辰，曹慈祥看到左侧岸边有座庙寺。他让船家把船停靠河边，上岸一看究竟。只见小庙旁的河浜是两头尖、中间宽的形状。在阳光的映衬下，河面犹如一条彩练，恍惚中蓦然化作一只金灿灿的元宝呈现在他眼前。曹慈祥朗声赞叹："此地真乃风水宝地也！"然后，他把船上带来的生活家什搬进小庙堂，决定安居在此地。

半载耕耘，曹慈祥已置田30余亩，并在河浜西岸建造房屋数间（后代把祖屋称为中村）。其时，妻子为他产下一白胖儿子，正是三喜临门。

曹家里村（2013年摄）

曹家以农为本，兼顾经商，雇了几个长工操劳农田活计，又在苏州齐门开了一家颇具规模的商号，专营笔墨纸砚文房四宝，日子甚是红火。

曹妻接连诞下六子二女，曹慈祥聘请一位饱学之儒为西席，专职教授儿女们的学业。他把村旁那条河浜取名为儒家浜，示以儒家经典治家。孩子们渐渐长大，除一子因病故去，五个儿子先后成家立业，各以己所长，选择文武职业。曹氏兄弟互助，妯娌和睦，传为美谈。

其中一子精通文才，任苏州府文职官员。还有一子精通武术，为苏州齐门外一名武将。曹氏子孙中有悬壶济世成为名医的，也有经商成为富商的，还有办实业有成就的。曹氏十二代子孙曹宝生在中华人民共和国成立初期就参加了革命，在卫星大队成立前，一直担任高级社及五星大队的党支部书记，成为建设新农村的带头人。他的口头禅就是"卷起袖子加油干"。曹宝生于2020年12月逝世，享年104岁。

曹氏家族至今已传承十六七代，除迁徙外地的，光在曹家里的就有58户250余人。儒家浜也已被传唤成曹家浜，以曹家浜为界，两边分别称为东、西曹家里。

口述：曹龙泉

采编：朱伟励、吕金山、沈茂生

附　录

附录一　漕湖街道境域行政区划变迁史料

一、漕湖街道境域行政区划变迁

表 1　秦至民国时期漕湖街道境域行政区划变迁

社区	行政村	秦始皇二十六年（公元前221）	武周万岁通天元年（696）	清宣统三年（1911）6月	民国元年（1912）	民国一十八年（1929）8月	民国二十三年（1934）6月	民国三十年（1941）7月	民国三十六年（1947）
漕湖花园一社区	湖林村	吴县黄埭乡	长洲县黄埭乡	吴县黄埭乡	吴县南北桥市十二都六图、十九图	吴县十二区	吴县第六区	吴县第四区	吴县黄埭区
	新兴村	吴县黄埭乡	长洲县黄埭乡	吴县黄埭乡	吴县南北桥市十二都六图	吴县十二区	吴县第六区	吴县第四区	吴县黄埭区
漕湖花园二社区	永昌村	吴县黄埭乡	长洲县黄埭乡	吴县黄埭乡	吴县南北桥市十二都五图、六图	吴县十二区	吴县第六区	吴县第四区	吴县黄埭区
	万安村	吴县黄埭乡	长洲县黄埭乡	吴县黄埭乡	吴县南北桥市十二都四图、五图	吴县十二区	吴县第六区	吴县第四区	吴县黄埭区
永昌泾社区	上浜村	吴县黄埭乡	长洲县黄埭乡	吴县黄埭乡	吴县南北桥市七都二图、十一都上下九图	吴县十二区	吴县第六区	吴县第四区	吴县黄埭区
	倪汇村	吴县黄埭乡	长洲县黄埭乡	吴县黄埭乡	吴县南北桥市十二都上下九图、上下十二图	吴县十二区	吴县第六区	吴县第四区	吴县黄埭区
	任浜村	吴县黄埭乡	长洲县黄埭乡	吴县黄埭乡	吴县南北桥市十二都上下九图	吴县十二区	吴县第六区	吴县第四区	吴县黄埭区

续表

社区	行政村	秦始皇二十六年（公元前221）	武周万岁通天元年（696）	清宣统三年（1911）6月	民国元年（1912）	民国一十八年（1929）8月	民国二十三年（1934）6月	民国三十年（1941）7月	民国三十六年（1947）
汤浜社区	汤浜村	吴县黄埭乡	长洲县黄埭乡	吴县黄埭乡	吴县南北桥市十二都八图上下九图十二都八图上下二十图	吴县十二区	吴县第六区	吴县第四区	吴县黄埭区
	陆严村	吴县黄埭乡	长洲县黄埭乡	吴县黄埭乡	吴县南北桥市十二都上下九图	吴县十二区	吴县第六区	吴县第四区	吴县黄埭区
卫星社区	卫星村	吴县黄埭乡	长洲县黄埭乡	吴县黄埭乡	吴县渭塘乡西十三都上下十一图二十二图	吴县十二区	吴县第六区	吴县第四区	吴县黄埭区
下堡社区	下堡村	吴县黄埭乡	长洲县黄埭乡	吴县黄埭乡	吴县黄埭乡十一都上中下八图、上下九图	吴县十二区	吴县第六区	吴县第四区	吴县黄埭区

表 2 1950~1983 年漕湖街道境域行政区划变迁

社区	行政村	1950 年 3 月		1956 年 3 月		1957 年	1958 年 9 月	1960 年	1983 年 7 月
漕湖花园一社区	湖林村	永昌乡	湖村	永昌乡	湖村	向前第十三社	五大队	湖林大队	湖林村
			荡村		荡村				
			陈林村		陈林村				
			滕道村		滕道村				
	新兴村	倪汇乡	张华村	倪汇乡	张华村	向前第二十三社	八大队	新兴大队	新兴村
			孟墩上村		孟墩上村				
			周思墩村		周思墩村				
漕湖花园二社区	永昌村	永昌乡	永昌村	永昌乡	永昌村	向前第十四社	五大队	永昌大队	永昌村
			滕道村		滕道村				
	万安村	永昌乡	万安村	永昌乡	万安村	向前第十二社	五大队	万安大队	万安村
			杨安村		杨安村				
永昌泾社区	上浜（琳桥）村	琳桥乡	琳桥村	永昌乡	琳桥村	向前第九社	四大队	琳桥大队	琳桥村

续表

社区	行政村	1950 年 3 月		1956 年 3 月		1957 年	1958 年 9 月	1960 年	1983 年 7 月
永昌泾社区	倪汇村	倪汇乡	倪汇村	倪汇乡	倪汇村	向前第二十四社	九大队	倪汇大队	倪汇村
			联合村		联合村				
	任浜村	倪汇乡	任政村	倪汇乡	任政村	向前第二十一社	八大队	任浜大队	任浜村
			许泾浜村		许泾浜村				
			三协村		三协村				
汤浜社区	汤浜村	倪汇乡	汤浜村	倪汇乡	汤浜村	向前第二十二社	八大队	汤浜大队	汤浜村
			三协村		三协村				
	陆严村	倪汇乡	陆严村	倪汇乡	陆严村	向前二十社	八大队	陆严大队	陆严村
			三协村		三协村				
卫星社区	卫星村	倪汇乡	合兴村	倪汇乡	合兴村	向前第二十五社	九大队	卫星大队（1969年）	卫星村
		黄泥乡	黄畦村		黄畦村	向前第二十六社			
			五星村		五星村	向前第二十七社			
下堡社区	下堡村	琳桥乡	凤凰村	永昌乡	凤凰村	向前第十社	四大队	下堡大队	下堡村
			下堡村		下堡村				
			金家村		金家村				

二、清代宣统年间漕湖街道境内都图建置

表 3　清代宣统年间漕湖街道境内都图建置

社区	原村落	漕湖街道境内各村所属都图设置
漕湖花园一社区	湖林村	黄埭乡十二都六图（钱家里、岳家里、朱家里、辽青沿、鲇鱼浜） 黄埭乡十二都十九图（湖村荡、陈头浜、俞家里、戴家、周巷桥）
	新兴村	黄埭乡十二都六图（西浜、周思墩、孟墩上、刘家浜、赵千浜、张华）
漕湖花园二社区	永昌村	黄埭乡十二都五图（河南寺、河南角、永昌西街、桑园角、中巷、牌楼巷、后桥角、后桥头、前二房） 黄埭乡十二都六图（东浜、矮墩桥、大桥头、野猫洞、杨四观音堂）
	万安村	黄埭乡十二都四图（万安桥、马家浜） 黄埭乡十二都五图（北杨四巷、南杨四巷、孙泾港、华家里、鳑鲏头、鱼池头、陈家沿、李家里、陶家桥、小桥头、西桥头、弄塘湾、马家浜）

续表

社区	原村落	漕湖街道境内各村所属都图设置
永昌泾社区	上浜村	黄埭乡七都二图（琳桥、浦巷郎、洋桥头、姚湾里） 黄埭乡十一都上下九图（朱其浜、杨家里、横泾上、苏家浜）
	倪汇村	黄埭乡十二都上下九图（周家浜、牙浜、翁秋头） 黄埭乡十二都上下十二图（丁埂郎、东钱泾、西钱泾、计家里、杨端头、北横头、倪家湾）
	任浜村	黄埭乡十二都上下九图（里浜、外浜、田都里、杨家里、尤家里、朱家里、许泾浜、任家浜）
汤浜社区	汤浜村	黄埭乡十二都八图上九图（西沿头、汤家浜南、汤家浜北） 黄埭乡十二都八图下九图（尤埂郎、石基上） 黄埭乡十二都八图上下二十图（小娄娄、石基上河南、河西岸）
	陆严村	黄埭乡十二都上下九图（许金浜、严家湾河北、薛埂上、陈家桥头、陆埂郎） 蠡口李庄土地（严家湾河南）
卫星社区	卫星村	渭塘西十三都上十一图（黄埂上、洪家里、徐更上、宣家里、丁家里、浜上、李家里、阔井里） 渭塘西十三都下十一图（白马之沿、马家里、朱家里、何家沿头、马坊头、蔡家里） 渭塘西十三都二十二图（曹家里、邹家里、鱼池上、黄畦泾、北横泾、横河头、南横泾、荣家里、荡上、张家里、西蔡、凹塘头、朱家沿头、横街）
下堡社区	下堡村	黄埭乡十一都上中下八图（园墩上、凤凰、陶家里、张家里、上场、长堂上） 黄埭乡十一都上下九图（金家里、邹家里、下堡街、廉埂上、陆家里、邹家庄、北庄湾、园上、方家里、林家里、戚家浜、蚂蚁浜）

三、1957年9月至2014年7月漕湖街道境域原村组（大小队）设置

表4　1957~2014年漕湖街道境域原村组（大小队）设置

社区	行政村	村（大队）名称变更	村民组（队）序号编排
漕湖花园一社区	新兴村	1957年9月称向前第十三社 1958年9月称五大队 1960年称湖林大队 1983年7月称湖林村	钱家里为1组（队），岳家里为2、18组（队），陈头浜为3、4组（队），俞家里为5组（队），周巷桥为6组（队），湖村荡为7、8、15、17组（队），朱家里为9组（队），金家里为10组（队），辽青沿为11、12组（队），鲇鱼浜为13、14组（队），戴家里为16组（队）
	湖林村	1957年9月称向前第二十三社 1958年9月称八大队 1960年称新兴大队 1983年7月称新兴村	河东周思墩为1、2、13、14组（队），河西周思墩为3、4、5、15、16组（队），孟墩上为6、7、18组（队），刘家浜为8组（队），张华为9、12组（队），西浜为10、11组（队），赵千浜为19、20组（队）

续表

社区	行政村	村（大队）名称变更	村民组（队）序号编排
漕湖花园二社区	永昌村	1957年9月称向前第十四社 1958年9月称五大队 1960年称永昌大队 1983年7月称永昌村	河南寺为1组（队），河南角为2组（队），永昌西街为3、14组（队），中巷为4组（队），牌楼巷为5、20组（队），后桥角为6、18组（队），后桥头为7组（队），东浜为8组（队），矮墩桥为9、15组（队），大桥头为10、16组（队），野猫洞为11组（队），杨四观音堂为12组（队），桑园角为13组（队），前二房为19组（队）
	万安村	1957年9月称向前第十二社 1958年9月称五大队 1960年称万安大队 1983年7月称万安村	马家浜为1组（队），西桥头为2组（队），孙泾港为3组（队），北杨四巷为4组（队），南杨四巷为5组（队），华家里为6组（队），陶家里为7组（队），鳑鲏头为8组（队），鱼池头为9组（队），李家里为10组（队），陈家沿为11组（队），万安桥为12组（队），查家浜为13组（队），小桥头为14组（队），弄堂湾为15组（队）
永昌泾社区	上浜村	1957年9月称向前第九社 1958年9月称四大队 1960年称琳桥大队 1983年7月称琳桥村	浦巷郎为1、15组（队），琳桥为2、17组（队），洋桥头为3组（队），杨家里为4、12组（队），朱其浜为5、6、16、18组（队），苏家浜为7、19组（队），横泾上为8组（队）
	倪汇村	1957年9月称向前第二十四社 1958年9月称九大队 1960年称倪汇大队 1983年7月称倪汇村	丁埂郎为1、2、3组（队），倪家湾为4、5、18组（队），翁秋头为6、7、17组（队），牙浜为8组（队），周家浜为9、10组（队），东钱泾为11组（队），西钱泾为12组（队），北横头为13、20组（队），计家里为14、19组（队），杨端头为15、16组（队）
永昌泾社区	任浜村	1957年9月称向前第二十一社 1958年9月称八大队 1960年称任浜大队 1983年7月称任浜村	里浜为1组（队），任家浜为1组（队），田都里为1组（队），杨家里为1组（队），尤家里为1组（队），外浜为1组（队），朱家里为1组（队）
汤浜社区	汤浜村	1957年9月称向前第二十二社 1958年9月称八大队 1960年称汤浜大队 1983年7月称汤浜村	汤家浜河南为1、2组（队），汤家浜河北为3、4、6、7组（队），小娄娄为5组（队），西沿头为8组（队），尤埂郎为9组（队），石基上为10、11组（队），河西岸为12、13组（队）
	陆严村	1957年9月称向前第二十社 1958年9月称八大队 1960年称陆严大队 1983年7月称陆严村	陈家桥为3组（队），陆埂上为4组（队），薛埂上为5组（队），严家湾河北为6、9组（队），许金浜为7、8组（队），严家湾河南为1、2、11、12组（队）

续表

社区	行政村	村（大队）名称变更	村民组（队）序号编排
卫星社区	卫星村	1957年9月称向前第二十五社、向前第二十六社、向前第二十七社 1958年9月称九大队 1960年称合兴大队、黄畦大队、五星大队 1969年3月合兴大队、黄畦大队、五星大队合并为卫星大队 1983年7月称卫星村	皇埂上为1组（队），洪家里为2组（队），徐埂上为3组（队），丁家里为4组（队），马家里为5组（队），宣家里为6组（队），浜上为7组（队），何家沿头为8组（队），邹家里为9、10组（队），曹家里为11、12组（队），鱼池上为13组（队），朱家沿头为14组（队），黄畦泾为15、16组（队），朱家里为17组（队），北横浜为18组（队），横河头为19组（队），南横浜为20组（队），荣家里为21组（队），荡上为22组（队），马坊头为23组（队），蔡家里为24组（队），阔井里为25组（队），白马之沿为26组（队），横街为27组（队），李家里为28组（队），张家里为29、30组（队），西蔡为31组（队），凹塘头为32组（队）
下堡社区	下堡村	1957年9月称向前第十社 1958年9月称四大队 1960年称下堡大队 1983年7月称下堡村	北庄湾为1组（队），邹家庄为5、6、30组（队），园上为7组（队），方家里为8组（队），邹家里为9组（队），下堡街为10、11、26、31组（队），廉家里为12组（队），上场为13组（队），蚂蚁浜为14组（队），戚家浜为15组（队），林家里为16组（队），长塘上为17组（队），园墩上为18、19、28组（队），凤凰为20、21、31组（队），陶家里为22、23、24组（队），金家里为2、3、4、29、32、35组（队）

附录二　漕湖街道自然村变迁之增补

一、漕湖街道各自然村河浜一览

表 5　漕湖街道各自然村河浜一览

社区	行政村	河浜名
漕湖花园一社区	湖林村	西头浜、黑鱼浜、陈头浜、张家浜、林金浜、外里浜、辽青沿浜、鲇鱼浜、大泾簖、周巷流浜
	新兴村	小漕河、岸石港、庙塘泾、张家浜、刘家浜、朝尖浜、张华港
漕湖花园二社区	永昌村	永昌泾、严家桥河、市河、前桥浜、东浜、中巷浜、牌楼浜、后桥头浜、张沙港、野猫洞港
	万安村	西港河、横河港、南杨四港、孙泾港、马家浜、查家港、华家里浜、鳑鲏头浜、陈家沿浜

续表

社区	行政村	河浜名
永昌泾社区	上浜村	琳桥塘、洋乔河、横泾浜、顾家港、里河港、拉头河
	倪汇村	周家浜、流字塘、下小塘、阮江港、西泾港、牙浜、永昌泾、竖头河、新开河、孙夹娄河、网船闸浜、九大头浜、西钱泾港
	任浜村	任家浜河、弯角河、马家娄河、许泾浜河、新泾溇河、里浜、外浜
汤浜社区	汤浜村	庙塘泾、汤家浜河、白塘河、南横河、塘管河、新开1号河、新开2号河
	陆严村	陆严村大河、许泾浜河、生产河
卫星社区	卫星村	阔井浜、东泾浜、三夜河、一夜河、荷花浜、黄畦泾、支塘浜、曹家浜、新河（3条）
下堡社区	下堡村	酒店桥港、朱行泾港、东望河港、西望河港、沈家桥港、河渎北河、柳家里浜、周家庄浜、金家里浜、下堡浜、林家里浜、戚家里浜、陶家里浜、董家桥浜、南园浜、北园浜、庄家浜、狗颈浜、南桥浜、上场浜、新开河、横泾浜、竖头河、下堡港、后浜、庙泾港、蚂蚁浜、菱浜、外浜、里浜、东浜、南浜、西浜

二、、2020~2021年苏相合作区（漕湖街道）经济发展情况

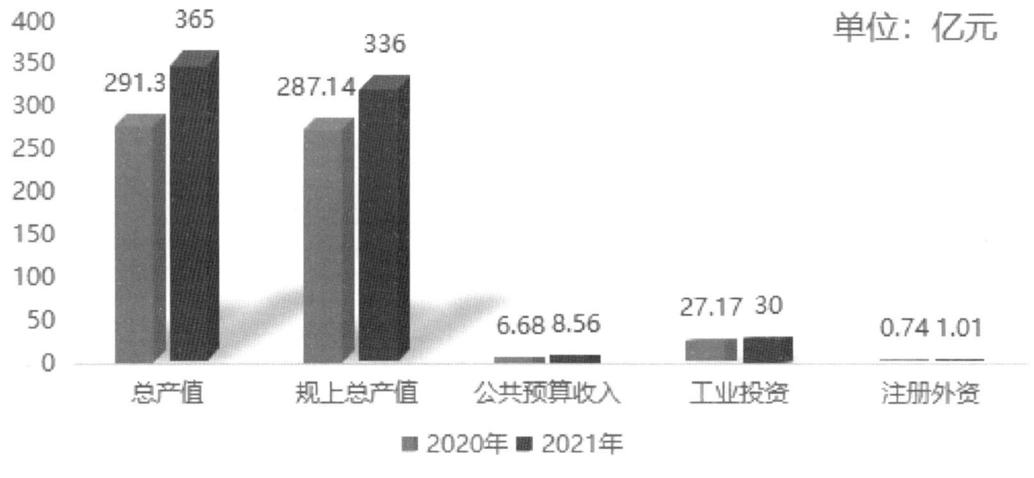

2020~2021 年苏相合作区（漕湖街道）经济发展表

编后记

《漕湖街道自然村变迁志》详细记载漕湖街道131个自然村落的基本情况，涉及区划建置、方位分布、村名来历、姓氏遗存、户数人口、面积交通、路桥河街、学校庙宇、遗址古建以及拆迁安置状况，收录各村落的旧貌照片，直观展示漕湖街道在城镇化建设中翻天覆地的变化。本志给搬迁留影，为历史存痕，在留下对故土怀念之情的同时，完全适合和体现地情民意。

2017年9月，启动《漕湖街道自然村变迁志》编纂工作，成立编纂办公室，落实办公场所，聘请朱伟励、吕金山、沈茂生3名退休老教师负责编纂事项。排摸联系，筹措经费，出台实施方案和步骤。召开编纂启动暨培训会，明确编纂目的、意义与总体要求，部署安排工作任务，在街道、社区两级落实好资料收集、口述采集及图照收集工作。2018年2月，编纂工作全面展开。

编者广征博采，核对资料数据，做到悉心筛选，去芜存菁，分目收录。编纂期间，曾至苏州市档案馆、苏州图书馆、吴中区档案馆、相城区档案馆及黄埭镇、北桥街道、漕湖街道档案室等部门，查阅档案资料数卷；还查阅了《吴地记》《吴郡志》《吴县史话》《吴县志》《相城区志》《黄埭镇志》《北桥镇志》，历年《吴县年鉴》《相城年鉴》以及黄埭镇、北桥街道、漕湖街道的统计资料和《江苏人民革命斗争群英谱》等书刊；采访250多人次，采集整理100多条建议和意见，其中老党员、老干部、年长村民提供的史料给予志书撰写以很大帮助。2017年12月18日和2018年12月18日，苏州市、相城区方志办领导莅临指导，对志书编纂工作的推进给予了很大的帮助。

2019年6月，完成12章18余万字的初稿。同年6月14日，召开《漕湖街道自然村变迁志》初审会，由苏州市、相城区方志办相关领导组成的评审小组参会并提出具体指导意见。经半年多修改，于2020年7月形成了12章20余万字的复审稿，并于8月送各村（社区）阅审。再易其稿，于2021年4月，送苏州市、相城区方志办终审通过，再次修改。2022年10月，复经苏州市方志办专家组审议指导，继续调整修改，完成10章近20万字定稿。

《漕湖街道自然村变迁志》的编纂，得到上级领导的重视和关心，主管领导更是对志书的体例构建、史料选录等都一一提出具体要求，多次召集有关人员研究部署，做了明确分工，使编纂工作能顺利进行。各界众多关心热爱漕湖这方故土的人士倾力提供资料，予志书编纂以很大帮助。在此向大家表示衷心的感谢！

由于我们的水平有限，难免挂一漏万，敬请指正。

《漕湖街道自然村变迁志》编纂办公室

2023年2月